Alexandra David-Néel, geboren 1868 in St. Mandé bei Paris, studierte als eine der ersten Frauen an der Sorbonne und am Institut für orientalische Sprachen. Ab 1888 verbrachte sie – unterbrochen nur von Lehraufträgen in Paris und Vortragsreisen in Europa – ihr Leben in Asien. Mit ihrem Adoptivsohn Lama Yongden reiste sie durch Indien, Sikkim, Nepal, die Wüste Gobi, China. In Tibet lebte sie über ein Jahr in einer selbstgebauten Hütte auf 4000 Metern Höhe, studierte bei einem buddhistischen Lama und wurde schließlich als einzige Europäerin in den Stand eines Lama erhoben. Ihr Fußmarsch nach Lhasa bildete den Höhepunkt ihrer Asienreise. Alexandra David-Néel ließ sich nach ihrer Rückkehr aus Tibet mit ihrem Adoptivsohn in Südfrankreich nieder, wo sie am 8. September 1969 starb.

Von Alexandra David-Néel sind außerdem erschienen:

Ralopa (Band 3935)
Mein Indien (Band 77002)

Dieses Buch wurde auf chlor- und säurefreiem Papier gedruckt.

Vollständige Taschenbuchausgabe April 1995
Dieses Taschenbuch ist bereits unter der Bandnummer 3934 erschienen.
Droemersche Verlagsanstalt Th. Knaur Nachf., München
Lizenzausgabe mit freundlicher Genehmigung
des Scherz Verlages, Bern und München
Titel der Originalausgabe »Voyage d'une Parisienne à Lhassa«

Einzig berechtigte Übersetzung aus dem
Französischen von Ada Ditzen
Umschlaggestaltung Agentur ZERO, München
Umschlagfoto Tony Stone, München
Druck und Bindung Ebner Ulm
Printed in Germany
ISBN 3-426-60397-7

2 4 5 3 1

ALEXANDRA DAVID-NÉEL

Mein Weg durch Himmel und Höllen

Das Abenteuer meines Lebens

Inhalt

Inhalt

Vom «Star von Hanoi» zur «Lampe der Weisheit»

Einführung von Thomas Wartmann

Kum-Bum, 15. März 1920

«Meine Reise ist fest beschlossen! Ob mit ein klein wenig Komfort und genügend Nahrung oder zu Fuß als Bettlerin, ich werde es versuchen ... Wenn schon sterben, dann ziehe ich die Straße vor, irgendwo in der Steppe, mit dem schönen Himmel über meinem Kopf und der letzten Befriedigung, zumindest gewagt zu haben, was ich mir wünschte, statt in einem Zimmer von dem Bedauern getötet zu werden, nicht genug Mut gehabt zu haben.»

Die Frau, die so leidenschaftlich und auch ein bißchen theatralisch an ihren Mann im fernen Europa schreibt, wird noch lange nicht sterben. Mit 51 Jahren hat Alexandra David-Néel gerade die Hälfte ihres aufregenden Lebens hinter sich. Das weiß sie freilich nicht, als sie am Ende desselben Briefes orakelt: «Ich könnte hundert Jahre alt werden und würde mich nie langweilen, wenn ich nur mein Hirn in guter Verfassung erhalte.»

Sie wird es schaffen. Noch an ihrem hundertsten Geburtstag wird ihr brillantes Hirn sich mit vier verschiedenen Buchprojekten beschäftigen und über ein hundertjähriges Leben reflektieren, das für Alexandra David-Néel «ein einziger langer Traum vom Reisen war». Vom Korbstuhl im ersten Stock ihrer Villa in der südfranzösischen Stadt Digne aus wird sie dann, ihre Umgebung mit einer Tischglocke auf Trab haltend, die Revolten von 1968 ebenso interessiert verfolgen wie die politischen Vorgänge in Fernost und die «Apollo»-Flüge und sich – vorsichtshalber, wie sie sagt – noch einmal ihren Paß verlängern lassen. Wenig später wird ihre Asche, ihrem Letzten Willen gemäß, in den Ganges gestreut werden.

Im Frühjahr 1920 aber ist Alexandra wieder einmal pleite und «von Chaos und Tod umzingelt». Seit dem Sturz der Mandschu-Dynastie im Jahre 1912 tobt in Chinas Wildem Westen der Bürgerkrieg. Plündernde Räuberbanden terrorisieren die Provinz Amdo; Cholera und Lungenpest dezimieren die Bevölkerung. Weiter südlich, in Tschengtu, rafft der Typhus täglich mehr als zweihundert Menschen dahin, und an der nahen Grenze zu Tibet schwelt der chinesisch-tibetische Krieg endlos weiter.

Seit über zwei Jahren lebt Madame David-Néel in Kum-Bum, einer ausgedehnten Klosterstadt am Rande der mongolischen Wüste. Die nur ganze 1,56 Meter große, aber kräftig gebaute Französin ist die einzige weiße Frau unter 3800 Mönchen aus der buddhistischen Gelbmützen-Sekte. Kum-Bum bedeutet «Hunderttausend Standbilder», und mit diesem Namen, hat die seit dreißig Jahren Asien bereisende Forscherin herausgefunden, ist eine besondere Geschichte verbunden. Tsongkhapa, der große buddhistische Reformator, wurde 1357 hier geboren. Genau an der Stelle, an der das Blut auf den Boden tropfte, nachdem die Nabelschnur durchschnitten worden war, wuchs nach einiger Zeit ein Sandelholzbaum. Viele Jahre später, Tsongkhapa hielt sich gerade in Indien auf, lag seine Mutter im Sterben. Zunächst wollte der Meister selbst zu ihr eilen, aber dann überlegte er, daß das nicht nötig sei. Er schickte einen seiner Schüler mit den Bildern einiger Gottheiten zum Totenlager der Mutter. Kaum hatte der Bote seine Geschenke übergeben, erschienen die Bilder tausendfach auf den Blättern des Sandelholzbaumes, und auf den Ästen und der Rinde des Stamms war die buddhistische Gebetsformel *Om mani padme hum* zu lesen.

Mitten in Kum-Bum bewohnt Alexandra David-Néel, die sich selbst eine «militante Buddhistin» nennt, ein mit Schnitzereien und Fresken verziertes Holzhaus, das im Schutz des stattlichen Anwesens eines befreundeten Lamapriesters liegt. Sie liebt den Blick von ihrem Balkon über vergoldete Tempeldächer und die grasreiche Berglandschaft Amdos, wo Jaks und Kamele mongolischer Karawanen weiden, und genießt die Weltabgeschiedenheit Kum-Bums, dessen klösterliche Stille nur vom Tönen der langen tibetischen Trompeten, die zu religiösen Exerzitien rufen, unterbrochen wird.

In diesem «Paradies für den, der Bücher liebt», hat sie die ersten

800 Seiten des *Prajna-Paramita-Sutra,* eines Hauptwerks des Mahayana-Buddhismus, übersetzt und die Arbeit an einem französisch-tibetischen Wörterbuch begonnen. Bei besonderen Anlässen wie den feierlichen Zeremonien zum buddhistischen Neujahrsfest, bei religiösen Unterweisungen durch gelehrte Lamas oder bei den philosophischen Streitgesprächen, an denen oft Hunderte von Mönchen teilnehmen, trägt sie das granatfarbene Gewand einer Lamina, einer Oberen des tibetischen Lamaismus. Die «Lampe der Weisheit», wie die Mönche sie nennen, genießt damit eine Ehre, die vor ihr noch keiner Europäerin zuteil wurde. An ihrem Gürtel hängt dann ein Rosenkranz aus 108 Knochenplättchen, die aus 108 Menschenschädeln herausgeschnitzt worden sind. Und eine goldgelbe Eremitenschleife, vorbehalten für diejenigen, die mehrere Jahre in der Einsamkeit verbracht haben, hebt sie aus der Menge der tibetischen Geistlichkeit in Kum-Bum heraus.

In ihrer Gesellschaft befindet sich Yongden, der trotz seiner einundzwanzig Jahre schon ein Lama der Rotmützen-Sekte ist. Seit sie den aus Sikkim stammenden «jungen Gelehrten» mit einer einfachen Nickelbrille vor den stark kurzsichtigen Augen vor sieben Jahren bei sich eingestellt hat – als Koch, Schneider, Dolmetscher und Berater –, sind die beiden unzertrennlich; sie haben sich gegenseitig als Lehrer und Schüler akzeptiert. Yongden begleitet Alexandra auf all ihren Reisen und erträgt mit asiatischem Gleichmut ihre oft despotischen Anwandlungen. Als sie im Alter endgültig nach Europa zurückkehrt, wird sie ihn zu ihrem Adoptivsohn machen. Er ist ausersehen, ihr Erbe anzutreten, begeht jedoch 1955 «die Dummheit» – wie Alexandra sich ausdrückt –, vor ihr zu sterben.

Im Frühsommer 1920 wird die Lage in und um Kum-Bum immer bedrohlicher. Seit Monaten grassiert die Spanische Grippe, plündernde Soldaten fallen in die Klosterstadt ein, die Mönche sind bewaffnet. Madame David-Néel kann sich nur noch mit einer Leibwache von Tempel zu Tempel bewegen, und nun will sie fort aus Kum-Bum. Doch nicht etwa, weil ihr die anarchische Situation ringsum zu brenzlig wäre, weil Seuchen und Krieg einer alleinstehenden Frau vielleicht nicht die richtige Atmosphäre für philosophische Studien böten, Alexandra David-Néel will fort, «weil Leben für mich unterwegs sein bedeutet». Um jedoch Kum-Bum verlassen zu können, braucht sie die finanzielle Unterstützung ihres Mannes Philippe, der daheim in Tunis nun bald schon ein Jahrzehnt auf ihre Rückkehr aus Asien wartet. Seine kleine resolute Frau, die längst einen Lehrstuhl für Orientalistik an einer europäischen Universität innehaben könnte, aber leider an der Karriere einer Stubengelehrten überhaupt nicht interessiert ist, versteht es, ihren Wünschen Nachdruck zu verleihen. Wenn bis Oktober kein Geld da ist, läßt sie Philippe im Mai 1920 wissen, wird sie sich «in die Berge zurückziehen und wahlweise an Hunger sterben oder eine Kugel in den Kopf schießen».

Aber 8000 Francs von Philippe sind längst unterwegs und erreichen sie im Juni zusammen mit der Bitte, nun endlich nach Europa zurückzukehren, das sie lange vor dem Ersten Weltkrieg verlassen hat.

«Darauf antworte ich Dir ganz offen», schreibt sie zurück, «daß das für mich dem Tod gleichkäme – womit ich Dich nicht beleidigen möchte ...»

Philippe wird sich also noch eine Weile gedulden müssen.

Alexandra braucht das Geld, um in ein Land aufzubrechen, «das anders ist als alle anderen», dessen Sprache sie spricht und dessen Bücher sie kennt. Und zu dem ihr der Zutritt bisher strikt verweigert wurde. Sie strebt den Höhepunkt ihrer «grande tournée» durch Zentralasien an. Sie will hinauf auf das Dach der Welt, dorthin, wo «das Unerwartete für den Reisenden das tägliche Brot ist». Sie will in die «verbotene Stadt» des Dalai Lama, ins buddhistische Rom, nach Lhasa. Bis sie das Land ihrer Träume endlich betreten kann, werden noch einmal drei Jahre vergehen. Na und? Für Alexandra David-Néel, deren biographische Daten das Jahrhundert von der Entwicklung des Fahrrads bis zur Landung auf dem Mond umspannen (1868–1969), war Zeit stets ein sehr dehnbarer Begriff. Ihr Leben lang fühlte sie sich als ein «Wanderer mit dem Wind», Hindernisse umging sie, von Menschen gesetzte Grenzen ignorierte sie.

Sie wird ein paar Umwege machen entlang der tibetisch-chinesischen Grenze, sich immer wieder von Grenzsoldaten und britischen Kolonialbeamten abweisen lassen müssen, bis sie schließlich ihre «Erste Reise einer Pariserin nach der verbotenen Stadt des Dalai Lama» genau so beginnen wird, wie sie es Philippe von Kum-Bum aus brieflich prophezeit hat: zu Fuß und als Bettlerin, auf einem Weg, den nicht einmal die Tibeter selbst zu nehmen wagen. In nächtlichen Gewaltmärschen durch das «Land, wo der Schnee wohnt», und quer durch einen der letzten weißen Flecken auf der Landkarte.

Louise Eugénie Alexandrine Marie David kam am 24. Oktober 1868 in Saint-Mandé bei Paris als ein Kind auf die Welt, mit dem niemand mehr gerechnet hatte. Die Mutter Alexandrine war bereits 36, der Vater Louis 53 Jahre alt. Die vierzehnjährige Ehe der Davids, ein liebloses Nebeneinander zwischen einem melancholischen Kalvinisten und einer inbrünstigen, aber gefühlskalten Katholikin, war bis zu Alexandras Geburt kinderlos geblieben. Aber auch die Ankunft der kleinen Nini, wie sie ihre Tochter nennen, bringt keine Wärme in das Verhältnis zwischen dem enttäuschten Idealisten und der geizigen Kleinbürgerin. Noch auf dem Totenbett wird Alexandrine ihrem Mann ein frisches Kopfkissen verweigern, obwohl sie einen ganzen Schrank voller Bezüge hat, erinnert sich Alexandra viele Jahre danach. Eigentlich hatte sich Madame David einen Jungen, einen zukünftigen Priester, gewünscht. Während der Schwangerschaft liest sie die Abenteurerromane James Fenimore Coopers, kaum ahnend, daß das Kind unter ihrem Herzen zwar ein Mädchen sein, aber die Leistungen von Coopers Helden in der Wildnis noch in den Schatten stellen wird.

Die heranwachsende Alexandra bekommt die Enttäuschung ihrer Mutter immer wieder zu spüren. «Alles an mir mißfiel ihr», schreibt sie später, «so wie ihr alles an meinem Vater mißfiel. Ich bin das Kind des Mannes, den sie nicht geliebt hat, ich bin sein Kind ganz allein, trotz des Blutes, das sie mir gegeben hat, und der Milch, mit der sie mich genährt hat. Für sie bin ich ein Parasit, der in ihr gewachsen ist.»

Der Journalist Louis David hatte Alexandrine Borghmans im belgischen Löwen kennengelernt, wo der gescheiterte Revolutionär von 1848, ein glühender Sozialist, Freimaurer und Kampfgefährte Victor Hugos, seine Exiljahre damit verbrachte, daß er den Kindern des Bürgermeisters Nachhilfestunden gab und längst verlorenen Träumen nachhing. Alexandrine, eine Adoptivtochter des Bürgermeisters, verfügte dank einer Erbschaft über ein nicht unbeträchtliches Vermögen, das sie geschickt bei Brüsseler Textilgroßhändlern investiert hatte. Sie war holländisch-norwegisch-sibirischer Herkunft, was der Tochter Alexandra später Veranlassung gab, vom «mongolischen Blut» in ihren Adern zu sprechen, dem einzigen positiven Aspekt, den sie ihrer Erbmasse mütterlicherseits abgewinnen konnte. «Meine Haare werden grau, meine Falten, mein Körper wird mir fremd», resümiert sie älter werdend, «jeden Tag sehe ich meiner Mutter ähnlicher. Ich sehe nicht mehr mich im Spiegel, sondern ihre Maske, ihre Züge, deren Vulgarität ich hasse.»

Kein Wunder, daß die kleine Nini, die zwischen zwei Wesen aufwächst, die sich fremd sind und bleiben, nur an Flucht denkt. Mit zwei Jahren – der Vater ist im Zuge der Generalamnestie nach Frankreich zurückgekehrt, und die Familie lebt in der Nähe von Paris – will sie wissen, was hinter der Straße liegt, die vor dem Haus der Großmutter zum Horizont führt. «Ich konnte schon laufen, bevor ich richtig gehen konnte», kommentiert sie später ihren ersten Ausreißversuch. Bald darauf stellt sie andere, für ihr Alter ziemlich ungewöhnliche Überlegungen an: «Man tut den Grashalmen weh, wenn man über den Rasen geht», sagt sie, und wenn ihr etwas besonders gut gefällt, ein Baum, eine Blume, ein Sonnenstrahl, dann ist es «so schön, daß es Gott sein muß».

Diese pantheistische Art, die Dinge beseelt zu sehen und die Schöpfung überall zu erkennen, wird sie zeitlebens beibehalten und u. a. im animistischen Bön-Kult, der Urreligion Tibets, wiederfinden.

Auf einem Atlas, den ihr der Vater schenkt, entdeckt die kleine Nini ein Land, das sie, zunächst wahrscheinlich allein seiner Größe wegen, mehr fasziniert als alle anderen: China. Die Begeisterung, die Alexandra von nun an für alles Asiatische aufbringt, veranlaßt Louis David zu der amüsierten Bemerkung: «Meine Tochter hat eine weiße Haut, aber eine gelbe Seele.» Alexandra ist vier, als die Familie David erneut Nachwuchs bekommt, diesmal einen Jungen, der die ganze Aufmerksamkeit der Mutter erhält, doch schon nach einigen Monaten wieder stirbt. Als er tot ist, konstatiert die kleine Nini nicht ohne Genugtuung: «Jetzt gehört alles wieder mir.»

Vielleicht ist es die plötzliche Konkurrenz durch den kleinen Bruder, in der Alexandras Aversion gegen alle Männer mit Ausnahme des Vaters begründet liegt. Schon damals ist es beispielsweise unmöglich, das Kind von einem Fotografen ablichten zu lassen. Sie weigert sich kreischend und tobend, vor einem Mann zu posieren, und erst als eine Frau gefunden ist, die sich aufs Fotografieren versteht – ein schwieriges Unterfangen um 1870 –, lächelt die kleine Nini, wenn auch gequält, in die Kamera. Und noch als Hundertjährige verlangt sie, sobald ein männlicher Besucher ihr Zimmer verlassen hat, daß die Fenster zum Auslüften geöffnet werden. «Man riecht den Mann», pflegt sie zu sagen, ein Geruch, den sie nicht ertragen kann.

Daß sie trotzdem die meiste Zeit ihres Lebens in asiatischen Steppen unter *Mönchen und Strauchrittern,* so der Titel eines ihrer Bücher (1935), verbringt, gehört zu den vielen Widersprüchen in der Psyche der Alexandra David-Néel, die ihr Handeln oft so schwer verständlich machen. Aber sie wollte nun mal unbedingt in die geistigen Schatzkammern Asiens eindringen, und auf dem Weg dorthin nahm sie alles in Kauf, sogar den Geruch von Männern.

Mit fünf Jahren gelingt ihr im Bois de Vincennes der erste Fluchtversuch. Einen ganzen Nachmittag lang streift sie unbeaufsichtigt umher und unterhält sich mit ihren Freunden, den Bäumen und den Blumen, ohne daß auch nur die geringste Angst in ihr aufkommt. Wohl aber in den Eltern, die zunächst nur glauben, die kleine Nini habe sich irgendwo versteckt, und schließlich die Polizei alarmieren. Der Gendarm, der sie gegen Abend im Wald aufgreift, bekommt die Krallen Alexandras zu spüren, die sich weigert, ihren Namen zu nennen, und wild um sich schlägt.

Dem Wunsch der Mutter entsprechend, die wieder zu ihrer Familie nach Belgien und vielleicht auch zu ihrem Geld zurück will, ziehen die Davids 1875 nach Brüssel um. Damit sie in ein kalvinistisches Pensionat eintreten kann, wechselt die siebenjährige Alexandra, die katholisch getauft worden war, die Konfession; sie wird protestantisch. Durch diesen Schritt, den sie ganz bewußt ausführt, entfernt sie sich noch ein Stück weiter von der verhaßten Mutter und rückt näher an den melancholischen Vater, mit dem sie lange Spaziergänge in den Wäldern rings um Brüssel unternimmt, wenn sie sich nicht in ihr Zimmer zurückzieht und in den phantastischen Welten Jules Vernes versinkt.

In der tristen Atmosphäre des Pensionats und des Elternhauses in der Rue Faider 105 kränkelt sie vor sich hin, entwickelt eine leichte Anämie und wird schließlich auf Anraten des Hausarztes in eine Klosterschule, den «Bois Fleuri», gesteckt, wo die Mädchen siebenmal am Tag mit Essen vollgestopft werden. Dort bekommt sie von den Schwestern zwar eine ausgezeichnete Grundbildung sowie die sogenannten guten Manieren verpaßt, doch ihren Hunger nach Spiritualität kann der «Bois Fleuri», den sie als verweichlicht und veraltet in Erinnerung behalten wird, nicht stillen.

Dazu bietet sich schon eher ein strenges Karmeliterkloster an, in das eine ehemalige Gouvernante aus dem Hause David einzieht, die sie ab und zu in den Ferien besuchen darf. Aber die geheimnisvolle Welt hinter den düsteren Mauern, das Leben «hinter dieser Schattengrenze», verliert bald seinen magischen Reiz, als Alexandra auch dort nichts als «Banalitäten» entdecken kann.

Am besten findet sie ihre damalige Einstellung zur Vergänglichkeit alles Irdischen, wohl auch zur materialistischen Natur der Mutter, in einem Satz des «ketzerischen» Laienpredigers Petrus Valdes ausgedrückt, den sie ausschneidet und an die Wand ihres Zimmers heftet: «Die Welt ist ein Aas, und die daran festhalten, sind Hunde.» Ihre Konfession wechselt Alexandra im «Bois Fleuri» nicht noch einmal, sie bleibt protestantisch und wird vom katholischen Gottesdienst ausgeschlossen, obwohl sie religiöse Fragen mehr interessieren als alles andere. Einer Mitschülerin, die das Mysterium der Heiligen Dreieinigkeit nicht recht verstehen kann, erklärt die zwölfjährige Alexandra lapidar: «Wenn Gott spricht, ist er das Wort, und wenn er denkt, ist er der Heilige Geist.»

Mit fünfzehn unternimmt das junge Fräulein David, das ja bekanntlich zunächst weglaufen und dann erst gehen lernte, ihren dritten, diesmal recht erfolgreichen Fluchtversuch. Während der Sommermonate halten sich die Davids häufig außerhalb von Brüssel auf, um Verwandte zu besuchen, oder einfach, um sich zu erholen. Für Alexandra sind diese Kurzurlaube mit den Eltern eine einzige Tortur. Abgesehen vom üblichen Gezänk zwischen dem freidenkerischen Vater und der bigotten Mutter hat man sich nichts zu sagen, nichts Gemeinsames zu erleben, nur eben sich zu erholen. Reisen verstand Alexandra aber nie als eine Lebensform, bei der man sich ausruht. Unterwegs sein bedeutete für sie ein ständiges Aufsaugen neuer Erlebnisse und Suchen nach dem Unbekannten.

«Ich habe mehr als einmal bitterlich geweint, weil ich das tiefe Empfinden verfließenden Lebens hatte, meiner Jugendtage, die leer vergingen, ohne Anregungen, ohne Freude. Ich verstand, daß ich eine Zeit verpfuschte, die nie wiederkommen würde, daß ich Stunden verlor, die schön hätten sein können. Meine Eltern, wie die meisten Eltern-Hühner, die, wenn schon nicht einen großen Adler, doch zumindest eine Verkleinerung davon ausgebrütet hatten, bemerkten nichts davon, und obwohl nicht bösartiger als andere, fügten sie mir mehr Schaden zu, als ein leidenschaftlicher Feind es vermocht hätte.»

Im Sommer des Jahres 1883 errichten die Davids ihr Feriendomizil in der Nähe von Ostende. Bevor das öde Einerlei des Urlaubsalltags sie erneut deprimieren kann, beschließt Alexandra, sich nach eigener Façon zu erholen. Leider blieb der Nachwelt von diesem zweiten erfolgreichen Fluchtversuch nur erhalten, was die Weltmeisterin im Weglaufen selbst darüber in einem kleinen Abschnitt ihres Buches *Sous des nuées d'orage* («Unter Gewitterwolken») zu Papier brachte:

«Ich profitierte von der größeren Freiheit, die ich während einer Sommerfrische an der Nordseeküste genoß, und im Verlauf mehrerer Tage lief ich zu Fuß die belgische Küste entlang, durch Holland durch, und schiffte mich nach England ein. Ich kehrte erst zurück, als der Inhalt meiner kleinen Geldbörse aufgebraucht war.»

Alexandra zu bestrafen, deren Fußmarsch über mehrere Grenzen auch nach heutigen Maßstäben für ein fünfzehnjähriges Mädchen zumindest ziemlich ungewöhnlich erscheint, in den achtziger Jahren des letzten Jahrhunderts aber einem Skandal gleichkam, ist schwierig, wenn nicht unmöglich. Denn körperliche Strafen beeindrucken sie nicht, im Gegenteil: Seit geraumer Zeit übt sie sich im Fasten und kasteit ihren Körper nach Rezepten, die sie in der Bibliothek der Eltern in den Biographien heiliger Asketen gefunden hat. Schon damals legt sie keinerlei Wert auf Komfort und zieht den harten Fußboden einem Bett vor, eine Angewohnheit, die sie ihr Leben lang nicht nur auf Reisen beibehalten wird.

«Der Geist, dachte ich, muß den Körper züchtigen, um sich daraus ein robustes und fügsames Instrument zu machen, geeignet, seinen Absichten zu dienen, ohne schwach zu werden.»

Die nächste Eskapade läßt nicht lange auf sich warten. Alexandra ist siebzehn, als sie, diesmal ein wenig besser vorbereitet, ein drittes Mal durchbrennt. Ausgerüstet mit einem eisenbeschlagenen Spazierstock, einem Regenmantel und einer Taschenausgabe der Lebensweisheiten des griechischen Philosophen Epiktet nimmt sie zunächst den Zug in die Schweiz, um von dort aus zu Fuß (!) den St. Gotthard zu überqueren und, auf der anderen Seite angekommen, die Seen des Tessin zu inspizieren. Einfach so. Weil es für sie eben nichts Aufregenderes gibt als herauszufinden, «was hinter der Straße liegt, die zum Horizont führt».

Wieder benutzt Alexandra ihr liebstes Verkehrsmittel, die eigenen Füße, und wieder ist es die pure Geldnot, die sie zwingt, nach Hause zurückzukehren. Was Mademoiselle Alexandra von ihrer Mutter zu hören bekommt, die ihre halbwüchsige Tochter nach einigen Tagen vom Lago Maggiore abholt, ist nicht überliefert.

Im Jahre 1886 hat Alexandra David den sterilen «Bois Fleuri» endgültig satt und ihre volle Körpergröße von 1,56 Meter erreicht. Es wird Zeit, sie am belgischen Königshof in die bessere Gesellschaft einzuführen. Vielleicht machen sich die Eltern dabei insgeheim Hoffnungen auf eine gute Partie für ihre nervenaufreibende Tochter, denn damals steht es nicht gerade günstig um die Finanzen der Davids. Das von Alexandrine ererbte Vermögen ist zwar noch nicht erschöpft, aber Vater Louis, immerhin schon 71 Jahre alt, hat das Geld seiner Gemahlin in bester Absicht, aber mit miserablen Ergebnissen an der Börse eingesetzt, und es dürfte jetzt schon klar sein, daß Alexandra keine reiche Erbin sein wird.

Und natürlich verläuft auch ihr Debüt in der Gesellschaft nicht nach den Vorstellungen der Eltern. Zwar läßt der Hofknicks, den Alexandra vor König und Königin ausführt, nichts zu wünschen übrig, aber dann verliert sie schnell das Interesse an der Gala, obwohl genügend Tänzer die hübsche Debütantin im weißen Abendkleid umschwärmen. Wieder einmal ist es Mama Alexandrine, die sie findet – draußen im Park, eingeschlafen unter einem Baum und mit einer kleinen grauen Katze im Arm.

Wieder zu Hause, überrascht Alexandra die ohnehin schon reichlich verstörte Mutter mit ihren neuesten Vorstellungen vom zukünftigen Beruf: «Mama, die Wissenschaften faszinieren mich noch mehr als Philosophien und Religionen. Nach dem Konvent möchte ich Medizin studieren. Was halten Sie davon?»

Da Mutter und Tocher sich siezen, fällt die Antwort ebenso förmlich wie deutlich aus: «Sie sind verrückt, mein Kind. Sie wissen nicht, was Sie sagen. Arzt sein? Die Männer verstehen schon nichts davon und dann eine Frau . . .!»

Alexandrine, nun auch schon 54 und aller Illusionen über eine standesgemäße oder gar gesellschaftlich arrivierte Zukunft Alexandras beraubt, unternimmt einen letzten Versuch, die Tochter in geordnete Verhältnisse zu manövrieren, und steckt sie in ein Textilgeschäft, an dem sie finanziell beteiligt ist.

Alexandras Karriere als angehende Geschäftsfrau währt erwartungsgemäß nur kurze Zeit. Sie eignet sich nicht als Verkäuferin, genauso wenig, wie sie sich für die Rolle des wohlerzogenen Fräuleins im heiratsfähigen Alter eignet. Nach ihrem kurzen Ausflug in die wenig abenteuerliche Welt des Brüsseler Einzelhandels kann Alexandra sich wieder ganztägig ihrem Piano widmen, das sie als kleines Mädchen vom Vater geschenkt bekam und inzwischen recht gut beherrscht, und natürlich dem Studium der griechischen Philosophen, der Stoiker und Epikureer.

Sie lebt sehr zurückgezogen in der Rue Faider, liest viel, ißt wenig, trinkt nur Wasser und trägt meist dasselbe Kleid. Wovon sie träumt, ist «eine Seele, unsensibel für die äußerlichen Dinge, siegreich über die Leidenschaften. Eine freie Seele, die Freude und den Schmerz verachtend, unerreichbar für alle irdischen Gelüste.»

Gleichaltrige Freunde scheint sie nicht zu haben. Gelegentlich verläßt sie das Elternhaus, «dieses triste und verdrießliche Haus, das ich von ganzem Herzen haßte», und fährt in die Nähe von Brüssel, nach Ixelles.

Dort lebt ein Jugendfreund des Vaters, der alternde Anarchist und gelehrte Geologe Elisée Reclus. Dieser radikale Freidenker, Gefährte des Anarchisten Michail Bakunin und Veteran der Pariser Kommune von 1871, wird Alexandra Davids erster Mentor, der die gedanklichen Grundlagen für ihr späteres Werk schafft. Seine unnachgiebige Forderung nach Unabhängigkeit des einzelnen – ob Mann oder Frau – beeindrucken die gerade Achtzehnjährige.

Bei ihm, dem weitgereisten Schriftsteller von 56 Jahren, und in seinem chaotischen Haushalt in Ixelles, einem Refugium für Exilanten und Verbannte, Idealisten und Sozialisten, Dichter, Denker und Träumer, bekommt sie natürlich nicht nur Geographieunterricht, wie sie der Mutter weismacht. In Ixelles, wohin der Vater sie gelegentlich begleitet, um alte Erinnerungen an die Barrikaden der Pariser Kommune aufzufrischen, und auch um der spießigen Atmosphäre der Rue Faider zu entfliehen, werden Utopien geprobt. Elisée Reclus' Auflehnung gegen die Obrigkeit geht so weit, daß er seine beiden Töchter an ein und demselben Tag verheiratet – persönlich, und natürlich ohne die Zustimmung von Kirche und Staat.

Statt eines Segens hält Elisée eine Ansprache für die «frischgetrauten» Paare: «Seid frei, gerecht und gut; möge Eure Zärtlichkeit des einen für den anderen das Heim einer Liebe sein, die sich ausbreitet über alle Wesen, denn Eure Familie ist überall . . .»

Hier, in Ixelles, fühlt Alexandra zum erstenmal bestätigt, was bisher nur vage in ihrem Kopf herumschwebte, nämlich, daß der Mensch sehr wohl frei von überholten Konventionen leben kann.

Unter Elisées Anleitung, dem sie bis zu dessen Tod 1905 in enger Freundschaft verbunden bleibt, entsteht um 1888 Alexandras erste Publikation, die allerdings erst zehn Jahre später veröffentlicht werden wird, vielleicht, weil die Autorin ein wenig Angst vor der eigenen Courage bekommt, nachdem das Werk abgeschlossen ist. Kurz vor ihrem Tod, rund 26 Buchveröffentlichungen später, nennt Alexandra David-Néel dieses Buch ihr «Testament», aber auch ihr «erstes intellektuelles Credo». Die Broschüre trägt den anspruchsvollen Titel *Pour la vie* («Für das Leben») und beginnt mit einem Vorwort von Elisée Reclus. «Dies ist ein stolzes Buch», begeistert er sich, «geschrieben von einer noch stolzeren Frau.»

Der Text entpuppt sich als ein Rundumschlag gegen die etablierte Welt um sie herum, gegen jede Form von Zwang und ungewählter Macht, gegen Religion, Hochfinanz und Militär. Es heißt darin u. a.: «Der Gehorsam ist der Tod. Jeder Moment, in dem der Mensch sich einem fremden Willen unterwirft, ist ein Moment, der von seinem Leben abgeschnitten wird.»

Alexandra erweist sich nicht nur als leidenschaftliche «Feministin», sie prangert auch die Seelenlosigkeit alles nicht selbst Erlebten, die Sinnlosigkeit von Schuldgefühlen und den illusionären Charakter des «Ich» an.

«Nichts ist falscher und unheilvoller, als zu glauben, die Verleugnung des Ich, praktiziert vom einzelnen, könne eine Tugend für die Gemeinschaft sein. Wie wollen Sie aus dem Schmerz jedes einzelnen das Glück der Menschheit errichten?»

Der letzte Satz von *Pour la vie* lautet: «Wir sind nichts als Barbaren.»

*

Von einer Brieffreundin in England, mit der Alexandra korrespondiert, erfährt Alexandra 1888 von einer Gnostiker-Gemeinschaft in London, die sich dem Studium östlicher Religionen und Philosophien widmet und über Versammlungssäle sowie eine reichhaltige esoterische Bibliothek verfügt. Da Kost und Logis zu erschwinglichen Preisen angeboten werden, Alexandra ohnehin ihr Englisch vervollkommnen wollte und Elisée Reclus sie in ihrem Entschluß, Brüssel zu verlassen, noch bestärkt, bleibt den Eltern nichts weiter übrig, als mit der Englandreise ihrer Tochter einverstanden zu sein.

Vom holländischen Vlissingen aus schifft sie sich nach England ein, gerade zwanzig Jahre alt, allein reisend, endlich unterwegs auf ihrem Weg, den nur sie selbst bestimmen wird. Das Gefühl, endlich ganz auf sich gestellt zu sein, ruft in der geborenen Einzelgängerin Alexandra wahre Wellen der Glückseligkeit hervor. Von der nebulosen Räucherstäbchen-Atmosphäre in den Salons des Londoner Gnostiker-Zirkels, in der Isis-Kult, Kabbala und Sufi-Riten eine wilde Melange eingehen, ist Alexandra mehr belustigt denn beeindruckt. Wohl findet sie in der Bibliothek der Sekte und vor allem im Britischen Museum genügend Nahrung für ihr hungriges Hirn, aber das ständige Zusammenleben mit den durchgeistigten Clubmitgliedern, die sich permanent von feinstofflichen Astralkörpern und nicht näher definierten «Instrukteuren» aus fernen Planetenwelten umgeben fühlen, ist nicht immer einfach. So kommt es vor, daß einer der Nicht-Initiierten, zu denen auch Alexandra gehört, ahnungslos in einem der schweren Fauteuils Platz nimmt, in dem sich bereits ein – natürlich unsichtbarer – Instrukteur niedergelassen hat. «Stehen Sie sofort auf», rufen dann die Eingeweihten pikiert, «Sie sitzen auf einem unserer Ausbilder!»

Auf Vermittlung einer gewissen Mrs. Morgan, die sie auch schon in die Gnostiker-Gemeinde eingeführt hat, kommt Alexandra in London in Kontakt mit der Theosophischen Gesellschaft der Madame Blavatsky, jener russischen Okkultistin, die sich in telepathischer Verbindung mit mysteriösen Meistern im Himalaja glaubt und soeben, im Jahre 1888, ihr mehrbändiges Hauptwerk, *Die Geheimlehre* (dt. 1898–1906), veröffentlicht hat. Viele Jahre später wird Alexandra das sein, was Helene Petrowna Blavatsky immer für sich in Anspruch genommen hat, aber nie beweisen konnte, nämlich, die erste weiße Frau gewesen zu sein, die das verbotene Lhasa betrat.

Die Theosophen haben es sich zur Aufgabe gemacht, «eine universelle Bruderschaft ohne Rücksicht auf Rasse, Geschlecht oder Hautfarbe zu bilden, das vergleichende Studium von Religionen, Philosophien und Wissenschaften zu fördern sowie die unerklärten Naturgesetze und die verborgenen Kräfte des Menschen zu erforschen». Das ist ein Programm, dem Alexandra sich anschließen kann. Sie wird Mitglied der Theosophischen Gesellschaft, nimmt aber an den «psychohygienischen» Übungen der Theosophen, die ihr reichlich albern erscheinen, nicht teil. Sie hält nichts von Chiromantie, der Kunst des Handlinienlesens, möchte nicht in Kristallkugeln starren, um alte Pythagoreer in weißen Wallegewändern zu beobachten, und spürt auch keinerlei Verlangen, im Salon der Duchesse de Pommard Tische zu rücken, um mit Maria Stuart ins Gespräch zu kommen. Aber mit der Aufnahme in die Gemeinschaft der meist wohlhabenden Esoteriker verfügt die reisewütige Alexandra über ein weltweit gespanntes Netz von Niederlassungen, das sie bald zu nutzen verstehen wird. Sie ist Mitglied einer neuen Familie geworden, in der ihr Enthusiasmus für Spiritualität nicht gebremst wird und die von ihrer ursprünglichen Familie, von Louis und Alexandrine, aber auch von Elisée Reclus, Lichtjahre weit entfernt ist.

In den Archiven der Theosophischen Gesellschaft bekommt sie ersten Zugang zu den asiatischen Geheimlehren, macht Bekanntschaft mit Sanskrit, mit Pali und Zen. Sie lernt die *Upanischaden* kennen, jene zum vedischen Schrifttum gehörenden Abhandlungen über die höchste Wahrheit und die Erlösung des Menschen, und die *Bhagavad-Gita*, den «Gesang des Erhabenen». Begriffe wie «Karma» und «Nirvana» nisten sich in die Gedankenwelt der Alexandra David ein – Vorstellungen, die sie von nun an bis an ihr Lebensende beschäftigen werden.

Um besser verstehen zu können, was ihr durch die theosophische Brille mehr vernebelt als verdeutlicht wird, muß sie sich solide Grundlagen aneignen, muß sie die Sprachen lernen, in denen die Schriften, die sie nicht mehr loslassen, abgefaßt sind. Sie kehrt nach Paris zurück und beginnt an der Sorbonne und am Collège de France bei den Professoren Silvain Lévi und Edouard Foucaux mit dem Studium der vergleichenden Religionswissenschaft, des Sanskrit und der chinesischen Schriftsprache. In Foucaux, der sich auf tibetische Studien spezialisiert hat, hört sie zum erstenmal einen Fachmann über das Land reden, «das anders ist als alle anderen».

Sie lebt ohne Bad und Bettzeug in einer schmuddligen Pariser Wohnung bei einem merkwürdigen Theosophenpaar, einer Zwergin und einem kahlköpfigen «Eingeweihten», der sich für einen Abgesandten transzendierter Mondwesen hält, studiert wie eine Besessene und nimmt nebenher noch Gesangsunterricht. Examen und Diplome interessieren sie nicht, die Autodidaktin Alexandra hat stets nur gelernt, was sie auch zu brauchen glaubte. Sie versucht, sich täglich zwanzig Wörter aus vier verschiedenen Sprachen zu merken, und rechnet sich aus, daß sie auf diese Weise 7300 Wörter pro Sprache und Jahr in ihr multilinguistisches Vokabular aufnehmen kann.

Sie schläft wenig, arbeitet zuviel und ernährt sich schlecht. Theosophie, Okkultismus, Esoterik, Anarchismus, Sozialismus, Stoizismus, Christentum, Religionen und Philosophien tanzen durch Alexandras Kopf, und sie erzeugen nicht Klarheit, sondern immer mehr Verwirrung.

Sie zweifelt an allem: «Wozu dient eine Kirche», schreibt sie, «wenn nicht, um aus ihr die Kraft in schweren Stunden zu schöpfen? Die meine nützt mir im Augenblick nichts.»

Die schweren inneren Kämpfe führen im Herbst 1889 zu einer seelischen Krise, in der sie sogar an Selbstmord denkt, ihn aber auch gleich wieder verwirft:

«Sterben ... wozu? Um vielleicht wiedergeboren zu werden und noch mehr zu leiden. Ich glaube nicht, daß dies der richtige Weg ist ... Wenn es wahr wäre, daß man mit einer Gewehrkugel die Atome, aus denen mein Körper besteht, zerstreuen könnte, den Geist vernichten könnte ... Aber seinen Posten wie ein Deserteur verlassen, und dann gerichtet zu werden – welch ein Fortschritt!»

Ruhe vor ihren selbstquälerischen Fragen findet sie nur an einem einzigen Ort: im Pariser Museum Guimet, wo der Industrielle und Gelehrte Emile Guimet eine hervorragende Sammlung fernöstlicher Kunst zusammengetragen hat, darunter eine überlebensgroße Buddha-Statue, unter der gewissermaßen Alexandras Zukunft beschlossen wird.

Im Museum Guimet, hinter dessen Mauern «mehr Mysterien, mehr Esoterik und mehr große Geheimnisse zu entdecken sind als in allen verstreuten Sekten», hat sie ihre erste wirkliche Begegnung mit dem großen Gautama, der die Überwindung des Leidens lehrt und in dessen Lehre es keine Götter gibt. Hier begreift sie, daß man sich von der illusionären Ich-Vorstellung befreien kann, ja, muß, und daß man keine Götter braucht, um göttlich zu werden. «Die Jahrhunderte vergehen», schreibt sie, «glückliche Götter, Götter in Tränen, und Ihr vergeht mit ihnen. Niemals wird der Mensch ermüden, Altare zu errichten und Götter zu kreieren, um sie hinaufzusetzen.»

Bald will sie das wahre Leben *hinter* den Büchern kennenlernen und gibt sich mit dem Wissen europäischer Orientalisten und den Ausstellungsstücken westlicher Museen nicht mehr zufrieden.

Die Erbschaft einer Patentante bringt Alexandra 1891 in einen kurzen Gewissenskonflikt. Soll sie, wie die Eltern vorschlagen, das Geld bei einer Bank anlegen und damit ihrer fragwürdigen Existenz einer dreiundzwanzigjährigen Orientalistik-Studentin im Paris des Fin de siècle eine gewisse Grundlage geben, oder soll sie das Geld verwenden, um dorthin zu gelangen, wo es sie seit geraumer Zeit hinzieht? Alexandra raucht die erste und einzige Haschisch-Zigarette ihres Lebens, und anschließend ist ihr Entschluß gefaßt:

Von Marseille aus schifft sie sich nach Ceylon ein. Um das neue Lebenskapitel mit der nötigen Klarheit zu beginnen, nimmt sie am ersten Abend der Reise keine Nahrung zu sich und verbringt die

Nacht an Deck unter freiem Himmel, allein mit sich und den Sternen und «eingetaucht in eine Art von Ekstase».

In Colombo steigt sie zunächst im noblen Hotel «Oriental» ab, wechselt aber später in eine Niederlassung der Theosophischen Gesellschaft über, wahrscheinlich um Geld zu sparen. Ceylon erscheint ihr paradiesisch schön, das intensive Licht, das milde Klima, weiße, vom Tourismus noch unberührte Sandstrände, sattgrüne Palmenhaine – all das bleibt nicht ohne Wirkung auf Alexandra, die in ihrer weißen Tropenkleidung unter den vielen viktorianischen Kolonialdamen auf der Insel des Tees nicht sonderlich auffällt. Aber sie ist nicht nach Asien gekommen, um sich in einem Paradies zur Ruhe zu setzen. Sie will doch das Leben hinter den Büchern kennenlernen, die sie in Europa verschlungen hat, und das liegt quasi vor der Haustür in Indien. Alexandra gibt sich selbst das Versprechen, eines Tages nach Ceylon zurückzukehren, und besteigt das Schiff zum indischen Subkontinent.

Von ihrem ersten Aufenthalt in Indien ist wenig bekannt, außer, daß sie in Madras wieder bei der Theosophischen Gesellschaft unterkommt und in Benares ihren ersten Meister, den Svami Bashkarananda, einen alten Asketen, der nackt in einem Rosengarten lebt, kennenlernt. In *L'Inde où j'ai vécu* («Indien, wie ich es sehe») widmet sie ihm nur wenige Zeilen:

«Svami Bashkarananda war vielleicht nicht sehr gelehrt, obwohl er mehrere Abhandlungen, die die Vedanta-Lehre betreffen, verfaßt hatte, aber er besaß ein tiefes Verständnis der gesamten indischen Philosophie, und ihm verdanke ich es zu allererst, darin eingeweiht worden zu sein ... Bashkarananda hatte die Faszination gespürt, die die Idee des Sannyasin auf mich ausübte; als ich ihn verließ, legte er mir eine Schärpe in der rituellen Farbe über die Schultern und murmelte einige Worte in mein Ohr, die ich seitdem andächtig in meinem Gedächtnis trage.»

Etwa achtzehn Monate bleibt sie in Asien, dann ist die kleine Erbschaft aufgebraucht. Um eine Sannyasin zu werden, eine, die völlig der Welt entsagt und alle materiellen Verbindungen durchtrennt hat, dafür ist Mademoiselle Alexandra David mit gerade fünfundzwanzig Jahren noch nicht weit genug auf ihrem «Weg zum Horizont».

Zurück in Paris, nimmt sie ihr Studium wieder auf, muß sich aber bald nach einer eigenen Einnahmequelle umsehen, da der Vater glücklos im Panamakanal investiert hat und seine Tochter nicht länger unterstützen kann.

Zunächst schreibt sie noch unter den Pseudonymen Mitra und Alexandra Myrial in verschiedenen Zeitschriften anarchistische oder auch feministische Artikel, die den Geist von *Pour la vie* atmen, aber es sind schon andere darunter, wie «Notizen über den Buddhismus», der am 15. April 1895 im *Etoile socialiste* erscheint. Darin kommt sie auf einen wesentlichen Unterschied zwischen der Religion des Westens und dem Buddhismus zu sprechen: «Während die eine zum Armen, zum Unglücklichen, vom Schmerz Bedrückten sagt: ‹Gib auf, beuge Dein Haupt!›, ruft die andere ihm zu: ‹Bekämpfe das Leiden, hör auf, ein Opfer Deiner eigenen Dummheit zu sein. Deine Irrtümer, Deine Vorurteile sind die Gottheiten der Finsternis auf dem Altar, auf dem Du das Beste Deines Lebens opferst. Beginn die Natur der Dinge um Dich herum zu begreifen, Dich selbst zu erkennen. Werde klug, und die Erkenntnis wird Dich frei und glücklich machen.›»

Leben kann Alexandra von solchen Texten freilich nicht. Sie muß sich etwas Neues einfallen lassen.

Zu den bemerkenswerten Eigenschaften der Alexandra David zählt neben ausgeprägtem Starrsinn, wenn es darum geht, ihren Willen durchzusetzen, auch die Fähigkeit, plötzlich die Richtung zu ändern, auf ihrem Lebensweg unerwartete Haken zu schlagen.

Kurzentschlossen nimmt sie ihr Musikstudium wieder auf und macht den Gesang, der ihr bisher nur zur eigenen Unterhaltung diente, zum Beruf. Sie belegt Kurse an den Konservatorien von Paris und Brüssel und wird Sängerin, Sopranistin.

«Zu meiner Leidenschaft für Abenteuer gesellte sich eine extreme Liebe zur Musik . . . Die magische Kunst . . . die göttliche Kunst . . ., ich sah nur sie . . . Ich verschlang die Partituren und begeisterte mich an ihnen wie an lebendigen Romanen, deren Helden ich in harmonischen Sätzen reden hörte.»

Die Jahre 1894 und 95, magere Jahre, in denen sie die Tage damit verbringt, in ihrer kleinen Wohnung Arien aus *Carmen, Rigoletto* und den *Perlenfischern* einzustudieren, die sie abends auf Familienfeiern und Soireen vorträgt, werden ihr als «Heringstage» in Erinnerung bleiben, weil die Heringe, die sie vom Krämer um die Ecke auf Pump bekommt, zusammen mit gekochten Kartoffeln das einzige sind, wovon sie sich ernährt.

Die Konkurrenz ist groß. Alexandra ist nicht das einzige junge Mädchen in Paris, das versucht, mit schlechtbezahlten Auftritten in den Salons der gehobenen Bourgeoisie den Durchbruch zur Oper oder wenigstens zu einem kleinen Engagement in der Provinz zu schaffen.

Aber Alexandra ist hübsch, hat eine gute Stimme und offensichtlich auch Talent. Sie bekommt ihre Chance, wenn auch nicht an der Pariser Oper, sondern in einer Provinz, wie man sie sich weiter entfernt kaum vorstellen kann. Im Herbst 1895 nimmt Mademoiselle Alexandra Myrial ein Engagement als «première chanteuse d'opéra comique» in Hanoi, Indochina, an. Dort hat sie großen Erfolg. Nach einem Auftritt als «La Traviata» bekommt sie enthusiastische Kritiken, die sie ausschneidet und stolz dem Vater nach Brüssel schickt.

Der freut sich. Aus der kleinen Nini, der er vor vielen Jahren das erste Piano geschenkt hat, ist ein Opernstar geworden, der in den Kolonien gefeiert wird.

Hanoi, Haiphong, Saigon, Tongking, Hué lauten die Stationen von Mademoiselle Myrials Südostasien-Tournee, in denen die «première chanteuse» vor ausverkauften Häusern in *Manon, Carmen, Mireille* und *Margarethe* brilliert.

Die Kasse stimmt auch. Schon bald wird die Gage des «Stars von Hanoi» von der Theaterleitung auf 200 Francs pro Abend erhöht, eine Menge Geld, wenn man bedenkt, daß auf den Märkten der französischen Kolonie zu dieser Zeit ein Huhn für 50 Centimes zu haben ist.

Alexandras Opernkarriere dauert ziemlich genau fünf Jahre. Aus der Korrespondenz, die Mademoiselle Myrial mit Jules Massenet führt, geht hervor, daß sie 1897 versucht, über den berühmten Komponisten der *Manon* ein Engagement an der Komischen Oper in Paris zu bekommen. Man bietet ihr 300 Francs im Monat, ein unannehmbares Angebot für den «Star von Hanoi», dem nichts weiter übrigbleibt, als wieder durch die Provinz zu tingeln, diesmal im französischen Mutterland: Besançon, Poitiers, Auvergne – Etappen eines Abstiegs, dann 1899 ein Gastspiel an der Oper von Athen, 1900 im spanischen Almeda und im gleichen Jahr am Stadttheater von Tunis, wo sie zunächst als Sängerin auftritt und später die künstlerische Leitung übernimmt.

Das 20. Jahrhundert beginnt für Alexandra nicht nur mit einer neuen Aufgabe auf afrikanischem Boden, es beschert ihr auch den Mann ihres Lebens, den «Ersten und Einzigen». Unter dem 17. Februar 1900 notiert sie in ihrem Tagebuch den vorläufigen Titel eines Buches, das sie nie schreiben wird und das sich mit dem «Schlachtfeld zwischen den Geschlechtern» beschäftigen soll: «Die Frau in der Liebe und in der Ehe», ein Thema, von dem sie bis dato wirklich nichts versteht. Ein halbes Jahr später findet sich dann unter dem 15. September eine unscheinbare Eintragung, die zeigt, daß Mademoiselle David, mit 33 Jahren so etwas wie ein spätes Mädchen, begonnen hatte, praktische Erfahrungen zu sammeln: «Hirondelle, prima volta», steht da, drei Worte, die erst verständlich werden, wenn man weiß, daß «Hirondelle» der Name des Segelschiffs eines gewissen Philippe Néel ist und *prima volta* «zum ersten Mal» bedeutet.

Philippe Néel, 39 und Junggeselle, stammt aus einer alten französischen Methodistenfamilie und leitet als Chefingenieur den Bau der Eisenbahnlinie Bône-Guelma, die Tunesien mit Algerien verbinden soll. Er ist als Frauenheld bekannt, ja, verschrien, ein hochgewachsener Lebemann mit blauen Augen und einem frechen Schnurrbärtchen, für den die Liebe tatsächlich ein Schlachtfeld ist, auf dem er schon eine Menge Eroberungen gemacht hat. Seiner wilden Locken wegen nennt Alexandra ihn zunächst «Alouch», weil sie glaubt, das sei das arabische Wort für Hammel. Als sie jedoch erfährt, daß mit «Alouch» nur ein kleines Lamm gemeint ist, tauft sie den Geliebten in «Mouchy» um, die Verniedlichungsform des französischen «Mouton», was sowohl Schaf als auch Hammel bedeutet.

Alexandra weiß, daß ihr Mouchy ein Wolf im Schafspelz ist, weiß von seinen vielen «Mätressen», die vor ihr auf der «Hirondelle» in See gestochen sind, und sie zweifelt an seinen intellektuellen Fähigkeiten, an seiner Einsicht in «große Verwicklungen und subtile Zusammenhänge». Aber dieser «homme de plaisir» hat Stil, und das gefällt ihr.

«Du bist ein eleganter Herr», gesteht sie ihm in einem Brief, «und ich erinnere mich, daß mein ästhetisches Empfinden . . . mich mehr als einmal dazu verleitet hat, Dich aus der Ferne mit Vergnügen zu beobachten, wie ein schönes Objekt.»

Philippe versteht es, dem «Star von Hanoi» den Hof zu machen. Er schickt ihr eine Postkarte, auf der die «Hirondelle» abgebildet ist, dazu eine Widmung, die seine Sehnsucht ausdrücken soll:

Das Bild einer süßen Erinnerung
kommt mit dem Gedanken an Dich
auf der Spur, die Du hinterließest.
Warum fürchtest Du zurückzukehren?

Außerdem schwört er, in Alexandra nun endlich die Frau seines Lebens gefunden zu haben und daß die Vergangenheit aus seinem Gedächtnis gelöscht sei. «Eines Tages, in La Goulette, hast Du mir gesagt, Du nähmest keine Geliebte mehr, weil ich sie alle ersetzen würde», wird Madame Néel sich Jahre später voller Bitterkeit erinnern.

Die asketische Feministin und der Schürzenjäger mit dem Gebaren eines englischen Lords haben mit Ausnahme der Musik – Philippe spielt in seiner Freizeit Geige – so gut wie keine gemeinsamen Interessen, und wenn Alexandra versucht, Mouchy in die Welt ihrer Gedanken einzuweihen, stößt sie meist auf Unverständnis.

«Am Anfang unserer Verbindung, wenn ich versuchte, Dir von Philosophie oder Soziologie zu erzählen, hast Du Dich entweder geärgert oder Du hast mir die Beine gestreichelt, während ich sprach», wirft sie ihm später einmal vor.

Alexandras Bedürfnis nach intellektueller Auseinandersetzung und geistigen Lorbeeren können die Turteleien auf der «Hirondelle» auf die Dauer nicht befriedigen. Sie will zeigen, daß der «Star von Hanoi» nicht nur jahrelang durch die Provinz gezogen ist und allabendlich auf der Bühne dieselben hirnlosen Arien geträllert hat.

Ihr Studium der östlichen Religionen und Philosophien hat sie nämlich während der letzten Jahre als Opernsängerin zwar vernachlässigen müssen, aber nie ganz aufgegeben. Und wo immer die Tourneen hinführten, ob nach Korea oder Athen, war sie bemüht, mit der spirituellen Elite der Länder ins Gespräch zu kommen und vor Ort zu überprüfen, was sie sich zuvor aus Büchern angeeignet hatte.

In den Jahren 1900–1904 führt sie nicht nur ein Doppelleben als künstlerische Leiterin des Casinos von Tunis bei Tag und Geliebte Philippes bei Nacht, sie reist auch immer wieder aufs europäische Festland, um sich dort bald als Journalistin und Vortragsrednerin einen Namen zu machen.

Sie spricht vor fachkundigem Publikum wie der Anthropologischen Gesellschaft in Paris über «Das körperliche Training in Yoga-Sekten» und schreibt über religionsphilosophische Themen wie «Über den Ursprung der Mythen und ihren Einfluß auf die sozialen Institutionen», ein brillanter Traktat, der im Juli 1901 in der Brüsseler Zeitschrift *L'Idée libre* erscheint. Sie veröffentlicht in renommierten Blättern wie in Georges Clemenceaus *Mercure de France* Aufsätze über «Religionen und Aberglauben in Korea» oder «Der tibetische Klerus und seine Gesetze» und kämpft mit feministischen Artikeln in *Le Soir* und in *La Fronde* für die Rechte der Frauen.

Damit nicht genug. Wie nebenbei wird Alexandra, die ja immer noch Mitglied der Theosophischen Gesellschaft ist, in den illustren und schwer zugänglichen Kreis der Rosenkreuzer und auch bei den Freimaurern aufgenommen, wo sie es bis zum 33. Grad innerhalb der Logenordnung bringt.

Und wenn sie nicht gerade in London, Paris oder Barcelona als Vortragsreisende, Sängerin, Journalistin, Rosenkreuzerin, Feministin oder Freimaurerin agiert und nicht noch ganz schnell an einer Expedition in den Süden Tunesiens teilnehmen muß, dann hat sie Zeit für «cher Mouchy», der daheim in Tunis auf sie wartet, um der gelehrten Dame die müden Beine zu streicheln.

Da sich im spießbürgerlichen Kolonialmilieu Tunesiens zur Jahrhundertwende die gesellschaftliche Position der zukünftigen Chefingenieursgattin nur schlecht mit der einer «première chanteuse» im städtischen Casino vereinbaren läßt, stellt Alexandra um 1903 ihre Bühnenauftritte endgültig ein. Vielleicht ist es die dadurch entstandene vorübergehende Untätigkeit, die Alexandra veranlaßt, eines Tages Philippes Taschen und seinen Schreibtisch zu durchsuchen, ielleicht aber auch ihr tiefsitzendes Mißtrauen gegenüber Mouchys übereifrigen Treueschwüren.

Ihre Entdeckung bringt sie jedenfalls so in Rage, daß niemand mehr nach den Motiven für ihr Tun zu fragen wagt. Alexandra wußte bereits, daß es anfänglich neben ihr noch eine andere Frau in Philippes Leben gab, die mit einer monatlichen Abfindung von 500 Francs «aus der Welt» geschafft wurde. Am 3. Februar 1904 aber findet sie in seinem Büro einen Karton, in dem Philippe die Briefe und Fotos von Alexandras Vorgängerinnen aufbewahrt. Er hat gelogen, der Schuft, als er schwor, seine Vergangenheit sei aus seinem Gedächtnis gestrichen. Das schlimmste ist, ihr eigenes Porträt und die Briefe sind auch darunter. Das Foto von der «Hirondelle» mit dem ihr wohlbekannten, kitschigen Vers «Das Bild einer süßen Erinnerung . . .» hat er offensichtlich mehr als einmal verschickt. Alexandra, die Einmalige, die, die angeblich alle anderen Geliebten vergessen macht und ersetzt, sauber eingereiht in einem Pappkarton mit den abgelegten Verhältnissen ihres zukünftigen Ehemannes! Alexandra ist außer sich. In ihrem Tagebuch macht sie ihrer Empörung Luft. In ihrer Wut ist sie unfähig, seinen Namen zu schreiben. Philippe heißt jetzt nur noch Monsieur X:

«Derselbe X, immer zart, skeptisch, überlegen, extravagant, schwört mir bei allen seinen großen Göttern, daß er keine einzige Erinnerung zurückbehält, keine einzige Fotografie . . . Wahrhaftig, er ist entsetzt, daß ich ihn einer solchen Gemeinheit verdächtigen konnte. Er erinnert sich ja nicht einmal mehr der Namen der ach so seltenen Passagierinnen, denen er seine Gunst gewährt hat . . . Er geruht indessen einzugestehen, daß man, wenn man gut sucht, seinen alten Papierkram durchwühlte, der verstreut an vielen Plätzen herumliegt, vielleicht ein altes vergessenes, ein verirrtes Foto entdecken könnte . . . Es wäre zum Totlachen, wenn es nicht so eine ekelhafte Komödie wäre. Genauso ekelhaft wie seine vier Jahre dauernde Korrespondenz mit dieser Schnepfe Renée . . . und der Satzbau und die lächerliche Orthographie von Mademoiselle Gilette . . .!»

Zur Rede gestellt, fällt Philippe nichts Besseres ein, als mit den Schultern zu zucken und festzustellen: «Sie haben die Briefe also gelesen!» Was hätte er auch zu seiner Entschuldigung vorbringen können?

Die Liste von Philippes Eroberungen ist lang, und die Wunde, die deren Entdeckung in Alexandras Gefühlen geschlagen hat, sitzt tief. Niemals wird sie ihm diesen Vertrauensbruch verzeihen, niemals!

Heiraten werden sie trotzdem. Aber erst, nachdem Philippe schriftlich und in aller Form bei Vater Louis David um die Hand seiner Tochter angehalten hat und ein Ehevertrag ausgearbeitet ist. Sie vereinbaren Gütertrennung. Alexandra bringt danach die Wäsche, den Schmuck und die Bibliothek im Wert von 3000 Francs, das Tafelsilber und verschiedene exotische Objekte in die Ehe ein, insgesamt eine Aussteuer, die auf 7000 Francs geschätzt wird. Außerdem verpflichtet sie sich, für ein Drittel der Haushaltskosten aufzukommen.

Alexandra ist 36 Jahre alt, Philippe 43, als diese beiden so grundverschiedenen Charaktere den Hafen der Ehe anlaufen. Vielleicht ziehen sich auch hier die Gegensätze an, vielleicht hat der eine im anderen entdeckt, was er an sich selbst vermißt. Eine Liebesheirat scheint es jedenfalls nicht gerade zu sein, die Vernunftgründe überwiegen wohl. Philippe wird aufhören, den Don Juan Nordafrikas zu spielen, und Alexandra wird versuchen, die Sicherheit, die der Herr Chefingenieur dem ehemaligen Opernstar bieten kann, dadurch zu belohnen, daß sie sich ganz auf ihre neue Rolle als liebevoll umsorgende Gattin konzentriert. Sie wird es jedenfalls versuchen ...

Es ist ein besonders heißer Augusttag, jener 4. 8. 1904, an dem die Feministin und der Lebemann den Bund fürs Leben eingehen. Die sonst so wortgewandte Alexandra hat in ihrem Tagebuch für das Ereignis nur einen einzigen Satz übrig: «Ich habe diesen schrecklichen Alouch auf dem Konsulat von Frankreich in Tunis geheiratet.»

Während der Zeremonie steht das Paar so weit auseinander, daß der Beamte sie auffordern muß, näher zu treten.

Außer dem Jawort haben die beiden nichts weiter zu sagen. Nur die Trauzeugen geben ihre Kommentare ab. «Er weiß nicht, was er tut», sagt der eine, und der andere antwortet: «Ja, aber er ist mutig.»

Es wird eine merkwürdige Ehe, eine, die hauptsächlich auf dem Papier besteht – auf den mehr als 3000 Briefen, die Alexandra an Philippe während der nächsten 38 Jahre schreiben wird. Schon einen Monat nach der Hochzeit, nach einem kurzen Kuraufenthalt in

Südfrankreich, trennt sich das junge Paar. Aus Paris schreibt sie ihm am 17. September:

«Aber ich habe es Dir ja gleich gesagt: Ich bin nicht hübsch, bin nicht fröhlich, bin Dir keine Frau, und es ist nicht vergnüglich an meiner Seite ... Warum warst Du nur so beharrlich, so starrköpfig?»

Kurz darauf, am 3. Oktober, wird sie noch deutlicher:

«Wir haben zweifellos eine einmalige Ehe geschlossen; wir haben eher aus Bosheit als aus Zärtlichkeit geheiratet. Das war sicher eine Torheit, aber es ist nun einmal geschehen. Es wäre klug, unser Leben entsprechend einzurichten, d. h. wie es zu Leuten unserer Veranlagung paßt. Du bist nicht der Mann meiner Träume, und ich bin wahrscheinlich noch weniger die Frau, die Du brauchst.»

Mit einem Forschungsauftrag des französischen Erziehungsministeriums in der Tasche verabschiedet sich Alexandra am 9. August 1911 im Hafen von Bizerte von Philippe, um zu einer Studienreise über die Vedanta-Philosophie nach Indien und Ceylon aufzubrechen. Aus den «paar Monaten», die sie fortbleiben will, werden 14 Jahre.

Schon bald meldet sie sich begeistert aus Indien: «Es scheint, als ob ein guter Geist vor mir hergeht, um mir alle Türen zu öffnen und alle Dinge zu vereinfachen.» Wer immer dieser Geist sein mag, er führt Alexandra David-Néel auf wundersame Wege. Ob in den schillernden Palästen der Maharadschas von Nepal und Sikkim oder im Kreis halbnackter Saddhus in düsteren Hindu-Tempeln, überall ist man beeindruckt von der kritischen Intelligenz der alleinreisenden Dame aus Paris, die alles ganz genau wissen will und sehr wohl zwischen heilig und scheinheilig unterscheiden kann.

Selbst Seine Heiligkeit, der 13. Dalai Lama, Gottkönig der Tibeter und im April 1912 gerade auf dem Rückweg aus indischem Exil nach Lhasa, zeigt sich so entzückt von seiner ersten Begegnung mit dieser Frau, daß er ihr zum Abschied nachruft: «Lernen Sie Tibetisch!»

Alexandra folgt der Aufforderung mit der ihr eigenen Gründlichkeit: Für mehr als zwei Jahre zieht sie sich in eine Einsiedelei in 3900 Metern Höhe an der Grenze zwischen Nord-Sikkim und Tibet zurück. Dort oben, in der «Schneewohnung» (Himalaja), hat sie ihren Lehrer, ihren Meister gefunden. Ein weithin gerühmter Eremit ist bereit, seine selbstgewählte Einsamkeitsperiode von drei Jahren, drei Monaten und drei Tagen zu unterbrechen und die wißbegierige Französin zu unterweisen.

Umgeben von mächtigen Siebentausendern, lernt Alexandra nicht nur fließend Tibetisch zu sprechen, sie studiert auch die Schriften tibetischer Mystiker. Zwei Winter kommen und gehen. Von ihrem Adlerhorst auf dem Dach der Welt erscheint Alexandra der weit unten vorbeiziehende Erste Weltkrieg «wie ein Kampf zwischen Ameisenarmeen».

Im August 1916 wird Madame David-Néel aus Sikkim ausgewiesen. Der britische Regierungsvertreter Sir Charles Bell hatte erfahren, daß sie trotz strikten Verbots von ihrer Eremitage aus heimlich in vier Tagesmärschen in die westtibetische Klosteruniversität bei Schigatse gereist war. Dort hatte man sie mit einer Art Doktor honoris causa des Lamaismus ausgezeichnet.

Der Weg von Südwesten nach Zentral-Tibet bleibt ihr von nun an versperrt. Aber das «unsinnige Verbot», Lhasa zu betreten, stachelt sie jetzt erst recht an. Sie wird es dann eben von Nordosten versuchen, über einen «kleinen Umweg», der gut neun Jahre dauert.

Mit Bahn, Schiff, Pferd und Jak-Karawane gelangt sie über Indien, Japan, Korea und quer durch die aufständischen Provinzen Westchinas schließlich 1918 nach Kum-Bum. Dort bleibt sie weitere drei Jahre.

Alexandra David-Néel ist 52 Jahre alt und guter Dinge, als sie im Februar 1921 die von Seuchen und Bürgerkrieg gebeutelte Klosterstadt am Rande der Grassteppe verläßt. Sie hat keine feste Route, wohl aber ein Ziel: Lhasa.

Während ihrer fast vierzigjährigen Ehe haben Alexandra und Philippe nur wenige Monate gemeinsam verbracht. Es war indessen durchaus nicht so, daß sie keinerlei Zuneigung für ihn empfand. Er war in ihren Augen sogar «ein ausgezeichneter Ehemann, ich kenne keinen Mann, den ich gegen Dich eintauschen würde».

Doch, wie Buddha sagt: «Ans Haus gefesselt zu leben, ist ein arges Los», und die Vorstellung von einer konventionellen Ehe, «von Menschen, die einmal einander die Hand gereicht haben und von da an zusammen durchs Leben gehen», erschien ihr absolut nicht lebensfüllend. Wenn Philippe sie aus der Ferne an gewisse eheliche Pflichten erinnerte, pflegte sie darauf hinzuweisen, daß man «Probleme aus dem Bereich unterhalb der Gürtellinie nicht bis ins Hirn aufsteigen» lassen dürfe.

Sie blieb auf Distanz – aber sie schrieb ihrem Philippe von unterwegs: von jedem Hotel, in dem sie übernachtete, von allen Menschen, die sie kennenlernte, und sie berichtete detailgetreu: von der Bettwäsche bis zur Farbe der Augen ihrer Gesprächspartner. Die Korrespondenz mit ihrem Mann war die Nabelschnur, die Alexandra auf ihren abenteuerlichen Expeditionen durch die Wüsten und Gebirge Asiens mit dem Abendland verband. Von jeder Sekunde hat sie ihm erzählt – immer, wenn sie Geld brauchte, um ihre Reise fortsetzen zu können.

«Cher Mouchy», wie sie ihn meistens anredete, sammelte diese Briefe und beantwortete sie regelmäßig mit großzügigen Schecks. Und er liebte den «Star von Hanoi», der sich in den vielen Jahren der Abwesenheit allmählich in eine «Lampe der Weisheit» verwandelte, auf seine ganz ungewöhnliche Weise, bis er 1941 starb.

Als Alexandra in China die Todesnachricht erhielt, weinte sie mit 73 Jahren die ersten Tränen seit ihrer Kindheit. Sie hatte «den besten Ehemann, den einzigen Freund verloren».

Warum ich nach Lhasa ging

Alle meine Reisen, besonders die in unerforschte und «verbotene» Regionen, waren – beinahe zwanghaft betriebene – Traumverwirklichungen. Anders kann ich es nicht ausdrücken. Schon von meinem fünften Lebensjahr an, als frühreifes kleines Ding in Paris, sehnte ich mich über die engen Grenzen, in denen ich wie alle Kinder meines Alters gehalten wurde, hinaus. Damals gingen meine Wünsche, über die Gartenpforte hinweg, auf die daran vorbeiführende Straße und hinaus in die unbekannte Ferne. Aber wunderlich genug, bestand dieses Unbekannte für mein Kindergemüt immer nur aus einem einsamen Fleck Erde, wo ich allein und ungestört hausen wollte, und da der Weg dahin mir nun einmal verschlossen war, suchte ich die Einsamkeit hinter jedem beliebigen Busch oder Sandhaufen im Garten. Später erbat ich von meinen Eltern nie andere Geschenke als Reisebeschreibungen, Landkarten und als höchstes Glück eine Ferienreise ins Ausland. Als junges Mädchen konnte ich mich stundenlang in der Nähe einer Eisenbahnlinie aufhalten, wie magisch gefesselt von den glänzenden Schienensträngen und der Vorstellung der vielen Länder, wohin sie führten. Allein, wiederum zauberte mir die Phantasie nicht Städte, Gebäude, glänzende Feste oder eine bunte Volksmenge vor; nein, ich träumte von wilden Bergen, von riesigen verlassenen Steppen und unzugänglichen Gletscherlandschaften! Später schriftstellerte ich, und wenn ich auch nie eine Stubengelehrte wurde, verschaffte mir meine Vorliebe für orientalische Philosophie und vergleichende Religionswissenschaft doch die Stellung einer Lektorin an einer belgischen Universität.

Ich hatte schon einige Reisen im Fernen Osten hinter mir, als das französische Unterrichtsministerium mich 1912 mit orientalischen Nachforschungen in Indien und Birma betraute. Es war zu der Zeit, als der Dalai Lama wegen politischer Verwicklungen mit China aus seiner Hauptstadt Lhasa geflohen war, um in einem Dorf des Himalaja namens Kalimpong im britisch verwalteten Bhutan Schutz zu suchen.

Tibet war mir nicht mehr ganz unbekannt. Ich war am Collège de France Schülerin von Professor Edouard Foucaux gewesen und durch diesen Kenner des Sanskrit und des Tibetischen einigermaßen in die tibetische Kultur eingeführt worden; so war es nur natürlich, daß ich den Wunsch hatte, den angestammten Herrscher über Tibet und seinen Hof kennenzulernen.

Wie der britische Geschäftsträger mir mitteilte, würde das nicht leicht sein, denn der ehrwürdige Lama hatte sich bisher stets hartnäckig geweigert, ausländische Damen zu empfangen. Aber es war mir gelungen, mir Empfehlungsbriefe von hochstehenden Buddhisten zu verschaffen, so daß schließlich der Dalai Lama noch mehr wünschte, mich zu sehen, als ich ihn!

Ich fand den Mönchfürsten umringt von einem seltsamen königlichen Exil-Hofstaat von Klerikern in Trachten aus leuchtend gelbem Atlas, dunkelrotem Tuch und Goldbrokat. Diese Priester erzählten mir allerhand Phantastisches aus einem Land der Wunder, und mochte ich auch noch soviel davon der Legende oder Übertreibung zuschreiben – ich fühlte doch instinktiv, jenseits der vor mir liegenden dunkelbewaldeten Höhen und der dahinter ansteigenden, riesigen schneebedeckten Bergeshäuptern mußte ein Land liegen, anders als alle anderen. Es war nur zu natürlich, daß mir bei dem Wunsch, dorthin zu gelangen, das Herz höher schlug. Meine ersten Eindrücke von Tibet reichten bis zum Juni 1912 zurück. Damals brach ich von einem tiefgelegenen Punkt in Sikkim auf und wählte damit einen von der gewöhnlichen Route abweichenden Weg. Er führte mich anfangs durch tropischen Pflanzenwuchs; über den wilden Orchideen erstrahlte nachts das lebendige Feuerwerk der Leuchtkäfer.

Je höher man aber steigt, desto herber zeigt sich die Natur; allmählich verstummt der Vogelsang, und das laute Summen der unzähligen Insekten bleibt hinter uns zurück. Immer stärker verändert sich die Landschaft. Nun können die riesigen Bäume nicht mehr in der dünnen Höhenluft atmen; immer verkrüppelter wird der Wald, bis am Ende die Gebüsche nur noch wie elende Zwerge am Boden entlangkriechen, um schließlich den Kampf ganz aufzugeben. Jetzt steht der Wanderer in einsamer Felsenwildnis, der freilich bunte Moose und Flechten noch immer Glanz und Farbe verleihen, und um ihn herum rauscht es von eisigen Wasserfällen, starren halb zugefrorene Seen und riesige Gletscher. Ist er aber auf der Sepo-Paßhöhe angelangt, dann enthüllt sich vor ihm mit einem Schlage jenseits des Himalaja das ungeheure tibetische Hochland. Am fernen Horizont verschwimmen die Gipfel in seltsamen lila- und orangefarbigen Tönen, aus denen wiederum phantastisch geformte schneebekrönte Bergspitzen ihre mächtigen Häupter erheben.

Ein unvergeßlicher Anblick! Das war endlich die stille Einsamkeit meiner Kinderträume. Mir war zumute, als wäre ich von ermattender freudloser Wanderschaft endlich heimgekehrt. Aber mit dem großartigen Landschaftsbilde sind Tibets Reize für mich nicht erschöpft. Mich reizten, wie so viele andere, berühmtere Orientalisten, die verlorenen oder auch vielleicht nur verschollenen Sanskritoriginale verschiedener mayanistisch-buddhistischer Schriften. Sie sind zwar teilweise in chinesischer Übersetzung zugänglich, aber wie weit die tibetische Übertragung geht und was tibetische Verfasser an Originalwerken über Philosophie und Mystik geschrieben haben, sei es nun in Übereinstimmung mit mayanistischen Lehren, sei es im Widerspruch gegen sie, das ist alles ebenso *terra incognita* wie das Land Tibet selbst. So steckte ich mir das Ziel, Bücher und alte Manuskripte aufzuspüren und Berührung mit den Gelehrten des Landes zu suchen. Doch dabei blieb es nicht. Das Unerwartete ist für den Reisenden in Tibet das Alltägliche. Meine Forschungen erschlossen mir eine Welt, die an Phantastik noch übertraf, was ich an Landschaften von den hohen Eingangspässen aus erschaut hatte. Ich denke besonders an die mystischen Einsiedler, die Bewohner der eisumstarrten Höhen; doch davon wird an anderer Stelle die Rede sein.

So seltsam es klingen mag, ich habe den oft vereitelten Wunsch der meisten Reisenden, Lhasa, die heilige lamaistische Stadt, zu erreichen, lange Zeit nicht geteilt. Ich hatte ja nun den Dalai Lama kennengelernt, und die Nachforschungen nach Literatur, Philosophie und den noch im tibetischen Volk lebenden Sagen konnten unter den Gelehrten und Mystikern in den leicht zugänglichen und geistig hochentwickelten Teilen Osttibets nutzbringender betrieben werden als in der Hauptstadt.

Mein Hauptansporn zur Reise nach Lhasa war ganz einfach das strenge, unsinnige Verbot, Zentraltibet zu betreten. Das Verbot erstreckte sich allmählich auf mehr und mehr Gebiete. Gegenden, die man vor ein paar Jahren noch unbehindert durchreisen konnte, waren jetzt davon betroffen wie auch Ortschaften, in denen zu noch länger zurückliegenden Zeiten die kirchlichen Missionen sogar Niederlassungen besitzen durften. Sven Hedin und andere Forschungsreisende hatten, wenn es ihnen auch nicht gelungen war, Lhasa zu erreichen, da ihnen dies verwehrt wurde, immerhin bereits einen Teil der tibetischen Einöden durchkreuzt. Und doch hatte es eine Zeit gegeben, in der es jedermann freistand, Lhasa zu betreten, vorausgesetzt, daß man sich nicht durch die Entbehrungen einer solchen Reise davon abschrecken ließ. Sowohl Missionare wie sonstige Reisende sind damals nicht nur in der heiligen Stadt gewesen, sie durften sich auch längere Zeit dort aufhalten. 1846 erreichten die französischen Lazaristenmissionare Huc und Gabet Lhasa. Sie waren die letzten, für die die Stadt offenstand.

Meine Wanderfahrten an der Peripherie Tibets begannen mit ein paar Ausflügen auf der Hochebene, die sich direkt nördlich an den Himalaja anschließt. Einige Jahre später stattete ich dem Pantschen Lama, den die Ausländer besser unter dem Namen Taschi Lama kennen, einen Besuch ab und fand bei ihm die herzlichste Aufnahme. Der hohe Lama hätte mich gern noch länger, vielleicht auch für immer dabehalten. Er bot mir freien Zugang zu allen Bibliotheken an und stellte mir eine Wohnung in einem Nonnenkloster oder in einem Haus in der Stadt Schigatse zur Verfügung. Ich wußte aber leider nur zu gut, daß er nicht in der Lage war, seine gütigen Absichten gegenüber Mächtigeren durchzusetzen, und konnte deshalb die wundervolle Gelegenheit, die sich mir hier zum Studium des Ostens eröffnete, nicht nutzen.

Der Taschi Lama ist ein gelehrter, aufgeklärter und liberal gesinnter Mann. Von Leuten, die ihn nicht im geringsten kennen, ist er als ein rückständiger, abergläubischer Mönch bezeichnet worden, als ein Feind der Fremden und allen westlichen Fortschritts. Ganz zu Unrecht; schon möglich, daß er eine bestimmte Nation nicht leiden mag und daß er die Abhängigkeit, in der die britische Regierung sein Land hält, als erniedrigend empfindet. Aber niemand wird ihm aus seiner Vaterlandsliebe einen Vorwurf machen wollen und noch weniger daraus, daß er als Buddhist pazifistisch denkt und daß er es nicht gutheißen kann, wenn selbst die ärmsten Dorfbewohner seines Reiches jedes Jahr höhere Steuern bezahlen müssen, um damit ein lächerliches Heer zu unterhalten, das schließlich nur den Interessen der Leute dient, die dem Volk sein Land wegnehmen. Der Asiate, der sein Land versklavt sieht, hat jedenfalls guten Grund, wenn er die Leute, die ihm seinen Besitz rauben, nicht mit freundlichen Gefühlen ansehen kann, ganz einerlei, ob sie nun mit diplomatischer List oder mit roher Gewalt gegen ihn vorgehen.

Ich meinerseits habe geradezu einen tiefen Abscheu vor allem, was mit Politik zusammenhängt, und vermeide jede Einmischung; ich will hier nur meinem freundlichen Gastgeber gerecht werden. Wäre er wirklich Herrscher von Tibet, anstatt gezwungen zu sein, aus Taschi Lhünpo zu fliehen, um sein Leben zu retten, hätte er sicher sein Land mit Freuden Entdeckungsreisenden, Gelehrten und allen ehrlichen, wohlmeinenden Reisenden überhaupt geöffnet. Wegen meines Besuches in Schigatse mußten die Einwohner eines Dorfes, das zwanzig Kilometer unterhalb der von mir bewohnten Einsiedelei lag, zweihundert Rupien Geldstrafe zahlen, weil sie es unterlassen hatten, die britischen Behörden von meinem Aufenthalt zu benachrichtigen. Der Verwaltungsbeamte bedachte bei seinem Urteilsspruch nicht, daß die Leute von meiner Anwesenheit keine Kenntnis haben konnten, da ich meine Reise von einem Kloster, drei oder vier Tagesmärsche von ihrem Dorf entfernt, angetreten hatte. Die Dörfler rächten sich auf eine Weise, wie Wilde das zu tun pflegen, durch Plünderung meines Häuschens. Ich beklagte mich umsonst, mir wurde keine Gerechtigkeit gewährt, sondern befohlen, binnen vierzehn Tagen das Land zu verlassen. Dies unhöfliche Vorgehen mußte gerächt werden, aber ich wollte eine witzige Rache nehmen, wie sie des Geistes meiner großen Geburtsstadt allein würdig war. Ein paar

Jahre später erkrankte ich auf einer Reise durch die chinesische Provinz Kham, wollte jedoch meinen Weg bis Batang gern fortsetzen, um mich dort von den ausländischen Ärzten des Missionskrankenhauses behandeln zu lassen. Aber seit die Truppen aus Lhasa die zwischen diesen beiden Orten gelegene Gegend erobert hatten, war der Aufenthalt dort den Ausländern verboten worden. Der Offizier der Grenzwache erkundigte sich, ob ich einen Erlaubnisschein vom britischen Konsul in Ta-tschien-lu hätte, und fügte hinzu, mit diesem Schein könnte ich nach Belieben in Tibet umherreisen, ohne ihn dürfte er mich indessen nicht weiterziehen lassen.

Ich setzte meinen Weg während der Nacht trotzdem fort, wurde allerdings ein paar Tage später von neuem angehalten und wieder auf den «großen Mann in Ta-tschien-lu», den angeblichen «Schlüsselbewahrer des verbotenen Landes», verwiesen. Inzwischen wurde ich immer kränker. Ich setzte meinen Fall den tibetischen Beamten auseinander und sparte auch nicht mit den höchst dramatischen Details, die zu der Beschreibung eines schweren Dysenterieanfalls nun einmal gehören und an denen die tibetische Sprache besonders reich ist. Doch das half alles nichts; die Furcht vor dem «großen Mann in Tatschien-lu» war stärker als die natürliche Herzensgüte der eingeschüchterten Offiziere, mit denen ich es zu tun hatte. Wenn ich inzwischen auch alle Hoffnung auf ärztliche Behandlung in Batang aufgegeben hatte, weigerte ich mich doch energisch umzukehren, wie man von mir verlangte. Ich beschloß, nach Jakyendo zu gehen, einem Marktort an der Straße nach Lhasa, außerhalb des eroberten Gebietes gelegen und noch in der Hand der Chinesen befindlich. Jakyendo liegt im äußersten Süden der «Grassteppe», und ich wußte, daß ich, wenn ich bis dahin noch am Leben war, dort gute Milch und Joghurt, die mich allenfalls noch heilen konnten, finden würde. Und dann versprach ich mir auch mancherlei Interessantes von einem Ausflug nach einem Gebiet, das erst kürzlich unter die Herrschaft Lhasas gekommen war. So hielt ich an meinem Entschluß fest. Als endlich jeder einzelne ganz davon durchdrungen war, daß sie mich schon erschießen müßten, um mich von meiner Reise nach Jakyendo abzuhalten, zog ich den verbotenen Weg durch das Niemandsland. Wirklich entsprach dieser Abstecher auch allen meinen Hoffnungen und wurde für mich zum Ausgangspunkt für neue Abenteuer.

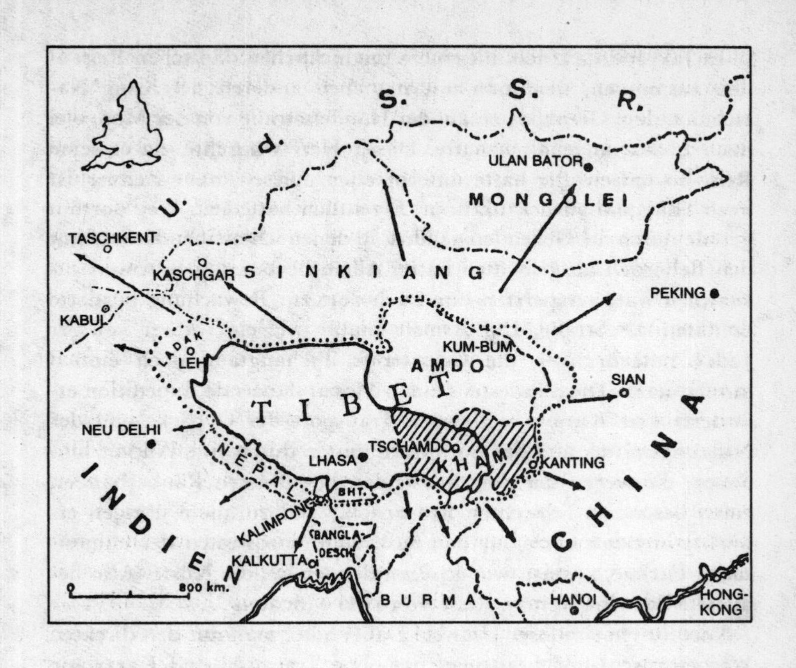

Die geographische Lage Tibets.

In Jakyendo traf ich mit einem unglücklichen dänischen Reisenden zusammen, den man mit manchen anderen bei Kang Natschuka, dem Grenzposten auf der Handelsstraße von der Mongolei nach Lhasa, angehalten hatte. Dieser Herr wünschte, da er seine Reise so unfreiwillig hatte unterbrechen müssen, ohne Zeitverlust nach Shanghai zurückzukehren. Eigentlich hätte sein Weg dorthin gerade durch die Gegenden geführt, in denen ich meinen Kampf mit den Behörden ausgefochten hatte. Allein bevor es noch soweit gekommen war, versperrten ihm auch dort zur Bewachung postierte Soldaten die Straße. Der Ärmste mußte wie ein wahrer «ewiger Jude» notgedrungen die Grassteppe Tschangtang noch einmal durchqueren. Die mindestens einen Monat dauernde Expedition erforderte eine Karawane für den Transport des Gepäcks und der Nahrungsmittel, und das noch dazu mitten durch eine Wildnis hindurch, die wegen der dort hausenden bewaffneten Räuberbanden einen besonders schlechten Ruf genoß. Und zu allem übrigen erreichte er dann auch nur den äußersten Nordwesten der chinesischen Grenze, anstatt, wie er eigentlich wollte, die Küste. Also bedeutete das eine weitere Reise von zwei Monaten . . .

Was für ein sinnloser Umweg! Dabei hätte man nur den direkten Weg einzuschlagen brauchen, um ohne Tragstuhl und Karawane auszukommen, man hätte am Ende eines jeden Tagesmarsches Verpflegung und Obdach in einem Wirtshaus gefunden und die Hälfte der Zeit gespart.

Solche Vorstellungen waren gewiß nicht angenehm, machten mich aber nur desto begieriger auf dieses so eifersüchtig bewachte Land. Ich plante also eine Reise nach den Ufern des Saluën, wobei der Weg mich über die «heißen Täler» von Tsawa-rong und Tsarong führen würde. Ob ich dann von dort weiter nach Lhasa ging? Vielleicht, aber wahrscheinlicher würde ich irgendeinen der nach Lu-tse-kiang oder Zagul führenden Pfade einschlagen . . .

Ich brach am Ende des Winters von Jakyendo auf, zu Fuß und nur von einem einzigen Diener begleitet. Die meisten Pässe waren durch Schneefall gesperrt, und ihre Überschreitung kostete uns unsägliche Mühe. Aber wir hatten die materiellen Hindernisse glücklich überwunden, den Grenzposten sogar gerade unter den Fenstern des wachhabenden Beamten passiert und näherten uns dem Saluën:

Da hielt man uns an. Ich selbst war niemand aufgefallen, aber mein Gepäck, das einige Instrumente und mancherlei zu botanischen Untersuchungen dienende Gebrauchsgegenstände enthielt, hatte Argwohn erweckt. Es befand sich in der Obhut einer kleinen Karawane unter der Führung Yongdens, eines jungen Tibeters, meines treuen Reisegefährten und Adoptivsohnes. Obgleich er mir mit mehreren Tagesmärschen Abstand folgte und hoffte, für einen Händler gehalten zu werden, verriet doch der Inhalt seiner Kisten, daß er etwas mit mir zu tun hatte. Er wurde festgehalten, und man schickte Männer aus, um mich aufzuspüren. So fand meine Reise ein plötzliches Ende.

Ich wurde zur Umkehr gezwungen, doch nun gewann die Idee, Lhasa zu besuchen, erst recht Gewalt über mich. Vor dem Grenzposten, zu dem ich geführt wurde, schwor ich mir insgeheim, daß ich Lhasa allen Hindernissen zum Trotz erreichen würde, schon um zu zeigen, was der Wille einer Frau vermag. Aber ich hatte dabei nicht nur meine Rache für die eigenen Niederlagen im Sinn. Ich wollte dafür kämpfen, daß endlich die Schranken niedergerissen würden, die in Innerasien um ein riesiges Gebiet gezogen worden sind, das sich annähernd vom 79. bis zum 99. Längengrad erstreckt.

Hätte ich diese Worte gleich nach jenem mißglückten ersten Versuch niedergeschrieben, so könnte man denken, ich spräche im Zorn, aber ich blicke ja nun auf einen Erfolg zurück und kann daher in aller Ruhe die unmögliche Lage auseinandersetzen, in der Tibet sich damals befand – und im Grunde immer noch befindet. Sicher werden mir viele meiner Leser beistimmen, wenn ich sage, daß der Himmel Gottes, die Erde aber des Menschen ist und daß daher auf dem ganzen weiten Erdenrund jeder ehrliche Mensch frei sein sollte, dorthin zu gehen, wohin es ihn zieht.

An dieser Stelle möchte ich meinen vielen englischen Freunden versichern, daß ich bei aller Kritik an der Rolle, die ihre Regierung mir gegenüber gespielt hat, mich doch frei weiß von jedem Übelwollen gegen die englische Nation als solche. Im Gegenteil! Seit meiner frühesten Jugend, als ich noch meine Schulferien an der Küste von Kent verbrachte, habe ich stets gern mit Engländern verkehrt und sie in ihrer Eigenart gern gemocht. Sie werden mir, hoffe ich, eine gar nicht an ihre Adresse gerichtete Kritik nicht übelnehmen. Viele

Leute, besonders christliche Missionare, werden sich gleich mir fragen, warum eine sich selbst als christlich bezeichnende Nation das Betreten eines Landes verbietet, in das sie doch ohne Bedenken ihre Truppen sendet und dem sie ihre Kanonen verkauft.

Aufbruch ins «verbotene Land»

Leb wohl, Beschaulichkeit! Es geht endlich fort! Da, wo der Pfad sich biegt, sehe ich noch einmal, zum letztenmal, zurück. An der Tür seines Hauses steht der Missionar der Station Li-kiang, der Yongden und mich vor ein paar Tagen, als wir ihn, ohne ihn im mindesten zu kennen, um Gastfreundschaft baten, willkommen hieß. Sein freundliches Lächeln ist nicht ganz frei von Besorgnis. Wie weit mag es uns gelungen sein, den guten Mann zu täuschen? Wohin unsere Reise geht, ahnt er sicher nicht, aber unser Plan muß in seiner Unbestimmtheit doch wohl seinen Verdacht erregt haben. Er wird sich fragen, ob es recht war, uns so einfach ziehen zu lassen: allein, zu Fuß und fast ohne Gepäck. Ich nehme an, ich hoffe sogar, die Namen der geheimnisvollen Wanderer, die ein paar Nächte unter seinem Dach geschlafen haben, werden in seinen Gebeten noch eine Rolle spielen. Mögen ihm seine eigenen Wünsche erfüllt werden, möge Gottes Segen auf ihm ruhen als Entgelt für die warme Herzlichkeit, mit der er mir den strahlenden Sonnenschein am Tag des neuerlichen Aufbruchs nach dem verbotenen «Land, wo der Schnee wohnt», noch heller macht.

Nun sind wir um die Ecke gebogen, das Missionshaus ist außer Sicht, das Abenteuer kann beginnen. Es ist meine fünfte Reise in Richtung Tibet, und wie verschieden waren immer Art und Weise des Abschieds. Manchmal ging es lustig dabei zu, Volk und Dienerschaft schwatzten und lachten, die Glöckchen am Halse der Maultiere klingelten, kurz, der ganze laute, fröhliche Lärm erscholl, wie ihn die Menge in Mittelasien so sehr liebt. Manchmal war die Abreise auch rührend und ernst, ja beinahe feierlich, wenn ich im vollen lamaistischen Schmuck des Brokatgewandes aus Purpur und Gold die Dorfbewohner und die «Dokpas», die Kuhhirten, segnete, die zusammengeströmt waren, um zum letzten Mal der Fee Kandhoma, die aus der Ferne zu ihnen gekommen war, zu huldigen. Aber ich hatte auch schon die Grausamkeit des Aufbruchs erlebt, wenn Wirbelstürme über die Einöde tobten, hinwegfegten über die schauerliche Schneewüste, die, sobald der Sturm vorbeigerast war, wieder totenstill dalag.

Diesmal strahlte die helle chinesische Herbstsonne von einem tiefblauen Himmel herab, und die grünbewaldeten Hügel schienen uns zuzuwinken, als versprächen sie uns nur glückliche Tage und eine Reise wie ein Spaziergang. Mit unseren beiden Kulis, die ein kleines Zelt und Vorräte an Nahrungsmitteln trugen, sahen wir nicht anders aus, als ob wir einen Ausflug von höchstens ein bis zwei Wochen vorhätten. Und das war es auch, was wir den guten Leutchen erzählt hatten, nämlich daß wir einen botanischen Streifzug durch die benachbarten Berge unternehmen wollten.

Wie der neue Versuch wohl enden würde? Ich war in hoffnungsvollster Stimmung. Ich wußte schon aus Erfahrung, daß ich als ärmlich gekleidete Reisende am ehesten unbeachtet bleiben würde. Zwar war es uns schon gelungen, das für die Reise durch China mitgenommene Gepäck unauffällig zurückzulassen, aber noch stand uns bevor, uns endgültig zu verkleiden und – das Schwierigste – die beiden Kulis loszuwerden, die wir notgedrungen hatten mitnehmen müssen, um das unvermeidliche Geschwätz zu vermeiden, das sich unter der Dienerschaft und den Nachbarn des Missionshauses sicher beim Anblick einer Europäerin erhoben hätte, die eine Last auf dem Rücken trug.

Ich hatte mir schon ausgedacht, wie ich die Kulis abschütteln wollte. Mein Plan hing freilich von allerhand unberechenbaren Umständen ab und konnte leicht an irgend etwas Unvorhergesehenem scheitern; aber da mir nichts Besseres einfiel, verließ ich mich auf mein Glück.

Wir waren frühzeitig aufgebrochen, und unsere erste Tagesreise war nur kurz. Auf einer kleinen geschützten Hochebene mit herrlichem Blick auf den höchsten Gipfel der Kha-Karpo-Kette schlugen wir unser Lager auf. Die Stelle heißt der «Geierfriedhof», weil die Chinesen dort einmal im Jahr Hunderte dieser Vögel um ihrer Federn willen, mit denen sie einen lohnenden Handel betreiben, totschlagen. Sie nutzen einen Pferde- oder Maultierkadaver als Köder und spannen Netze auf; haben sich die armen Geschöpfe darin verstrickt, so schlachten sie sie ab. Die gerupften Vogelleiber dienen wieder als Köder für neue Geier, die dem Trick nun ihrerseits zum Opfer fallen, und so geht es einen ganzen Monat lang weiter inmitten von Verwesung und Gestank. Glücklicherweise war, als ich den Platz erreichte, die Zeit des Geiermordens schon vorüber, und ich sah unter den kurzen dornigen Pflanzen, die den Boden bedeckten, nur noch Haufen bleicher Knochen herumliegen.

Die Natur hat ihre eigene Sprache, und möglich, daß man, wenn man lange einsam gelebt hat, die halb unbewußten Gefühle des eigenen Innern daraus ablesen kann und so manch Geheimnisvolles vorahnt. Jedenfalls erschien der majestätische Kha-Karpo-Gipfel, wie er sich am klaren Himmel beim Licht des Vollmondes scharf abhob, mir an jenem Abend gar nicht als der drohende Wächter einer unüberschreitbaren Grenze. Ich sah in ihm vielmehr einen verehrungswürdigen gnädigen Gott, der geneigt war, mein Schutzpatron zu werden und meine Liebe für Tibet zu begünstigen. Auch am nächsten Morgen bei Sonnenaufgang schien mir der Gipfel des Kha Karpo mit seinen glitzernden Schneeflächen ermutigend entgegenzulächeln. Ich sandte ihm einen Gruß zu und nahm das gute Omen dankbar an.

Ich hatte mein Nachtlager am Eingang einer Schlucht aufgeschlagen, aus der ein Nebenfluß des Mekong heftig hervorschäumte; es war ein wilder, malerischer Ort, von düsteren rötlichen Felsen eingeschlossen. Der morgige Tag sollte die Entscheidung bringen und mich am Fuß des Pfades finden, der zum Dokar-Paß hinanführt und damit zur Grenze des Landes, das seine Bewohner selbst das «unabhängige Tibet» nennen. Dort sollte mein Plan die Feuerprobe bestehen. Ob mit dem erhofften Erfolg? Würden uns die Kulis verlassen, ohne meine Absichten zu erraten? Und würde das Dorf Londre, von dem ich so wenig hatte in Erfahrung bringen können, durch seine Lage meine nächtliche Flucht begünstigen, die mich höher hinauf in die Berge bringen sollte, auf die um den Kha Karpo herumführende Pilgerstraße, die den Dokar-Paß kreuzt?

Eine Menge von Fragen stieg auf, und jede brachte ihre eigene Sorge mit sich. Und doch, kaum lag ich auf der Erde in dem kleinen Zelt, das Yongden selbst hergestellt hatte, als mich das alte Gefühl glücklichster Freiheit und größten Wohlbefindens ergriff, das ich immer in der Einsamkeit empfinde, und ich schlief ein, so sanft wie ein Kind, während ihm die Mutter ein Märchen erzählt.

Am folgenden Morgen verließen wir meinen alten Freund, den Mekong-Fluß, und wandten uns nach Westen, der Felsenschlucht folgend, an deren Eingang wir die Nacht verbracht hatten. Bald erweiterte sie sich zu einem schmalen, dicht bewaldeten Tal. Das Wetter war sonnig, und es wanderte sich gut. Wir kamen an zwei berittenen Tibetern vorbei, die uns kaum beachteten; vielleicht hielten sie uns für Chinesen, denn sowohl Yongden wie ich trugen ja noch chinesische Tracht. Trotzdem verursachte uns diese erste Begegnung einen leisen Schrecken. Allerdings waren wir ja noch in dem unter chinesischer Herrschaft stehenden Teil Tibets, der den Reisenden, wenn auch auf ihre eigene Gefahr, offensteht, aber es war doch von höchster Wichtigkeit, daß nichts über meine Wanderungen so nahe der Grenze irgendwie verlautete. Denn die tibetischen Beamten würden, einmal gewarnt und auf ihrer Hut, die Straße noch sorgsamer bewachen, und das hätte uns das Betreten des verbotenen Landstriches erheblich erschwert.

Kurz vor Mittag kam Londre in Sicht. Yongden und ich allein hätten es leicht vermeiden können, durch das Dorf zu ziehen, indem wir uns, bis es dunkel wurde, im Wald verborgen hielten. Das würde uns viel Ärger und Mühe erspart haben, denn von den steilen Hängen der Kha-Karpo-Kette, die wir besteigen mußten, trennte uns nur noch der wilde Gebirgsbach, dessen Lauf wir gefolgt waren und den wir in der engen Schlucht mehrere Male überschritten hatten. Aber das ging nun nicht, denn ich hatte den Kulis ausdrücklich gesagt, ich sei darauf aus, Pflanzen im Lande der Lu-tse-Stämme zu sammeln; der Weg nach Lu-tse-kiang führte aber durch Londre und nahm von da aus eine dem Kha Karpo gerade entgegengesetzte Richtung.

Im Bewußtsein, daß mit jedem weiteren Schritt meine geplante Flucht schwieriger wurde, folgte ich sehr beunruhigt den beiden Tibetern, die mich nach einer etwa zwanzig Kilometer entfernten bewaldeten Hochebene führen wollten, wo sie einen guten Lagerplatz kannten. Scheinbar warfen Yongden und ich kaum einen Blick in die Richtung des Dokar-Passes; in Wirklichkeit aber prägten wir uns nach besten Kräften jedes Merkzeichen ein, das uns in der nächsten Nacht helfen konnte, die Gegend wiederzuerkennen, die wir dann nochmals durchqueren mußten.

Unser Einzug in Londre war so unauffällig, wie wir es uns nur wünschen konnten. Keiner der uns begegnenden Einwohner schien uns besonders zu beachten, vielleicht dank des glücklichen Zufalls, daß ein amerikanischer Naturforscher gerade in der Nachbarschaft arbeitete und eine Menge Leute dabei beschäftigte. Die Dörfler glaubten vielleicht, wir wären auf dem Wege, bei ihm in Dienst zu treten.

Nachdem wir ein paar Kilometer der Straße nach Lu-tse-kiang gefolgt waren, immer in der meinem Ziel entgegengesetzten Richtung, hielt ich weiteres Vorgehen für unratsam. Es war für unsere Sicherheit erforderlich, daß wir für den langen Rückmarsch, der uns so weit wie möglich von Londre fortführen mußte, recht viel Zeit hatten, damit der Morgen uns schon weit vom Dorf entfernt und womöglich sogar schon auf der Pilgerstraße fände. Waren wir erst einmal dort, so konnten wir ja leicht vorgeben, aus einem nördlichen Teil Tibets gekommen zu sein, um den heiligen Berg zu umwandern.

Ich hatte mich lange nicht entschließen können, welchen Weg ich als Eingangspforte für das unabhängige Tibet wählen sollte; am Ende entschied ich mich für den, der jeden Herbst von Reisenden begangen wird, oder besser gesagt, die Umstände schienen ihn mir aufzuzwingen. Freilich brachte er die Gefahr häufiger Begegnungen mit sich. Aber das hatte auch wieder seine guten Seiten, denn unter den aus verschiedenen Gegenden Tibets stammenden Pilgern, die alle möglichen Dialekte sprachen und unter denen die Weiber alle erdenklichen Trachten und Kopfbedeckungen trugen, würden die kleinen Eigentümlichkeiten meines Dialekts wie meiner Gesichtszüge oder Kleider leichter als anderswo übersehen werden. Und sollte man doch Nachforschungen anstellen, müßten diese sich auf so viele Leute erstrecken, daß es ohne Verwirrung kaum abgehen konnte, und das mußte wieder zu meinen Gunsten wirken. Aber ich hoffte natürlich von Herzen, es würde gar nicht so weit kommen und daß wir während der ersten Wochen unserer Reise mit möglichst wenig Leuten zusammenträfen.

Wir waren nun an dem Punkt der Straße angekommen, von wo aus man einen Ausblick über das ganze Tal hatte, an dessen Eingang Londre lag. Durch dichten Dschungel, von einem klaren Strom durchflossen, führte ein Pfad vom Wasserlauf nach der Straße hin. Hier rastete ich ein paar Minuten und zerbrach mir den Kopf, wie ich unsere beiden unwillkommenen Begleiter nun am besten loswürde. Schließlich sagte ich zu den Männern: «Meine Füße sind wund und geschwollen, ich kann nicht weiter. Wir wollen zum Fluß hinabgehen, Tee machen und das Lager aufschlagen.»

Das kam ihnen nicht überraschend. Meine Füße waren wirklich durch die chinesischen Stricksandalen aufgescheuert, und die Kulis hatten sie selbst bluten sehen, als ich sie in einem Bach wusch.

Wir stiegen hinab und stellten das Zelt auf einer kleinen, von dichtem Buschwerk umgebenen Lichtung auf. Das vorhandene Wasser und der durch das Dickicht gewährte Windschutz hätten genügt, um die Wahl des etwas düsteren Platzes vollauf zu rechtfertigen, falls den beiden Trägern oder sonst jemand eingefallen wäre, sich darüber zu wundern.

Die Männer zündeten ein Feuer an, und ich ließ sie eine gute Mahlzeit kochen. Yongden und ich versuchten etwas Tsamba[1] hinunterzuschlucken, aber der nahe bevorstehende Aufbruch und die Angst, unsere Pläne könnten im letzten Augenblick noch durchkreuzt werden, nahmen uns den Appetit. Nach beendetem Mahl befahl ich einem der Männer, weiter oben am Berge trockenes Holz zu sammeln, da es in unserer Nähe nichts als Buschwerk gab. Kaum war er fort, setzte ich dem zweiten auseinander, daß ich ihn nicht mehr gebrauchen könnte, weil ich nun, bevor ich nach Lu-tse-kiang ginge, etwa eine Woche hierbleiben und in den Bergen Pflanzen sammeln wollte. Ich fügte noch hinzu, daß ich mir im Notfall ja immer irgendeinen zweiten Mann aus Londre zum Tragen meines Gepäcks holen könnte. Das sah er ein, und froh über seine reichliche Entlohnung, machte er sich gleich auf den Heimweg, natürlich im

1 Ein aus gerösteter Gerste hergestelltes Mehl, das Hauptnahrungsmittel der Tibeter und auch unseres während der ganzen Reise – falls wir nicht gerade wieder einmal hungern mußten.

guten Glauben, der Mann, den ich nach Holz ausgeschickt hatte, bliebe noch zu meiner Bedienung da.

Als dieser mit dem Holz zurückkehrte, wurde ihm das gleiche eröffnet. Natürlich wünschte ich kein baldiges Zusammentreffen der beiden Leute, damit sie sich nicht über meinen sonderbaren Einfall, ohne Diener im Lager zu bleiben, aussprechen konnten. So fügte ich hinzu, er müsse mir, weil ich ja nicht so bald selbst nach Lu-tsekiang käme, einen Brief und ein Paket dorthin besorgen. Von da aus könnte er dann, ohne Londre nochmals zu berühren, in sein Dorf zurückkehren.

In dem Paket waren einige überzählige, für die Armen des Ortes bestimmte Kleidungsstücke. Allerdings mußten Yongden und ich bei der Untersuchung des Gepäcks betrübt feststellen, daß es noch viel zu schwer war und daß wir auf die wasserdichte Unterlage verzichten mußten, die uns nachts den einzigen Schutz gegen direkte Berührung mit dem nassen oder gefrorenen Boden gewährt hätte. Auch von den paar Kleidungsstücken, die uns bislang noch zum Wechseln gedient hatten, mußten wir uns leider trennen. Nun hatten wir nichts mehr als das, was wir auf dem Leibe trugen, nicht einmal eine Wolldecke, obgleich wir wohl wußten, der Weg würde über hohe, verschneite Gebirgsketten und über mehr als 5400 Meter hohe Pässe führen. Nahrungsmittel mußten wir dagegen soviel wie möglich mitschleppen, da wir uns wenigstens eine Woche lang nicht in den Dörfern sehen lassen durften. Der ganze Erfolg, ja sogar unser Leben konnte davon abhängen.

Das Paket wurde an einen mir völlig unbekannten Missionar adressiert, der vermutlich seinerseits auch von mir nie gehört hatte. So schüttelte ich also meinen zweiten Kuli ab, und er zog mit seinen paar Dollar in der Tasche ebenso zufrieden davon wie vorher sein Kamerad, von dem er annahm, er sei mit irgendeinem Auftrag weggeschickt worden und würde noch vor Abend wieder zurück sein.

Ich hätte wohl hören mögen, was die beiden bei ihrem Wiedersehen zueinander sagten, nachdem der eine links, der andere rechts um den Gebirgsstock herumgelaufen war.

Alles war gut vorbereitet. Yongden und ich standen allein und frei im dichten Urwald. Das Neue an unserer Lage war beinahe berauschend. Monatelang, auf der ganzen langen Reise von der Sandwüste Gobi nach Jünnan, hatten wir die Frage unseres «Verschwindens», wie wir es nannten, erörtert und beraten, welche Verkleidung wir wählen sollten. Nun war die Stunde da, und noch diese Nacht wollten wir nach dem Dokar-Paß aufbrechen, der mit seinen 6100 Metern die Grenze zum «unabhängigen Tibet» markiert.

«Erst trinken wir eine Tasse Tee», sagte ich zu Yongden, «und dann mußt du auf Kundschaft ausgehen. Wir müssen versuchen, den Fuß des Kha-Karpo-Pfades ungesehen zu erreichen und vor Tagesanbruch außer Sicht des Dorfes zu sein.»

Ich schürte hastig das Feuer. Yongden holte Wasser vom Fluß, und wir bereiteten den Tee so, wie das arme Tibeter auf Reisen tun, das heißt ohne den Schüttelapparat, der dazu dient, Butter und Salz gut zu vermischen. Wir hatten nur einen Aluminiumtopf, zugleich Kessel, Teetopf und Kochgeschirr; außerdem noch eine Holzschüssel, wie sie die Lamas mit sich führen, für Yongden, eine Aluminiumschüssel für mich, zwei Löffel und am Gürtel einen chinesischen Reisekasten mit einem langen Messer und Eßstäben. Das war alles. Auf höhere Kochkünste verzichteten wir also ganz; wir wollten ganz wie die gewöhnlichen tibetischen Reisenden leben, das heißt vom Tsamba, mit Buttertee angemacht oder auch fast trocken gegessen, nur mit etwas Butter durchknetet. Auf Gabeln konnten wir also leicht verzichten, und selbst unsere beiden Löffel mußten vorsichtig im Hintergrund gehalten werden. Sie waren sichtlich ausländischen Ursprungs und konnten daher nur wohlhabenden Tibetern zugetraut werden, nicht uns «Arjopas», für die wir gehalten werden wollten: zu Fuß wandernde Pilger, die ihre Nahrung erbetteln. Wirklich sollten die verräterischen Löffel später eine dramatische Situation auslösen, in der ich beinahe einen Mann getötet hätte. Aber davon wird noch die Rede sein.

Nachdem der Tee getrunken war, brach Yongden auf. Die Stunden vergingen, die Nacht sank herab. Ich blieb am Feuer sitzen, das ich nicht höher anzufachen wagte, aus Furcht, daß man es von weitem sehen und uns dadurch entdecken könnte. Der Rest Tee, der eine letzte Herzstärkung vor dem langen Weg sein sollte, verdampfte über der glimmenden Asche; der aufgehende Mond verlieh den düsteren Tiefen des Tales bläulich-rötliche Farben, und alles ringsum war Einsamkeit und Schweigen.

Auf was für gewagte Träume hatte ich mich da eingelassen? In was für törichte Abenteuer wollte ich mich da verstricken? Böse Erinnerungen an meine früheren Reisen in Tibet stiegen in mir auf, mit all den Strapazen, mit all den Gefahren, die sich mir entgegengestellt hatten. Und all das, nein, noch Schlimmeres, lag nun wieder vor mir! Warum? fragte ich mich. Nur um bei der Ankunft in Lhasa hohnlachend über die vergeblichen Versuche, mich davon zurückzuhalten, zu triumphieren? Oder erzwungene Umkehr auf halbem Wege, oder gar ein endgültiger Fehlschlag, der Tod durch Absturz in den Abgrund, durch die Kugel eines Räubers oder ein elendes Sterben in Fieberschauern unter einem Baum, in einer Höhle, gleich Tieren der Wildnis? Ja, wer das im voraus wüßte!

Aber ich ließ die trüben Gedanken nicht Herr über mich werden. Was auch die Zukunft bringen mochte, ich wollte nicht aufgeben. «Halt! Nicht weiter!» Ein paar Politiker des Westens wagten es, diesen Befehl Forschungsreisenden, Gelehrten und Missionaren zuzurufen; nur ihren eigenen Agenten sollte das Betreten und Bereisen des sogenannten verbotenen Landes völlig freistehen? Mit welchem Recht errichteten sie Schranken um ein Land, das ihnen von Rechts wegen nicht gehörte? Wie viele Reisende waren nicht schon auf dem Wege nach Lhasa einfach verlorengegangen. Mir sollte das nicht passieren, das hatte ich mir geschworen, und nun wollte ich zeigen, was eine Frau vermag!

Das alles ging mir durch den Kopf, als Yongden plötzlich aus dem Gebüsch heraustrat. In dem seltsamen Licht des Mondes sah er einem Berggeist ähnlich. Er berichtete kurz das Ergebnis seines Erkundungsganges. Wenn wir das Dorf umgehen wollten, mußten wir einen schwankenden Laufsteg weiter oben im Tal benutzen und uns dann am gegenüberliegenden Ufer stromabwärts halten. Vielleicht wäre es auch möglich, den Fluß an einer schmalen Stelle zu durchqueren. Das würde den Weg sicher abkürzen, aber wegen einiger Bauern, die auf den Feldern arbeiteten, hatte Yongden nicht untersuchen können, wie tief das Wasser war. Einerlei, wie wir auch gehen mochten, wir mußten immer an ein paar Häusern vorbei. Diese lagen zwischen dem schmalen Steg über den Fluß, der aus dem Tal, in dem wir gelagert hatten, hervorkam, und der großen Brücke, die über den Nebenfluß des Mekong führte, den wir bei unserer Ankunft gesehen hatten.

Nach Überschreiten dieser zweiten Brücke würden wir den Seitenpfad, der zu der Pilgerstraße abzweigte, suchen können. Yongden hatte ihn ganz deutlich gesehen, wie er sich den steilen Hang hinaufschlängelte, aber nicht den genauen Punkt feststellen können, wo er das Flußufer verließ.

Mit dieser vagen Idee von unserem Weg im Kopf brach ich nun auf. Es war spät geworden, und wir ahnten nicht, wie viele Meilen wir noch im Lauf der Nacht zu wandern haben würden, bis wir an einen Ort kämen, an dem wir uns halbwegs sicher fühlen konnten.

Meine Last lag schwer auf meinen Schultern, die derben Riemen schnitten tief ins Fleisch, doch anfangs spürte ich das alles noch nicht. Ich rannte gegen scharfe Felskanten an, ich zerriß mir Gesicht und Hände an den Dornbüschen, aber ich war gleichsam unempfindlich geworden, wie hypnotisiert von dem festen Willen, mein Ziel zu erreichen.

Mehrere Stunden lang trabten wir das Tal entlang; zuerst waren wir zur Hauptstraße hinaufgeklettert, hatten uns vorsichtig an vereinzelt liegenden Bauernhöfen vorbeigeschlichen und versucht, den Fluß zu durchwaten. Allein das erwies sich als unmöglich. Das Wasser war sehr hoch, die Strömung stark und brach sich an vielen Felsblöcken; wir hätten uns nicht zwei Minuten lang im Wasser aufrecht halten können. So wandten wir uns wieder dem schmalen Steg zu, kamen aber ein paarmal vom Wege ab. Die Pfade, die mein junger Freund sich bei Tage gemerkt hatte, waren im fahlen Mondlicht, das noch dazu von Nebel verschleiert war, schwer zu finden. Endlich gelangten wir auf einen bequemen, wenn auch vielfach gewundenen Fußweg am jenseitigen Ufer. Wir folgten den Windungen in heller Verzweiflung über die kostbare Zeit, die wir durch sie verloren. Als das Dorf endlich in Sicht kam, setzten wir unsere Lasten nieder, tranken einen Schluck von dem an uns vorbeirauschenden klaren Wasser und schluckten rasch ein Körnchen Strychnin, um unsere ermüdeten Körper zu frischer Energie anzupeitschen, dann ging es im Laufschritt durch die gefährliche Zone und über die größere Brücke.

Ein einziger Hund hatte ein leises, unterdrücktes Gebell hören lassen, als wir gerade in der Nähe des Flusses waren – nur ein einziger Hund, wo doch gewiß ein Dutzend dieser ziemlich wilden Tiere sich die ganze Nacht im Freien herumtrieb! Ich mußte dabei an die indischen Erzählungen von den Söhnen aus guter Familie denken, wie sie auf der Suche nach Moksha, dem «höchsten Heil», ihre Heimat verlassen, um sich als Sannyasin dem religiösen Leben zu widmen. Wir können da lesen, daß die Götter, um ihnen die Flucht zu erleichtern, «die Menschen in Schlaf lullten und die Hunde zum Schweigen brachten». Das hatten sie offenbar auch für mich getan, und lächelnd richtete ich meinen Dank an die unsichtbaren Freunde, die meinen Aufbruch begünstigt hatten.

In unserer Hast hatten wir einen kleinen Erdrutsch gerade vor uns übersehen, der nichts anderes war als der verschüttete Anfang des aufwärtsführenden Abzweigungsweges. Wir suchten am Fluß entlang nach einer Umgehungsmöglichkeit, und zwar so lange, bis wir an eine steile Schlucht gerieten, die uns zwang, zur Brücke zurückzukehren. So ging wieder eine halbe Stunde verloren; wir waren in voller Sicht des Dorfes und zitterten davor, entdeckt zu werden. Der richtige Weg, den wir endlich kurz nach Mitternacht fanden, war so steil und sandig, daß wir, so schwer beladen, nur langsam und angestrengt vorwärtskamen und oft stehenbleiben mußten, um Atem zu holen. Es war fürchterlich, und ich fühlte mich ganz wie unter einem Alpdruck, wenn der Träumende sich von Mördern verfolgt glaubt, alle seine Kräfte anspannt, um wegzulaufen, aber keinen Fuß rühren kann.

Gegen Morgen kamen wir zu einem düsteren, von hohen Bäumen beschatteten Ort. Unsere Schritte schreckten eine Menge großer Vögel auf, die geräuschvoll fortflogen. Ein kleiner Wasserlauf war in der Nähe, und Yongden, der seit dem vergangenen Morgen auch nicht eine Minute Ruhe gehabt hatte, verlangte sehnsüchtig nach einer Schale Tee. Ich war ebenfalls halb verschmachtet und teilte seinen Wunsch, entschloß mich aber doch nur zögernd zum Bleiben. Sehr sicher erschien mir dieser düstere Ort, der einzige, wo Wasser erreichbar war, nicht gerade. Es war sehr gut möglich, daß er von den in diesen Berggegenden häufigen Panthern und Leoparden aufgesucht wurde. Vor allem aber wollte ich so weit wie möglich von Londre fort. Ich allein hätte lieber die größten Qualen erduldet und wäre, wenn ich mich nicht mehr auf den Beinen halten konnte, auch auf den Knien weitergekrochen. Doch Yongden war so erschöpft, daß alle Vorsicht zurückstehen mußte. Er konnte nicht mehr weiter und fiel auf den nassen Boden mehr nieder, als daß er sich hinsetzte. So ging ich auf die Suche nach Brennholz.

Der heiße Trank war sehr wohltuend, aber leider schläferte er meinen Gefährten ein. Ich hätte heulen können; jede weitere verlorene Minute verkleinerte die Aussicht auf Erfolg. Aber was war da zu tun, gegen den Schlaf ist man machtlos! Allerdings erlaubte ich Yongden nur ein kurzes Ausruhen, und wir setzten bald unseren Marsch fort.

Die Einsamkeit wirkte beruhigend auf uns. Die Sonne stand schon ziemlich hoch, als wir oberhalb von uns eine Stimme hörten. Ohne auch nur ein Wort zu wechseln, stürzten Yongden und ich wie aufgescheuchtes Wild in panischem Schrecken in den dichten Wald, nur von dem einen Gedanken besessen, außer Sicht zu kommen. Erst bei einer von Dornbüschen umgebenen Mulde hielt ich inne und schaute mich um: von Yongden keine Spur.

Aber er war nicht weit. Wir fanden uns bald wieder zusammen, wagten es jedoch nicht mehr, bei Tageslicht weiterzugehen. Es war nicht ausgeschlossen, daß uns, wenn wir auf dem Wege blieben, Pilger einholten, denen an unserer Erscheinung etwas auffiel und die jenseits der Grenze darüber schwatzten. Wir waren auf das Schlimmste gefaßt und wollten möglichst wenig riskieren. Wir verbrachten deshalb unseren ersten «Reisetag» unter Bäumen hockend. Von unserem Ruheplatz aus konnten wir hören, wie unsichtbar bleibende Leute ebenfalls unsichtbares Vieh vorbeitrieben. Am jenseitigen Abhang tauchte einmal ein Holzfäller auf, der bei seiner Arbeit ganz hübsch vor sich hin sang, ohne etwas von der Angst zu ahnen, die er einer fremden Frau verursachte.

Bald nach Sonnenuntergang setzten wir unsere nächtliche Wanderung fort. Bei einbrechender Dunkelheit sahen wir mehrere Feuer vor uns am Berghang, was uns sehr irritierte, denn möglicherweise führte ja unser Pfad gerade darauf zu. Sicher lagerten dort Hirten oder Köhler, und die Aussicht, nachts mit Einheimischen zusammenzukommen, lockte uns sehr wenig, denn das neugierige Volk konnte die lästigsten Fragen stellen.

Wir blieben lange auf einer Lichtung im Grase sitzen und warteten auf den Mondaufgang. Den Pfad konnten wir nicht sehen, wohl aber diese abscheulichen glühenden Feuer. Sie wirkten geradezu dämonisch inmitten der dunklen, verschwommenen Umgebung der mit Föhren bestandenen riesigen Felsen, die, durch die Flammen unheimlich beleuchtet, zum dunklen bestirnten Himmel emporragten.

Stunden später kamen wir im Mondschein zu einem kleinen Tschörten[1], gerade an der Stelle, wo unser Weg in die Pilgerstraße einmündete. Letztere war ein ziemlich breiter Saumtierpfad und erleichterte unser Weiterkommen sehr. Daß wir diesen Punkt, ohne gesehen worden zu sein, erreicht hatten, war kein geringes Glück. Blieb es uns weiter so treu, dann durfte ich sicher damit rechnen, daß der Übergang über den Dokar-Paß und in das Mekong-Tal gelingen werde. Ich konnte mir dann Glück wünschen zum ersten entscheidenden Schritt dem vollen Erfolg entgegen, denn dort kreuzten sich viele Wege, auf denen Reisende aus allen Himmelsrichtungen zusammenströmten. Mit nur ein wenig Schlauheit mußte es uns gelingen, in der namenlosen Menge der armen tibetischen Pilger zu verschwinden, die von den Beamten keines Blickes gewürdigt werden.

Der Durst quälte uns noch mehr als in der verflossenen Nacht, als wir an einem wildrauschenden Gebirgsbach ankamen, der quer über die Straße floß. Ziemlich hoch über dem Wasser, das mit weißem Schaum über ein Chaos von Felsblöcken hinwegströmte, schwebte eine schmale Brücken. Yongden dachte an nichts als seinen Durst und wäre am liebsten gleich hinabgestiegen, um zu trinken. Aber das war gefährlich, denn im Dunkeln vermochte er die Hindernisse, die ihn zum Stolpern und Fallen bringen konnten, nicht zu sehen, und beim Fallen konnte er leicht in den Sturzbach geraten und von diesem mitgerissen werden. Ich versuchte, ihm das klarzumachen, aber er blieb eigensinnig dabei, Wasser sei hier selten, und da wir seit gestern abend an keins mehr gekommen waren, war es freilich möglich, daß es wiederum Stunden dauern würde, bis wir auf einen neuen Wasserlauf stießen. So unwiderlegbar das auch war, Durst war immerhin weniger schlimm als Ertrinken, und ich befahl ihm daher, den Steg zu benutzen. Das jenseitige Ufer war weniger steil,

1 Opferschreine, die man in Tibet errichtet, um Kultgegenstände oder die Überreste von berühmten verstorbenen Lamas darin aufzubewahren.

Alexandra David-Néel und tibetische Pilger
vor einem Tschörten.

und man sah, dort war ein Abstieg möglich. Obgleich die Zeit drängte und ich ungern so nahe an der Straße ein Feuer anzünden wollte, dachte ich doch an einen Halt, als ich zu meinem Schrecken plötzlich hörte, wie uns jemand anrief. Die Stimme gehörte einem Mann, der uns glühende Kohlen zum Entfachen eines Feuers und dann sogar noch eine Tasse Tee anbot! Wir blieben bewegungs- und sprachlos stehen. Soeben hatten wir noch englisch miteinander gesprochen; ob der Mann das etwa gehört hatte?

«Wer seid ihr?» fragte eine zweite Stimme. «Warum wandert ihr bei Nacht?»

Noch immer konnten wir niemand sehen, aber die Stimmen kamen aus der Richtung eines großen Baumes. Vielleicht war er hohl, und Reisende hatten in ihm übernachtet.

«Wir sind Pilger», antwortete Yongden, «Dokpas aus Amdo, und wir vertragen die Hitze hierzulande nicht. Wir bekommen Fieber, wenn wir in der Sonne wandern, deshalb gehen wir bei Nacht um den heiligen Berg herum.»

Das klang ganz glaubwürdig, und der Mann beruhigte sich auch mit dieser Antwort, aber Yongden fuhr fort: «Und wer seid ihr?»

«Wir sind auch Pilger.»

«Nun gut, lebt wohl», sagte ich kurz abbrechend, «wir wollen noch etwas weiter und erst das nächste Mal, wenn wir an Wasser kommen, lagern.»

So verlief die erste zufällige Begegnung auf unserm Wege nach Lhasa ganz harmlos. Wir begriffen jedoch, daß wir überall und stets darauf vorbereitet sein mußten, auf unverdächtige Weise von unserem Hiersein Rechenschaft abzulegen.

Wir setzten unseren Weg mehrere Stunden lang fort, ohne wieder auf Wasser zu stoßen. Ich war erschöpft und ging nur noch mechanisch, halb im Schlaf, weiter. Einmal glaubte ich, wir kämen an eine Hütte am Wegesrand, und zerbrach mir den Kopf, was ich sagen und tun sollte, wenn ich dort Tibeter träfe. Aber die «Hütte» erwies sich als ein Durchgang zwischen zwei großen Felsen. Schließlich zwang uns unsere gänzliche Erschöpfung doch, anzuhalten. Der Ort war freilich zum Lagern ganz ungeeignet; der sehr schmale Pfad zog sich an der einen Seite dicht an einer natürlichen Steinmauer hin und endete an der andern Seite an einem schroffen Absturz. Als Bett mußten uns die Felsen dienen, die sich durch unsere Kleider hindurch unangenehm bemerkbar machten, und dabei durften wir auch im Schlaf ja nicht vergessen, daß wir am Rande eines in der Dunkelheit unergründlich scheinenden Abhanges lagen.

So verlief die zweite glückliche Nacht unseres wunderbaren Abenteuers. Noch war der Tag nicht angebrochen, als Yongden und ich unsere Last schon wieder auf dem Buckel hatten und den Marsch durch den Wald fortsetzten. Es war nun über vierundzwanzig Stunden her, daß wir nicht mehr gegessen und getrunken hatten, und wir waren noch nicht an verlängertes Fasten gewöhnt, so daß wir diese erste Probe schlecht ertrugen. Wir gingen, so schnell wir nur konnten, um irgendeinen Wasserlauf zu erreichen, bevor wir uns einen Unterschlupf für den Tag suchten, und liefen obendrein um die Wette mit der nun schnell aufgehenden Sonne. Sie erschien oberhalb einer durch dichtes Laubwerk verkleideten Anhöhe, und ihre Strahlen begannen bald das Unterholz zu beleuchten und zu erwärmen. Es wurde Zeit für uns, den Schutz des Waldes aufzusuchen. Die Männer, denen wir in der Nacht begegnet waren, konnten uns vielleicht einholen, und das würde zu endlosen Reden und Erklärungen führen, und das schlimmste wäre: Sie würden uns bei hellem Tageslicht zu Gesicht bekommen.

Wir krochen so weit in das einige Do-Möds[1] umgebende Dickicht bergan, bis wir vom Wege aus ganz unsichtbar waren. Ich blickte hinunter und sah in der Tiefe etwas bläulichen Rauch zwischen den Bäumen schweben, hörte auch ein fernes Geräusch wie von fließendem Wasser. Der Gedanke, daß da unten Reisende oder Waldarbeiter ihre Morgenmahlzeit verzehrten, steigerte unseren Hunger schließlich so sehr, daß Yongden sich zu dem Wagnis entschloß, mit dem Kessel auf die Straße und auf die Suche nach Wasser zu gehen.

Als ich allein geblieben war, versteckte ich unser Gepäck unter einigen Zweigen, legte mich flach auf die dürren Blätter und deckte mich auch noch mit ihnen zu. So durfte ein Wanderer schon sehr nahe an mir vorbeikommen, ohne mich zu bemerken, und das passierte denn auch wirklich Yongden selbst, als er mit seinem Kessel voll Wasser zurückkehrte. Ich war inzwischen eingeschlafen, und er

1 Wörtlich «Steinopfer»: Auf Bergeshöhen und auch sonstwo häufig errichtete, den Göttern geweihte Steinhaufen.

durchstreifte lange das Buschwerk, ohne den Ort, an dem er mich verlassen hatte, wiederzufinden. Laut zu rufen wagte er nicht, und er hätte mich noch lange suchen können, wäre ich nicht durch das Rascheln seiner Füße im dürren Laub erwacht.

In der vergangenen Nacht hatten wir die Frage unserer Verkleidung besprochen. Bisher hatten wir unsere chinesischen Gewänder getragen, die uns selbst im Fall, daß man mich als Europäerin erkannte, nicht belastet hätten, denn fast alle Ausländer pflegen sich in den unwirtlichen Regionen des tibetischen Chinas so zu kleiden. Aber von jetzt an mußten wir davon ausgehen, daß alle, die uns begegneten, einheimische, von allem Fremden beunruhigte Pilger aus den verschiedensten Gegenden Tibets sein würden, und wir konnten daher gar nichts Besseres tun, als uns wie unauffällige gewöhnliche Arjopas unter sie zu mischen.

Diese Arjopas sind bettelnde Pilger, die das ganze Jahr hindurch zu Tausenden Tibet auf dem Weg von einem der Heiligtümer zum andern durchziehen. Meistens, wenn auch nicht immer, gehören sie als Mönche oder Nonnen einem religiösen Orden an. Manchmal sind sie wirklich sehr arm oder sogar Berufsbettler. Es gibt Arjopas, die ganz ohne Geld unterwegs sind und sich während der Pilgerfahrt allein auf Wohltätigkeit verlassen; andere wiederum sind nicht völlig mittellos, halten aber mit ihrem bißchen Geld vorsichtig zurück, um nicht ganz blank dazustehen, wenn das Unglück es mal so will, daß es an Almosengebern fehlt. Eine dritte Gruppe ist in der Lage, das wenige zu kaufen, was der Tibeter zu seinem bescheidenen Lebensunterhalt braucht. Im Grunde jedoch ist der soziale Status der Pilger relativ und trügerisch. Einem Lama, der die heiligen Schriften lesen und die verschiedenen lamaistischen Zeremonien ausführen kann, besonders aber dem, der sich auf Beschwörungen und Wahrsagen versteht, wird es nicht so leicht an Nahrung, Kleidung und sogar Geld fehlen, so daß er sich gut ein paar Monate auch ohne Bettel durchschlagen kann. Und der Wohlhabende kann unterwegs krank werden oder in Räuberhände fallen – und gerät dann mit einem Schlage unter die Ärmsten seiner Reisegefährten.

Ich hatte die Verkleidung eines Arjopa als die unauffälligste von allen gewählt. Yongden sah genau aus wie das, was er ja wirklich war, nämlich ein richtiger gelehrter Lama, und ich, seine «alte Mutter», die aus reinster Frömmigkeit diese lange Pilgerfahrt unternommen hatte, war ohne Zweifel eine rührende, sympathische Figur. Natürlich hatten diese psychologischen Überlegungen mich bei der Wahl unserer Rollen stark beeinflußt, aber warum soll ich nicht gestehen, daß mich auch die schrankenlose Freiheit der Arjopas, die gleich Diogenes all ihr Hab und Gut bei sich tragen und ihr Nachtquartier, unbehindert durch Diener, Pferde und Gepäck, nach Belieben heute hier, morgen da aufschlagen, mächtig anzog? Einen Vorgeschmack davon hatte ich schon früher auf einer kurzen Reise durch die Provinz Kham gehabt und gewünscht, dieses Vergnügen länger zu genießen. Auch jetzt, wo ich die Leiden und Freuden des Arjopa-Lebens in Tibet gründlich erfahren habe, halte ich diese Daseinsform noch immer für eine der glücklichsten, die man sich nur erträumen kann. Ich betrachte die Tage, an denen ich mit schwerbeladenem Rücken als eine der zahllosen tibetischen bettelnden Pilgerinnen das Land durchwanderte, als die schönsten meines Lebens.

Nach einer üppigen Mahlzeit von Tsamba, Dörrfleisch und Buttertee fingen wir mit der Verkleidung an. Aber konnte man es denn eine Verkleidung nennen? Yongden zog sich ebenso an, wie er das tat, wenn er als Lama im Kloster lebte, und ich hatte mich seit Jahren an das Tragen tibetischer Tracht gewöhnt; neu war für mich nur das einfache weiße Gewand, das ich für die Reise anlegte. Probleme machte mir die Kopfbedeckung; ich hatte mir eine für diese Gegend typische in Atuntse kaufen wollen. Aber nun kamen wir nicht über diese Stadt, und ich konnte in keinem der chinesischen Dörfer, die wir passierten, einen tibetischen Hut finden. Für den Augenblick mußte ein alter roter Gürtel, nach Art der Frauen von Lu-tse-kiang um den Kopf geschlungen, herhalten. Die Stiefel, die ich mir aus Kham mitgebracht hatte, zeigten, wie auch der Stoff meines Kleides, daß wir aus jener Provinz herkamen, und dienten mir geradezu als Beglaubigung meiner Zugehörigkeit zum tibetischen Landvolk.

Zwei Jahre früher hatte ich mir bei einem ähnlichen Abenteuerunternehmen die Zöpfe abgeschnitten; nun brauchte ich sie wieder für meine Rolle einer Frau aus dem Volk. Da mein Haar noch nicht wieder lang genug gewachsen war, verlängerte ich es mit kohlschwarzem Haar vom Jak, und damit mein eigenes braunes nicht davon abstach, färbte ich es mit etwas angefeuchteter chinesischer Tusche. In den Ohren trug ich lange Ohrringe, die mein Aussehen stark veränderten, und puderte mir schließlich, um einen dunklen Teint zu erzielen, das Gesicht mit einer Mischung aus Kakao und zerdrückter Holzkohle ein. Mein Make-up war vielleicht etwas sonderbar, aber Theaterfriseure, von denen ich mir hätte helfen lassen können, sind in dieser Gegend selten anzutreffen.

Bei Sonnenuntergang beluden wir uns mit unserem Gepäck und verließen das Dickicht als eben flügge gewordene tibetische Wandersleute. Am nächsten Morgen fanden wir nur einen höchst ungesunden Lagerplatz im sommerlichen Bett eines im Morast erstickten Flusses. Der Boden war ganz mit Überresten einer bei einem Waldbrand verkohlten Rohrschicht bedeckt, auf der sich dann eine dichte Lage von grünem Moos gebildet hatte. Hier aßen wir, wagten aber wegen der Nähe der Straße kein Feuer anzuzünden und tranken das ziemlich widerlich schmeckende eisige Wasser.

Wie lange ich geschlafen haben mochte, wußte ich nicht. Als ich die Augen öffnete, sah ich einen Mann in tibetischer Tracht vor mir stehen, auf dem Kopf hatte er einen weichen Filzhut, wie ihn die tibetischen Soldaten außerhalb Lhasas tragen. In weniger als einer Sekunde schwirrten viele Gedanken durch meinen Schädel. Ein tibetischer Soldat – und wir sind doch noch auf chinesischem Gebiet – was tut er hier? Wurde er über die Grenze geschickt, um uns zur Umkehr aufzufordern? Sind die tibetischen Beamten davon benachrichtigt worden, daß wir uns auf den Dokar-Paß zu bewegen? Auf jeden Fall mußte ich ihn überzeugen, daß ich eine echte Tibeterin sei, und als besten Beweis dafür schneuzte ich schnell meine Nase mit den Fingern.

Die Bewegung machte mich vollends wach, und da stellte sich denn heraus, daß der vermeintliche Soldat nur ein bizarr geformter Fels war. Aber ich hatte nicht den Mut, mich selbst auszulachen, dazu war ich noch immer viel zu erschrocken, und nicht genug damit, ich fing so sehr an zu zittern, daß ich leider nicht daran zweifeln konnte: Schon der kurze Aufenthalt an dem feuchten Ort hatte mir einen Fieberanfall eingetragen.

Ich sah nach meiner Uhr; es war erst 3 Uhr nachmittags, aber um diese Jahreszeit waren die Tage sehr kurz, und der Mond ging erst um Mitternacht auf. Während der nächsten vierzehn Tage mußten wir es auf gut Glück wagen, bei Tage zu marschieren, sonst setzten wir uns der Gefahr aus, zu langsam voranzukommen. Spät in der Nacht erreichten wir einen besonders schönen Punkt, eine Art weiter, natürlicher Lichtung, vom Waldesdickicht wie von Wällen umgeben. In dem Schatten der Riesenbäume, unter denen die tiefste Dunkelheit lagerte, sah es aus, als stände hier ein Tempel für okkulte Riten, und ich mußte an die Druiden denken.

Daß hier Pilger zu lagern pflegten, sah man an der großen Zahl von alten Feuerstellen. Einige Sybariten unter den frommen Wanderern waren in ihrem Bestreben, es sich behaglich zu machen, so weit gegangen, eine doppelte Lage von Kieferzweigen wie einen Teppich um die primitiven Herde herum aufzuschichten, und diese dunkelgrünen Flecke auf den goldbraunen Blättern, die der Herbst über den Boden gestreut hatte, verstärkten noch den Eindruck, in einem geheimnisvollen Heiligtum zu sein.

Große Baumstümpfe lagen umher, und wir konnten fast mühelos ein herrliches Feuer entfachen. Aus dem undurchdringlichen Unterholz hörten wir Geräusche von herumschleichenden Tieren. Schon möglich, daß der eine oder andere Vierfüßler uns beobachtete, ich hatte aber Zutrauen zu der schützenden Glut des Feuers, aus dem von Zeit zu Zeit die Flammen verräterisch hoch zum Nachthimmel emporschlugen.

Yongden ging mit lodernden Zweigen in den Händen zweimal zum Wasserholen an den Fluß. Ich riet ihm, unterwegs ununterbrochen eine Liturgie zu singen, das würde die Panther und Leoparden gewiß verscheuchen. Das feierliche Psalmodieren so tief im Walde stimmte herrlich zu der Eigenart des Ortes und erweckte in mir den Wunsch, den schauerlichen Ritus vorzunehmen, der bei den tibetischen Eremiten in so hohem Ansehen steht, weil er am besten das Gemüt von allen irdischen Fesseln befreien soll. Trotz seiner strengen Symbolik fehlt es ihm nicht an Poesie, und die erfahrenen Alten lächeln bedeutsam, wenn die zitternden Novizen sich an das damit verbundene Grauen inmitten stimmungsvoller Umgebung erst gewöhnen müssen.

Die Gefahr, von Reisenden belauscht zu werden, wie mir das einst passiert war, als ich nachts so unvorsichtig gewesen war, an einem heiligen Sturzbach englisch zu sprechen, schreckte mich diesmal nicht, denn sah mich wirklich jemand die Figuren des mystischen Tanzes ausführen und die Götter und Dämonen anrufen, so konnte er mich ja nur für eine Naljorma, eine tibetische Dämonenbeschwörerin, halten und würde sich dann, schreckerfüllt, schleunigst entfernen.

Nach kurzer Rast wären wir am liebsten noch vor dem Morgengrauen aufgebrochen, aber das Licht des Mondes drang nicht durch das dichte Laubwerk; so konnten wir den Weg nicht finden und mußten warten.

Je höher wir den heiligen Kha Karpo hinanstiegen, desto mehr veränderte die Landschaft ihren Charakter. Sie wurde düsterer und wilder als in der Gegend von Londre. Unser Nachtmarsch war herrlich; es war, als hätten wir eine neue Welt betreten. Seltsame Gestalten stiegen vor uns auf, mochten sie nun dem unsicher durch Wolken und Zweige brechenden Mondlicht oder anderen, uns unbekannten Ursachen zuzuschreiben sein. Oft vermeinten wir in den Bergschluchten verborgen glimmende Feuer zu sehen, dann hoben bewegte Schatten sich gegen das fahle Licht ab, und seltsame Töne wurden laut. Einmal sah ich zwei große Gestalten auf uns zukommen. Um uns nicht zu verraten, kehrte ich schnell um, und fast am Boden kriechend, erreichte ich mit Yongden das ausgetrocknete Bett eines Flusses, zwischen dessen hohen Ufern wir uns unter Steinen und abgefallenem Laub niederkauerten. Von hier aus beobachteten wir am Fuß eines steilen Felsens ein ab und zu aufflackerndes Feuer.

Früh am nächsten Morgen, zur Zeit, wenn die Reisenden in Tibet zum Tagesmarsch aufbrechen, horchten wir sorgsam auf den Klang von Menschenstimmen oder Tiergeräuschen. Aber alles im Walde blieb totenstill. Da trieb mich die Neugier vom Pfad ab, dem großen Felsen zu. Ich fand ihn umgeben von hohem Dorngebüsch und ein paar abgestorbenen Bäumen – nirgends in seiner Nähe auch nur ein Fleck, der sich zum Lagern geeignet hätte. Vor langen Jahren war der Felsen einmal, wie viele in Tibet, mit dem Bilde Padmasambhavas[1] und ein paar mystischen Formeln verziert worden, aber nun

1 Wörtlich «Der aus dem Lotos Geborene»: Einer der Begründer des tibetischen Buddhismus. Er lebte im 8. Jahrhundert und wird von vielen Tibetern als zweiter Buddha verehrt.

war das alles unter dem Moosbewuchs fast verschwunden. Und nicht eine Spur von Feuer, Kohlen, Asche oder angebranntem Holz. Ich bemerkte zwischen Erdboden und Felsen einen langen, schmalen Spalt, und hier schien der Stein allerdings von Rauch geschwärzt, obgleich ich eher geneigt war, die dunkle Färbung für natürlich zu halten. Mehr als eine Stunde lang trieben Yongden und ich uns noch um den Felsen herum, in der Hoffnung, den Eingang zu einer Höhle zu entdecken, aber wir fanden nichts.

Während wir noch suchten, ließen ein paar Amseln sich auf den Zweigen nieder und schienen unser Tun mit spöttischem Gekicher zu beobachten. Yongden ärgerte sich über die häßlichen Laute.

«Die kleinen schwarzen Biester», sagte er, «kommen mir nicht wie natürliche Vögel vor; es sind gewiß tückische Dämonen, die, um uns unterwegs aufzuhalten, nachts ihre Schelmenstreiche mit Feuer und Musik getrieben haben und uns jetzt in Vogelgestalt narren.»

Ich lächelte über diese Erklärung, aber ihm war es ganz ernst damit. Sein Urgroßvater war ein namhafter Magier-Lama gewesen, und ich denke mir, das Blut dieses Ahnen regte sich nun in ihm. Er rezitierte mit allen vorgeschriebenen rituellen Gesten eine Zauberformel, und seltsam, die Vögel flogen wirklich unter lautem Geschrei davon.

«Siehst du!» triumphierte der junge Lama, «ich wußte es ja! Laß uns lieber nicht länger hierbleiben!»

Wieder lächelte ich, aber daß wir weitergehen mußten, darin hatte er recht, denn noch in dieser Nacht wollten wir ja die Grenze des «verbotenen Landes» überschreiten.

Der Zugang zum Paß war wunderschön; der frühe Morgen fand uns in einem großen, von Rauhreif weißglänzenden Tal, zur Linken von Bergen umgeben, die von vieltürmigen Burgen gekrönt schienen. Ich glaubte zuerst, wir sähen da eins der vielen Klöster, wie es als Wohnort für kontemplative Lama-Orden so viele gibt, aber ich begriff bald, die Natur selbst war die Erbauerin dieser ebenso großartigen wie anmutigen Gebilde gewesen.

Es tat mir leid, daß die Nähe der Grenze und meine große Angst vor Entdeckung mich daran hinderten, hier ein paar Tage mein Lager aufzuschlagen. Gar zu gern hätte ich Weg und Steg gesucht, um zu diesen Feenschlössern hinaufzuklettern. So wie ich Tibet kannte, war es gar nicht unmöglich, in einem dieser luftigen Ausluge einen Einsiedler zu finden.

Auf unserem Weg einem Kamm entgegen, der die Paßhöhe zu bilden schien, kamen wir an mehreren stark sprudelnden Quellen vorbei. Im Sommer bringen die Dokpas ihr Vieh hier hinauf, wir hatten im Tal schon seine Spuren gesehen, aber zu dieser Jahreszeit herrschte überall lautlose Stille. Der Gedanke, daß uns nur noch ein kurzer Anstieg vom Gipfel trennte, gab uns neue Kräfte. So marschierten wir schnell und erreichten eine Wegbiegung, nahe bei dem Punkt, den wir für die Paßhöhe gehalten hatten. Hier sahen wir, daß wir nur ein neues, weites Tal erreicht hatten, das in der Ferne von Abhängen begrenzt war. Hinter ihnen lag zweifellos der Dokar-Paß, aber dieser selbst blieb unsichtbar. Das war eine schlimme Überraschung, denn wir waren müde und hatten ja auch wenig Nachtruhe genossen. Überdies war es nicht ratsam, mitten am Tage diese offene Gegend zu passieren, wo man uns von allen Seiten beobachten konnte. Glücklicherweise bot uns ein Chaos riesiger Felsen, vermutlich das Ergebnis eines Jahrhunderte zurückliegenden Erdrutsches, gute Deckung. Trotz der großen Höhenlage gediehen dort auch noch ein paar verkrüppelte Kiefern, die uns Schutz boten.

Von unserem Ruheplatz aus konnte ich noch die Spitzen der vom Tal aus schon bewunderten Feenschlösser sehen, aber nun stand ich über ihnen und bemerkte, daß die andere Seite des Hügels viel weniger steil war.

Ich habe selbst mehrere Jahre lang in Höhlen oder einfachen Hütten, in der Graswüste oder am Fuß des ewigen Schnees, das seltsame, wunderbare Leben der tibetischen Mystiker geteilt. Ich bin empfänglich für ihre Visionen, und alles, was damit zusammenhängt, erweckt sofort mein größtes Interesse. Nun war es mir, als müßten diese natürlichen Burgen bewohnt sein; es kam mir bei ihrem Anblick so vor, als ob eine geheimnisvolle Botschaft mein Gemüt erreichte, als ob ich von ihnen aus in ein vertrautes Zwiegespräch mit unsichtbar bleibenden Wesen gezogen würde. Aber selbst wenn jener Berg von Menschen wie ich bewohnt war, was konnte mir das bedeuten? Was ich vernahm, war nichts als das tausendjährige Echo von Gedanken, die im Osten wieder und wieder gedacht wurden und die ihre Hochburg, wie es scheint, jetzt dauernd auf den majestätischen Bergen Tibets aufgeschlagen haben.

Mitten am Nachmittag brachen wir wieder auf, fest überzeugt, daß wir um diese Zeit die Straße für uns allein haben würden. Die Tibeter überschreiten die Pässe gern vor Mittag; sie kommen dann früh genug in die jenseitigen Täler hinunter, um die große Nachtkälte und den Feuerungsmangel auf der Höhe zu vermeiden. Wir waren aber keine gewöhnlichen Reisenden. Uns diktierte die Vorsicht nur eine Lebensregel: uns nicht erwischen zu lassen. Im übrigen verließen wir uns auf unsere gute Natur und unsere Willensstärke.

Endlich lag der Dokar-Paß, sich von einem grauen Abendhimmel mächtig abhebend, vor uns, und zwar als eine Einsenkung in einer gigantischen Gebirgskette, deren Abhänge an ungeheure, über Flüsse gespannte Seile erinnerten und dafür geschaffen schienen, Zyklopen als Brücken zu dienen. Das Bewußtsein, hier an der Schwelle der streng bewachten Region zu stehen, erhöhte wohl noch den Eindruck. Die ganze Umgebung des Passes gilt als geheiligter Boden, und die auf diesen Pfaden wandelnden Pilger haben den Göttern zahllose kleine Altäre errichtet. Sie bestehen nur aus drei aufrechten Steinen und einem vierten, der das Dach bildet. Hier wurden den Geistern Opfer dargebracht.

Auf dem Paß selbst und die Grate der benachbarten Berge entlang sah man in ungewöhnlicher Zahl die mystischen Fähnchen, die man auf allen Höhen Tibets findet. Im halben Licht des sinkenden Tages sahen sie aus, als ob sie lebten, wie Kriegerscharen, die drohend die Berge erkletterten, um den Weg nach der heiligen Stadt gegen tollkühne Reisende zu verteidigen.

Ein Windstoß empfing uns bei dem die Paßhöhe bezeichnenden Steinhaufen; es war der wilde, eisige Kuß des herben Landes, dessen strenger Reiz mich schon so lange beherrscht hatte und zu dem es mich immer wieder hinzieht. Wir verneigten uns nach allen vier Himmelsrichtungen, dem Zenit und dem Nadir, sprachen dabei den buddhistischen Wunsch: «Freude allen Lebewesen!» und begannen den Abstieg.

Ein Schneesturm raste über die Höhen, schwarze Wolken, die sich in Schlackerschnee auflösten, trieben bald hierher, bald dorthin, und wir beeilten uns, um noch vor Einbruch der Nacht am Fuß dieses steilen, unwirtlichen Abhanges anzulangen. Aber es wurde früh dunkel; wir verloren den sich zwischen Moränen hinschlängelnden Pfad und gerieten auf den unter unseren Füßen zerbröckelnden Steinen hoffnungslos ins Rutschen. Wir konnten uns kaum mehr auf den Beinen halten, und es wurde geradezu halsbrecherisch, weiterzugehen. Als wir endlich wieder einigermaßen festen Fuß gefaßt hatten, pflanzten wir unsere Pilgerstöcke als Stützpunkte vor uns auf. Zur Sicherheit hielten wir uns aneinander fest und kauerten so mit den Lasten auf dem Rücken auf dem Schnee nieder, der von acht Uhr abends bis zwei Uhr morgens unaufhörlich fiel. Dann erschien ein trübselig aussehendes Mondviertel zwischen den Wolken, und wir stiegen in die bewaldete Zone hinab.

Wir ruhten gerade am Rande eines Gehölzes aus, wo ein Feuer die großen Bäume zerstört hatte und daher jetzt nur noch kurzes Unterholz wuchs, als ich die Umrisse von zwei langgestreckten Tieren mit phosphoreszierenden Augen bemerkte, die den Pfad mehrere Male kreuzten und am Ende in der Richtung nach dem Fluß hin verschwanden. Sie waren im Mondlicht deutlich sichtbar, und ich machte Yongden auf sie aufmerksam. Er sah sie ganz gut, bestand aber hartnäckig darauf, es seien harmlose Rehe, obgleich ihre Form und ihre sonderbar funkelnden Augen auf Raubtiere schließen ließen. Ich verweilte noch ein wenig, um unliebsame Begegnungen zu vermeiden, und dann setzten wir unseren Abstieg nach dem Fluß fort.

Wir waren erschöpft und nicht sicher, bald wieder an Wasser zu gelangen, denn der Flußlauf ging von jetzt an durch eine Schlucht, unser Pfad dagegen führte bergan. So zündeten wir in der Hoffnung, die Tiere würden uns, wenn sie noch in der Nachbarschaft waren, dann in Ruhe lassen, ein Feuer an, um Tee zu kochen. Als wir noch beim Trinken waren, hörten wir hinter den Büschen ein Geräusch, aber wir hatten schon angefangen, uns an das Schleichen wilder Tiere um unser Lager herum zu gewöhnen. Yongden schlief ein, und obgleich ich eigentlich wach bleiben wollte, fielen auch mir trotz allen guten Willens die Augen zu. So war ich eingeschlummert, als ein leises Schnauben mich weckte. Nur wenige Schritte von unserem Lagerplatz entfernt blickte eins der Tiere mit glühenden Augen mich an, deutlich sah ich sein geflecktes Fell!

Ich rief Yongden nicht an; es war nicht das erstemal, daß ich mich in unmittelbarer Nähe von Raubkatzen befand; wenn sie nicht gerade gereizt oder verwundet sind, greifen sie Menschen selten an, und ich war fest überzeugt, daß sie weder mir noch meinem Begleiter Schaden tun würden.

«Nun, du Kleiner», murmelte ich, indem ich das schöne Tier ansah, «ich habe schon einem viel größeren Fürsten des Dschungels, als du es bist, in die Augen geschaut. Geh schlafen und sei glücklich!» Ich zweifle, ob der «Kleine» mich verstand, aber jedenfalls trabte er ein paar Minuten später, als er seine Neugier befriedigt hatte, ganz gemächlich von dannen. Wir konnten uns keine längere Rast erlauben. Der Tag war angebrochen, und es war hohe Zeit, ein Versteck nicht zu nahe am Weg aufzusuchen. So weckte ich Yongden, und wir machten uns auf.

Je höher wir stiegen, desto mehr veränderte sich der Wald, der nun viel lichter wurde. Die jetzt aufgegangene Sonne beleuchtete das Unterholz, und wir konnten durch Lücken im Laubwerk das jenseitige Flußufer zu unseren Füßen sehen. Wir bemerkten mit Erstaunen, daß es angebaut schien, freilich mehr garten- und parkähnlich als landwirtschaftlich. Es war ein wundervoller Morgen, und wir genossen unseren Spaziergang so, daß wir ihn weit über die Stunde hinaus ausdehnten, in der wir gewöhnlich Deckung suchten. Plötzlich sahen wir uns bei einer Biegung des Weges einem Dorf gegenüber. Es lag an einem Abhang, an dessen Fuß unser Pfad sich dem Fluß zuwendete. Wir waren schon ganz nahe von ein paar vereinzelten Häusern abseits der Straße.

Was für ein Dorf mochte das sein? Es war auf keiner Landkarte verzeichnet, und keiner der Leute, die wir vor unserer Abreise so schlau wie möglich ausgefragt hatten, hatte uns etwas davon gesagt. Die Bauart war ganz eigenartig, denn was wir erblickten, waren nicht Hütten und Bauernhöfe, sondern Villen und Miniaturpaläste, von kleinen, aber recht stattlichen Parks umgeben.

Die seltsame Stadt war wie in blaßgoldenes Licht getaucht. Keine Menschenstimme, kein Tiergeräusch wurde laut. Nur ein feines Klingen wie von silbernen Glöckchen schlug von Zeit zu Zeit an unser Ohr. Waren wir nun in Tibet oder in einem Märchenland?

Immerhin, auf dem Weg konnten wir nicht stehenbleiben. Leute konnten vorbeikommen, und es wäre unvorsichtig gewesen, uns so nahe an der Grenze sehen zu lassen. Wir beschlossen, sicherheitshalber alle Nachforschungen auf den folgenden Morgen zu verschieben. Und wieder einmal zogen wir uns in den Schutz der Gebüsche und Felsen zurück. Dort angelangt, sank ich erschöpft und fiebernd, wohl auch etwas phantasierend auf das Moos und schlief ein. Der Wunsch, das wunderbare Dorf wiederzusehen, trieb uns noch vor Sonnenuntergang an denselben Ort zurück, wo wir am Morgen gestanden waren. Aber was war aus den anmutigen Villen, den stattlichen Schlößchen und den sonnenbeschienenen Gärten mittlerweile geworden?

Überall nichts als Wald, und statt des Klanges silberner Glöckchen vernahmen wir nur das klagende Rauschen des Windes in den Zweigen.

«Wir haben geträumt», sagte ich zu Yongden, «wir können hier heute morgen nichts gesehen haben, eine Halluzination hat uns genarrt.»

«Ein Spuk!» rief der junge Lama. «Ich will dir zeigen, wie es zugegangen ist. Während du heute früh nach der wunderbaren Stadt hinüberschautest, zeichnete ich mit der Spitze meines Stockes magische Sungpo-Symbole auf einen Felsen, damit weder Götter noch Dämonen uns aufhalten könnten.» Er zeigte auf einen flachen Stein unter einer Fichte. «Da ist es», triumphierte er, «sieh nur!»

Ich sah den roh gezeichneten Sungpo und wußte im Augenblick nichts zu sagen. «Mein Sohn», erwiderte ich dann im Weitergehen, «das Leben selbst ist nur ein Traum . . .»

«Aber kein Spuk! Der Sungpo und die magischen Ngags-Silben, die ich beim Zeichnen aussprach, haben den Spuk verscheucht. Den hat uns jemand geschickt, der uns aufhalten wollte.»

«Ja, und die Schwarzdrosseln wohl auch», fuhr ich lachend fort, «und wer weiß, am Ende auch noch die kleinen Leoparden!»

«Ja, die Vögel bestimmt», bestätigte mein Adoptivsohn. «Ob auch die Leoparden, das weiß ich nicht. Sie sahen eigentlich recht echt aus. Aber nun kommen wir ja bald heraus aus diesem Kha-Karpo-Wäldchen, und dann werden wir es mit wirklichen statt mit Luftschlössern und mit wirklichen Menschen, Beamten, Soldaten und dergleichen zu tun haben statt mit Dämonen. Hoffentlich werden wir mit ihnen ebenso gut fertig werden wie mit den Zauberwesen.»

«Keine Angst», antwortete ich seelenruhig, «das laß nur meine Sache sein.»

«Und wie willst du das machen?»

«Ich werde dafür sorgen, daß sie ebenso träumen und Gespenster sehen, wie wir das dank der Vogel-Dämonen getan haben.»

Und so kam es auch wirklich, als wir ein paar Tage später den tibetischen Beamten entgegentreten mußten.

Es war ja ein Wunder, daß wir eine ganze Woche lang einem von Pilgern so stark begangenen Pfad gefolgt waren, ohne auch nur einer Seele zu begegnen, aber immer konnte das freilich nicht so weitergehen. Wir waren auf unserem Weg zum Saluën hinab gerade an einem der niedrigeren Pässe des Kha-Karpo-Gebirges angelangt, als wir hinter uns Glöckchengebimmel hörten. Es war ein Pilgerzug, Männer und Frauen mit zwei Pferden, die uns eingeholt hatten. Wir wechselten ein paar Worte und umwandelten gemeinsam ehrfürchtig einen Latza, ein Steinmal, auf dem man Fahnen mit mystischen Zeichen aufgepflanzt hatte. Die nicht so schwer wie wir beladenen Pilger gingen rascher als wir bergab, so daß wir sie, als wir unten in einem hübschen, engen Tal ankamen, in dem mehrere klare Wasserläufe zusammenströmten, dort schon lagernd und Tee trinkend vorfanden.

Nun hieß es Lehrgeld zahlen für den «Beruf», den wir für den Augenblick ergriffen hatten. Wenn wir, ohne eine Mahlzeit abzuhalten, gleich weitergegangen wären, hätte das ganz ungewöhnlich gewirkt, denn es war gerade Zeit für die Mittagsrast. Ich sah mich um und wollte Holz zum Feueranmachen suchen, aber die freundlichen Pilger luden uns, als sie einen Lama sahen, ein, ihr Mahl mit ihnen zu teilen. Ich war nur zu froh, ruhig sitzenbleiben zu können, um ungestört die großartige Landschaft zu genießen. Wie in einem Rahmen, den die bewaldeten Bergrücken, einer hinter dem andern ansteigend, bildeten, ragte ein gigantischer Gipfel der Kha-Karpo-Kette blendend weiß mit schroffer Spitze zum tiefblauen Himmel auf. Mit ihm verglichen, war unsere kleine Gruppe nicht mehr als eine Ansammlung winziger, am Boden dahinkriechender Würmer; der Abstand war geradezu niederschmetternd und brachte uns un-

Alexandra David-Néel vor ihrer selbstgezimmerten Eremitage im Gebiet von La-chen (Himalaja, 1915).

sere Nichtigkeit so recht zum Bewußtsein. Und doch widmeten die guten Pilger sich ausschließlich dem Essen und wandten dem erhabenen Sitz der Götter, zu deren Ehren sie so weit gewandert waren, den Rücken zu. Ich aber war ganz in Andacht versunken und vergaß darüber, daß mein Betragen den Tibetern auffallen könnte. Das tat es auch wirklich, und sie erkundigten sich, warum ich nicht äße.

«Die Mutter verweilt bei den Göttern», antwortete Yongden und setzte eine Schale warmen Tees vor mich hin, um mich wieder zur Erde zurückzurufen.

Eine Frau verstand die Antwort falsch und fragte: «Ist deine Mutter eine Pamo?»[1]

Ich war bange, die komische Frage könnte Yongden zum Lachen bringen, aber er antwortete ganz ernst: «Mein Vater war ein Ngagspa, und sie ist eine Sang Yum.»[2]

Alles blickte mich mit gebührender Hochachtung an, und der Anführer der Gesellschaft ließ mir ein Stück Dörrfleisch reichen. Bisher hatte er uns nur Tsamba angeboten, doch nachdem sie nun wußten, mit wem sie es zu tun hatten, fingen die guten Tibeter an, Respekt zu bekommen. Ngagspas sind wegen der ihnen zugeschriebenen Kräfte sehr gefürchtet, und sie und ihresgleichen auch nur unwissentlich zu beleidigen, gilt schon als Herausforderung des Schicksals.

Die Leute wurden also plötzlich ganz nachdenklich, machten uns noch ein kleines Abschiedsgeschenk von Butter und Tsamba und zogen mit Verzicht auf unsere ehrenvolle, aber gefährliche Gesellschaft schleunigst weiter – genauso wie wir es gewünscht hatten.

Der folgende Tag brachte uns an die Grenze der Kha-Karpo-Wälder, und wir sahen von einer Anhöhe herab am Ufer des Lakangra-Flusses das Dorf Aben liegen. Man hatte uns gesagt, die Tibeter hätten in diesem Ort, wo früher die Chinesen eine kleine Garnison unterhielten, neuerdings einen Grenzposten eingerichtet. Jetzt galt es für uns nicht mehr, einsame Wälder zu durchwandern, sondern ein bevölkertes Gebiet zu passieren, das sich, wenn man seine dazu-

1 Ein weibliches Medium und, wie man meint, von Göttern und Dämonen besessen, die durch ihren Mund sprechen.

2 *Ngagspas:* Besonders gefürchtete Zauberer, von denen man glaubt, daß sie ihre Feinde durch Verwünschungen töten können. – *Sang Yum:* «Geheime Mutter», Ehrentitel für die Frau eines tantrischen Lamas.

gehörigen Felder und zerstreuten Bauernhöfe mitrechnete, meilenweit ausdehnte.

Nachtmärsche hatten keinen Sinn mehr, denn sicher trieben sich Hunde auf den Wegen herum und würden uns nachts, selbst wenn sie nicht bösartig wurden, allein schon durch Bellen verraten haben. Man darf nicht immer wieder auf ein Wunder rechnen; das Glück war uns bislang so merkwürdig hold gewesen, daß wir in Zukunft besser nicht allzusehr darauf bauten. Fand man uns nachts unterwegs, so konnte das recht unangenehme Folgen für uns haben; es konnte zu Nachforschungen führen, die wir unbedingt vermeiden mußten. Der Plan, Aben vor Tagesanbruch zu passieren, schien uns von allen der beste zu sein, denn dadurch konnten wir noch von der Dunkelheit profitieren, und da die tibetischen Reisenden sich ja für gewöhnlich so früh auf den Weg machen, würden wir, falls uns Dorfleute sahen, diesen nicht weiter auffallen.

Von einem bewaldeten Hügel aus studierten wir die Lage des Tales, um später im Dunkeln rasch vorwärtszukommen. Aus Furcht, zu früh in der Nähe des Dorfes anzukommen, hielten wir uns ziemlich lange da oben auf, aber die Straße zog sich dann in so unerwartet vielen Windungen bergab, daß wir schließlich erst lange nach Einbruch der Nacht im Talgrund eintrafen. Zum erstenmal, seit wir Londre verlassen hatten, war das Wetter wirklich unangenehm; ein kalter Wind blies durch unsere Kleider, und die niedrig hängenden Wolken prophezeiten Schnee. Wir waren plötzlich nicht mehr sicher, wo das Dorf eigentlich lag, und das Gebüsch wetteiferte mit der Dunkelheit, um uns irrezuführen. Wir setzten uns ein paarmal hin, ohne unsere Last abzunehmen, weil die Müdigkeit uns übermannte, aber wir durften uns auch nicht das kürzeste Ruhestündchen gönnen. Bevor wir an irgendwelche Nachtruhe denken konnten, mußten wir uns versichern, daß wir die Lakangra-Straße erreicht hatten und daß, wenn ein paar Stunden später das möglichst schnell zu passierende Dorf hinter uns lag, wir uns nur noch geradeaus zu halten brauchten. Unglücklicherweise erfehlten wir bei den vielen Wegkreuzungen mehrmals den richtigen Pfad. Endlich kamen wir in die Nähe einiger Häuser und durften uns nun vorläufig nicht weiterwagen. Es fing zu schneien an, aber es war unmöglich, das Leinen unseres kleinen Zeltes als Decke zu benutzen; wir hätten unsere

Traglast, wenn sie einmal ausgepackt war, im Dunkeln zu schwer wieder richtig verschnüren können, und wie leicht wäre dabei irgendein verräterischer Gegenstand zurückgeblieben. Also blieb gar nichts übrig, als uns ohne Decken schlafen zu legen, wobei uns das Gepäck als Kopfkissen diente.

Lange vor Tagesanbruch wurden wir wach und brachen auf; in einem ersten Anlauf kamen wir auch bis in die Mitte des Dorfes, aber da hörten wir Stimmengeräusche aus einem Haus, rannten in blinder Flucht um die nächste Ecke und gerieten wieder auf die Felder. Wir hatten in der Eile die Richtung verfehlt. Als es heller wurde und wir den Fluß sehen konnten, wurde uns klar, daß wir stromaufwärts statt, wie wir eigentlich mußten, stromabwärts gingen. Nun war es um unseren sorgfältig ausgeklügelten Plan geschehen, und wir mußten Aben am hellen Tag passieren. Wir sahen die Landleute sich schon zur Arbeit begeben, ein Versteck war nirgends zu erblicken, und je länger wir warteten, desto schlechter sah die Sache für uns aus.

Wenn man sich nicht ganz auf Herz und Nerven verlassen kann, soll man derartige Reisen lieber nicht unternehmen, sonst kann man darüber leicht einen Herzschlag bekommen oder den Verstand verlieren.

Wir kehrten um, bis wir wieder unter den Fenstern desselben Hauses angelangt waren, wo die Stimmen uns so erschreckt hatten. Die Leute redeten auch jetzt noch laut durcheinander, die Fensterläden standen offen, und ich konnte die Herdflammen sehen. Ja, diese glücklichen Bauern würden nun bald ihren heißen Tee schlürfen, während wir seit gestern früh nichts zu essen bekommen hatten und nicht sicher waren, daß wir uns im Laufe des eben anbrechenden Tages eine Essenspause gönnen konnten.

Endlich waren wir auf dem richtigen Weg! Wir machten einen guten Schritt, und das Dorf lag bald hinter uns; aber damit waren wir noch lange nicht alle Sorgen los, denn da zeigte sich auf einmal eine neue Häusergruppe. Sie lag auf einem Hügel über dem Tal, das sich hier schluchtartig verengte und nur dem Fluß, der es beinahe ausfüllte, einen Durchgang gewährte. Am rechten Ufer entlang führte ein schmaler Pfad, dem mußten wir folgen. Als ich zu ihm hinaufblickte, bemerkte ich vom Fuß der sandigen Höhe aus eine

Art Kasematte, die die ganze Schlucht beherrschte, und sofort tauchte der Gedanke in mir auf, da oben könnten recht gut Wachen postiert sein, um die Reisenden zu beobachten.

Vielleicht war es ja nur ein alter, von Chinesen errichteter Bau, der einmal als Wachtturm gedient hatte, und wahrscheinlich war er jetzt zu ganz andern Zwecken bestimmt. Aber nichts lag mir ferner als der Wunsch, die Geschichte dieser Anlage zu ergründen; ich hielt mich nicht einmal lange genug auf, um schnell aus dem Bach, der da unten über den Weg floß, einen Trunk zu nehmen, obgleich ich wohl wußte, daß wir vielleicht nicht so bald wieder an Trinkwasser kommen würden. Ich lief und lief, ich flog schon mehr. Sonst ließ ich meist Yongden vorangehen und hielt mich selbst etwas hinter ihm und seiner Traglast verborgen, damit etwa vorbeikommende Reisende mehr sein Gesicht als das meinige zu sehen bekämen, aber nun hieß ich ihn, mir dicht auf den Fersen zu bleiben, denn die Gefahr drohte ja jetzt von hinten. Wenn wir uns nahe beieinander hielten, würden die Aufpasser, falls sie überhaupt vorhanden waren, nur den ihnen wohlvertrauten Anblick einer wandelnden Last, überragt von einer roten Lamamütze, haben.

So durcheilten wir die endlose Schlucht mit höchster Geschwindigkeit. Der den Windungen der Felsen folgende Weg verbarg uns manchmal vor dem Vorsprung, auf dem das Kloster oder das Fort, oder was es sein mochte, lag; manchmal brachte er uns aber auch wieder in dessen volle Sicht. Wir benutzten die Zeit, in der wir gerade Deckung hatten, zum Ausruhen. Es sah fast wie eine Art Spiel aus, aber das Spiel war recht nervenaufreibend.

Es wäre ohne all die damit verknüpften Befürchtungen, die uns den Genuß verdarben, ein schöner Spaziergang gewesen. Hierzulande hat der Herbst die jugendlichen Reize des Frühlings. Die Sonne tauchte die Landschaft in ein rosiges Licht und goß ihren Freudenschimmer über den grünschillernden Fluß und über die Klippen, auf deren Kamm ein paar kühne Fichten zum Himmel emporwiesen. Jedes Kieselsteinchen am Wege schien die Wärme des Tages zu genießen, und wenn es unter unseren Füßen knirschte, so klang das wie fröhliches Kichern. Ein winziger Strauch am Straßenrain erfüllte die Luft mit starkem aromatischen Duft; kurz, es war einer der Morgen, an denen die Natur uns mit ihrem trügerischen

Zauber ganz behext, an denen man ganz in dem Genuß, zu empfinden, und in der bloßen Daseinsfreude aufgeht.

Von Aben nach Lakangra ist es nicht weit. Auch in dem nächsten Ort wollten wir nur ungern gesehen werden; wir mußten ihn also wieder vor Tag passieren. So hatten wir viel Zeit und machten deshalb unterwegs in einer Schlucht an einem Fluß halt, um etwas unterhalb der Straße unter hohen Felsen eine Mahlzeit zu uns zu nehmen. Viele Pilger, teils in Gruppen, teils vereinzelt, kamen ganz nahe an uns vorbei, ohne unsere Anwesenheit zu bemerken. Seit wir den Dokar-Paß überschritten und Tibet betreten hatten, begann der Strom von frommen Wanderern, der während unserer ersten Reisewoche ganz versiegt zu sein schien, genauso reichlich wie sonst in dieser Jahreszeit zu fließen. Von unserm Versteck aus sahen wir eine höchst malerische Prozession von Männern und Frauen aus verschiedenen Teilen des östlichen und nördlichen Tibets; alle in Eile, um früh in Lakangra anzulangen und dort in den primitiven Gasthäusern noch Platz zu bekommen. Immerhin, einige von ihnen rasteten wie wir und begannen Brot zu backen. Wir hatten kein Weizenmehl und hofften, ihnen etwas von ihrem Vorrat abkaufen zu können. Yongden ging mit diesem Anliegen zu ihnen, aber sie hatten selbst nicht viel und wollten nicht gern etwas davon abgeben. Das führte zu einem Gespräch, in dem mein Gefährte sie so weit wie möglich über das Land aushorchte. Da die Pilgerfahrt gewöhnlich mit ortskundigen Führern unternommen wird, konnten einige der Reisenden uns wertvolle Hinweise geben.

Yongden kehrte zurück, und wir tranken unseren Tee. Ich wusch gerade mein Taschentuch im Fluß aus, als einer der Pilger zu uns herüberkam und den Lama bat, ihm doch vorauszusagen, wie ein Rechtsstreit, in den er in seiner Heimat verwickelt war, ausgehen würde. Das war das erstemal auf unserer Reise, daß Yongden in der Eigenschaft eines Rotmützen-Lamas auftrat, das heißt, daß er die Kunst des «Mo», des Wahrsagens und des weisen Rates, auszuüben hatte.

Vor Jahren, als ich auf einer Reise im Norden des Landes meine prunkvollen Lamagewänder trug, da hatte das Volk mich um meinen Segen gebeten; ich mußte die Kranken anhauchen, um sie gesund zu machen, und man hatte von mir alle nur erdenklichen

Prophezeiungen verlangt. Ich tat damals auch tatsächlich ein paar Wunder; der Zufall, der feste Glaube und die robuste Natur meiner Patienten machten das Wundertun leicht, und auch als Orakel hatte ich die erfreulichsten Erfolge zu verzeichnen. Aber diese ruhmreiche Zeit war nun vorbei! Jetzt spülte ich bescheiden den Teetopf im Fluß, während Yongden seinen aufmerksamen Zuhörern feierlich die Zukunft enthüllte, soweit sie das viele hundert Meilen entfernte umstrittene Grundstück betraf.

Wir wechselten auf das linke Ufer des Lakangra-Flusses über und fanden hier eine völlig andere Landschaft. Die Schlucht war sehr eng und wild geworden, an beiden Seiten erhoben sich dunkle Felsklippen, die stellenweise eine Höhe bis zu zweihundertfünfzig Meter erreichten und über sich nur einen schmalen Streifen Himmel sichtbar werden ließen. Und doch war der Anblick weder düster noch niederdrückend, vielleicht dank der vielen in den Fels gehauenen Bildern, die den Charakter des Ortes sehr beeinflußten. Man sah da Hunderte von Buddhas, von Bodhitsattvas, von berühmten, längst verstorbenen Lamas und Göttern, alle in meditativer Haltung und die Augen halb geschlossen, den Blick also nach innen gerichtet. In der dunklen Felsschlucht hatte diese stumme, unbewegliche Versammlung der Heiligen eine ganz eigene Stimmung geschaffen. Zwischen den Gestalten waren lange Sätze aus philosophischen Abhandlungen eingemeißelt, und auch an kurzen mystischen Sätzen oder Lobpreisungen der Weisheit Buddhas fehlte es nicht. Ich blieb lange stehen und las bald hier, bald dort eine der alten Inschriften, und eine stärkende Kraft schien von ihnen auf mich überzugehen. Ich war tief dankbar dafür, daß ich im Laufe eines einzigen Tages den berauschenden Eindruck großer Naturschönheit und dann noch das geistige Entzücken und die erhabene Ruhe genießen durfte, die uns an der Schwelle des «Heils» zuteil wird. Dreimal gesegnet sei das Land, das dem Wanderer solche Gaben zu bieten hat.

Ein überdachter Mendong[1], den wir in der Dämmerung sahen, hätte uns vielleicht Schutz für die Nacht gewähren können, aber wir fürchteten, noch zu weit von Lakangra entfernt zu sein, und setzten deshalb unseren Weg fort. Noch einmal ging es über eine Brücke, die

1 Eine niedrige Mauer aus Steinen, auf denen Texte aus den heiligen Schriften oder mystische Sentenzen eingegraben sind.

Schlucht machte eine plötzliche Wendung, und vor uns lag der breite Saluën mit seiner grünen Flut. Wir waren in Lakangra!

Obgleich es schon fast dunkel war, wagten wir doch nicht, für die Nacht in den sicheren Wald zurückzukehren. Wenn man uns gesehen hätte, würde es aufgefallen sein, daß Pilger, wie wir es sein wollten, das Dorf vermieden. Da unsere Pläne doch wieder einmal umgeworfen waren, war es schon das beste, die Nacht wie alle anderen Reisenden einfach in irgendeinem Winkel des Ortes zu verbringen.

Wir trafen, an einem Feuer lagernd, mehrere Leute, mit denen wir ein paar Worte wechselten, und entschlossen uns dann für das Bleiben in einer kleinen Höhle, gerade an dem Weg gelegen, den wir am folgenden Morgen einschlagen mußten; wir konnten dort wenigstens etwas Schutz finden, falls Schnee fallen sollte. Ich sammelte einige dürre Äste und trockenen Dünger vom Wege auf, stahl auch etwas Zweigwerk aus den Zäunen der nächstliegenden Felder, aber Arjopas müssen sich dabei in acht nehmen: Sieht man sie größere Stämme Holz für ihr Feuer verbrennen, so hält man sie leicht für Diebe. Die tibetischen Bauern sehen es ungern, daß Leute die Zäune, die ihre bebauten Felder vor dem Eindringen von Vieh schützen sollen, plündern, und geschieht es doch, so riskiert man eben eine tüchtige Tracht Prügel.

Da wir nun einmal in einem Dorf und im Schutze der Nacht waren, meinte Yongden, wir könnten die Gelegenheit benutzen, um etwas Nahrungsmittel einzukaufen. Bis dahin hatten wir einzig und allein von dem gelebt, was wir aus dem Missionshause mitgenommen hatten. Das war aber nun schon zehn Tage so gegangen, und unsere Säcke waren beinahe leer. Ich wickelte mich, wie das die armen Tibeterinnen zu tun pflegen, ganz in mein dickes Kleid und stellte mich schlafend, um für den Fall, daß Vorübergehende mich etwa ansprechen wollten, unnötige Reden zu vermeiden, und mein Reisegenosse begab sich zu den Häusern.

Gleich das erste, an das er kam, war zufällig von dem Lama bewohnt, der die Aufsicht über den heiligen Schrein Lakangras hatte. In seiner zweifachen Eigenschaft als Kollege und als Käufer wurde Yongden freundlich empfangen, denn der Lama war nicht nur bestallter Wächter des Heiligtums, sondern neben seinem kärglichen

Lohn für dieses Amt verdiente er sich auch noch etwas durch einen kleinen Laden. Die Pilger konnten bei ihm ihre Vorräte ergänzen und allerlei religiöse Gebrauchsartikel, wie Weihrauchstäbchen, Fähnchen mit mystischen Zeichen oder Worten usw., erwerben. Yongden und der Lama gehörten zufällig derselben religiösen Sekte und Untersekte an, und überdies war der Lama nicht von hier gebürtig, sondern stammte aus dem fernen Kham, wo Yongden einige Zeit mit mir gewohnt hatte und dessen Dialekt er ganz gut sprach. Das machte sie rasch zu Freunden, aber dabei blieb es nicht einmal.

Yongden, der sich im Zimmer umsah, erblickte auf einem Sims einige Bücher und bat, sie sich ansehen zu dürfen; das wurde ihm gestattet, und er las aus dem ersten, das ihm in die Hand kam, laut ein paar Zeilen vor.

«Du liest ja herrlich», bewunderte ihn der Lama, «kannst du alle Bücher so schön vorlesen?» – «Allerdings», antwortete mein Gefährte stolz.

Der Lama drang nun auf Yongden ein, doch bei ihm die Nacht zu verbringen, und bot ihm an, selbst sein Gepäck herbeizutragen. Yongden lehnte ab, mußte dann aber, da der Lama nicht mit Bitten nachließ, gestehen, daß er in Begleitung seiner alten Mutter reiste. Dieser Umstand kühlte die gastfreundlichen Absichten des guten Lamas indessen keineswegs ab. Für die Mutter ließe sich auch leicht Platz schaffen, und er war schwer zu überzeugen, daß ich nun sicher schon lange eingeschlafen sei und besser ungestört bliebe.

Jetzt mußte der Hüter des Schreins von Lakangra allmählich damit herausrücken, daß sein gastfreies Angebot nicht ganz selbstlos war.

«Lama», sagte er zu Yongden, «es gibt hier ein paar Bauern, die vom anderen Ufer des Flusses gekommen sind und mich gebeten haben, zu Ehren eines verstorbenen Angehörigen den Totenritus abzuhalten. Es sind wohlhabende Leute und würden sich an den Lama ihres eigenen Landklosters gewandt haben, wenn er nicht gerade nach Lhasa gereist wäre. Nun haben sie mich statt seiner darum gebeten, aber ich habe nicht viel Erfahrung darin und habe die größte Angst, es mit den rituellen Opfergaben nicht richtig zu machen und die Liturgie falsch herzusagen. Du bist, wie ich sehe, gelehrt. Kennst du diese Zeremonien vielleicht?»

«Ja, freilich kenne ich sie», sagte Yongden.

«Dann bitte, tu mir die Liebe und bleibe drei Tage hier. Ich will euch beide verpflegen und euch dann noch bei eurem Aufbruch etwas Nahrungsmittel mit auf den Weg geben. Deine Mutter kann das *‹Om mani padme hum›* an der Tür aufsagen, und die Bauern geben ihr sicher etwas Tsamba dafür!»

Yongden lehnte unter dem Vorwand, daß wir zu einer Gesellschaft von uns schon vorausgegangenen Pilgern gehörten. So dürften wir nicht zurückbleiben, sondern müßten im Gegenteil eilen, um sie wieder einzuholen und mit ihnen nach der Heimat zurückzuwandern.

Als mein Reisegefährte mit einigen Vorräten wieder bei mir anlangte, erzählte er mir von seinem Gespräch mit dem Lama, und es tat mir eigentlich leid, daß die Nähe der Grenze unsere rasche Weiterreise unumgänglich erforderte; es hätte mir Spaß gemacht, das «Mani» an der Tür abzusingen; aber die nahe Zukunft sollte mir diese Art Vergnügung noch viel reichlicher bringen, als ich mir damals träumen ließ. Ich weiß schon gar nicht mehr, wie viele Male ich im Laufe meiner Reise in und außer dem Hause «Mani» gesungen habe. Ich wurde geradezu Spezialistin darin und bekam zweimal besondere Lobsprüche für meinen hübschen Vortrag. So hat mir Tibet wohl wirklich dazu verholfen, das «Juwel», das im Herzen der Lotosblume weilt, zu entdecken.

Am frühen Morgen kam der schlaue Lama, um noch einmal mit Yongden zu sprechen. Ich ging, weil ich von ihm nicht gesehen werden wollte, zum Heiligtum hinunter und umschritt den Schrein wohl eine Stunde lang. Dabei setzte ich immer wieder die Rollen mit den engaufgewickelten Papierstreifen in Bewegung, auf denen tausendfach die mystische Formel *«Om mani padme hum»* gedruckt stand.

Kein Weg ist zu weit

Die Straße zieht sich, längs des majestätischen Saluën, abwechselnd durch tiefe Schluchten und allmählich weiter werdende Täler, allein immer bleibt die Landschaft großartig und bezaubernd zugleich. Doch stets lauert auch die Furcht noch in einem Winkel meines Herzens und wartet nur auf den Augenblick, wo sie sich wieder zeigen kann. Wir waren zu lange in Lakangra geblieben; der Lama dort hatte vielleicht schon angefangen, sich über uns seine Gedanken zu machen. Ich beobachtete ängstlich alle, die hinter uns herkamen, ob es vielleicht hinter uns hergesandte Späher waren. Am Ende war schon der Reiter, der dort auf uns zu hielt, unsertwegen ausgeschickt?

Als Eva aus dem Paradies vertrieben wurde, hatte sie wenigstens schon alle seine Freuden gekostet und gab doch nur Wonnen auf, die ihr nicht mehr neu waren. Wenn sie mir irgendwie ähnlich war, wer weiß, ob ihr dann das Abenteuer jenseits der Paradiesschranken, und damit der Weg in die weite, unbekannte Welt hinaus, nicht sogar ganz verlockend erschien! Ich aber, ihre arme kleine Ur-Urenkelin, hatte die Freuden meines Märchenlandes, obwohl ich sie schon einigermaßen kannte, doch noch lange nicht erschöpft. Wenn ich jetzt umkehren mußte, dann blieb mir ja ewig ein Geheimnis, was hinter dem rosig angehauchten Gipfel lag, der sich in der Ferne erhob. Nie würde ich den Paß überschreiten, der sich wie eine blaßlila Linie zwischen den schneeweißen Bergspitzen vom Himmel abhob. Immer wieder plagte ich mich mit bösen Vorahnungen, aber bald verblaßten sie wieder. Sie konnten mir nicht dauernd die Seligkeit dieser wunderbaren Stunden rauben.

Ein paar Tage nachdem wir Lakangra verlassen hatten, erschütterte uns ein tragisches Ereignis. Dicht am Wege, vor dem Saluën, dessen eisiges grünes Wasser im strahlenden Sonnenlicht einem glitzernden, beweglichen Spiegel glich, lag ein alter Mann, den Kopf auf eine Ledertasche gebettet. Als wir uns ihm näherten, blickte er uns mit leeren, schon halb gebrochenen Augen an und richtete sich mühsam etwas auf. Der arme Greis war sichtlich dem Ende nahe. Yongden fragte ihn, wie er so ganz allein hierhergekommen sei; die Geschichte war einfach genug. Der alte Bauersmann hatte in Gesellschaft von Freunden sein Dorf verlassen, um als Pilger den Kha Karpo zu umwandern, aber eine plötzliche Krankheit hatte ihn bald aller Kräfte beraubt. Er konnte nicht weiter und mußte hinter den anderen zurückbleiben. Seine Gefährten waren anfangs ihm zuliebe zwar langsamer gewandert und hatten sogar einen ganzen Tag haltgemacht, aber dann waren sie doch vorwärtsgegangen, wie es in Tibet Brauch ist. Man läßt die Kranken unterwegs einfach liegen, und können sie sich nicht mehr zu einem Lagerplatz schleppen, so müssen sie, wenn ihre Vorräte zu Ende sind, den Hungertod sterben.

«Lama, muß ich sterben?» wollte der alte Mann von Yongden wissen. «Befrage doch das Schicksal für mich.»

«Nein, du wirst nicht sterben», antwortete Yongden, nachdem er schnell den gewöhnlichen Ritus vorgenommen hatte, einzig und allein, um den armen Verlassenen zu trösten.

Es war gut gemeint, aber der schwache Hoffnungsschimmer verblaßte bald wieder, denn am nächsten Morgen empfand der Mann selbst die Nähe seines Todes noch mehr. Jetzt konnte ich meine Rolle der alten, halb schwachsinnigen Bettelfrau unmöglich weiterspielen, wie das die Vorsicht eigentlich geboten hätte. Ich wiederholte mit ein paar kurzen Worten die einfachsten Glaubenssätze, die ihm von Kindheit an Richtschnur gewesen waren, und versprach ihm etwas, was mehr bedeutete als dies irdische Leben, nämlich die Wiedergeburt in der Wohnstatt des Tschenresi, des «mit klaren Augen schauenden» tibetischen Schutzpatrons, in den Gefilden des Westlichen Paradieses: ein Glück, das diejenigen erwartet, die auf einer Pilgerfahrt sterben. Ihnen winken dort Tausende von Jahren in Ruhe und Wonne, und darauf folgend neue und immer neue Existenzen, bis sie zu dem höchsten Licht eingehen, das sowohl von der Fessel des Lebens wie des Todes befreit.

Er lauschte mir aufmerksam, beugte tief sein Haupt und berührte den Saum meines Kleides mit seiner Stirn, wie es Sitte bei den Tibetern ist, wenn sie die Lamas ehren. Vielleicht hielt er mich für eine Fee oder eine Göttin, die sein Elend gesehen hatte und ihm nun in Pilgerinnengestalt nahte, um ihn zu trösten. Gleichviel, wenn es ihm nur sein letztes Stündlein erleichterte!

«Können wir dir irgendwie helfen?» fragte ich ihn.

«Nein», erwiderte er, «ich habe in meiner Ledertasche Nahrungsmittel und Geld; mir geht es hier gut, die Götter sind bei mir. *Kale pheb!* – Geht langsam!»

«*Kale ju!* – Verweilt langsam!» antworteten wir beide und setzten unseren Weg fort.

Ich wußte, daß jetzt die Gefilde der Seligen vor seinen Augen aufleuchteten und daß die Dinge dieser Welt allmählich für ihn verblaßten. Der Sterbende war ganz im Bann der Vision, die ich für ihn heraufbeschworen hatte, und verlor darüber jeden weiteren Wunsch nach dem irdischen Leben, an dem er doch eben noch so ängstlich zu hängen schien.

Für uns kamen jetzt ein paar verhältnismäßig ruhige Tage, und wir wanderten mit Muße das schöne Tal entlang. Es war hier nicht mehr so einsam wie in den Kha-Karpo-Wäldern. Die Dörfer lagen dichter beieinander, und da wir immer noch Nachtquartiere bei den Tibetern möglichst vermeiden wollten und uns sogar ungern bei Tageslicht vor vielen Leuten sehen ließen, richteten wir es weiterhin so ein, daß wir diese Dörfer schon bei Morgengrauen oder sogar noch früher passierten.

Eines Tages, als wir unvorsichtigerweise unsere Mahlzeit in einer Höhle nicht weit vom Wege verzehrten, sorgte eine Frau dafür, daß die nur schlummernde Furcht wieder in uns erwachte.

Sie war eine kostbar gekleidete Dame von Rang, mit Juwelen bedeckt und von drei Dienerinnen begleitet; sie hielt bei uns an und fragte, aus welchem Lande wir kämen. Nun gaben wir uns für Dokpas aus, die aus der Gegend um den Salzsee Kuku-nor stammten. Yongden antwortete deshalb: «Wir sind Leute von jenseits des Blauen Sees»; worauf sie wiederum fragte: «Seid ihr Ausländer?»

Ich tat, als ob ich über diese Idee lachte, und Yongden stand auf, um die ganze Aufmerksamkeit der Dame auf sich zu lenken, damit der Anblick seiner mongolischen Züge sie davon überzeugte, daß er sicher kein Westländer war. «Das ist meine Mutter», erklärte er und zeigte dabei auf mich. Die Frau hatte noch einige weitere Fragen, dann ging sie ihres Weges.

Etwas später kam auch ihr Mann an uns vorbei, hoch zu Roß und auf einem mit Silber und Gold eingelegten Sattel sitzend. Wohl ein Dutzend Diener folgten ihm und führten mehrere Pferde am Zügel. Der Herr beehrte uns mit keinem Blick, aber Yongden erfuhr von einem Mann aus dem Gefolge, daß sie alle aus einem jenseits des Mekong gelegenen Ort kamen.

Die Frau hatte uns durch ihre Fragerei ganz nervös gemacht. Wie mühsam hatte ich mich mit Kakao und Holzkohle eingepudert, mir die hübsche Frisur mit Jakhaar aufgeputzt, und nun sah ich doch noch nicht tibetisch genug aus! Aber was konnte ich noch mehr tun? Vielleicht hatte sich in Lakangra nach unserem Durchzug ein bestimmtes Gerücht über uns verbreitet? Wir waren ganz ratlos.

Der Dschungel hatte plötzlich all seine Reize für uns verloren; ich sah wieder hinter jedem Busch einen Spion und hörte aus dem Rauschen des Saluën bald höhnische, bald drohende Worte heraus. Aber dann fiel uns ein, daß wir am Ende selbst an der Neugier der tibetischen Dame schuld waren; wir konnten ja nicht wissen, wie weit ihre geographischen Kenntnisse reichten. Vielleicht hatte sie *aso* (See) mit *gya-tso* (Ozean) verwechselt und daraus geschlossen, wir kämen vom anderen Ufer des «Blauen Meeres» her, und das hätte dann bedeutet, daß wir keine Asiaten waren. Wir merzten den mißverständlichen Blauen See fortan ganz aus unserem Reisevokabularium aus und verlegten unser Vaterland ein gut Stück weiter südlich. Von nun an stammten wir aus Amdo!

Wir näherten uns dem Ende der letzten Schlucht vor der Erweiterung des Tales, wo unser Pfad den Saluën verließ und sich den Pässen zuwandte, die nach dem Nu-Fluß führten. Yongden ging voran und war mir durch die Biegung des Weges um einen Felsenvorsprung herum aus den Augen gekommen, als mir ein gutgekleideter Mann, um die Ecke des Bergstocks biegend, entgegenkam. Der Pfad war hier so eng, daß, wenn zwei Leute zusammentrafen, der eine sich an den Felsen drücken mußte, um den anderen vorbei zu lassen.

Mit der ganzen Demut, die mir als Orientalin und Bettelweib zukam, hatte ich dem Reisenden schon Platz gemacht, als er plötzlich anhielt, das Gewehr von der Schulter nahm und das Schwert aus seinem Gürtel entfernte, wie das in Tibet bei Ehrerbietungen Sitte ist. Dann verneigte er sich mit gefalteten Händen und gesenktem Kopf dreimal und näherte sich mir in dieser Haltung, gerade als ob er einen Lama um seinen Segen bäte.

Das Erstaunen lähmte mein Denkvermögen völlig. Halb mechanisch führte ich eine in lamaistischen Klöstern übliche Begrüßungsgeste aus und legte meine Hände auf den Kopf des Mannes. Bevor ich mich noch von meiner Überraschung so weit erholt hatte, daß ich ihn hätte fragen können, wer er war, hatte er schon wieder Flinte und Schwert ergriffen und war auf und davon. Ich drehte mich um und sah ihm nach; er schritt rasch durch die Schlucht und war nach wenigen Minuten nur noch als ein kleiner schwarzer Fleck am Ende des langen, schmalen Steiges sichtbar.

«Hast du den Mann gesehen?» erkundigte ich mich bei Yongden, als ich ihn eingeholt hatte.

Er bejahte es.

«Hast du mit ihm gesprochen?»

«Nein, er grüßte mich nur.»

Ich erzählte von meiner Begegnung mit dem Mann, und Yongden schloß daraus, der Mann müsse ein Naljorpa, ein Dämonenbeschwörer, gewesen sein. Ich selbst war der Meinung, daß der Fremde uns beide früher irgendwo einmal getroffen hatte. Nun tat es mir leid, daß ich ihn hatte ziehen lassen, ohne ihn anzureden. Da er mich um meinen Segen gebeten hatte, konnte er ja nichts Böses gegen mich im Schilde führen, aber er konnte immerhin anderen von der Begegnung erzählen, und besonders da er die Richtung nach Aben eingeschlagen hatte, konnten alle solche Reden uns Gefahr bringen.

Aber Yongden blieb dabei, den Mann nie gesehen zu haben, wir seien ihm auch ganz fremd, und der Unbekannte sei nur irgendwie «geheimnisvoll beeinflußt» gewesen. Er geriet dann ins Erzählen tibetischer Geschichten, die von ähnlichen Fällen handelten, und wir landeten bald in dem phantastischen, aber anziehenden Bereich unserer früheren Existenzen. Ich beschränkte mich im Grunde ganz bescheiden auf den Wunsch, daß mein unbekannter Verehrer, einerlei was für Gründe ihn auch bewegt haben mochten, uns wenigstens nicht in Gefahr bringen möge.

Wir näherten uns jetzt Thana, das uns als Grenzstation genannt worden war. Im Vertrauen auf Karten und die Angaben einiger Reisebücher glaubte ich, daß die Pilgerstraße sich nun nach Osten zum Zwillingspaß des Dokar wendete und wieder zurück auf chinesisches Gebiet, nach der Wasserscheide des Mekong-Flusses, führte. Der Weg, den wir nehmen mußten, gabelte sich erst bei Wabo. Ich war ganz damit beschäftigt, eine neue Geschichte über das Ziel unserer Reise zu erfinden, denn jetzt verließen wir ja den heiligen Berg, der uns bisher den glaubwürdigen Vorwand einer frommen Pilgerfahrt geboten hatte. Ich war sicher, wir würden nicht länger unbemerkt bleiben, denn wozu war denn die Grenzwache in Thana überhaupt da, wenn nicht, um zu beobachten, wer von den Pilgern diesen Pfad etwa verließ, um sich nach Tibet zu wenden? Im Geiste sah ich schon nichts als Grenzschranken vor mir und träumte von Beamten, die mit den Reisenden Verhöre anstellten. Dies Dorf Thana kam mir nicht aus dem Sinn, und ich war ebenso ratlos wie besorgt.

Während wir unserem Schicksal – mochte es gut oder böse sein, wer konnte das wissen? – entgegenwanderten, sahen wir einige schneebedeckte Gipfel und ein großes Stück des Kha Karpo selbst in wunderbarer Weise erstrahlen, und ich faßte das gern als herzliches Willkommen auf. Das Tal hatte zu dieser Jahreszeit nicht viel mehr als trockenes Dorngestrüpp aufzuweisen, die Hügel waren kahl und von blaßgelber Farbe. Am anderen Ufer des hier von hohen Ufern eingefaßten Stromes sahen wir ein Kloster liegen.

Es gelang uns, Thana bei Nacht zu erreichen. Es gelang uns sogar beinahe zu gut, denn wir konnten im Dunkeln den Weg nicht finden, gerieten in die Nähe eines Tempels, und die dortigen Wachhunde bellten ganz schrecklich, als sie uns kommen hörten. Glücklicherweise waren sie eingeschlossen und konnten uns daher nicht angreifen, aber ich war bange, es könnten Leute herauskommen, sich nach der Ursache des Lärms umsehen und sich vergewissern, daß es sich nicht etwa um Diebe handelte. Überdies konnte das nächtliche Erscheinen von geheimnisvollen Fremden sehr leicht zu Erkundigungen und schließlich dazu führen, daß wir der Grenzwache gemeldet wurden. Um dem vorzubeugen, rief Yongden laut nach dem Tempelwächter und erbat ein nächtliches Obdach für eine erschöpfte Arjopa, die eines kranken Beines wegen schon die letzte Tagereise nur noch mit Mühe und Not zurückgelegt hatte; die Klage war sehr bewegend abgefaßt und wurde laut genug geschrien, um in all den Tempelgebäuden gehört zu werden. Ich selbst hielt mich unterdessen versteckt. Wir waren innerlich fest überzeugt, daß der Wächter nachts keinen Bettler aufnehmen würde; wir kannten Land und Leute in Tibet gut genug, um diese List ruhig anwenden zu können. Als wir lange genug gewartet hatten, entfernte Yongden sich unter lauten Klagerufen: «Wie kann man nur so unfreundlich sein, wie kann man nur eine arme alte Pilgerin so grausam draußen in der kalten Nacht frieren lassen!» und dergleichen. Als seine jammernde Stimme dann allmählich verhallte, klang es gerade wie in der Oper, wenn ein hinter der Bühne Singender sich langsam entfernt, und inmitten der natürlichen Kulissen, den hohen Felsen und dem zum Fluß hinabführenden Pfad war es gar kein schlechter Theatereffekt; ich hätte am liebsten Beifall geklatscht.

So kamen wir ganz gut an dem Heiligtum vorbei, denn wer da auch wohnen mochte, an den greinenden Bettler der vergangenen Nacht dachte man am Morgen sicherlich mit keinem Gedanken mehr. Aber wo war nur das Dorf? Wir konnten es in der Stockfinsternis nicht sehen.

Yongden hätte sich am liebsten auf der Straße selbst niedergelegt, aber ich zog es vor, uns weiter vom Tempel entfernt ein etwas behaglicheres Plätzchen zu suchen. Da ich im seichten Wasser einige Steine bemerkte, die zum Übergang über den Fluß dienten, ging ich am anderen Ufer auf Kundschaft aus und fand dort zwei Höhlen. Da hatten wir ja eine Herberge, in der wir den Rest der Nacht verbringen konnten, ein wahrer Segen, da würden wir so ruhig wie zu Hause im eigenen Bett schlafen. Ich lief, meinen Reisegenossen zu holen, und wir richteten uns in einer der Höhlen häuslich ein, aßen unser Abendbrot, tranken dazu das sogar etwas zu kühle, klare Flußwasser und schliefen dann den tiefen Schlaf der müden, aber doch glücklichen tibetischen Pilger.

Als ich am Morgen mein Obergewand, das mir nachts als Decke

diente, anzog, bemerkte ich den Verlust meines Kompasses. Das war ein wahres Unglück, erstens weil er mir, wenn ich auch noch einen zweiten hatte, doch sehr fehlen würde; aber was am schlimmsten war: Er konnte gefunden werden, und man würde ihn sofort als ausländischen Gegenstand erkennen. Diese Tatsache wiederum würde sich schnell im ganzen Land herumsprechen, und die Behörden würden sich bald darüber klar sein, daß ein Ausländer sich in dieser Gegend aufgehalten haben mußte. Ich verbrachte eine entsetzliche lange Stunde auf der Suche nach dem verlorenen Ding. Es fand sich dann aber zum Glück wieder.

Bei Tagesanbruch kam ein Tempeldiener zum Wasserschöpfen an den Fluß, und wir brachen hastig auf. Wir sahen jetzt das Dorf ganz nahe bei unserem Ruheplatz liegen. Die Landleute waren schon auf und bei der ersten Morgenarbeit, nicht ohne dabei fleißig die mystischen Formeln herzusagen, die in lamaistischen Ländern die bei anderen Völkern gebräuchlichen Gebete ersetzen. Beim Feueranzünden, beim Viehfüttern, beim Tränken der Pferde am Fluß, überall murmelten sie dabei vor sich hin. Das ganze Dorf erklang davon, als ob ein Bienenschwarm summte.

Aus den Fenstern heraus und von den flachen Dächern herab sahen die Leute uns vorbeigehen, wie wir mit gebeugtem Kopf und ebenso murmelnd wie die anderen daherschritten. Yongden fragte einen Mann nach dem Weg, und ein paar Minuten später nahmen wir den Feldweg, gefolgt von einigen Bauern, die sich mit ihren Pflügen zur Arbeit begaben. Trotz des Novembers war die Temperatur milde. In diesen Tälern gedeiht die Wintersaat ganz anders als in dem öden, eisigen Transhimalaja-Tibet. Hierzulande lebt es sich leicht und angenehm, und wären die Steuern nicht, die von den Behörden jedes Jahr höhergeschraubt werden, so ginge es den Einwohnern hier gar nicht schlecht.

In der Frühe sahen wir zum erstenmal den Nu-Fluß, der hier vor seiner Vereinigung mit dem Saluën in raschem Lauf eine tiefe Schlucht durchfloß. Ein großer Trupp Pilger überholte uns, und sie baten meinen Gefährten, ihnen wahrzusagen. Es wäre eine unverzeihliche Sünde, wenn ein Lama eine solche Bitte ablehnen wollte; besonders Rotmützen-Lamas, denen man ja eine besonders gründliche Kenntnis der Geheimwissenschaften zuschreibt, können es nur schwer vermeiden, die Rolle des Weissagers, Astrologen und Exorzisten zu spielen. Mein Begleiter versuchte jede solche Konsultation mit ein paar einfachen Worten über die wahre Lehre Buddhas zu verbinden, um so seine Hörer etwas von ihrem tiefverwurzelten Aberglauben abzubringen. Womöglich ließ er auch noch die eine oder andere Ermahnung zur Reinlichkeit einfließen, soweit eben hygienische Maßregeln in Tibet überhaupt verstanden werden. Dabei mußte ich länger als eine halbe Stunde in der brennenden Sonne, die auf die kahle gelbliche Felswand hinter mir herniedersengte, sitzenbleiben, denn Yongden konnte seine anspruchsvollen frommen Klienten so schnell nicht loswerden. Einer wollte wissen, wie es wohl seinem Vieh ginge, während er auf Reisen war. Ein anderer wünschte zur Erinnerung an seine Pilgerfahrt dem Mendong in seinem Dorf ein paar mit Inschriften verzierte Steine hinzuzufügen und hätte gern erfahren, was für besonders weise und glückbringende Sätze man da eingraben könnte. Ein übermüdetes Mädchen mit wundgelaufenen Füßen, das fürchtete, zurückgelassen zu werden, fragte ängstlich, ob sie in ein paar Tagen wohl wieder gehen könnte, und die Mutter wollte unbedingt den Namen des Dämons wissen, der dem Mädchen geschwollene Füße und steife Beine angehext hatte. Weder Mutter noch Tochter und die übrigen erst recht nicht würden jemals zugegeben haben, daß die lange, beschwerliche Wanderschaft das Übel eigentlich ausreichend erklärte.

Yongden blieb der Methode treu, die er seit Jahren mit Erfolg angewandt hatte, wenn es galt, kranke Tibeter zu behandeln und zu kurieren: Er zählte die Perlen seines Rosenkranzes, warf ein paar Kieselsteinchen in die Luft, fing sie, bevor sie den Boden berührten, wieder mit der Hand auf. Dann nahm er noch etliche andere Zeremonien vor, indem er zugleich in gebrochenem Sanskrit etwas Unverständliches murmelte. Mein Pflegesohn zeigte entschieden Begabung für Riten dieser Art und würde, wenn er in einem Lama-Kloster geblieben wäre, sicher ein berühmtes Orakel oder ein großer Beschwörer geworden sein; aber er hatte sich einer orthodoxen Form des Buddhismus angeschlossen, die allen Aberglauben verbietet.

«Ich sehe wohl», sagte er nach einiger Zeit, «das ist ein böser Dämon, aber ihr könnt euch von ihm befreien. Hört alle gut zu, und vergeßt nicht, was ich euch sagen werde!» Die Pilger umringten sofort den Lama; teils hockten sie zu seinen Füßen, teils standen sie mit dem Rücken unbeweglich an den Felsen gelehnt da, alle aber lauschten angestrengt auf die Weisungen des «Hellsehers» – es war eine malerische Gruppe, und ich bedauerte, keine Fotografie von ihr machen zu können.

«Ihr werdet unterwegs an einen Tschörten kommen», sagte Yongden, eine Prophezeiung, die sicher in Erfüllung ging, denn Tschörten sind zahlreich in Tibet. «Da müßt ihr haltmachen, und das kranke Mädchen muß drei Tage lang in der Nähe des Heiligtums liegenbleiben, und zwar gut geschützt vor den Sonnenstrahlen, die nicht auf ihren Kopf fallen dürfen. Und ihr müßt euch dreimal am Tage, bei Sonnenaufgang, mittags und bei Sonnenuntergang, versammeln und ‹Dolma›[1] anstimmen. Wer von euch keine Dolma kann, muß ‹Mani› aufsagen. Während ihr singt, muß das Mädchen dreimal den Tschörten umschreiten, aber sie darf nur diesen kurzen Gang machen, sonst muß sie die ganzen drei Tage still liegenbleiben. Und jedesmal nach dem Gang um den Tschörten müßt ihr dem Mädchen gut zu essen geben. Darauf müssen ihre Füße und Beine mit heißem Wasser massiert werden; in das Wasser aber tut ihr etwas heiligen Sand aus dem Samye-Kloster. Wenn ihr das alles getan habt, müßt ihr die Erde, die von dem Wasser durchnäßt worden ist, weit weg in ein Loch schütten und dieses sorgfältig mit Steinen zudecken, denn durch das heilige Wasser wird die Macht des Dämons abgewaschen. Habt ihr den Dämon dadurch noch nicht ausgetrieben, dann wißt ihr, daß ihr irgend etwas bei der Ausübung des Ritus falschgemacht habt und daß ihr bei dem nächsten Tschörten, an dem ihr vorbeikommt, alles noch einmal wiederholen müßt. Nun hört weiter: Niemand von euch darf seine Gefährten verlassen, ehe ihr nicht wieder alle zusammen in eurer Heimat seid, denn ich sehe deutlich, daß der Dämon einen jeden verfolgen würde, der sich von dem Mädchen trennen wollte. Da er mit ihr nicht, wie er möchte, verfahren kann, würde er sofort über den anderen herfallen. Ich werde die Mutter der Kleinen einen Spruch lehren, der ihrer Tochter und euch allen, solange ihr vereint bleibt, als Schutz dienen soll.»

1 Lobpreisung der «Weltenmutter», einer mystischen Figur des tantrischen Pantheons.

Die armen Teufel waren hochbeglückt. Der Lama hatte eine lange Rede gehalten, die sie weder recht verstanden hatten noch behalten würden, der sichere Beweis für ihren tiefen Sinn. Yongden befahl ihnen darauf, ihres Weges zu gehen, nur die alte Mutter behielt er noch zurück, um ihr den geheimen Zauberspruch mitzuteilen.

«Bhah!» donnerte er ihr ins Ohr und rollte dabei gräßlich mit den Augen.

Mit Zittern und Beben, aber doch überglücklich bei dem Gedanken, daß die bösen Geister ihr nun nichts mehr anhaben konnten, verbeugte sich die Alte in tiefster Dankbarkeit vor ihm und machte sich auf den Weg, indem sie voller Inbrunst versuchte, den Tonfall des Meisters nachzuahmen.

«Bhah! . . . Bhah . . . Bhaaah!» rief sie in unterschiedlichen Tonlagen, mal drohend, mal hilflos blökend. Unter dem Vorwand, meine gelockerten Strumpfbänder festbinden zu müssen, blieb ich etwas zurück, verbarg den Kopf in meinen langen dicken Ärmeln und lachte mich gründlich satt. «Was schadet's?» meinte Yongden lächelnd. «So bekommt das Mädchen drei Tage Ruhe, etwas Massage und gutes Essen, und da die Mutter den kostbaren Spruch besitzt und ihre Tochter nicht verlassen wird, so werden die anderen auch nicht wagen, sie im Stich zu lassen. Gegen das alles kann man doch gar nichts sagen, und im übrigen habe ich solche Streiche ja von dir gelernt.»

Ich konnte ihm nichts darauf erwidern, er hatte recht, und obendrein fand ich selbst, daß wir dem armen Mädchen einen Freundschaftsdienst erwiesen hatten.

Als wir endlich auf der Höhe des Felsens standen, sahen wir an allen Seiten auf bebautes Land hernieder, und vor uns lag ein Dorf, das, wie wir später erfuhren, Ke hieß. Die vor uns ziehenden Pilger hatten es schon erreicht, und einige von ihnen waren umgekehrt und liefen nun wieder auf uns zu.

«O Lama», riefen sie, «was bist du für ein gelehrter Mann! Du hattest ganz recht, daß wir bald einen Tschörten sehen würden. Hier ist es ja schon, und das Mädchen legt sich auch schon nieder. Bitte, nimm etwas Tee von uns an!» Da war freilich ein Tschörten und obendrein noch ein kleines Kloster, und es dauerte gar nicht lange, da hatten seine Bewohner von ihrem wunderbaren Kollegen gehört. Die Pilger, die nicht Bettler, sondern leidlich bemittelte Bauern waren, hatten bereits ein paar Krüge mit Branntwein gekauft und erzählten nun einander beim Trinken von all den seltsamen Wundern, die mein weiser Gefährte getan haben sollte. Einer überbot den anderen dabei, und ein Mann behauptete gar, daß er, als wir den Nu-Fluß überschritten, deutlich gesehen hätte, wie der Lama nicht auf der Brücke, sondern daneben, mitten durch die Luft gegangen sei. Yongden fühlte sich, obgleich er als strenger Abstinenzler keinen Alkohol getrunken hatte, doch etwas von dem Rausch angesteckt. Er erzählte Geschichten von fernen Gegenden, die er auf seinen Pilgerfahrten besucht haben wollte: vom Fünfgipfelberg, nahe der großen Stadt Peking, vom Sitz des Gottes der Weisheit, Manjushri, und vom allerheiligsten Berg des Samantabhadra, wo Pilger, die reinen Herzens sind, den Buddha selber in einem runden Regenbogen sehen können. Mir schien allmählich der Scherz zu weit zu gehen. Das ganze Dorf und die Mönche des Klosters hatten sich um Yongden geschart, und er fuhr fort, Weissagungen und dergleichen zu verkünden. Die Leute brachten Geschenke, die er gnädigst entgegennahm. Mir war dieser Ruhm, der ihn auffällig machen mußte, eigentlich gar nicht lieb, aber vielleicht zu Unrecht, denn sicher wäre niemand auf den Gedanken verfallen, daß die «Mutter» des glänzenden Zauberers eine Ausländerin war. Immerhin versuchte ich, meinen Sohn auf meine Bedenken aufmerksam zu machen, indem ich mit etwas strenger Stimme *«Karma pa kien no»* rief, ein frommer Spruch, mit dem sich in früheren Zeiten Anhänger der Karma-Kagyü-Lehre an ihren geistigen Vater, das Oberhaupt ihrer Sekte, zu wenden pflegten. Heutzutage ist es nur mehr ein Ausruf wie «Vergelt's Gott!». Aber in der geheimen Schlüsselsprache, die wir uns schon auf einer vorhergehenden Reise ausgedacht hatten, bedeuteten diese heiligen Worte «Rasch fort von hier!»

Yongden tat es möglicherweise leid, seinen Triumph so schnell aufgeben zu müssen, aber er bat doch daraufhin gleich um Erlaubnis, nun seinen Weg fortsetzen zu dürfen. Das wollten die Leute aber nicht zulassen; sie meinten, bis zum nächsten Dorf wäre es ja noch weit und nirgends unterwegs Wasser zu finden. Wir täten besser, die Nacht bei ihnen zu verbringen, sie würden schon für ein gutes Zimmer sorgen. Ich sah wohl, mein Gefährte fand das ganz verlockend, aber ich beantwortete seine flehend auf mich gerichteten Blicke nur mit einem noch bedeutungsvoller betonten *«Karma pa kien no»* und beeindruckte dadurch einige der Umstehenden so, daß sie fromm ein paarmal wiederholten: *«Karma pa kien no.»*

So gingen wir denn, und ich war recht froh, als die Stille und Einsamkeit uns wieder umgaben. Ich schalt Yongden, daß er sich so vorgedrängt hatte, und schloß daran noch manche weitere Ermahnung, was ihn etwas verstimmte.

Nun machten wir uns an die Besteigung eines etwa 2500 Meter hohen Passes, von wo es einen staubigen Pfad, der in weiße Hügel eingehauen war, hinabging, und ich mußte an die Landschaft bei Kansu in Nordchina denken. Wasser gab es allerdings nicht, und die Aussicht, weder jetzt am Abend noch am nächsten Morgen etwas zu trinken zu bekommen, verbesserte nicht gerade Yongdens schlechte Laune. Der aufgehende Mond beleuchtete unseren Weg, und wären wir nicht so müde gewesen, wir hätten leicht einen Teil der Nacht weiterwandern können. Aber beim Anblick einer kleinen, hoch über dem Pfad gelegenen Höhle übermannte uns der Wunsch nach Schlaf, und wir gaben ihm um so eher nach, da wir ja nun zwei Pässe hinter uns hatten und uns vor dem nächsten Dorf nicht fürchteten. Aber das sollte sich als Leichtsinn erweisen.

Unser Obdach war im höchsten Maße malerisch, unser Schlafplatz war so abschüssig und schmal, daß wir nicht aus der Angst herauskamen, im Schlaf ins Rollen zu kommen und uns die Knochen an den Felsen darunter zu brechen.

Der nächste Morgen war die Einleitung zu einer Reihe ereignisreicher Tage, die wohl einem schwächeren Wesen, als ich es bin, einen Nervenzusammenbruch hätten eintragen können. Mitten am Vormittag kamen wir in dem Dorf Wabo hungrig, aber noch mehr durstig an. Nur zu begreiflich, denn seit unserem Mittagshalt bei den Pilgern in der Nähe des Tschörten hatten wir keinerlei Nahrung mehr zu uns genommen.

Wir hatten gestern soviel über die Dämonen gelacht, wer weiß, ob uns nicht einer von ihnen einen Streich spielen wollte, denn wie wären wir sonst wohl auf die unkluge Idee gekommen, gerade da Tee zu machen, wo die Bauern sich eine primitive hölzerne Wasserleitung angelegt hatten? In der Nacht war etwas Schnee gefallen. Ich las zusammen, was ich an Zweigen und trockenem Kuhdünger herumliegen sah, während Yongden schon Feuer machte. Das Wasser wollte lange Zeit nicht kochen, mein Gefährte aß und trank dann auch noch sehr langsam und bedächtig; kurz: die Zeit verging, und was war das Ende vom Liede? Erst kamen zwei oder drei der Dorfbewohner, dann wurde ein Dutzend daraus, schließlich verdoppelte sich auch dieses noch, und sie alle umstanden uns im Kreise. Eine gute Frau brachte von ihrem Hause Holz herbei, als sie sah, daß ich auf der Straße nicht viel gefunden hatte, aber das Ganze wäre vielleicht doch noch gut abgegangen, hätte Yongden nicht gestern die vielen weisen Worte gesprochen, mit denen er gleich dem göttlichen Odysseus die Einwohner von Ke entzückt und bezaubert hatte. Jetzt konnte freilich keine Bildsäule schweigsamer sein als der eben noch so große Redner. Durch meine Vorhaltungen und meinen Spott über seine Redseligkeit gekränkt, verhielt er sich diesmal mäuschenstill, er tat nichts, als abwechselnd unersättlich zu essen und zu trinken. Die Leute sahen uns mit starrem Erstaunen an, denn die Tibeter sind beredte Menschen, und Yongdens Haltung warf ihre ganze Erfahrung im Umgang mit weisen Lamas und weitgereisten Arjopas um.

«Was seid ihr für Leute?» fragte eine Frau, in der Hoffnung, wir möchten ihr darauf antworten. Aber der Lama schwieg unverbrüchlich weiter. Schade, schade! In unserer Schlüsselsprache war die Aufforderung «Sag endlich was!» nicht vorgesehen. So war ich machtlos und mußte, bescheiden meinen Tee trinkend, hinter dem Lama sitzenbleiben, dem ich einen alten Sack untergelegt hatte. Ich betonte vorsichtshalber sehr nachdrücklich meinen Respekt vor ihm und bediente ihn so demütig, wie ich nur konnte, um keinen Verdacht gegen meine Arjopa-Rolle aufkommen zu lassen. Aber gerade das hätte mich beinahe verraten.

Ich hatte den leeren Teetopf weggenommen und schickte mich an, ihn zu waschen; aber als meine Hände mit dem Wasser in Berührung kamen, war die natürliche Folge davon, daß sie reiner wurden, und mit der Reinlichkeit kam zugleich die weiße Haut meiner Hände zum Vorschein. In meinem Ärger über Yongdens auffallende Schweigsamkeit war mir das ganz entgangen, da hörte ich, wie eine Frau leise zu einer anderen sagte: «Sieh mal, ihre Hände schauen ja wie die der ‹Philings› aus!»

Ob sie überhaupt jemals Ausländer gesehen hatte? Wenn sie nicht in Batang oder sonst irgendwo im chinesischen Tibet oder auch in Gyantse, dem äußersten Süden des Landes, gewesen war, so war das eher unwahrscheinlich. Aber jeder Tibeter glaubt auch so, genau zu wissen, wie ein Ausländer aussehen muß. Er oder sie ist groß, blond, hat weiße Haut, rosige Wangen und «weiße» Augen, worunter man jede nicht ganz schwarze oder dunkelbraune Farbe der Iris versteht. *Mig kar,* «Weißauge», ist ein gebräuchliches Schimpfwort für die Ausländer in Tibet. Für den tibetischen Geschmack gibt es nichts Abscheulicheres als blaue oder graue Augen und nichts Verdächtigeres als weiße Haut.

So verriet meine Hautfarbe meine Herkunft. Ich zeigte in keiner Weise, daß ich die Bemerkung gehört hatte, und schwärzte mir die Hände rasch wieder am verrußten Boden des Topfes. Nun hatten sich auch noch drei Soldaten zu den Bauern gesellt. O Himmel, also hier war ein Militärposten und nicht in Thana, das wir so besonders vorsichtig passiert hatten! Was würde nun aus uns werden? Ich hörte im Geiste schon den Gendarm nach unseren Papieren fragen. Und dabei kaute der Lama wie versteinert dasitzend immer weiter seine Tsamba! Ich wagte nicht einmal mehr das *«Karma pa kien no»* auszusprechen, aus Angst, daß meine Stimme noch mehr die Aufmerksamkeit auf mich ziehen könnte.

Endlich, endlich erhob sich Yongden, und einer der Bauern fragte ihn, wohin er nun ginge. Schrecklich! Wir wollten doch gerade hier insgeheim die Pilgerstraße verlassen und durften unmöglich offen bekennen, daß die Reise nach dem Mittelpunkt Tibets gehen sollte.

Yongden erzählte den Leuten gelassen, daß wir die Pilgerfahrt rund um den Kha Karpo gemacht hätten und nun in unsere Heimat zurückkehren würden; weiter fügte er nichts hinzu, sondern schulterte einfach seine Last, ich gleichfalls, und wir brachen vom Volk umringt auf, geradewegs auf die Straße nach Lhasa zu.

Und dann geschah das Wunder. Der kleine tückische Dämon, der uns eben noch übel mitgespielt hatte, änderte plötzlich seine Taktik und griff zu unseren Gunsten ein. Die allgemeine Spannung ließ nach. Ich hörte, wie jemand höhnisch sagte: «Das sind Mongolen, sag ich euch, sture Jaks, die im Kreis rumlaufen.»

Für beschränkte Mongolen, die nicht den Mund aufkriegen, hielt

Alexandra David-Néels ständiger Reisebegleiter
Yongden, ein Rotmützen-Lama

uns denn auch das ganze Dorf, als wir stillschweigend und halb wie im Traum die Kha-Karpo-Pilgerstraße verließen, um die bedeutend weitere Pilgerfahrt nach Lhasa anzutreten.

Gegen Abend dieses Tages hatten wir ohne Behelligung und ohne Mühe die Brücke über den Fluß Nu passiert, der dem Saluën zufließt, und wir beschlossen, die Nacht in einem lieblichen, von klaren Bächen durchzogenen Wäldchen zu verbringen. Wir konnten uns eine sättigende Mahlzeit leisten; denn am nächsten Tag würden wir bei dem Kloster Pedo vorbeikommen, wo man, wie wir gehört hatten, Nahrungsmittel kaufen konnte.

Jetzt bedienten wir uns zum erstenmal unserer mitgeführten Gummiflaschen. Es waren einfache Behälter für heißes Wasser. Als ich unser sonst so spärliches Gepäck damit belastete, dachte ich, daß sie einmal Leute wie uns, die ohne Wolldecken reisten, gegen die Nachtkälte im Hochgebirge schützen könnten. Überdies waren sie gut zu gebrauchen, um auf dürren Strecken etwas Wasser mitzunehmen. Aber ihres ausländischen Aussehens wegen wagten wir nicht, sie vor den Augen von Tibetern zu füllen, und wir mußten deshalb mehr als einmal Durst leiden, obwohl wir in unseren Flaschen genügend Teewasser hatten.

Allerdings hatten wir die Gummiflaschen ähnlich wie uns selbst maskiert. Sie steckten in einer dicken Umhüllung, die eine in einfarbig rotem, die andere in gelb und rotem Nambu, dem dicken tibetischen Wolltuch, und sahen nun wie Schabluks aus, das heißt, wie die in früheren Zeiten von den Lamas getragenen Wasserbeutel. Sie werden auch heutzutage noch alten Modellen nachgeahmt und gehören mit zur Ausrüstung lamaistischer Mönche. Aber selbst in ihrer jetzigen Aufmachung bestand doch noch ein erheblicher Unterschied zwischen unseren, direkt von einer großen amerikanischen Firma bezogenen Flaschen und den ganz primitiven Dingern, wie sie der Lama an seinem «Unterrock», dem Schamtab, trägt. Da wir sie aber nicht offen sehen ließen, mochten sie aus einiger Entfernung immerhin einigermaßen tibetisch aussehen. Im übrigen gaben wir jedesmal, wenn irgendeiner unserer Ausstattungsgegenstände die Aufmerksamkeit der Eingeborenen erregte, ihn sofort für einen in Lhasa gekauften Artikel aus, zugleich eine willkommene Gelegenheit, um recht viel von den Wundern der großen Stadt zu erzählen, in der ja so mancherlei ausländische Waren zu finden seien. Dabei brachten wir schlauerweise das Gespräch auf noch viel merkwürdigere Dinge als die in unserem Gepäck enthaltenen und steckten sie unauffällig weg, um sie in Vergessenheit zu bringen.

Noch vor Beginn unserer Reise hatte ich mit dem Lama verabredet, daß, was für eine Geschichte wir auch nach Bedarf erfinden mochten, wir uns, sobald wir auf tibetischem Gebiet wären, für Tibeter ausgeben wollten. Wir wollten bei allen Begegnungen behaupten, wir kämen von Lhasa und seien auf dem Wege nach der Grenze, wo unsere Heimat sei. Es war in jeder Hinsicht das Sicherste, und wir konnten dadurch leicht die paar ausländischen Gebrauchsgegenstände, die wir mitführten, auf Einkäufe in Lhasa zurückführen.

Als wir beim ersten Morgengrauen aufstanden, sahen wir das Kloster nur ein paar Schritte entfernt vor uns liegen, aber in ganz anderer Richtung, als wir es vermutet hatten. Wir schlichen uns flink an seinen Mauern entlang und beeilten uns, außer Sicht zu kommen. Ein gutgekleideter Eingeborener ritt an uns vorbei, warf aber, ohne anzuhalten, nur einen gleichgültigen Blick auf uns. Es schien nicht einfach, einen Platz zu finden, wo ich in Ruhe warten konnte, bis Yongden seine Einkäufe gemacht hatte. Unser Weg senkte sich in ein enges Tal hinab, das ein Nebenfluß des Nu durchfloß; an den Ufern lagen mehrere Höfe und Mühlen. Wir begegneten einer ansehnlichen, aus Lhasa kommenden Handelskarawane. Überall sah man Menschen. Eine Zeitlang glaubte ich, mich höher oben im Walde aufhalten zu können, aber gerade da kam ein Mädchen und trieb Vieh nach derselben Richtung hin. Wir gingen weiter und weiter, verärgert darüber, daß wir uns so immer mehr von dem Kloster entfernten, denn wir brauchten notwendig neuen Mundvorrat. Gesunde Fußgänger wie wir haben einen gesegneten Appetit, und ich gestehe, ich konnte eine tüchtige Portion Gerstenbrei mit Butter oder, wenn wir endlich einmal etwas Weizenmehl ergattert hatten, auch ein ordentliches Stück Brot vertilgen. Und darin stand der Lama seiner Pflegemutter keineswegs nach.

Als ich das kleine Tal hinter mir hatte, sah ich einige große Felder, die erst im Frühjahr bestellt werden sollten. Hier blieb ich ein paar Stunden hinter Gebüsch versteckt sitzen. Ich vertrieb mir die Zeit mit dem Lesen einer tibetischen philosophischen Abhandlung, bis Yongden, beladen wie ein Maultier, zurückkam. Wir genossen nun eine außergewöhnlich üppige Mahlzeit: Fleischbrühe mit Weizenmehl verdickt. Die Brusttaschen voll von getrockneten Aprikosen, brachen wir dann guter Dinge auf. Nachmittags kamen wir wieder in wilde Gegenden. Wir begegneten einigen gemächlich daherschlendernden Pilgern, die zu einer großen Gesellschaft von mindestens fünfzig Leuten gehörten und deren Vortrupp wir später einholten, wo sich alle schon gelagert hatten und in riesigen Kesseln Tee kochten.

Yongden wurde lange bei ihnen aufgehalten, denn einige wollten sich von ihm ihr eigenes Schicksal voraussagen lassen, andere etwas über die Zukunft ihrer Angehörigen erfahren, und viele baten auch um seinen Segen. Ich hockte auf der Erde und beobachtete belustigt die verschiedenen Vorgänge, bei denen der Lama und die Gläubigen gleich ernsthaft ihre Rollen spielten, aber dabei nie die gute Laune und die überschäumende Fröhlichkeit verloren, die das Leben unter Tibetern so anziehend macht. Ich vergaß mit Freuden die Heimat im Westen. Noch früh genug würden mich die Klauen unserer trübseligen Zivilisation wieder zu packen bekommen. Ich fühlte mich ganz als einfache Dokpa vom Kuku-nor. Ich schwatzte mit den Weibern von meinem schwarzen Zelt in der Graswüste, von meinem Vieh, von den Festen, wenn die Männer um die Wette reiten und ihre Geschicklichkeit im Scheibenschießen zeigen. Ich kannte die Gegend, die ich beschrieb, so gut wie auswendig, so lange hatte ich da gewohnt, und meine Begeisterung für mein angebliches Vaterland war so echt und aufrichtig, daß wohl niemand darauf kam, daß ich log. Aber war es denn wirklich Lüge? Ein Lama sagte mir einmal, ich gehöre zur Rasse der Menschen, die nur gleichsam aus Versehen, oder vielleicht auch als Strafe für ihre Sünden, im Abendland zur Welt gekommen seien.

Wir hatten so viel Zeit bei den Pilgern verloren, daß wir bei Sonnenuntergang noch so lange wie möglich weiterwandern wollten. Als wir gerade eine Schlucht, die von einem Flüßchen durchströmt ward, hinabstiegen, bemerkte ich einen auf dem Boden liegenden Stoffetzen. Er erwies sich beim Näherkommen als eine alte pelzgefütterte Mütze, wie die Frauen in Kham sie zu tragen pflegen. Yongden spießte sie mit der eisernen Spitze seines Pilgerstabes auf und schleuderte sie aus dem Wege. Allein, die Mütze flog nicht weit und fiel auch nicht zur Erde, sondern vogelgleich, möchte ich sagen, flatterte sie durch die Luft, um sich auf einem Baumstumpf niederzulassen.

Ich fühlte mit seltsamer Vorahnung, daß dies häßliche, schmutzige Ding mir noch einmal sehr nützlich werden sollte, daß es mir von irgendwem «gesandt» war, und ganz unter dem Einfluß dieses geheimen Ratschlages ging ich und holte es mir heran.

Yongden sah das gar nicht gern, denn Tibeter nehmen sogar ihre eigenen Hüte nicht gern wieder vom Boden auf, wenn sie ihnen zufällig vom Kopf gefallen sind, geschweige denn, daß sie fremde Kopfbedeckungen vom Wege auflesen würden. Sie meinen, das bringt Unglück. Unterwegs gefundene Stiefel dagegen sollen Glück bringen, und man kann oft sehen, daß ein Reisender sie wenigstens für einen Augenblick anzieht, ganz einerlei, wie schmutzig und abgetragen sie auch sein mögen. So abergläubisch war freilich mein Gefährte nicht, aber die fettige Pelzmütze war ihm widerlich, und er verstand nicht, was ich Besonderes daran fand. Er nahm an, daß sie irgendeinem Pilger gehört hatte, dem sie vielleicht von der Last, die er auf dem Rücken trug, unbemerkt herabgeglitten war. Möglicherweise hatte sie aber auch ein Pilger, nachdem sie auf den Boden gefallen war, aus Aberglauben mit Absicht liegen lassen.

«Ich will ja nicht behaupten», sagte ich, «daß eine Göttin auf ihrem paradiesischen Lotosblumensitz für mich Putzmacherin gespielt und sie mir genäht hat. Ich will gern zugeben, daß sie von einem gewöhnlichen Menschenkinde herrührt, aber es fragt sich, warum er oder sie die Mütze gerade hier verloren hat.»

«Nun», scherzte mein junger Begleiter, «dann laß uns immerhin glauben, daß es ein unsichtbarer Freund von dir war, der dir dieses herrliche Geschenk auf den Weg geworfen hat!»

Ich antwortete nichts darauf, verwahrte die Mütze aber sorgfältig in meinem Gepäck, und wir setzten unseren Weg fort.

Vor einigen Tagen war Schnee gefallen, und überall waren noch einige kleine weiße Flecken liegengeblieben. Wir waren müde und hielten deshalb an, als wir an den Eingang eines Quertales kamen, aus dem ein großer Sturzbach dem Nu-Fluß entgegenrauschte. Nach einigem Suchen entdeckte Yongden einen von der Straße aus unsichtbaren Lagerplatz, aber die Winde fegten doch zu rauh und unwirtlich über den kahlen Ort weg, und am Ende fanden wir etwas Besseres, tiefer unten und näher am Wege.

Unser Zelt als solches war uns bis dahin nicht viel wert gewesen, denn wir hatten es seit unserer Abreise erst einmal aufgeschlagen; dagegen leistete es uns als Decke gute Dienste. Wir legten uns nach tibetischer Art mit dem Gepäck zwischen uns hin, so daß man nichts davon wegnehmen konnte, ohne uns zu wecken. Wir hatten beide unsere Revolver zur Hand, und unsere Gürtel, die Silber und Gold enthielten, verbargen wir meist in unserer Nähe unter Steinen oder trocknen Blättern. Manchmal, wenn die Gegend sicher schien, legten wir sie auch einfach dicht neben uns. Darauf deckten wir mit den Zeltbahnen sowohl uns selbst wie das Gepäck zu. Wenn Schnee gefallen war, sah das weiße Leinen genau wie ein kleines, übriggebliebenes Schneefeld aus, namentlich wenn wir noch ein paar trokkene Blätter und dürre Zweige darüber hingestreut hatten, und wir fühlten uns unter seiner Decke ganz sicher. So verbrachten wir auch jene Nacht dicht am Wege unter solch einem täuschend nachgeahmten Schneefeld, waren diesmal aber zu vertrauensselig. Denn so gut der Trick auch war, direkt vor den Füßen der Vorübergehenden mußte er freilich versagen. Noch vor Tagesanbruch gingen einige Handelsleute vorbei, und einem von ihnen fiel etwas an unserem «Schneefeld» auf.

«Sind das Menschen, oder ist das Schnee?» fragte er einen seiner Gefährten.

«Schnee», erwiderte dieser, der den Schnee ringsumher im Walde sah, aber nicht in unsere Richtung blickte. Der erste schien doch noch seine Zweifel zu haben, und wir unter unserer Zeltbahn lachten leise in uns hinein. Aber es konnte dem Mann ja einfallen, mit einem Stein nach uns zu werfen (das tun die Tibeter oft und aus den verschiedensten Gründen), um sich zu vergewissern, ob wir zum lebendigen oder zum toten Naturreich gehörten. So bestätigte Yongden lieber mit tiefer Grabesstimme:

«Es ist Schnee.»

Die beladenen Maultiere der Karawane schreckten bei dem Geräusch zusammen, und die Leute lachten herzlich. Darauf kroch der Lama unter der Decke hervor und plauderte ein paar Minuten mit den Männern, während ich reglos unter der Zeltbahn blieb.

«Bist du allein?» fragten sie Yongden, und er bestätigte dies.

Am Morgen kamen wir durch ein Dorf und dann auf eine kleine Hochebene, von der aus wir vor uns in weiter Ferne einen steilen Berg sahen, an dem sich ein fadendünner Pfad hinanzog. Das mußte der To-Paß sein, den wir zu überschreiten hatten.

Wollte man den ermüdenden Anstieg und den dahinter liegenden Ku-Paß vermeiden, so konnte man auch einen schmalen Pfad den Fluß entlang einschlagen. Aber ich hatte gehört, er sei an einigen Stellen sehr schwierig, so daß man sich an die Felsen klammern und auf allen vieren kriechen mußte, kurz, daß er Kletterkunststücke erforderte, denen ich mich noch dazu mit schwerbeladenem Rücken nicht gewachsen fühlte. Viel besser, wir wählten den längeren, aber dafür sicheren Weg. Ich ahnte damals noch nicht, was für Seiltänzereien ich später noch einmal vollführen würde, bald an Abgründen entlang, bald über Felsen hinweg.

Mir fehlte noch eine andere, wichtigere Kenntnis. Wenn ich den Berg und das schmale helle Wegband, das hinüberführte, ansah, dachte ich nur an die ermüdende Kletterpartie, aber nicht, daß noch vor Beginn des Anstiegs der ganze Erfolg unserer Reise gefährdet werden sollte. In glücklicher Unwissenheit wanderten wir also gemächlich bergauf.

Wir fanden ein hübsches Plätzchen an einem Wasserlauf und gönnten uns für den Rest des Nachmittags und für die Nacht Ruhe. Wir waren sogar so unvorsichtig, unser Zelt aufzuschlagen, um es uns recht bequem zu machen, obgleich wir wußten, daß jenseits des Baches ein Dorf lag. Am folgenden Morgen hatten wir es auch nicht so eilig wie sonst mit dem Aufbruch. Ein Mann kam des Wegs und unterhielt sich lange mit Yongden, der ihn einlud, ein Schälchen Suppe mit uns zu teilen. Und bei der Gelegenheit erfuhren wir, daß wir töricht genug gewesen waren, im Blickfeld des Hauses eines Lamas haltzumachen!

So sehr wir unsere Unvorsichtigkeit bedauerten, nun war es einmal geschehen. Der Mann, der sich mit meinem jungen Freunde unterhalten hatte, war Soldat und ein Untergebener des Lamas.

Wenn er Verdacht geschöpft und seinem Vorgesetzten von uns berichtet hatte, war unser Schicksal besiegelt. Als wir, begleitet von dem Posten, den Gang durch das Dorf antraten, sahen wir sicherlich wie zum Tode Verurteilte auf ihrem Weg zum Schafott aus.

Wir kamen an einen Tschörten, den ich in tiefer Andacht dreimal umschritt und mit der Stirn berührte. Immer höher stieg der Weg, und das Haus des Lamas lag nun schon weit hinter uns, doch erst jetzt erhielt unser Begleiter seinen Befehl von oben.

Ein Bauer kam uns über die Felder nachgelaufen. «Ihr sollt zum Pönpo kommen!» rief er. Also zum Amtsvorsteher! Yongden verlor keinen Augenblick die Ruhe und blieb ganz Herr der Situation. Er setzte seine Last ab, denn wenn der Pönpo und seine Leute sie sah, konnten sie leicht aus Neugier den Inhalt untersuchen wollen. Und mich sah er mit keinem Blick an; es fiel ihm eben gar nicht ein, daß ein hochgestellter Herr sich für eine unbedarfte alte Frau wie mich interessieren könnte.

«Gehen wir also», sagte er zu dem Soldat und ging plaudernd mit ihm fort.

Ich hockte bescheiden bei unserem Gepäck nieder, nahm meinen tibetischen Rosenkranz vom Hals ab und tat, als ob ich die Perlen zählte. Die Worte des Bauern hatten mich nur zu lebhaft an frühere Abenteuer erinnert. Es würde jetzt wohl wieder ebenso enden, und alle Strapazen wären umsonst gewesen. Ich sah uns schon unter Eskorte zur nächsten chinesischen Grenzstation zurückgebracht, sah uns beim Passieren der Dörfer als Zielscheibe für die Neugier der Landleute. Aber meinen Plan gab ich trotz alledem nicht eine Minute lang auf. Ich hatte mir nun mal geschworen, meinen Kopf durchzusetzen, und dabei blieb es, egal wann und wie, auch wenn es heute mißlang . . . Plötzlich hörte ich von fern eine Stimme. Sie kam näher, und ich erkannte sie; es war Yongden, der eine tibetische Liturgie sang. Er kam allein und sang dabei! Das klang hoffnungsvoll und durchzuckte mich wie eine Gewißheit des Gelingens.

Schon stand der junge Lama vor mir, lächelte mich halb spöttisch an und zeigte mir in seiner offenen Hand eine Silbermünze.

«Er hat mir eine halbe Rupie als Almosen gegeben», sagte er, «nun aber laß uns machen, daß wir fortkommen!» Wie Yongden erfahren hatte, war der Pönpo eigens dazu angestellt, die Straße zu bewachen und den Paßübergang unter scharfer Aufsicht zu halten. Wir konnten von Glück sagen, dank Yongdens sicherem Auftreten als Rotmützen-Lama so gut davongekommen zu sein, mußten aber auf ähnliche Zwischenfälle gefaßt bleiben.

Es dauerte denn auch gar nicht lange, und ein zweiter, noch viel stärkerer Schreckschuß folgte.

Noch am selben Morgen, noch nicht viel weiter gekommen, hörten wir durch einen Soldaten, der irgendeiner Ablösung wegen eilig bergab gelaufen kam, von einem weiteren Pönpo. Wir waren nicht wenig erschrocken, denn dieser zweite sollte uns gerade entgegenkommen, ein Ausweichen war aber auf dem Paß nicht möglich. Der Weg führte über einen steinigen Abhang; Schlupfwinkel gab es da nicht. Der Beamte mußte uns beide schon von weitem sehen und würde uns ohne Zweifel ausfragen. Diese Männer aus Lhasa kommen weit herum, manche bis nach den englischen Himalajaorten und sogar bis nach Indien hinein; sie haben oft Gelegenheit, Weiße zu sehen, und erkennen sie deshalb auch viel leichter als das gewöhnliche Volk aus dem östlichen oder nördlichen Tibet.

Wir ängstigten uns eine Stunde lang fürchterlich und glaubten bei jedem Geräusch, den gefürchteten Mann kommen zu hören, und blickten verzweifelt rechts und links, in der Hoffnung auf eine plötzliche Hilfe in der Not, daß etwa wie in alten Sagen ein Fels oder ein Baumstamm sich im rechten Augenblick gastlich öffnen und uns Schutz verleihen würde. Aber ach, für uns geschah kein solches Wunder, Götter und Feen ließen uns scheinbar ganz im Stich.

Mitten am Nachmittag hörten wir auf einmal Glöckchengebimmel. Gerade über uns erschien auf dem Zickzackweg ein gutgekleideter, stattlicher Mann, gefolgt von Soldaten und Dienern, die Pferde am Zaume führten. Er hielt bei unserem Anblick überrascht inne. Wir sprangen nach tibetischer Sitte, um unseren Respekt zu bezeugen, auf die abschüssige Seite des Weges hinüber. Der Beamte ging nun weiter, blieb aber dann mit seinem ganzen Gefolge dicht vor uns wieder stehen.

Nun ging es ans Ausfragen über unsere Herkunft, unser Ziel und was sonst noch alles. Und schließlich, als alles erzählt war, blieb der Pönpo noch immer stehen, sah uns schweigend an und mit ihm sein ganzes Gefolge.

Meine Nerven waren bis aufs äußerste angespannt, und ich hatte ein Gefühl, als ob Nadeln sich in mein Gehirn bohrten. Hatten die Männer Verdacht geschöpft? Jedenfalls mußte dies Schweigen gebrochen werden, oder es passierte ein Unglück. Aber was konnte ich tun?

Halt, da fiel mir etwas ein! Mit dem psalmodierenden Singsang der tibetischen Bettler, nur wenig von dem Respekt vor der Obrigkeit gedämpft, stimmte ich die Bitte um Almosen an. «*Kuscho Rimpotsche, nga tso la solra nang aogs nang.* – Bitte, gib uns Almosen, edler Herr!»

Meine Litanei scheuchte die Gruppe im Nu auseinander; ich fühlte geradezu körperlich, wie die Spannung nachließ. Die Tibeter gaben ihre mißtrauische Haltung auf, einige lachten sogar. Der Beamte nahm ein Geldstück aus seiner Börse und reichte es meinem Gefährten. «Mutter», rief Yongden mit gut gespielter freudiger Überraschung, «sieh doch, was der mildtätige Pönpo uns da schenkt!»

Ich äußerte meine Dankbarkeit ganz im Geiste meiner bescheidenen Rolle, und als ich meinem Wohltäter ein langes, glückliches Leben wünschte, kam mir das wirklich aus tiefstem Herzen. Er lächelte mich gnädig an, und ich dankte für die Gunst mit dem ehrfurchtsvollsten tibetischen Gruß, das heißt, ich streckte ihm so weit wie möglich meine Zunge heraus.

«*Jetsunma* – Ehrwürdige Dame», sagte Yongden ein paar Minuten später, «du sprachst die Wahrheit, als du in den Wäldern des Kha Karpo weissagtest, du würdest ihnen Träume senden und sie Gesichte sehen lassen. Du kannst mir glauben, der Dicke und seine Leute waren von dir behext.»

Auf der Paßhöhe angekommen, riefen wir laut und innig: «*Lha gyalo! De tamtsche pham!* – Die Götter siegen! Die Dämonen sind bezwungen!»

Aber mit den Dämonen meinte ich wirklich nicht die beiden guten Pönpos. Ich wünschte ihnen im Gegenteil von Herzen Glück an allen ihren Erdentagen und im Jenseits.

«Mutter eines Heiligen» – eine anstrengende Rolle

Unsere Nerven kamen indessen nach diesem Doppelsieg noch nicht ganz zur Ruhe. Wir waren auf alles gefaßt, vor allem darauf, daß bei jeder Wegbiegung wieder ein Pönpo auftauchen konnte. Uns erschreckte sogar ein leises Gebimmel, das uns entgegenklang, aber es rührte schließlich nur vom Glöckchen am Halse einer Ziege her, die einem alten, nach dem Kha Karpo pilgernden Paar das Gepäck trug. Der Mann war ein langer, hagerer Khampa[1] mit verwegenem, tiefgefurchtem Gesicht und hellen Augen, viel mehr Räuberhauptmann als Pilger, und der Frau sah man trotz ihrer leicht gebeugten Haltung die energische Matrone von einstmals noch an. Die Ziege trug dabei ihren drolligen Kopf so hoch, als ob sie ihrer Herrschaft zu verstehen geben wollte, daß sie höchstens ihren schwachen Körper knechten, nicht aber ihr wildes Seelchen zähmen konnten; kurz, es war eine höchst malerische Gruppe.

Das boshafte Tier benutzte unser Kommen, um umzudrehen und wegzulaufen. Die alten Leutchen versuchten zwar, sie wieder einzufangen, aber sie waren dem Teufelchen nicht gewachsen. Die Ziege trabte ein paar Schritte fort, blieb stehen, sah sie spöttisch an und lief dann weiter bergabwärts. Sie machte das so klug, daß sie eigentlich viel zu schade für ein Lasttier war. Yongden fing sie durch gutes Zureden ein und brachte sie wieder nach oben, wo ihm die Pilgersleute beredt dankten. Die Ziege stand nun ganz fromm da, und der

1 Einwohner der Provinz Kham.

Lama riet dem Ehepaar ernsthaft: «Seid recht freundlich zu dem Tier. Es war euch in einem früheren Leben, als es noch ein menschliches Wesen war, gewiß nahe verwandt. Aber nun ist es als Strafe für böse Taten im schmerzensvollen Tierreich wiedergeboren worden. Wenn es nun aber die Pilgerfahrt nach dem Kha Karpo mitmachen darf, so hat es sich dieses Glück durch gute Taten verdient, die es ebenfalls in einem früheren Leben begangen hat. Dank dieser Pilgerfahrt wird es nun das nächste Mal wieder als Mensch zur Welt kommen, deshalb rate ich euch, haltet gute Freundschaft mit ihm, es wird euch in der Zukunft schöne Früchte tragen.»

War es der rote Hut Yongdens, war es der dunkle Wald ringsumher und der erste Schatten des nun hereinbrechenden Abends, jedenfalls klang die Ermahnung rührend feierlich. Man sah den alten Bauersleuten ihre Ergriffenheit an, und sie dankten dem Lama herzlich für seine Weissagung. Ich sah auch noch, daß die alte Frau der Ziege gleich etwas von ihrer Last abnahm, um sie ihr zu erleichtern, und daß der alte Mann sie zärtlich streichelte.

«Nun wird das Tier es gut haben», sagte Yongden mir im Weitergehen, «sie werden es gut behandeln und eines natürlichen Todes sterben lassen. Warum ich die Geschichte erfunden habe? Das kann ich nicht sagen, es war eine plötzliche Eingebung.»

«Solltest du etwa selbst in einem früheren Leben mit der Ziege verwandt gewesen sein?»

Der junge Prophet blieb stehen und sah mich forschend an, um festzustellen, ob ich im Ernst oder im Scherz spräche. Er schien keinen großen Wert auf diese Verwandtschaft zu legen, und das brachte mich zum Lachen.

«Schon gut», erwiderte Yongden, «so ein braves Tier ist ja viel achtenswerter als viele Menschen, die doch oft nur Schurken sind. Meinetwegen also, ich habe nichts dagegen, der Onkel der Ziege zu sein. Es war ein hübsches Tierchen!»

Die Erlebnisse des Tages hatten unsere Nerven sehr mitgenommen, und trotz der kleinen lustigen Begegnung waren wir zu müde, um die ganze Nacht weiterzuwandern oder um sie unter schwatzhaften oder mißtrauischen Bauern in einem Dorf zu verbringen. Dabei waren wir noch gar nicht sicher, ob wir überhaupt noch in ein Dorf kommen würden. Unser Weg hielt sich an der Schattenseite des Gebirgsstockes, die Flüsse führten deshalb Eis, und der Boden war hart gefroren. Das versprach kein angenehmes Lagern, doch wir entschieden uns trotzdem, es in dem düsteren Tal, durch das unser Weg jetzt führte, zu versuchen. Holz lag reichlich umher, aber wir zitterten selbst an einem tüchtigen Feuer noch vor Kälte, und der Anblick der trostlosen Landschaft ringsumher trug auch nicht gerade zur Erwärmung bei.

Nein, hier ohne Obdach zu übernachten, das war ein zu jämmerlicher Gedanke! Wenn wir unser Zelt aufschlugen, mußten wir uns zwar ohne Decken behelfen, aber wir hatten dann doch wenigstens ein Dach über dem Kopf. Wir füllten also unsere Gummiflaschen mit kochendem Wasser, drückten sie eng an uns und legten uns in unseren Kleidern unter dem festgeschlossenen Zelt schlafen, wenn auch sein dünnes Leinen nur sehr ungenügend gegen die Kälte schützte.

Erst am folgenden Nachmittag kamen wir in das am Fuße des Ku-Passes gelegene Dorf. Yongden ging auf der Suche nach Nahrungsmitteln in mehrere Häuser, und die guten Leute wollten ihn alle überreden, die Nacht über dazubleiben, da es für heute schon zu spät zum Überschreiten des Passes sei. Sie hatten recht, aber wir waren in der ganzen letzten Woche so langsam vorwärtsgekommen, daß wir gern noch weiter wollten. Und dann hatte ich seit unserem Aufbruch von Jünnan auch noch nie die Nacht unter Tibetern zugebracht, wollte auch lieber damit warten, bis wir weiter im Innern Tibets waren. Jede intimere Berührung mit den Eingeborenen mußte ihnen ja Gelegenheit geben, uns genauer zu beobachten.

Ich war, während Yongden seine Einkäufe machte, vorausgegangen, und er benutzte die Tatsache, um zu erklären, daß er seine alte Mutter doch unmöglich zurückrufen konnte. Wir kochten am Straßenrand unsere Abendsuppe und überschritten etwa um Mitternacht die Paßhöhe.

Das Steigen hatte uns warm und müde gemacht, und ich hatte große Lust, unser Zelt unter den Nadelbäumen aufzuschlagen, die gruppenweise auf der kleinen Hochebene auf der Paßhöhe standen. Aber Yongden wandte ein, daß Reisende nie oben auf einem Paß zu übernachten pflegen und daß wir leicht erfrieren könnten, wenn wir unvorsichtigerweise hier haltmachten und einschliefen. Das schien mir stark übertrieben, doch von den mit der Muttermilch eingesogenen Instinkten macht sich niemand ganz frei. Der echte Tibeter verbringt eben niemals die Nacht auf einer Paßhöhe, was sehr begreiflich ist bei der großen Höhe ihrer Gebirge, und selbst mitten im Sommer und in tropischer Gegend würde er dieser Gewohnheit treu bleiben.

Also gingen wir weiter. Etwa eine Stunde später kamen wir an einen ebenen Platz. Ringsumher standen riesige Bäume, aber er war frei von Unterholz. Jetzt bei Nacht war der Eindruck geradezu majestätisch, und er wurde noch erhöht durch das Rauschen eines Bergstroms, der nahe dabei gegen eine hellschimmernde Felswand anprallte. Das war wirklich ein idealer Lagerplatz, und bald sahen wir, daß wir nicht die ersten waren, die ihn gefunden hatten, denn beim Herumwandern entdeckten Yongden und ich mehrere der primitiven Feuerstellen, an denen die Reisenden sich Tee zu kochen pflegen. Bei einer von ihnen blieben denn auch wir, und zwar ohne unser Zelt aufzuschlagen. Wir hatten nämlich gehört, daß hier zwischen den beiden Pässen manchmal Räuber den Reisenden auflauerten, und wollten deshalb nicht gern Aufmerksamkeit erregen. Immerhin zündeten wir ein kleines Feuer an, um unser Teewasser zu kochen.

Ein üppigeres Schlafzimmer habe ich nie gehabt als diese riesige natürliche Halle, deren mächtige Pfeiler ein dichtes Zweigdach trugen. Ich dachte dabei an den «heiligen Hain», in dem wir auf dem Weg um den Kha Karpo herum übernachtet hatten. Aber dieses hier war noch viel größer und eindrucksvoller.

Am nächsten Morgen waren wir eben dabei, eine Mehlsuppe zu vertilgen, als ein Mann erschien. Er kam gerade auf uns zu, setzte sich ans Feuer, und es blieb uns gar nichts anderes übrig, als ihn einzuladen, die Suppe mit uns zu teilen. Tibeter lehnen nie eine Einladung zu einer Mahlzeit ab, sie können zu allen Tageszeiten essen und vertilgen unglaubliche Mengen.

Natürlich mußte Yongden wieder wahrsagen, und der Mann ging weiter, nachdem er uns noch aufgefordert hatte, ihn gleich im nächsten Dorf in seinem Haus zu besuchen.

Im Lauf des Morgens überschritten wir noch einen niedrigeren

Paß, und von da aus ging es auf gutem Weg ständig bergab durch bebaute Gegenden. Da wir das angekündigte Dorf bereits gegen Mittag erreichten, beschlossen wir, von der Einladung des Mannes, der unser Gast gewesen war, keinen Gebrauch zu machen, sondern das Dorf so schnell wie möglich zu passieren. Wir waren auch fast schon an seinem anderen Ende, als sich bei einem Gehöft eine Tür in der Umfassungsmauer öffnete, und siehe da, derselbe Mann, den wir vorher getroffen hatten, trat daraus hervor. Vermutlich hatte er auf uns gewartet. Yongden versuchte mit ihm zu verhandeln, aber da war nichts zu machen. Warum wir weitergehen wollten? Bis zum nächsten Dorf kämen wir doch nicht vor Dunkelwerden. Wir wußten nicht so recht, was wir dem Bauern antworten sollten, denn die echten Arjopas übernachten nur im äußersten Notfall im Wald. Für gewöhnlich machen sie bei einer Wohnstätte halt, und sie sagen niemals nein, wenn sie das Glück haben, daß man sie hineinruft. So unangenehm es mir war, es wäre doch zu auffallend gewesen, wenn ich die Wildnis einem anscheinend ganz behaglichen Nachtquartier vorgezogen hätte. So blieben wir denn mit vielen Dankesworten und Segenswünschen da und wurden in das obere Stockwerk geführt, wo die Familie wohnte. Im Erdgeschoß befanden sich wie gewöhnlich die Ställe.

Nun war ich zum erstenmal in meiner Bettlerinnenrolle bei Tibetern zu Gast. Ihre Häuser sind mir ja nicht fremd, aber in meiner augenblicklichen Verkleidung lag die Sache doch ganz anders als bei früheren Reisen. Gewiß, auch damals hatte ich mich den Landesbräuchen angepaßt, aber ich reiste doch mit Gefolge, hatte schöne Reittiere und trug die vornehme Lamapriesterinnen-Tracht. Alles das hielt meine Wirte in respektvoller Entfernung. Jetzt dagegen konnte ich wenig Rücksicht erwarten, allerhöchstens das bißchen Freundlichkeit, das für mich als Begleiterin eines Geistlichen abfiel.

Ich mußte diesmal auf manches gefaßt sein, zum Beispiel auf dem bloßen Fußboden der Küche zu sitzen, und das hieß soviel wie mitten im Schmutz des Suppenfetts, des Buttertees und der spuckenden Familienmitglieder. Ich sah schon voraus, wie gutmütige Frauen einen Fetzen Fleisch für mich auf dem Schoß ihres Kleides abschneiden würden, und ich wußte nur zu gut, das Kleid war ihnen jahrelang zugleich Taschentuch und Küchentuch gewesen. Beim Essen mußte ich, wie die Landleute das in Tibet zu tun pflegen, mit ungewaschenen Fingern in den Tee und die Suppe fahren und die Tsamba kneten, alles Dinge, die mir verhaßt waren. Freilich, es würde sich auch wieder lohnen, da ich unter der unauffälligen Maske der armen Pilgerin hunderterlei beobachten konnte, wozu Fremde und vielleicht selbst Tibeter aus der oberen Klasse nie kamen. Ich tat dadurch tiefe Einblicke in Seele und Herz des unbekannten Landes, und nicht zuletzt auch in seine noch gänzlich unerforschte Frauenwelt. Das war schon der Mühe wert, für diesen Zweck konnte ich schon meinen Ekel überwinden und sogar, was mir noch weit schwerer fiel, auf etliche einsame Stunden in meinem geliebten Wald verzichten.

Unser Wirt war ein relativ wohlhabender Bauer, er ließ uns aber doch unser Essen selbst kochen und nahm sogar gern an unserer Suppenmahlzeit teil. Das hielt er vermutlich für sein gutes Recht, schon weil er uns ein paar ungewaschene und ungeschälte Rüben in den Topf geworfen hatte. Überall anders wäre mir der Sand in der Suppe gewiß unangenehm gewesen, aber ich kann nur wiederholen, Tibet ist ein Land, das wunderbare Lektionen erteilt, und die Suppe schmeckte köstlich.

Am Abend kamen einige Nachbarn auf Besuch. Unser Wirt hatte ihnen erzählt, wie großmütig die beiden Beamten aus Lhasa zu uns gewesen waren, und Yongden behauptete kühn, diese Pönpos seien eben besonders fromme Leute und er an solche Ehrerbietungen gewöhnt.

Bei der Gelegenheit versuchte ich herauszubekommen, wo man wohl sonst noch Beamte treffen könnte. Ich erzählte, das Geld sei uns ausgegangen, und wir müßten uns auf dem Rückweg nach der Heimat Nahrungsmittel und Silbergeld erbetteln. Ich hatte mir das ausgedacht, um mich möglichst genau nach dem Wohnort von Pönpos erkundigen zu können. Die Bauern würden glauben, wenn uns so daran gelegen war, Beamte zu treffen, mußten wir doch gewiß ehrliche, ordentliche Reisende sein, die keine Behörden zu fürchten brauchten.

Mit Interesse hörte ich von Aushebungen der Bauern für den Heeresdienst. Die «Gemusterten» mußten sich zur «Einberufung» bereithalten, konnten aber vorerst daheim bleiben und weiterhin ihrer gewohnten Arbeit nachgehen. Auffällig waren die hohen Zahlen, die der Hausherr in diesem Zusammenhang erwähnte.

Schon vor zwei Jahren in Kham hatten mich die Berichte über die ungewöhnlich vielen Soldaten überrascht, die an der neuen Grenze zwischen Tibet und China angeblich aufgestellt waren. Einer wußte von dreihundert Mann zu erzählen, der zweite und dritte nannte die gleiche Zahl für einen anderen Ort, und so ging es weiter. Vor allem fiel mir die stete Wiederholung der Zahl «dreihundert» auf. Solche Wiederholungen finden sich oft in den heiligen Schriften des Ostens, und die runde hohe Zahl bedeutet in Wirklichkeit eine unbestimmte große Menge. So war in manchen Büchern von 500 Dienern, 500 Wagen, 500 Schafen, kurz, von beliebigen 500 die Rede. In der späteren Literatur wuchsen die bescheidenen 500 sich zu 5000 oder 8000 aus, bis sie schließlich zu den 80 000 der mahayanistisch-buddhistischen Lehrbücher anschwollen, und die braven tibetischen Übersetzer haben aus eigenem Antrieb noch ein paar große Zahlen hinzugefügt.

Ich ging dem Rätsel auf den Grund und erfuhr, alle Leute an der Grenze zwischen Tibet und China hatten strengen Befehl bekommen, von starken Truppenansammlungen an den Grenzposten zu sprechen! Als ich dann an Ort und Stelle selbst Nachforschungen anstellte, fand ich anstatt der dreihundert nur etwa zehn oder zwölf Krieger wirklich vor, der Rest, sagte man mir, wäre «zu Hause». Das hieß soviel, als daß die 50 oder 100 – denn mehr waren es sicher nicht, die übrigen waren ein Mythos – aus Bauern bestanden, die im Notfall mit Gewehren ausgerüstet und auf Befehl der Lhasa-Regierung in den Kampf geschickt wurden. Viel Vertrauen zu den endlich von der chinesischen Herrschaft «befreiten» neuen Untertanen schien die neue Obrigkeit nicht zu haben. Deshalb stattete die Regierung die Reservisten, wenn überhaupt, höchstens mit altmodischen tibetischen oder chinesischen Gewehren aus. Die Leute lächelten, wenn ich sie nach dem Grund fragte: «In Lhasa wünscht man nicht, daß wir es mit ihren Leuten aufnehmen können», sagten sie, «sie wissen ganz gut, was viele von uns gern täten!»

Bei Tagesanbruch verließen wir die gastlichen Bauersleute und setzten unseren Weg durch das Tal fort. Es gibt kaum eine Landschaft in der Welt, die sich an Großartigkeit und zugleich Lieblichkeit mit dem Nu-Tal vergleichen läßt. Wir kamen über große Wiesen, übersät mit Felsblöcken verschiedenster Form und Größe, dazwischen standen die prächtigsten Bäume, bald einzeln, bald so schön gruppiert, daß man sich unwillkürlich nach dem Gärtner umsah, der sie so kunstvoll angeordnet hatte. Und über allem lag der Duft ursprünglicher Reinheit, schwebte die Ahnung von etwas Geheimnisvollem. Mir war zumute, als wandelte ich leibhaftig durch ein Sagenland und als ob ich diese Fluren schon einmal auf den Bildern meiner Märchenbücher gesehen hätte. Ich würde mich gar nicht gewundert haben, wenn bei der nächsten Ecke Dornröschens Schloß aufgetaucht wäre, denn zumal Elfenreigen gehörten hier durchaus zur Landschaft.

Obendrein war das Wetter anhaltend schön, die Nächte nicht wirklich kalt, obgleich seichtere Gewässer und Teiche zugefroren waren. Derselbe sonderbare Schein wie von verborgenem Feuer, der uns schon im Kha-Karpo-Wald genarrt hatte, fehlte auch hier gerade in den dunkelsten Winkeln dieses Naturparks nicht. Aber er paßte so gut in die herrliche Landschaft, daß wir uns gar nicht mehr den Kopf darüber zerbrachen. Wir begegneten täglich Trupps von Pilgern auf der Reise nach dem heiligen Berg. Es gibt hier so viele Dörfer, daß sie nachts immer leicht Obdach finden konnten. Ich freilich zog es bei weitem vor, in Ruhe und Stille unter den Bäumen zu schlafen.

Wilde Tiere schienen hier nicht häufig zu sein. Einmal, als ich nicht einschlafen konnte, strich ein Wolf in unserer Nähe vorbei. Er schritt so bedächtig, daß er mir wie ein ältlicher Herr auf einem wichtigen Geschäftswege vorkam. Er hatte uns bemerkt, zeigte aber weder Neugier noch Furcht, sondern ging so ruhig seines Weges, als ob er etwas viel Wichtigeres vorhätte.

Ich erzählte ja schon, bei meiner Verkleidung als Tibeterin gebrauchte ich chinesische Tinte, um mein Haar schwarz zu färben. Die Farbe bewährte sich recht schlecht und saß bald zum großen Teil in dem Turban, den ich nach Art der Frauen von Lu-tse-kiang trug. Ich mußte deshalb die kohlschwarze Farbe meiner Flechten von Zeit zu Zeit erneuern, und dabei bekamen meine Finger natürlich immer etwas ab. Aber das war durchaus kein Unglück, denn als altes Bettelweib konnte ich gar nicht schmutzig genug aussehen.

Als ich einmal gerade in einem Dorf des Nu-Tales betteln ging, passierte mir infolge dieses Abfärbens eine komische, aber wenig angenehme Geschichte. Gebete murmelnd, wie es die Pilger zu tun pflegen, war ich von Haus zu Haus gegangen, als eine freundliche Frau Yongden und mich zu sich hereinrief, um uns zu essen zu geben, und unsere Näpfe mit Quark und Tsamba füllte. Man mischt beides dann mit den Fingern durcheinander, und ich vergaß ganz und gar, daß ich damit vor ein paar Stunden meine Tintenfrisur verbessert hatte, steckte sie in die Schale und fing an, die Masse Mehl zu kneten. Eine schöne Bescherung! Natürlich wurde sie schwarz, und mehr und mehr häßliche Schmutzstreifen bildeten sich auf dem milchweißen Teig. Was tun?

Yongden hatte zufällig hingesehen und das Unglück bemerkt. So komisch die Sache war, sie barg auch eine Gefahr. Dergleichen konnte zu höchst unbequemen Fragen führen und mich verraten.

«Schnell aufessen!» riet mir der Lama leise, aber sehr nachdrücklich. Ich gehorchte auch, aber es schmeckte schauderhaft.

«Schneller!» drängte mein junger Gefährte. «Die Wirtin kommt schon zurück.» Ich machte die Augen zu und schluckte den Rest mit Todesverachtung herunter.

Der Weg führte durch eine schöne Gegend nach dem Kloster Dayul weiter. Bis jetzt hatte ich mit Pönpos ja nur die besten Erfahrungen gemacht, war aber gar nicht darauf aus, ihnen noch öfter zu begegnen. So beschloß ich, sobald ich erfahren hatte, daß in Dayul ein Beamter residierte, es bei Nacht zu passieren.

Das klingt sehr einfach, war es aber nicht, denn wo waren hier in der dichten Waldregion die Meilensteine, nach denen wir uns hätten richten können? So war es schwer, gerade die rechte Zeit für unsere Ankunft beim Kloster abzupassen. Am Morgen hatten uns Bauern gesagt: «Heute kommt ihr nach Dayul!» Sehr erfreulich, aber etwas vage. Hieß das nun, daß wir, um heute noch dort anzukommen, rasch oder langsam gehen mußten? Das mochten die Götter wissen, denn tibetische Landleute haben keinen klaren Begriff von Entfernungen. Das ist in China anders. Die chinesischen Bauern können ganz genau in «Lis» angeben, wie lange man braucht, um von einem Ort zum andern zu gehen.

Aus Angst, wir könnten noch bei Tage aus dem Wald herauskommen und plötzlich vor dem Kloster stehen, hielten wir uns stundenlang unter den Bäumen beim Fluß verborgen. Wir fanden aber schließlich, daß wir noch über Erwarten weit vom Kloster entfernt waren, und mußten lange im Dunkeln wandern, ehe wir es entdeckten.

Je länger wir gingen, desto besorgter wurde ich und war schon ganz nervös geworden, als ich endlich den breiter werdenden Weg auf etwas Weißes, Mauerähnliches zuführen sah. Wir waren bei zwei, durch Tschörten getrennten Mendongs angelangt, die von einer Unzahl von mystischen Fahnen umgeben waren. Am anderen Ufer unterschied ich freilich noch nichts, aber ich kannte ja tibetische Klöster gut genug, um zu vermuten, daß wir gerade davorstanden. Gleich darauf kamen wir denn auch an eine Brücke, die mit Sicherheit zum Kloster hinüberführte. Ich wollte es aber lieber ganz umgehen und schlug deshalb vor, daß wir diesseits des Nu blieben.

Es war eine sternklare Nacht, aber doch nicht hell genug, um rechtzeitig zu erkennen, daß der Weg auf unserer Seite sich zu einem schmalen Pfad verengte und schließlich vor wasserüberspültem, glitschigem Felsgeröll endete. Es blieb uns also nichts weiter übrig, als zu der verschmähten Brücke zurückzukehren und sie wider Willen doch zu passieren.

Als wir auf ihrer Mitte waren, hörten wir plötzlich ein verdächtiges Geräusch. Vor mir erkannte ich zu meinem Schrecken die hölzerne Klosterpforte. Die Brücke endete genau vor ihr. Also mußten wir wieder zurück, wenn wir nicht in das Kloster wie in eine Falle geraten wollten.

Während ich mich unter die Brückenwölbung verkroch, begab sich Yongden nochmals über die Brücke, um zu erkunden, ob nicht doch ein wenn auch noch so enger Pfad zwischen der Klostermauer und dem Wasser entlangführte. Unter seinen Füßen knirschten die Bohlen viel zu laut, dann blieb es lange Zeit still, bis mein Gefährte ebenso geräuschvoll zurückkam.

Ich meinte, man müßte ihn gehört haben; jetzt kamen sicher gleich Soldaten oder Knechte. Ich wartete richtig auf den Ruf nach dem nächtlichen Ruhestörer. Gewiß kam jemand, der ihm befahl, sich zu zeigen, und der ihn ausfragen würde, weshalb er sich hier nächtlicherweise herumtrieb. Es konnte auch leicht noch ärger kommen, vielleicht wurde gar geschossen, und wenn dann eine Kugel Yongden traf . . .

Fürs erste kam er wieder, wenn auch mit wenig guten Nachrichten. Auf der Klosterseite war kein Weiterkommen möglich.

Mein Begleiter hatte so viel Lärm gemacht, daß schnelle Flucht ratsam schien. Wir liefen noch einmal den Pfad entlang, den wir zuerst genommen hatten, sprangen noch einmal über die glitschigen Steine im Wasser und erreichten einen kleinen, unter einem Baum angebrachten Schrein. Ohne eigentlich zu wissen, warum, hielten wir uns links, kletterten im Zickzack einen Steilhang hinan – und gerieten, oben angekommen, wieder in die Irre. Zwischen Bewässerungskanälen und in Terrassen angelegten Feldern wußten wir nun gar nicht mehr, wohin. Wieder setzte Yongden seine Last neben mir ab und begab sich auf die Suche. Ich saß mittlerweile auf Geröll, das bei jeder Bewegung von mir den Abhang hinunterzurutschen und mich mitzureißen drohte. Ein kalter Wind erhob sich, und ich verkroch mich fröstelnd hinter dem Gepäck. Plötzlich bellte laut und anhaltend ein Hund – mein Herz klopfte beinahe ebenso laut. Wo blieb der Lama, und würde er zu mir zurückfinden? Die Stunden vergingen, und er kam und kam nicht wieder. Was mochte ihm nur passiert sein? Von ferne hörte ich Steine bergab rollen; war das nur ein kleiner Erdrutsch, oder war etwa ein Unglück geschehen? Im Dunkeln kann ja schon das Stolpern über einen Schatten den Wanderer zu Falle bringen und ihn das Leben kosten, sei es durch Absturz von den Felsen, sei es durch Ertrinken im Fluß. Ich war auf dem Sprunge, Yongden nachzugehen; er blieb zu lange aus, da mußte etwas passiert sein. Ich ging ein paar Schritte vorwärts, aber wohin in der Dunkelheit? Wo sollte ich ihn suchen? Und kam er unterdessen zurück, mußte er ja zu Tode erschrecken, wenn er die Lasten allein stehen sah und ich verschwunden war. Ob wir aber im Finstern den Platz mit dem Gepäck überhaupt wiederfinden würden? Höchstens dann, wenn einer von uns dabeiblieb und dem andern bei der Rückkehr ein leises Zeichen gab. Also durfte ich mich nicht vom Fleck rühren, und diese erzwungene Untätigkeit war erst recht quälend.

Endlich kam er! Ich hatte richtig geraten; er war gestürzt, und das abrutschende Geröll hatte ihn mit hinuntergerissen. Glücklicherweise hatte er auf einer kleinen Plattform Halt gefunden. Natürlich zitterte die Gefahr, der er eben knapp entgangen war, noch in ihm nach, aber seine Hauptsorge blieb doch der immer noch nicht gefundene Weg. Die Lage war ernst; an dem kahlen Abhang konnten wir nicht bleiben. Es half nichts, wir mußten weiter. Sah uns am frühen Morgen jemand, so konnten wir allenfalls vorgeben, im Kloster geschlafen zu haben. Eine andere Wahl blieb uns gar nicht, deshalb ging es, als es eben anfing, hell zu werden, noch ein Stück den steinigen Hang hinauf.

Oben auf dem Hügel kamen wir an mehrere große Häuser, von denen eins besonders groß und gut gebaut war. Vermutlich wohnte da einer der kleinen Fürsten, die vor der Annektierung Osttibets durch die Lhasa-Regierung als unabhängige Herrscher ihre eigenen Ländchen verwaltet hatten. Vielleicht wohnte auch der Lhasa-Beamte hier und nicht im Kloster, wie wir angenommen hatten. Als Leute kamen, ging ich als fromme Pilgerin schnell um einen Tschörten herum, denn so muß jede ordentliche Arjopa eigentlich ihr Tagewerk anfangen. Gerade hier zweigte ein Weg ab, aber Yongden übersah das. Er lief, so rasch er konnte, eine Straße nach rechts bergan. Ich folgte ihm schleunigst, um ihm zu sagen, daß er sich jetzt vom Fluß abwandte, aber noch bevor ich ihn erreicht hatte, versperrte ihm ein Mann den Weg und fragte ihn höflich, aber unverkennbar neugierig über allerhand aus. Mich sah er gar nicht an, aber das Blut stockte doch in meinen Adern, denn Yongden war von den Anstrengungen der letzten Nacht arg übermüdet und antwortete verdächtig zögernd.

Wir hörten nun, daß wir uns geirrt hatten und anstatt nach Dsogong auf Tschiamdo zugingen. Wir kehrten also um, aber der mißtrauische Bauer wußte nun, wohin wir wollten. Das hatten wir also von der ganzen Mühe der vergangenen Nacht – wir waren nun doch bemerkt worden!

Bei Sonnenaufgang sahen wir unter uns das weiße Kloster wie eingebettet in einem grünen Nest liegen. Ich war bange, der Mann könnte den Pönpo benachrichtigt haben. Ich rechnete mir genau aus, wie lange es dauern würde: zur Verwaltung gehen, mit dem Beamten sprechen, ein Pferd satteln und uns darauf einholen. Das

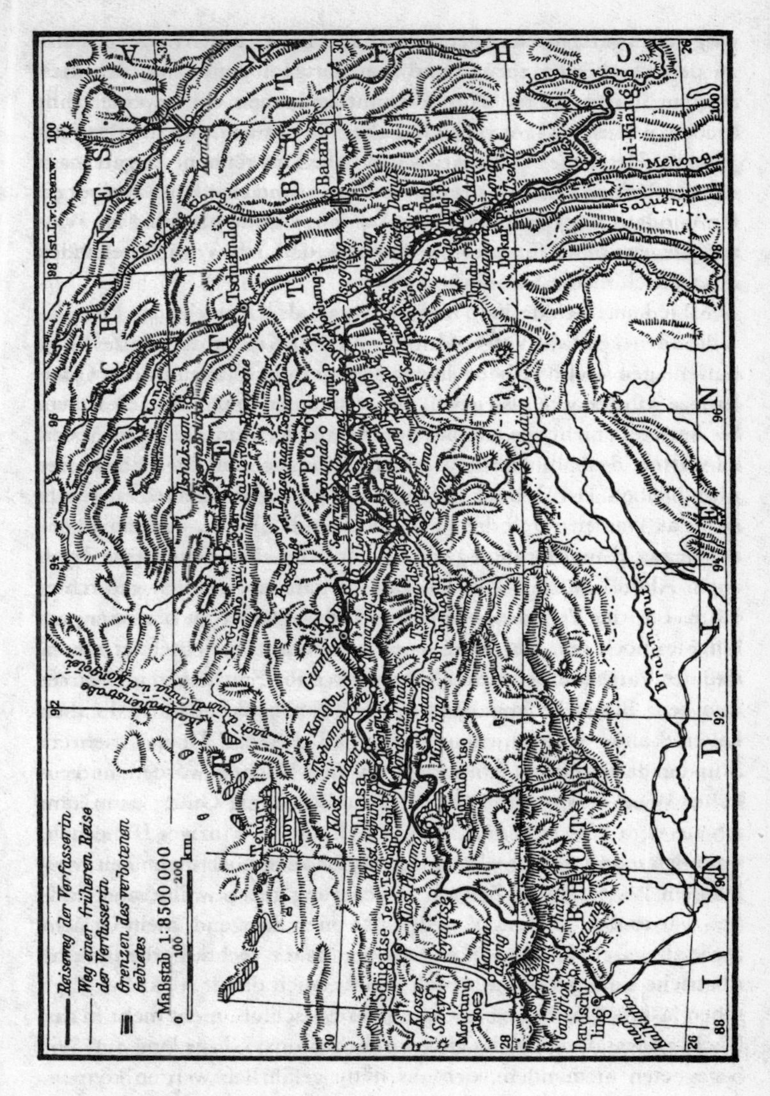

Alexandra David-Néels Reiseroute von Li-Kiang nach Lhasa und weiter nach Dardschiling.

ginge alles ganz rasch. Aber es blieb leer hinter uns. Wir gingen also zu dem Tschörten zurück und von dort auf dem Pfad, der nach Norden führte, weiter. Am Nachmittag kamen wir an eine heiße Quelle, wie es in Tibet viele gibt, aber für uns war dies die erste seit Jünnan. Herrlicher Gedanke, warm baden zu können! Es gab sogar ein aus Steinen erbautes primitives Bassin, und eine Felswand sorgte für Windschutz. Wenn es erst dunkel war, konnte ich ruhig ins Wasser steigen, ohne fürchten zu müssen, daß ich Vorübergehenden etwa durch meine Hautfarbe auffiel.

Man denke sich deshalb meinen Ärger, als ich eine ganze Pilgerfamilie anrücken sah, Vater, Mutter und drei Kinder, die ihr Zelt hier aufschlagen wollte. Tibeter baden sehr gern in solchen heißen Quellen, sie würden sich also gewiß alle zusammen in das Becken setzen. Sie hatten ja nicht wie ich ihre guten Gründe, damit bis zum Abend zu warten, deshalb würde für mich nur das schmutzige Badewasser übrigbleiben. Der Gedanke behagte mir gar nicht. Freilich erneuerte sich das Wasser durch die stetig sprudelnde Quelle, und ein eigens angelegter Kanal sorgte sogar dafür, daß der künstliche kleine Teich einen Abfluß hatte. Natürlich kam es ganz so, wie ich gefürchtet hatte. Ich riet Yongden, schnell noch das Wasser zu benutzen, solange es noch rein war, und als er zurückkam, berichtete er schon, daß der Vater und seine drei Söhne durch ihr Erscheinen im Wasser ihm sein Bad sehr abgekürzt hätten. Ein heißes Bad ist in dem kalten Lande so hochwillkommen, daß die vier Tibeter mehrere Stunden darin blieben. Unterdessen war es Nacht geworden, und ein kalter Wind versprach für den Augenblick wenig Gutes; denn kam ich aus dem Wasser heraus, so hatte ich nur ein winziges Handtuch, um mich damit abzutrocknen. Ich verlor auch noch mehr Zeit, weil ich dem Wasser etwas Zeit zur Erneuerung geben wollte, aber endlich war es doch soweit. Yongden bat mich dringend, mein Gesicht nicht zu waschen, das nun endlich gerade die rechte Farbe für eine tibetische Bauersfrau hatte. Ich könnte mich damit sogar bei Tage sehen lassen. Das bewog mich zu dem Entschluß, nicht mehr in der Nacht zu wandern, und es ging wirklich ein paar Tage lang gut. Wir begegneten niemandem, der uns hätte gefährlich werden können. Dann, an einem sonnigen Morgen, schlenderten wir gemächlich am Flußufer entlang, als zwei Lamas in weltlicher Tracht uns überholten. Sie fragten uns ziemlich lange über unsere Heimat und noch manches andere aus, und einer von ihnen faßte mich dabei besonders scharf ins Auge. Wie sie erzählten, standen sie im Dienst des Statthalters von Mekong und überbrachten dem in Dsogong residierenden Beamten eine Botschaft.

Auch Yongden war aufgefallen, daß man besonders mich beachtet hatte. Natürlich befürchteten wir nun gleich das Schlimmste. Vielleicht hatten sich doch nach unserer Abreise von Mekong allerlei Gerüchte über uns verbreitet und waren inzwischen bis zum Gouverneur gedrungen. Die zwei waren gewiß von ihm zu seinem Kollegen geschickt, um ihn zu benachrichtigen und um von ihm feststellen zu lassen, wer wir eigentlich wären.

Bis jetzt waren alle aufregenden Begegnungen immer gut und schnell verlaufen, diesmal war die Angst anhaltend. Wir waren noch weit von Dsogong, wo sich unser Schicksal entscheiden sollte, und wir wurden die quälenden Fragen nun nicht mehr los. Gingen wir geradewegs unserem Unheil entgegen?

Jedenfalls wanderten wir nun wieder aus Vorsicht bei Nacht. Wir fühlten uns wie gehetztes Wild, das auch im Traum noch den Jäger sieht. Eines Morgens bei Sonnenaufgang trafen wir mit einem Trupp Pilger zusammen, die ein paar Worte mit uns wechselten. Ich ging wie gewöhnlich langsam voran, während Yongden mit den Männern sprach. Als er mich wieder einholte, war er so erschrocken, wie ich ihn noch nie gesehen hatte.

«Die Leute kommen aus Riwotsche», sagte er. «Sie werden dich doch nicht damals dort gesehen haben? Du bist geradezu berühmt in der Gegend!»

In Riwotsche lag ein einst weithin bekanntes Kloster, das jetzt aber eine halbe Ruine war. Auf früheren Reisen durch tibetisches Gebiet war ich zweimal dort gewesen, nachdem ich über die eiserne Brücke hinweg die verbotene Zone betreten hatte.

«Laß uns etwas riskieren», sagte ich zu meinem Gefährten, «entlang dem Nu laufen wir immer Gefahr, mit alten Bekannten aus der Provinz Kham zusammenzutreffen, das ist ja gerade ihr Weg um den Kha Karpo herum. Und uns würde er nach Dsogong führen, wo die beiden Lamas uns vielleicht festnehmen lassen. Da vor uns ist eine Brücke. Brücken sind hierzulande so selten, daß man damit rechnen kann, auch auf der anderen Seite eine passable Straße zu finden. Jedenfalls fließt der Giamo in dieser Richtung; wir tun am besten, uns bis zu ihm durchzuschlagen, dann werden wir ja weitersehen.»

Wir gingen also über die Brücke und kletterten bergan, ohne zu wissen, wohin der schmale Pfad uns führte.

Wir übernachteten in einem einsamen Bauernhof, dann ging es durch dichten Wald zum Ra-Paß. Die Bauern hatten uns erzählt, daß an seiner anderen Seite die Gegend ganz unbewohnt sei, nur ein paar Dokpas führten da mit ihrem Vieh in den engen, von zwei hohen Gebirgsketten eingeschlossenen Tälern ein Nomadenleben.

Am zweiten Tag kamen wir zum Glück an das Lager einiger Kuhhirten. Sie gaben uns etwas Butter und Tsamba, wollten uns aber nicht in ihrer Hütte schlafen lassen. Es waren wohl an vierzig bewaffnete Männer da zusammen, die ich stark in Verdacht hatte, auf Raub aus zu sein. Vermutlich hatten sie ihre Behausungen mit Diebesgut vollgestopft. Wir bettelten noch bei einigen anderen Hütten in der Nähe und bekamen reichlich Käse, Butter und Tsamba geschenkt. Dann übernachteten wir im Freien und wußten, als wir schwerbeladen wieder aufbrachen, daß wir wenigstens so bald nicht verhungern würden.

Die Gegend war hier viel reizloser als im Nu-Tal, oft ganz öde und dabei auch kälter, der Weg schwer zu finden. Am Morgen, nachdem wir die Dokpas verlassen hatten, kamen wir über einen klaren Fluß, kletterten einen sehr steilen Pfad hinan, und dann verirrten wir uns. Wir waren schon zwei Stunden lang umhergewandert, als die scharfen Augen einiger Hütejungen uns am Abhang entdeckten. Sie selbst waren mit ihrem Vieh weit von ihrem Lager abgekommen und jetzt gerade unter uns, freilich sehr weit entfernt. Wir konnten sie deutlich rufen hören und begriffen erst gar nicht, daß es uns galt. Allein endlich fingen wir doch einige Worte auf. Wir sollten umkehren und uns dann nach oben zu halten.

Die Leute in Tibet sind von Natur freundlich und immer bereit, dem Wanderer den Weg zu zeigen; es gilt obendrein auch als verdienstvoll, weil man sich dafür auf Erden und im Jenseits Belohnung verspricht. Reisende irrezuführen hält man dagegen für sehr böse. Das «Bewußtsein» würde, wenn ein Mensch dieses Unrecht begangen hätte, nach dem Tode und nach der Trennung vom Körper qualvoll im «Bardo» umherirren und vergebens den Weg zu neuer Wiedergeburt suchen.

Vom Pang-Paß ging es endlos durch Wald hinunter, bis wir an Felsenhöhlen kamen, in denen im Sommer Kuhhirten wohnten. In der guten Jahreszeit führte ein Sturzbach hier auch gewiß Wasser, aber nun war er ganz ausgetrocknet. So wanderten wir weiter, obgleich wir gern in den geräumigen Höhlen genächtigt hätten. Als es dämmerte, gelangten wir an eine kleine Siedlung von drei Bauernhöfen. Sehr vertrauenerweckend sahen die Leute, die herauskamen, um uns nach unserem Gepäck und den Reittieren zu fragen, nicht aus. Es waren rauhe Gesellen, sie behandelten uns aber schließlich ganz gut.

Abends, als wir mit ihnen um das Feuer saßen, sprach einer von ihnen von Lhasa und ließ dabei zufällig das Wort «Philings» fallen. Sie hatten durch Freunde und Verwandte, die in Lhasa und China gewesen waren, von ihrer Existenz gehört, selbst aber noch nie Ausländer gesehen, denn es waren noch nie welche bei ihnen vorbeigekommen. Yongden prahlte damit, er hätte schon einmal zwei in Nordtibet getroffen, aber ich gestand ganz demütig, noch nie einen erblickt zu haben.

Zwei Tage danach sahen wir von einem sandigen Hügel aus ein paar tausend Fuß unter uns ein schmales, glänzendes Band. Es war der Giamo-nu-tschu, der obere Lauf des Saluën. Irgendwo in dieser Gegend sollte ein Ort namens Tsawa liegen, bei dem ein zwischen den beiden Flußufern ausgespanntes Seil den Übergang ermöglichte. Da es in dieser entlegenen Gegend nicht viele Reisende gab, wohnten die Fährleute weit weg vom Fluß und kamen nur, wenn sie hörten, daß viele Leute übersetzen wollten. Wir zwei armseligen Pilger hätten lange warten können, wenn ein Lama nicht zu unserm Glück gerade bei demselben Bauern, bei dem wir zu Gast gewesen waren, allerlei religiöse Zeremonien abgehalten hätte. So war er mit einem Dutzend Diener eben auf der Rückreise zu seinem Kloster am anderen Ufer des Giamo-nu-tschu, und wir brauchten nur einen Tag auf ihn zu warten. Wir fanden ein hübsches, geschütztes Plätzchen zwischen malerischen roten Felsen. Es war herrliches, mildes Wetter.

Es war durchaus nicht mehr unser erster Flußübergang mittels eines Taues; doch bisher hatte es stets zwei Kabel, nach jeder Richtung hin eins, gegeben, um die Reisenden hinüberzubefördern, und wenn man die Fahrt von genügender Höhe aus angefangen hatte, war man so rasch wie auf einer Rutschbahn hinübergeglitten. Aber hier gab es nur ein einziges Seil, und die Pfähle, an denen es befestigt war, standen an beiden Ufern in gleicher Höhe; es hing deshalb ganz schlaff.

Nur die allerkräftigsten Bauern wagten ohne Beistand überzusetzen, denn es war kein kleines Kunststück, sich nur auf die eigenen Handgelenke zu verlassen und sich von der Tiefe des durchhängenden Seils nach oben zu ziehen. Zumindest jedoch mußten die Fährleute sich der Tiere und des Gepäcks annehmen. Als die Reihe an mich kam, koppelte man mich durch Riemen mit einem tibetischen Mädchen zusammen und band uns beide dann an einem Holzhaken fest, der an dem Lederseil entlanggleiten sollte. Ein Stoß, und wir schwebten wie zwei hilflose Puppen in der Luft.

Es dauerte kaum eine Minute, und wir waren bis an die tiefste Stelle des Seils hinuntergerutscht. Nun begann die Arbeit der Fährleute. Mit jedem Ruck, den sie dem langen Fährkabel versetzten, tanzten wir in der Luft einen höchst unerfreulichen Reigen. Das ging eine Zeitlang so fort, dann spürten wir einen besonders heftigen Ruck, unter uns klatschte es im Wasser, und in voller Fahrt glitten wir an die tiefste Stelle des Seils zurück.

Das Fährkabel war gerissen!

«Nur keine Angst!» rief man uns zu. Es würde jemand kommen, um das Seil aus dem Wasser zu ziehen und wieder zu befestigen. Aber wir schwebten ungefähr hundert Meter über dem reißenden Strom, und es konnte einem schwindlig werden. Allerdings waren wir so fest verschnürt, daß, wenn wir nur den Kopf nicht verloren, uns geradehielten und mit kräftigem Griff den Riemen unterhalb des Hakens umklammerten, nichts passieren konnte. Nur durfte man nicht schwach werden und nach hintenüber fallen. Ich habe gute Nerven und hätte, wenn es sein mußte, stundenlang aushalten können. Aber wie stand es um meine Gefährtin? Sie war recht blaß geworden und sah mit erschrockenen Augen dorthin, wo der Riemen, an dem wir hingen, am Haken befestigt war.

«Ich habe zu meinem Vater, dem Tsawai Lama, um Schutz gebetet. Du brauchst keine Angst zu haben!» beruhigte ich das Mädchen.

Sie zeigte mit einer leichten Kopfbewegung auf den Haken. «Der Riemen löst sich», sagte sie zitternd. Tat er das wirklich, so fielen wir in den tiefen Fluß. Gefesselt, wie wir waren, konnten wir unmöglich schwimmen. Und selbst angenommen, daß ich mich freimachte und das Mädchen eine Strecke weit mitschleppte, eine Möglichkeit, ans Ufer zu kommen, gab es nicht, denn wir waren in einer Schlucht und der Fluß von riesigen Felswänden eingeschlossen. Ich sah aufmerksam nach dem Knoten hin, konnte aber nichts Bedrohliches entdekken.

«Mach die Augen zu», riet ich dem Mädchen, «du bist schwindlig. Es wird uns nichts passieren!»

«Ich habe aber doch recht», wiederholte die Kleine so bestimmt, daß ich nun auch unsicher wurde. Das tibetische Mädchen hatte ja mehr Erfahrung als ich und verstand sich gewiß auf die Sache. So war es wohl nur eine Frage der Zeit: Konnten die Männer die Zugleine ausbessern und uns ans Ufer ziehen, bevor die Knoten nachgaben? Man hätte darauf gut Wetten abschließen können. Es war nervenaufreibend zu sehen, wie langsam die Fährleute arbeiteten; endlich kroch einer von ihnen, die Hände und Füße nach oben gerichtet, auf uns zu, ganz wie die Fliegen an der Decke es machen. Wir pendelten jetzt mehr als zuvor hin und her.

«Sie meint, die Knoten der Riemen lösen sich», sagte ich ihm, als er bei uns angelangt war. *«Lama kieno*[1] *»,* rief er und sah hastig nach dem Haken hin. «Ich hoffe doch, er hält, bis ihr drüben seid.»

Mit Händen und Füßen arbeitete er sich ebenso zurück, wie er gekommen war, und dann ging er mit seinen Gefährten wieder daran, uns Meter um Meter an Land zu ziehen. Wenn die Knoten diese wiederholten Rucke nur aushielten! Das konnte man eben nur weiter «hoffen».

Endlich, endlich landeten wir glücklich auf einem Felsvorsprung. Ein halbes Dutzend Frauen empfing uns mit lauter Anteilnahme. Als der Fährmann uns losband, stellte er fest, daß die Knoten noch

1 «Wisse es, o Lama!» Man bittet damit den geistigen Vater, sein Auge auf den zu werfen, der in Not ist; durch häufigen Gebrauch ist der Ausruf aber zur bloßen Redensart geworden.

ganz fest hielten, und schimpfte auf das Mädchen, das uns alle so unnötig geängstigt hatte. Das gab dem armen Ding den Rest, es bekam einen hysterischen Schreikrampf, und es entstand die größte Verwirrung.

Yongden benutzte die allgemeine Aufregung, um für seine alte Mutter zu betteln. Sie habe Schreckliches durchgemacht, als sie an dem Strick gehangen habe, und brauche ein kräftiges Mahl, um wieder zu Kräften zu kommen. Das wirkte, alle gaben reichlich, und wir zogen mit frischen Vorräten beladen weiter.

Ich hatte schon gemerkt, daß meine Kopfbedeckung aus Lu-tse-kiang viel Aufsehen erregte. Das nahm zu, je weiter wir uns von der Gegend, wo sie getragen wurde, entfernten, und allmählich fiel sie so sehr auf, daß die Leute mich deswegen nach meiner Heimat fragten. Den Tag, nachdem wir bei Tsawa den Giamo-nu-tschu überquert hatten, machten der Wirt eines Hofes, wo wir übernachtet hatten, und einige andere Leute spöttische Bemerkungen über meine Haartracht und über die Art, wie ich meinen Turban befestigte. Ich brauchte also entschieden einen echt tibetischen Hut, aber unterwegs in den Dörfern gab es keinen zu kaufen, da hier die Leute, Männer sowohl wie Frauen, alle barhäuptig gehen. Nun war die auf dem Weg gefundene Mütze aus Kham gerade angebracht; die Form war allgemein bekannt, da man sie in ganz Tibet trägt. Gut, daß ich sie gewaschen und sorgfältig in meinem Gepäck verwahrt hatte. Kaum hatte ich sie auf dem Kopf, waren die neugierigen Fragen mit einem Schlag zu Ende.

Später segnete ich die Mütze auch noch aus anderen Gründen; mit ihrem warmen Pelzfutter hielt sie mir Kopf und Ohren selbst auf den höchsten Pässen und in Schnee und Eis warm und schützte mich selbst gegen die eisigsten Sturmwinde.

Wer konnte noch zweifeln, daß sie mir eigens «gesandt» war? Oft stellte ich Yongden diese Frage, und beide lächelten wir als Antwort. Aber ich getraute mich nicht zu gestehen, daß ich im Grunde meines Herzens überzeugt war, sie von einem geheimnisvollen Freund «erhalten» zu haben. Später erprobte ich so oft ihren Schutz, daß ich immer fester daran glaubte. Wie es aber auch zugegangen sein mochte, die Idee von der «Zaubermütze» machte mir jedenfalls Freude.

Wir kamen nun in dichter bevölkerte Gegenden. Die Täler waren durchweg angebaut, die oberen Teile der Berge aber völlig kahl. Unser Weg ging über viele niedrigere Bergketten, die das Giamo-nu-tschu-Tal schnitten. Wir mußten Tag für Tag ein paar tausend Meter hinauf und wieder hinunter; manchmal gab es sogar zweimal am Tag diesen Auf- und Abstieg.

Wir hatten jetzt eine neue Sorge, denn wir hörten, daß die Lhasa-Regierung Beamte auch in die entlegensten Winkel des Landes schickte, um ein neues Steuersystem einzuführen. Diese Pönpos zogen kreuz und quer umher, und besonders ihre zahlreichen Gehilfen, von denen einer immer noch neugieriger und anmaßender als der andere war, bildeten für uns eine wahre Gefahr. Wir überlegten unaufhörlich, wie wir unwillkommenen Begegnungen mit diesen Leuten am besten ausweichen konnten. Es war aber gar nicht so einfach, nach dem Po-Distrikt zu kommen, über den wir nach Lhasa gehen wollten. Wir hatten zwei Wege zur Auswahl; entweder den über Sangnatschos Dsong, was soviel heißt wie «Das Fort von der geheimen Lehre», oder wir mußten den langen, vielfach gewundenen Weg nordwärts über den Sepo-Khang-Paß nehmen. In Sangnatschos Dsong gab es zwar einen Pönpo, doch ein seßhafter Herr schien uns leichter zu vermeiden als seine wandernden Kollegen, die überall unterwegs auftauchen konnten. Schon deshalb hätten wir eigentlich lieber den anderen Weg gewählt, der noch dazu der kürzere war und uns eine große Schleife um einen Gebirgszug herum erspart hätte. Andererseits wußte ich aber, daß Sangnatschos Dsong mitunter von Fremden besucht worden war, der Sepo Khang und seine Umgebung aber, soweit ich gehört hatte, noch nie. Deshalb entschied ich mich für diesen Weg. Später erfuhr ich, daß ich tatsächlich die erste Fremde war, die den Paß bestieg.

Seit wir auf das rechte Ufer des Giamo-nu-tschu übergesetzt waren, lebten wir ganz wie richtige tibetische Wandersleute. Wir versteckten uns nicht mehr in der Wildnis, sondern blieben im Gegenteil gern und länger in den Dörfern. Wir verbrachten die Nächte bei den Bauern, sahen ihre Sitten und Gebräuche aus nächster Nähe und hörten, was sie über die Ereignisse in Tibet erzählten. Ich hätte nie solche Schätze an Beobachtungen sammeln können, wenn sie mich nicht ganz für ihresgleichen gehalten hätten.

Ohne Abenteuer konnte es aber bei einem solchen Leben nicht abgehen, und sie kamen oft, wenn man sie am wenigsten erwartete. Ganz ohne sie verlief kaum je ein Tag, und wenn sie auch nicht immer angenehm waren, eine komische Seite hatten sie doch alle. Ich habe einen großen Schatz an solchen Erinnerungen, die mich mein Lebtag bei guter Laune halten können. Ich kann die Vorkommnisse nicht alle lang und breit erzählen, aber schon wenige Proben werden dem Leser einen Begriff vom tibetischen Landleben geben.

Ich kniete eines Morgens auf den Kieseln am Flußufer, um Wasser in meinen Holznapf zu schöpfen, als ich hinter mir eine Stimme hörte: «Woher kommst du, Lama?»

Ich drehe mich um und sehe einen Bauern, der diese Worte an meinen Pflegesohn richtet. Es sind die üblichen neugierigen Fragen: «Woher kommt ihr? Wohin geht ihr? Habt ihr was zu verkaufen?»

Aber diesmal bleibt es nicht dabei. Der Mann rührt sich nicht, selbst nachdem Yongden ihm geantwortet hat. Er spuckt ein paarmal aus und fragt dann weiter:

«Lama, kannst du wahrsagen?»

Da haben wir's wieder, aus dem Wahrsagen kommen wir kaum heraus, und wenn Yongden seine Prophetenrolle auch manchmal satt hat, so ist sie doch ganz einträglich und auf alle Fälle das beste Inkognito für uns.

Yongden läßt sich also bitten. Jawohl; freilich versteht er sich auf das Mo, aber wir haben es eilig . . .

Allein der Bauer läßt nicht nach: «Lama, vor drei Tagen ist mir eine Kuh abhanden gekommen; wir wissen nicht mehr, wo wir sie suchen sollen. Sag mir nur, ist sie wohl in einen Abgrund gefallen oder gestohlen worden?» Und seufzend fügt er hinzu: «Ihr glaubt nicht, was da drüben für Räuber wohnen!»

Ich möchte wetten, daß «die da drüben» auch keine bessere Meinung von ihren Nachbarn haben, und vermutlich haben beide Parteien recht.

«Die sind imstande», fuhr der Mann fort, «und haben meine Kuh geschlachtet und in Stücke geschnitten, und jetzt verschmausen sie das Fleisch. Lama, frag doch mal dein Orakel, was aus meiner Kuh geworden ist und ob ich sie wiederbekomme. Im Augenblick kann ich euch nichts dafür geben, aber wenn ihr zu meinem Haus kommt, können du und deine Mutter bei mir umsonst essen und schlafen.»

Daß ich die Mutter bin, steht ganz fest; scharfsichtig sind die Leute hier nun einmal; wir brauchen ihnen gar nichts vorzulügen, sie legen sich alles herrlich selbst zurecht.

Bettlerpilger wie wir lehnen derartige Einladungen nie ab. Ich gebe also Yongden ein Zeichen, ruhig zuzusagen. Er legt seine Last auf einem flachen Felsblock nieder und sagt herablassend: «Ich muß euch wohl den Gefallen tun, ein Lama soll ja mitleidig sein.» Nach einigen erbaulichen Reden kann der Hokuspokus anfangen. Mein junger Gefährte murmelt die vorgeschriebenen Formeln, kürzt sie dabei möglichst ab und zählt wieder und wieder die Perlen seines Rosenkranzes. Ich weiß ganz gut, was in ihm vorgeht. Er wälzt den Gedanken hin und her: «Wo diese unglückliche Kuh nur stecken mag? Ich habe selbstverständlich keine Ahnung, darauf kommt es ja auch nicht an. Allein, was soll ich dem armen Narren antworten?»

Der alte Tibeter hockt schweigend und horchend da und erwartet, sein Schicksal zu hören. Endlich fällt der Orakelspruch: «Aufgegessen», sagt der Lama, «ist deine Kuh nicht. Noch lebt sie, ist aber in Gefahr. Mach dich schnell auf und geh flußabwärts, dann wirst du sie finden, aber paß auf, du mußt dich gewaltig klug dabei anstellen!»

Die letzten beiden Sätze ließen an Dunkelheit nichts zu wünschen übrig, ein Prophet kann aber auch gar nicht dunkel genug sein. Dafür sollten wir bald einen lustigen Beweis haben.

Der Bauer bedankte sich und beschrieb uns genau, wo sein Haus lag, nämlich am Ufer. Wir gehen flußaufwärts, er eilt in der entgegengesetzten Richtung von dannen, und eine halbe Stunde später kommen wir denn auch an seine Wohnung.

Jeder Landschaftsmaler hätte seine Freude an diesem tibetischen Bauernhaus haben können, wie es sich da mitten in einem Wäldchen, das der Herbst goldgelb gefärbt hatte, von den hohen grauen Felsen dahinter abhob. An ihm vorbei rauschte kristallklar in ruhiger Majestät der winterlich flache Saluën, an dessen Rändern sich schon zackiges Eis angesetzt hatte. Aller Wahrscheinlichkeit nach war vor mir noch nie ein Weißer bis hierher vorgedrungen, wo der Strom sich einen Weg durch kahle, gigantische Klippen gebahnt hat, die mit scharfen Spitzen zum Himmel emporstreben.

Wie gern hätte ich auf den von der Sonne durchglühten Steinen gerastet und so recht geschwelgt in der köstlichen Umgebung, dem Reiz der Stunde und dem Rausch des Abenteuers hingegeben, aber Träumereien waren hier nicht am Platz. Ich mußte die Rolle der elenden Bettlerin naturgetreu spielen, und mit poetischen Stimmungen vertrug sich das schlecht.

Als Yongden sich durch Rufen bemerkbar gemacht hatte, kamen auf dem flachen Lehmdach ein paar Weiber zum Vorschein. Sie hörten mißtrauisch an, was wir von unserer Begegnung mit dem Herrn des Hauses und seiner Einladung erzählten. Schließlich ließen sie sich aber doch überzeugen. Zuerst erlaubte man uns, in den Hof zu kommen, wo wir gründlich von allen Seiten besehen und nochmals ausgefragt wurden, dann durften wir die Leiter zur Dachterrasse mit der Familienwohnung hinaufklettern, die meist über dem Stall liegt. Yongden bekommt als Lama den Ehrenplatz auf einem zerlumpten Kissen. Ich als seine alte unbedeutende Mutter muß auf der bloßen Erde sitzen. Die Weiber um uns herum wollen die Namen all der heiligen Orte, die wir besucht haben und noch besuchen werden, von uns wissen (natürlich bleiben wir dabei nicht bei der Wahrheit). Danach müssen wir bekennen, daß wir nichts zu verkaufen haben, sondern so bettelarm sind, daß wir nicht mal eine Wolldecke besitzen, und wenigstens das ist nicht gelogen.

Es ist schönes Wetter, aber kalt, und weil ich so regungslos dasitzen muß, fange ich an zu frösteln. Unsere Wirtinnen scheinen hingegen ganz unempfindlich gegen den eisigen Nordwind zu sein, der sich aufgemacht hat. Um sich besser bewegen zu können, ziehen sie sogar die Arme aus dem Schafpelz, ihrem einzigen Kleidungsstück, heraus; in der Taille wird er durch einen Gürtel zusammengehalten und enthüllt manchmal Brüste, die nie mit Wasser in Berührung gekommen sind. So sitzen wir schon zwei Stunden lang da, als der Herr des Hauses erscheint – und die wiedergefundene Kuh vor sich hertreibt. Große Aufregung! «O Lama», ruft der Bauer, sobald er uns gesehen hat, «du bist wahrhaftig ein großer Seher! Alles, was du prophezeit hast, ist Wort für Wort eingetroffen. Die Kuh war in der größten Gefahr, sie stand auf einem schmalen Fußpfad, der durch einen Erdrutsch versperrt war. Sie konnte weder vorwärts noch zurück und auch nicht über die Felsen wegklettern. Ich hatte die größte Mühe, sie da fortzubringen. Es war gerade, wie du gesagt hattest. Was bist du für ein gelehrter heiliger Mann!»

Das war unverhofftes Glück! Nun gab es gewiß etwas Gutes zu essen, und was sonst noch an Ehrungen für den erfolgreichen Seher abfallen mochte. Fürs erste brachte eine Frau den tibetischen Tee, der, mit Salz und Butter zubereitet, mehr Suppe als Getränk ist, aber immerhin den müden Reisenden herrlich erfrischt. Daneben steht ein Beutel mit Tsamba; wir können uns nach Herzenslust bedienen, und ich falle ordentlich darüber her. Aber unser Wirt hat schon einen neuen Auftrag im Sinn: «Lama, kannst du lesen?» fragt er.

«Natürlich», antwortet Yongden stolz, «nicht nur lesen, auch schreiben!»

«Wenn du so kundig bist, solltest du am Ende gar ein Buchgelehrter sein? Du kamst mir gleich so vor!»

Und darauf geht er in das Betzimmer, das wie in fast allen tibetischen Bauernhäusern zugleich Vorratskammer ist, schleppt einen dickleibigen Band herbei und legt ihn mit aller gebührenden Ehrfurcht auf einem Tischchen vor Yongden nieder.

«Lama», sagt er, «sieh dir mal dies Buch an! Es bringt jedem, für dessen Wohl es gelesen wird, Glück und Segen. Ich möchte gern, daß du für mich und die meinen daraus liest.»

Yongden sieht mich bestürzt an. Er ist todmüde und möchte schlafen, die Aufgabe lockt ihn wenig. Aber eine Antwort muß der Alte, der ihn flehend ansieht, doch haben.

«Das ist ein dicker Band», erwidert er ihm, «damit würde ich in mehreren Tagen nicht fertig, und dabei muß ich morgen weiter. Aber ich will ihn aufschlagen, auch das bringt schon Segen.»

Was er wörtlich sagte, war: «Ich will dem Buche den Mund öffnen», das heißt, das Tuch, mit dem das Buch umwickelt ist, entfernen und die erste Seite oder auch nur die erste Zeile auf jeder Seite lesen.

So macht man es oft in Tibet; daher erhob niemand Widerspruch dagegen. Das Buch wird feierlich aufgeschlagen, Weihrauch verbrannt, frischer heißer Tee in unsere Näpfe gegossen, und Yongden fängt mit lauter Stimme zu lesen an. Mir aber ruft er gebieterisch zu: «Mutter, sag du ‹Dolma› her!»

Gehorsam stimme ich den Lobgesang auf die Göttin Dolma an. Mein Psalmodieren steht in gar keinem Zusammenhang mit dem, was mein Pflegesohn vorliest. Es hat nur den Zweck, mich vor den neugierigen Fragen der Weiber zu schützen. Der junge Lama hat sich klug ausgedacht, daß mir so am besten die üblichen endlosen, ermüdenden Gespräche erspart werden können, bei denen ich noch dazu leicht durch fremden Akzent oder irgendwelche ungewohnte Wendungen auffallen würde.

Der Lärm, den wir vollführen, ruft einige Nachbarn herbei, die verständnisinnig und beifällig dazu nicken. Ich rezitiere sicher zwanzigmal «Dolma», verneige mich wohl an die fünfhundertmal beim Aufsagen des Kyabdro, der rituellen «Zuflucht»-Bitten, und fange dabei an, über den Sinn der Worte, die ich so oft wiederhole, nachzudenken.

«Wende deine Schritte der Erkenntnis zu, auf daß du, befreit von Furcht und Kummer, zum Heil erwachst!»

Über dem Nachsinnen vergesse ich, meinen Spruch weiterzumurmeln. Der Lama merkt es, sieht nach mir hin und donnert mir die Worte entgegen: «Gleich wie die Wolken am Himmel kommen und gehen, ohne daß man weiß, woher und wohin, denn Wolken haben keine bleibende Stätte, so entsteht die Welt der Erscheinungen durch eine Verbindung von Ursachen und verschwindet wieder durch die Wirkung anderer Ursachen, ohne daß wir eine bleibende Stätte dafür angeben könnten. Alles, was die Elemente ausmacht, ist in fortwährendem Fluß begriffen und geht vorüber.»

Natürlich versteht das einfache Volk kaum ein Wort von solchen Texten, aber das macht nichts. Es glaubt fest daran, daß, wenn dergleichen nur fleißig vorgelesen wird, seine Kühe besser kalben, seine Kranken gesunden und seine Geschäfte gedeihen.

Yongden hat mich mit seinem gebieterischen Ton aus meinen Träumen aufgeschreckt, und ich nehme gehorsam mein *«Om mani padme hum»* wieder auf. Es braust mir in den Ohren, und ich bin schließlich so erschöpft, daß ich nichts tun möchte als schlafen.

Die Nacht bricht herein. Wir sind schon seit Stunden «bei der Arbeit». Der Hausherr kommt mit einem Teller voll Hafer und einer Schale frischen Wassers, die er bei dem Buch niedersetzt.

«Lama», sagt er, «es wird jetzt zu dunkel zum Lesen, segne nun bitte Haus und Hof, auf daß sie gedeihen, und gib uns allen heiliges Wasser, um uns vor Krankheit zu schützen.»

Der gute Mann läßt nicht locker! Sein Glaube an Yongdens Zauberkraft ist, seit er seine Kuh wieder hat, durch nichts mehr zu erschüttern. Nun beweist man in Tibet sein Zutrauen zu einem Lama stets durch Geschenke; je fester dieser Glaube, desto größer auch die Gaben. Und der alte Bauer muß, nach der Menge Vieh zu schließen, das eben von der Weide kommt, recht wohlhabend sein. Also können wir auf einen guten Mundvorrat für die Weiterreise und noch ein paar Münzen obendrein hoffen.

Ich sehe meinem Gefährten an, daß die Sache ihm allmählich Spaß macht und er sich über das Glück freut, das uns der Zufall beschert hat. Würdevoll wie ein Erzbischof schreitet er durch alle Räume des Hauses und spricht dabei die Segensworte der Liturgie. Manchmal hält er einen Augenblick inne, und ich weiß, nun betet er ganz im Ernst für Seele und Leib unserer Wirtsleute, denn mag Yongden auch über ihre kindliche Leichtgläubigkeit lachen, im tiefsten Herzen ist er doch religiös und gehört nicht umsonst einer mystischen Sekte seines Landes an. Der Zug geht durch das Haus, dann durch die Ställe; aber jetzt beginnt das langsame Wandeln durch den klebrigen Schmutz dem Priester doch unangenehm zu werden. Er hat keine Lust mehr. Mit vollen Händen wirft er den aufgeschreckten Schafen und Ziegen Korn auf die Köpfe, die Pferde werden unruhig, die Kühe dagegen scheinen in stumpfer Gleichgültigkeit jeden religiösen Ritus zu verachten. Endlich hofft er, fertig zu sein, geht zur Leiter und steigt die Sprossen hinauf. Aber gleich eilt ihm der Bauer, der ihm den Weihrauch getragen hatte, nach, ergreift ihn noch am Knöchel und zeigt auf die Schweine, die noch nichts vom Segen abbekommen haben. Der arme Lama muß also wieder herunter und wirft wütend einen wahren Hagel von Haferkörnern auf die grunzenden Tiere. Endlich darf er mit aufgeweichten Sohlen und eiskalten Füßen zur Dachterrasse hinaufklettern; aber nun kommt die Reihe an die Menschen! Nach orthodoxem Brauch muß er zunächst das Wasser im Trinknapf segnen, dann kommt die ganze Familie unter Anführung des Vaters in langer Reihe anmarschiert, um ein paar Tropfen Wasser in der hohlen Hand zu empfangen. Es wird verschluckt und mit der noch feuchten Handfläche der Kopf berührt. Die Nachbarn schließen sich der Prozession an.

Nach beendeter Andacht kommt endlich die Abendmahlzeit! Und was gibt es? Eine Suppe aus getrockneten Nesseln ohne auch nur das kleinste Stückchen Fleisch. Das haben wir uns anders vorgestellt und denken mit Sorge an die sicher auch schäbige Wegzehrung. Freilich, wer weiß! Tibetische Bauern sind sonderbare Leute. Ich muß selbst darüber lachen, daß ich schon ganz wie eine alte Almosenempfängerin denke und fühle. Ich habe mich eben ganz in die Bettlerinnenrolle hineingelebt. Und dann betreiben wir das Betteln ja durchaus nicht als Sport. Es ist uns sehr ernst damit, denn wenn wir recht viele Geschenke einheimsen, brauchen wir weniger Lebensmittel zu kaufen und daher auch nicht zu verraten, daß wir über Geldmittel verfügen. So wird unser Inkognito durch Betteln am besten gewahrt.

Endlich kommt der ersehnte Augenblick: Wir dürfen schlafen gehen. Mein Lager erwartet mich schon. Es besteht aus einem Stück Sacklumpen, nicht größer als ein Handtuch, auf dem Lehmfußboden. Yongden kommt als geistlicher Würdenträger schon besser weg; ein zerfetzter Teppich wird ihn bis zu den Knien hinunter vor Berührung mit der nackten Erde schützen. Die Leute aus den unteren Ständen rollen sich in Tibet im Schlaf zusammen wie die Hunde. Sie legen daher kein Gewicht auf Decken oder Kissen, die so lang wie der ganze Körper sind. Nur «vornehme Leute» erlauben sich den Luxus, ausgestreckt zu schlafen.

Ich löse also nur den Gürtel meines dicken Gewandes. In Tibet pflegen die Damen sich völlig bekleidet ins Bett zu legen, und das erst recht, wenn sie auf Reisen und bei Freunden zu Gast sind. Mein Pflegesohn braucht auch nicht länger Zeit zur Toilette als ich. Er richtet sich auf seinem Stück Teppich ein, und wir sind beide bald eingeschlafen. Doch bald wecken uns schon wieder Geräusche und heller Lichtschein.

Durch unsere halbgeöffneten Lider sehen wir ein so wunderliches Schauspiel, daß wir uns die Augen reiben, ob wir nicht etwa träumen. Wir teilen unser Schlafzimmer mit den beiden Töchtern des Hauses und einer Magd. Eben sind alle drei hereingekommen und haben harzige Holzabfälle in das mitten in der Stube stehende Kohlenbecken geworfen, um Licht zu machen. Kerzen und Lampen kennt man in dieser Gegend Tibets nicht. Die Mädchen lösen ihre

Gürtel, ziehen die schwärzlichen Arme aus den Pelzärmeln und schleppen die fettigen, verfilzten Schaffelle, die ihnen als Matratze und Decke dienen, bald hierhin, bald dorthin. Sie laufen dabei schwatzend umher, und der silberne Halsschmuck klirrt und tanzt auf ihrer nackten Brust. Erst fällt heller Flammenschein auf die wilden Gestalten, dann beleuchtet sie nur noch die düstere Glut der verglimmenden Asche. Ich meine, drei junge Hexen zu sehen, die sich zum Sabbattanz schmücken. Doch es ist kein Ritus, sondern nur jugendliche Unrast.

Noch bevor der Tag graut, wecke ich Yongden leise. Besser, wir machen unser bißchen Toilette, bevor es hell ist und den anderen dabei etwas auffallen könnte, wie zum Beispiel, daß ich schwarze Schminke herstelle, indem ich mir die Hände an der verräucherten Rückseite unseres einzigen Kochgeschirrs abreibe. Damit färbe ich mir nämlich das Gesicht, sonst könnte meine zu helle Haut mich verraten. Wir müssen auch die Gürtel mit den Gold- und Silbermünzen unter den Kleidern versteckt halten und Landkarten, Thermometer, Kompaß, Uhren und so mancherlei anderes verbergen, was um keinen Preis gesehen werden darf.

Kaum sind wir damit fertig, kommt schon unsere Wirtin. Sie holt die Töchter und die Magd, schürt das Feuer, stellt den Rest der Suppe von gestern abend auf das Kohlenbecken, und das soll unser ganzes Frühstück sein! Natürlich sind unsere Näpfe nicht ausgewaschen, das ist in Tibet nicht Brauch. Jeder hat seine eigene Schale, die er nie verleiht. Der ganze Reinigungsprozeß besteht darin, daß sie nach jeder Mahlzeit hübsch sorgfältig ausgeleckt wird. Aber ach, darin fehlt mir jede Übung, und so sehe ich mit Schrecken in meiner Schale eine dicke Schicht Fett und Tee, die in der kalten Nacht erstarrt ist. Hilft nichts, die Nerven müssen gehorchen, und der Ekel muß überwunden werden; der ganze Erfolg meiner Reise steht auf dem Spiel! Also Augen zu und herunter mit der Suppe, wenn sie auch durch das Wasser, mit dem sie verlängert worden ist, noch widerlicher als gestern schmeckt.

Wir packen unsere Lasten zusammen; aber wo bleiben die Geschenke? Mich amüsiert das verärgerte Gesicht des Lama, der umsonst nach Lohn für all seine Segenssprüche, Gesänge und sonstigen Amtshandlungen ausschaut. Aber alles Zuwarten führt zu nichts.

Die Familie erbittet noch den Abschiedssegen, und ich bin sicher, Yongden würde dem alten Geizhals viel lieber einen gehörigen Klaps versetzen, als ihm fromm die Hände auf seinen grauen Haarschopf zu legen.

Wir klettern die Leiter herunter. Es geht vorbei an den sich neugierig nach uns umblickenden Pferden, den Ziegen, die mit ihren teuflischen Gesichtern und lautem Meckern den niedergeschlagenen Lama auszulachen scheinen, und den unerschütterlich ruhigen Kühen. Draußen angelangt, wandern wir erst eine Weile still nebeneinander her. Kaum sind wir aber außer Hör- und Sehweite, dreht Yongden sich plötzlich um, erhebt drohend die Hand in der Richtung unseres Nachtquartiers und ruft laut:

«Du elender Schurke, einen geschlagenen Tag lang habe ich mich für dich abgequält! Sogar noch ein zweites Mal mußte ich wieder von der Leiter herunter, um deine abscheulichen Schweine zu segnen! Ich nehme alle Segenswünsche zurück, du alter Geizhals! Mögen deine Schafe keine Wolle tragen, deine Kühe nicht kalben und deine Obstbäume verdorren!»

Ich mußte über seine Entrüstung, die gar nicht ganz unecht war, herzlich lachen. Er war ja als Lama wirklich um seinen gerechten Lohn betrogen worden. Aber dann überwältigte ihn die komische Seite des Abenteuers selber, und da standen wir nun angesichts des winterlichen Saluën und lachten uns ordentlich satt. Uns war, als rauschte der Fluß zu uns: «Ja, ja, so geht's im schönen Land Tibet. Ihr Abenteurer aus der Fremde, freut euch, wenn ihr nichts Schlimmeres erlebt!»

Nachdem wir einen Paß überschritten hatten, kamen wir noch am selben Tag in die Nähe des gefürchteten Ubes. Wir warteten mit dem Betreten des Dorfes, bis es dunkel wurde, gingen dann an einer Häusergruppe vorbei, in der wir den großen Herrn, den Pönpo, schlafend vermuteten, und gönnten uns dann kurze Rast in einer engen Felsschlucht, einem jetzt im Winter ausgetrockneten Flußbett.

Die ersten Sonnenstrahlen zeigten uns ein stattliches Haus, sicher das Absteigequartier des Beamten. Aber es war glücklicherweise noch niemand auf. Wir eilten, vorbeizukommen, hatten die gefürchtete Stelle auch bald im Rücken und beglückwünschten einander zur überstandenen Gefahr. Nachmittags waren wir noch immer in der besten Laune, als wir hörten, der Pönpo wäre seit drei Tagen gar nicht mehr in Ubes, sondern in einem anderen Dorf weiter vor uns.

Wir wanderten wieder bei Nacht, bis wir an dem bewußten Ort vorbei waren. Überzeugt, daß wir nun ganz unbesorgt sein könnten, schliefen wir inmitten einer Fels- und Dornbuschwildnis. Am Morgen darauf kamen wir nach zehn Minuten Wegs an ein Haus, das vor einer Felswand stand. Davor sahen wir etwa dreißig schöne Pferde angebunden. Von allen Seiten strömten Landleute herbei und brachten Korn, Gras, Butter, Fleisch und dergleichen mit.

Also erst hier war der Beamte abgestiegen! Ein kräftig gewachsener Aufseher nahm die Gaben der Leute entgegen. Er hielt Yongden an, redete, wie mir schien, endlos auf ihn ein und befahl dann, uns Tee und Tsamba zu geben. Ablehnen durften wir die Freundlichkeit nicht. Bettler wie wir mußten darüber ja hocherfreut sein. Wir spielten denn auch bestens unsere Rolle, setzten uns, mit dem Gefolge des großen Herrn scherzend auf die Stufen der Küche, hätten aber tausendmal lieber Fersengeld gegeben.

Das anstrengendste in all diesen Lebenslagen war für mich, daß ich soviel schauspielern mußte, um mein Inkognito aufrechtzuerhalten. In diesem Lande, wo das ganze Tun und Treiben bis herab zu den intimsten Verrichtungen sich öffentlich abwickelt, mußte ich Landesgebräuche annehmen, die mir höchst lästig fielen. Glücklicherweise führte unser Weg oft über lange unbewohnte Strecken, so daß sich die Nerven zwischendurch wieder ausruhen konnten. In der Einsamkeit entging ich auch den unsagbar schrecklichen Suppen, die unsere gutmütigen, aber bettelarmen Wirte uns vorsetzten. Aus Furcht vor mißtrauischen Blicken mußten wir sie mit Todesverachtung lächelnd herunterwürgen. Nur einmal war es mir ganz unmöglich, die Rolle des Bettelweibes, dem einfach alles schmeckt, durchzuhalten. Man höre, ob ich nicht recht hatte . . .

Wir kamen gegen Dunkelwerden zu einem kleinen Dorf. Es war sehr kalt und die Umgegend zu unwirtlich, um draußen zu übernachten. Wir hatten schon vergeblich an mehreren Türen geklopft, als eine Frau eine sehr verfallene Haustür öffnete und uns Obdach in ihrer jämmerlichen Hütte anbot. Aber auf dem Herd brannte wenigstens ein Feuer, das sah recht behaglich aus. Bald kam auch der Mann unserer Wirtin und brachte ein paar Handvoll Tsamba mit, die aus einem Bettelsack zu stammen schienen, und da die Leute selbst nichts zu beißen und zu brechen hatten, konnten wir natürlich kein Abendessen erwarten. Yongden erfand daher schnell einen großmütigen Gönner, der ihm eine Rupie geschenkt haben sollte, und schlug vor, irgendwo Fleisch dafür zu kaufen.

«Da weiß ich eine gute Gelegenheit», sagte unser Wirt, der ein leckeres Mahl vorausahnte. «Nehmt nur recht schönes Fleisch», beteiligte ich mich von der Ecke aus, in der ich kauerte, am Gespräch. Ich wußte, in Tibet essen die Leute ohne jeden Widerwillen das verweste Fleisch verendeter Tiere. «Holt lieber nichts von einem kranken Tier und auch kein verdorbenes Fleisch.»

«Bewahre», sagte der Mann, «laßt mich nur machen, ich werde schon was Gutes bringen.»

Das Dorf war nicht groß, und nach kaum zehn Minuten kam der Bauer zurück. Triumphierend zog er ein großes Paket aus seinem Schafpelz.

Was kann es nur sein? . . . Das Zimmer bekommt nur von den glühenden Herdkohlen etwas Licht, und ich sehe alles nur undeutlich. Wie mir scheint, packt der Mann etwas aus einem Tuch aus.

Dem Paket entströmt entsetzlicher Gestank. Das ist ja ein wahrer Leichenhausgeruch! Mir wird ganz übel.

«Oh», sagt Yongden, und das Zittern seiner Stimme verrät trotz allen Bemühens, wie sehr er sich ekelt, «das ist wohl ein Magen.»

Nun verstehe ich! Wenn die Tibeter ein Tier schlachten, haben sie die gräßliche Gewohnheit, die inneren Organe wie Nieren, Herz und Leber in seinen hohlen Magen zu legen. Sie nähen ihn wie einen Sack zu und lassen seinen Inhalt Tage, ja Wochen und Monate lang verwesen.

«Ja, freilich ist das ein Magen, und dazu ist er gepackt voll, da hat man doch was für sein Geld», antwortet der glückliche Käufer, dessen Stimme auch zittert, aber vor Entzücken über all die Leckerbissen. Er hat das abscheuliche Zeug auf den Fußboden gelegt und wühlt mit seinen Händen in der klebrigen Masse. Drei Kinder, die auf einem Haufen Lumpen schlafend lagen, sind aufgewacht, hokken um den Vater herum und sehen ihm mit gierigen Augen zu.

«Hier ist ein Kochtopf, Mutter», sagt die Frau freundlich zu mir, «nun kannst du dir ja dein Abendbrot kochen.»

Um Gottes willen, das soll ich doch nicht etwa anfassen? Hastig flüstere ich Yongden zu: «Sag, ich sei krank.»

«Ja, das könnte dir passen», murrt mein Pflegesohn leise. Aber er läßt sich nicht so leicht aus der Fassung bringen und sagt schnell:

«Die Mutter ist krank. Darf nichts Schweres essen. Kocht euch das Fleisch nur selbst.»

Das lassen die Bauersleute sich nicht zweimal sagen, und die Kleinen legen sich nicht wieder hin, sondern bleiben in der Hoffnung auf den herrlichen Schmaus am Feuer sitzen. Die Frau hackt auf einem Baumstumpf das Aas in Stücke, und fällt etwas dabei auf die Erde, so stürzen die Kinder wie die jungen Hunde darüber her und verschlingen es roh.

Endlich kocht die scheußliche Brühe; sie wird mit etwas Gerstenmehl verdickt, und das Abendessen ist fertig. «Nimm dir auch davon, Mutter, es wird dir gut tun», reden die Bauern mir zu.

«Laßt sie schlafen», sagt Yongden. Aber er selbst muß daran glauben. Arjopas, die erst Fleisch kaufen und dann nicht anrühren, gibt es nicht. Über die würde morgen das ganze Dorf schwatzen. Er muß also einen ganzen Napf der abscheulichen Flüssigkeit hinunterwürgen, mehr bringt er nicht herunter und erklärt sich für gesättigt. Kein Wunder! Allein die anderen fallen gierig über den Schmaus her, lecken sich die Lippen und schmatzen bei dem unverhofften Fest. Als mich endlich der Schlaf überfällt, tafelt die Familie noch immer geräuschvoll weiter.

Am Morgen ging es über Täler und Höhen vorbei an immer neuen Klöstern. Wir trafen unterwegs mit zwei Pönpos zusammen, von denen der eine uns sogar mit Nahrungsmitteln beschenkte.

Am Fuß des Passes Sepo Khang hatten wir eines der unerklärlichen Abenteuer, mit denen der Reisende in Tibet rechnen muß. Nach langer Wanderung waren wir bei einer Schlucht angekommen, durch die ein klarer Fluß dem Saluën zuströmte. Da es kaum Mittag war, hatten wir keine Lust, an der nächsten Bauernhütte haltzumachen. Wie wir gehört hatten, konnte man das Gebirge, selbst wenn man vor Morgengrauen aufbrach, nicht in einem Tag überschreiten, also mußten wir, wie wir es auch einrichteten, eine Nacht in den Bergen verbringen. So wollten wir lieber unseren Weg fortsetzen und, falls es zum Schlafen im Freien zu kalt werden sollte, wie schon so oft die ganze Nacht hindurch weiterwandern. Bevor wir aber den langen Weg antraten, wollten wir uns noch eine reichliche Mahlzeit gönnen. Jetzt waren wir auch gerade dicht am frischen Wasser, wer weiß, wann sich das wiederholte. Yongden war mit dem Halt gern einverstanden, und so setzten wir unsere Lasten am Flußufer ab, und er schickte sich an, mit den paar dürren Zweigen Feuer anzuzünden, die ich da, wo die Felder aufhörten, unter den Bäumen aufgelesen hatte.

Ein kleiner Junge, den ich am anderen Ufer bemerkt hatte, lief über die Brücke und auf Yongden zu. Er verbeugte sich dreimal vor ihm, wie die Tibeter das vor großen Lamas zu tun pflegen. Wir waren sehr überrascht. Wie kam das Kind dazu, einen einfachen Bettlerlama so ehrfurchtsvoll zu begrüßen? Bevor wir ihn noch fragen konnten, redete der Knabe Yongden an: «Ich habe einen todkranken Großvater, und der hat uns heute morgen gesagt, daß wir bald einen Lama sehen würden, der den Berg herunterkäme, um im ausgetrockneten Flußbett Tee zu machen. Diesen Lama wolle er sprechen. Jetzt stehen mein Bruder und ich schon seit Sonnenaufgang hier und behalten die Brücke im Auge, damit wir den Lama gleich in unser Haus einladen können. Da seid Ihr ja endlich! Nun kommt bitte gleich mit.»

«Dein Großvater kann meinen Sohn nicht meinen», erwiderte ich dem Knaben, «wir kommen von weither, und er kennt uns nicht.»

«Er sprach aber doch von dem Lama, der auf den Steinen Tee kochen würde», meinte der Junge beharrlich. Als wir ruhig sitzenblieben, ging er wieder auf das andere Ufer zurück und war bald zwischen den Zäunen verschwunden, aber kaum hatten wir unseren Tee getrunken, so war er schon wieder da, diesmal begleitet von einem jungen Trapa, einem Novizen.

«Lama», redete dieser Yongden an, «ich bitte dich, komm mit zu meinem Vater! Er ist sehr krank und meint, daß es mit ihm zu Ende geht. Aber er weiß, heute noch kommt ein Lama, der ihm allein zu einer glücklichen Wiedergeburt in einer anderen Welt verhelfen kann. Er erzählte uns allen heute morgen, du würdest bald hier diesen Berg herunterkommen und hier auf diesen Steinen am Fluß Tee machen. Das ist ja alles eingetroffen. Nun bitte ich dich, komm mit!»

Wir wußten beide nicht, was wir von der sonderbaren Sache denken sollten. Wir glaubten immer noch, der Kranke meine irgendeinen Lama, mit dem er bekannt war und den er vielleicht mit Recht auf diesem Wege erwarten konnte. Aber der Trapa war den Tränen nahe, deshalb riet ich meinem Gefährten, nachzugeben und den kranken Bauern zu besuchen.

Der Knabe und der junge Trapa, wohl sein Onkel, gingen mit unserer Antwort zu dem Haus zurück. Aber bald sah ich, wie ein anderer Junge uns von der Brücke aus beobachtete. Die Leute trauten Yongdens Versprechen nicht recht und wollten ihn im Auge behalten. Da gab es keine Flucht; aber weshalb hätte Yongden dem alten kranken Mann auch nicht den Gefallen tun sollen? Wenn er meinen Sohn sah, mußte er ja begreifen, daß er nicht der sehnlich Erwartete war, und so verloren wir höchstens zehn Minuten mit dem Besuch.

Die ganze Familie war an der Tür des Bauernhofes versammelt. Yongden wurde mit der größten Ehrerbietung begrüßt und darauf in das Zimmer geführt, wo der Hausherr auf Kissen gebettet lag. Ich blieb unterdessen mit den Weibern auf der Schwelle stehen.

Der alte Mann machte eigentlich nicht den Eindruck eines Todkranken. Er sprach mit kräftiger Stimme und sah uns mit so klugen Augen an, daß man wohl merkte, er war noch bei vollem Verstand. Er wollte sich aufrichten und vor meinem Sohn verneigen, aber Yongden hieß ihn ruhig liegenbleiben. Für kranke Leute sei es schon genug, wenn sie den ehrfurchtsvollen Gruß auch nur dächten.

«Lama», sagte der Bauer, «ich habe mich sehr nach dir gesehnt, aber ich wußte, daß du kommen würdest, und habe mit dem Sterben auf dich gewartet. Nur du kannst mich in das ‹Land der ewigen Seligkeit› führen. Habe Mitleid mit mir, versage mir nicht deine Hilfe und segne mich.»

Ich wiederhole, daß der alte Tibeter gar nicht so todkrank zu sein schien, und aus religiösen Gründen, deren Aufzählung hier zu weit führen würde, zögerte Yongden, den Wunsch zu erfüllen. Er sprach dem Kranken gut zu, versicherte ihm, daß er nicht sterben würde, und bot an, die Zauberformeln aufzusagen, die das Leben «heilen» und neue Kräfte verleihen können. Aber umsonst, der Bauer lehnte das alles ab. Er blieb dabei, seine Stunde sei gekommen, und er habe mit dem Sterben nur noch auf die geistliche Hilfe des Lama gewartet.

Er jammerte laut und bat alle Anwesenden, bei dem Lama für ihn zu bitten. Weinend warf die Familie sich darauf Yongden zu Füßen, bis er, ganz überwältigt, endlich nachgab. Mit tiefer Bewegung sprach er die Worte, die alle Bande der «Namsches» lösen und sie sicher durch die labyrinthischen Pfade der anderen Welten geleiten. Unter «Namsches» versteht der Tibeter nicht etwa die Seele, sondern ein vielfältiges Bewußtsein.

Als wir Abschied nahmen, trug das Gesicht des alten Bauern den Ausdruck höchster Ruhe und völliger Losgelöstheit von allem Irdischen. Es schien, als sei er schon in das wahre Paradies der Erleuchteten eingegangen, das überall und nirgends liegt, da wir es nur in unserm eigenen Gemüt finden können.

Ich wage keinen Versuch zur Erklärung dieses seltsamen Erlebnisses. Ich erzähle die Tatsache, weil sie möglicherweise Kreise interessiert, die parapsychologische Phänomene untersuchen. Aber um keinen Preis möchte ich Kommentare hervorrufen, die das Andenken des verstorbenen Tibeters verletzen könnten. Mit Tod und Sterben darf kein Spott getrieben werden.

Die Leute hatten uns mit Recht den Weg über die Sepo-Khang-Berge als sehr lang beschrieben. Wir marschierten schon seit Tagesanbruch, trafen dabei keine Menschenseele und verfehlten mehrmals die richtige Straße, als sie sich mit Pfaden kreuzte, die zu den Sommerlagern der Dokpas führten. Als es dämmerte, waren wir noch immer fern vom Paß, und gerade, als wir einen steilen, wasserlosen Abhang hinaufkletterten, erhob sich ein Schneesturm. Ringsumher war keine Möglichkeit, unser Lager aufzuschlagen, und wir waren schon nahe daran umzukehren, um bei ein paar weiter unten gelegenen unbewohnten Hütten Schutz zu suchen. Da hörten wir Pferdeglöckchen klingeln, und gleich darauf erschienen drei Männer auf dem gleichen Weg, auf dem wir gekommen waren. Es waren Handelsleute, und sie zeigten uns in geringer Entfernung ein Bauernhaus, wo wir Unterkunft finden könnten.

Es war stockdunkel, als wir dort ankamen. Ich schloß aus den großen Stallungen auf eine Art Wirtshaus. Die Leute stammten aus der Gegend, wo der «kranke» Bauer zu Hause war. Sie hatten vom Besuch des Lamas bereits gehört, und wir erfuhren, daß der alte Mann gerade bei Tagesanbruch, als wir eben das Dorf verlassen hatten, lächelnd entschlafen war. Unser aller Gedanken waren bei dem so glücklich Verstorbenen, und die Männer baten Yongden um eine Predigt – ein Wunsch, den er ihnen nicht abschlug.

Es war in der Küche, die zugleich der einzige Wohnraum war, sehr warm, und wir saßen so nahe am Feuer, daß wir halb gebraten wurden. Als die Schlafenszeit kam, wollten der Bauer und seine Frau augenscheinlich gern allein bleiben. Die Händler gingen hinunter in den Stall, wo sie bei ihren Tieren schliefen. Uns schickte man auf das flache Dach. Eben noch die glühend heiße Küche, und nun hinaus in die eisige Luft einer Frostnacht, bei wütendem Schneesturm und etwa fünftausend Meter über dem Meer! Diese Art Gastfreundschaft war mir aber nicht neu. Schon öfter hatten die Bauern uns in ihr Haus geladen, erst gut bewirtet und dann auf den Hof oder aufs Dach geschickt. In Tibet scheint niemand etwas dabei zu finden.

Diesmal fehlte mir aber doch der Mut zu dem luftigen Nachtquartier, und ich erbat und erhielt die Erlaubnis, neben der Küche in einem wenigstens nur an einer Seite offenen Abstellraum zu schlafen.

Am folgenden Tage ging es über den Sepo-Paß, und gegen Abend trafen wir eine Frau, die uns ein von der Straße aus sichtbares, halbverfallenes Haus zum Übernachten empfahl. Die Gegend war nun wieder völlig verlassen, und wir konnten das untere Tal unmöglich noch heute erreichen. Immer mehr stellte es sich heraus, wie lang der Weg über den Sepo-Khang-Paß war. Noch eine Stunde verging, und erst eben vor Dunkelheit kamen wir bei dem Haus an. Es war einstmals ein großer, gutgebauter Bauernhof gewesen, mit vielen Ställen, Schuppen, Vorratsräumen und Dienstbotenkammern; im Oberstock hatten die Besitzer ganz behaglich gewohnt. Jetzt war aber alles im Verfall, obgleich es nur wenig Arbeit gekostet hätte, das Haus wieder bewohnbar zu machen, da es im wesentlichen noch erhalten war. Wir waren kaum mit unserer Mahlzeit fertig, da kam dieselbe Frau, die uns von dem Hause erzählt hatte, mit ihrem kleinen Sohn zu uns. Ursprünglich gehörte der Hof ihr, aber obgleich gutes Ackerland damit verbunden war, hatte sie ihn infolge eines furchtbaren Dramas verlassen.

Es war ein paar Jahre her, da hatte eine Räuberbande aus dem Lande Po den einsam gelegenen Hof überfallen. Nach schrecklichem Kampf wurden vier von den Bewohnern, der Gatte dieser Frau, ihre beiden Brüder, noch ein Verwandter und mehrere Dienstboten getötet, andere verwundet. Auch von den Räubern blieben einige tot liegen. Seit der Zeit wohnte das arme Weib mit ein paar überlebenden Angehörigen in dem Dorf nahe beim Kloster. Es ist begreiflich, daß die Furcht vor ähnlichen Erlebnissen sie an der Rückkehr nach dem Bauernhof hinderte, der nun allmählich verfiel.

Aber sie hatte noch einen anderen und stärkeren Grund, den früheren Besitz zu meiden. Es sollte in dem Haus spuken. Der gewaltsame Tod so vieler Männer hatte die bösen Geister dahingelockt, und sie trieben nun im Verein mit den Gespenstern der Mörder und ihrer Opfer in dem Gehöft ihr Unwesen. Die Frau war gekommen, um den Lama zu bitten, im Hause zu übernachten und den Spuk auszutreiben.

Sie hätte auch die Lamas des Klosters von Sepo darum ersuchen können, und wahrscheinlich hatten diese auch schon rituelle Handlungen deswegen vorgenommen, aber wie ich schon früher sagte, Rotmützen-Lamas genießen als Geisterbeschwörer größeres Ansehen als ihre Kollegen von der gelben Sekte. Und so war es klar, daß Yongden als Lama und zugleich «Herr der geheimen Zaubersprüche» Erfolg haben mußte. Wenn er sich irgendwo niedergelassen hätte, an Klienten würde es ihm sicher nicht gefehlt haben. Aber er haßte diese Art «Geschäfte», er kannte sie viel zu genau.

Hier trieb ihn freilich die Menschenfreundlichkeit, der Frau ihren Wunsch zu erfüllen. Er sagte ihr, sie möge ruhig ihr altes Besitztum wieder bewohnen, nur müsse sie sich ernstlich gegen Räuber schützen. Vor der Geisterwelt brauche sie dagegen keine Angst zu haben.

Am Tag darauf zogen wir in die Provinz Dainschin ein. Ich habe es nie bereut, diesen Umweg gemacht zu haben. Das Land liegt weitab von allen großen Handelsstraßen und wird von Fremden noch gar nicht besucht. Und doch ist es gut angebaut. Es hat mehrere große, blühende Klöster, die Dörfer sind stattlich und das Volk liebenswürdig. Ich sah interessante Natronfelder, die den Tibetern den Zusatz liefern, mit dem sie ihren Tee brühen.

Unterwegs begegnete uns ein reicher Reisender, der Geschenke zu einem Kloster brachte. Ganz ungebeten gab er jedem von uns zwei Rupien. Wir waren nicht wenig überrascht von dem unverhofften Glück.

Wir nahmen unsere Bettlerrolle nicht immer ganz ernst. Als wir erst im Herzen Tibets waren, sparten wir Zeit, wenn wir unsere Vorräte kauften; aber auch ohne zu betteln, bekamen wir manchmal Almosen. Ich bin nie im Leben so billig gereist wie dort. Wenn wir so unseren Weg dahinwanderten, mußten wir im stillen oft lachen über all die Reisenden, die mit großem Aufgebot von Kamelen reisten und schweres, kostbares Gepäck und große Vorräte mitschleppten. Ich hätte allenfalls die ganze Reise ohne einen Heller in der Tasche machen können, aber wir waren eben üppige Bettler. Wir leisteten uns Sirupkuchen, getrocknete Früchte, die beste Sorte Tee und reichlich Butter und brachten es dadurch fertig, auf unserer viermonatigen Reise von Jünnan nach Lhasa die Unsumme von hundert Rupien auszugeben. Man brauchte wirklich kein Krösus zu sein, um die seligen Gefilde Asiens zu bereisen . . .

Im Land der «Menschenfresser»

In Taschitse hatte man mir gesagt: Will man nach dem Land Po gehen, so hat man die Wahl zwischen zwei Straßen; die eine folgt dem Tal, die andere durchschneidet das Gebirge. Die erste führt durch viele Dörfer und geht nahe an mehreren Klöstern vorbei. Auf dieser Seite hat man wenig von Räubern zu befürchten. Schlimmstenfalls trifft der Reisende auf Diebe kleinen Stils, das heißt vielleicht drei oder vier Männer, die nachts die Straßen unsicher machen, bei ihren Überfällen aber selten töten. Es ist auf dieser Straße auch nicht schwer, sich durch Bettel oder Kauf Nahrungsmittel zu verschaffen. Der zweite Weg ist ein Gebirgspfad, zwar leidlich gut begehbar, aber er führt durch eine unbewohnte Wüste. Begegnungen könnten da nur unerwünscht sein, denn es wären doch nur Straßenräuber auf einem ihrer Raubzüge. Natürlich gehen sie nicht auf Plünderung von Bettelsäcken aus, doch aus Angst, verraten zu werden, begehen sie leicht einen Mord. Vor allem aber führt der Weg über zwei Paßhöhen und über eine lange Durststrecke Land dazwischen.

In diesem Jahre war noch nicht viel Schnee gefallen. Der Übergang über das Gebirge ist dann wohl möglich, aber die Gefahr ist, daß der erste Paß gleich nach dem Überschreiten durch Schneeverwehungen gesperrt wird. Verschneit dann auch der zweite, ist man wie in einer Falle gefangen. Jedenfalls kann man sich nur mit großen Nahrungsmittelvorräten auf das Abenteuer einlassen. Selbst wenn man zwischen den beiden Gebirgsstöcken auf ein paar Dokpas stößt, die dort lagern – Nahrungsmittel haben sie weder zu vergeben noch zu verkaufen. Sie haben selbst kaum genug, um ihr Leben bis zum Frühjahr zu fristen.

Ich dachte über diese Nachrichten nicht lange nach. Die Talroute war zwar auf allen Karten verzeichnet, das will aber noch keineswegs heißen, daß Ausländer sie schon bereist haben. Der Kartograph hat die Linie auf der Karte oft gar nicht aus eigener Anschauung gezeichnet, sondern sich nach den Angaben der Eingeborenen gerichtet. Nun sind aber die Tibeter in ihren Wegbeschreibungen recht ungenau, manchmal geht bei ihren Reiseberichten die Phantasie auch ganz mit ihnen durch. Immerhin war die Rong lam (Talstraße) den Chinesen gut bekannt, die andere hingegen noch unerforscht. Ich fand weder sie noch die Pässe, über die sie angeblich führte, auf den Landkarten eingezeichnet. Es handelte sich gewiß um die Pässe, an deren Fuß der Po-Fluß entspringt. Derselbe englische General, der seltsamerweise zu einem guten Teil für meine Reiseroute verantwortlich war, hatte mir schon davon gesprochen.

Der General hieß Sir George Pereira. Yongden und ich sprachen häufig von ihm, und wir freuten uns schon darauf, ihm bei unserer Rückkehr von unsern Heldentaten zu erzählen. Wir ahnten noch nicht, daß er, unterwegs im Fernen Osten, seinen Tod zur selben Zeit finden sollte, zu der wir das Land Po betraten, das wir mit ihm auf der Karte studiert hatten.

General Pereira war gerade in Jakyendo angekommen, als ich von einem Ausflug nach dem Teile Khams zurückkam, der sich von der Grassteppe bis zu der südlichen Handelsstraße erstreckt, die von Tschiamdo nach Lhasa führt. Die Reise war besonders lehrreich für mich gewesen, nahm aber ganz plötzlich ein Ende. Ich wurde daran gehindert, weiter südlich zum Saluën vorzudringen. Der General hatte das sicher von meiner Dienerschaft oder sonstwie erfahren, aber da ich nie auf meine Schlappe zu sprechen kam, berührte er das Thema auch nie.

Wir wohnten vierzehn Tage lang einander gegenüber und trafen uns oft beim Tee oder besichtigten Sehenswürdigkeiten zusammen. Er war ein älterer Herr mit den besten Umgangsformen; ein Geograph und unermüdlicher Globetrotter. In Jakyendo hatte man ihn im Verdacht, in geheimem Auftrag seiner Regierung zu reisen. Es wurde überhaupt viel über ihn geklatscht, aber darum kümmerte ich mich nicht.

General Pereira wollte die nördliche Route nach Lhasa einschlagen, das erzählte er mir ganz offen. Auf derselben Straße war ein dänischer Reisender freilich noch vor wenigen Wochen zur Umkehr gezwungen worden, aber der General war sicher, daß die Tibeter Befehl erhalten hatten, ihn mit aller gebührenden Rücksicht zu behandeln, was auch geschah.

Er führte eine Menge Landkarten mit sich und machte auch selbst überall unterwegs Landvermessungs-Aufnahmen. Er verbrachte die halben Nächte mit dem Ordnen seiner Notizen. Für die malerische Seite des Landes, seine Gebräuche und Feste hatte er wenig Interesse. Er stellte mir sehr freundlich seine Landkarten und einen Teil seiner Aufzeichnungen zur Verfügung. Ich entnahm ihnen viele nützliche Winke für die damals schon geplante spätere Reise. Einige dieser rohen Skizzen versteckte ich in meinen Stiefeln und nahm sie mit nach Lhasa. Dank ihnen konnte ich unterwegs feststellen, wie lückenhaft unsere geographischen Kenntnisse über diese Landstriche noch immer sind.

Eines Nachmittags sprachen wir beim Tee über Tibet. Dabei lag ein aufgeschlagener Atlas auf dem Tisch, und Sir George verfolgte mit seinem Finger die dünne Linie, die den vermutlichen Lauf des Po-Flusses bezeichnet.

«Bis dahin ist noch niemand gekommen», sagte er. «Möglich, daß es oberhalb der Flußquelle mehrere begehbare Pässe gibt . . . Es wäre ein interessanter Weg nach Lhasa.»

Ob er mir damit einen Wink geben wollte oder ob er es nur so hinwarf, habe ich nie erfahren.

Ich hatte schon oft den Plan erwogen, ob man nicht das Land Po durchqueren könnte. Vor drei Jahren, im Kum-Bum-Kloster, hatte ich ihn mit Yongden erörtert. Aber was ich von Handelsleuten aus Mitteltibet oder von Leuten aus Kham über Po erfahren hatte, klang ziemlich entmutigend. Die Popas sollten sogar Menschenfresser sein. Andere ließen diese Frage offen, aber darin waren sich alle einig: Wer den Po-Stämmen fremd war und doch ihr Land betrat, den sah man nie wieder.

Ich zögerte deshalb etwas, bevor ich mich auf das Abenteuer «Po» einließ, aber die Worte des Generals: «Bis dahin ist noch kein Weißer gekommen», gaben den Ausschlag. Also gut! Ich wollte die erste bei der Erforschung dieses weißen Fleckens auf der Landkarte sein, das würde dann wirklich «ein interessanter Weg nach Lhasa». Und ich verdanke diesen Entschluß, ob nun absichtlich oder zufällig, dem guten General.

Jetzt stand ich endlich am Fuß der so oft in meinen Träumen gesehenen Berge, hinter dem das Land Po begann, und es gab kein Zögern mehr.

Das große Dorf Taschitse, wo ich mich für den Weg ins Reich der «Menschenfresser» entschied, lag in einem weiten Tal. Oberhalb, auf isoliertem Hügel stand ein früheres Fort, in dem jetzt aber ein Beamter wohnte.

Taschitse heißt «Gipfel des Glücks». Die Übersetzung ist grammatikalisch gerechtfertigt. Geographisch entspricht aber ein Talboden so wenig dem Begriff eines Gipfels, daß man geneigt ist anzunehmen, die zweite Hälfte des Namens sei genausowenig glaubwürdig. Und in der Tat, das arme Landvolk der Gegend scheint wirklich nicht den «Gipfel des Glücks» erreicht zu haben. Steuern, Fronarbeit, Ausbeutung füllen höchstens dem auf dem Hügel thronenden Pönpo die Taschen. Wir dürfen den «Gipfel des Glückes» also nur in seiner Spielzeugfestung suchen.

Ich kam am frühen Nachmittag im Ort an und hatte deshalb noch Zeit zu einem Bettelrundgang. Ich täuschte dadurch am besten den Beamten und seine Leute, falls sie überhaupt von mir hörten. Die armen Bauern faßten beim Anblick meiner Armut und zerlumpten Kleidung Zutrauen zu mir. Sie beschrieben mir, wie elend sie in diesem Lande lebten, wo der Boden lange nicht jedes Jahr genug Korn trägt, um die Steuern aufbringen zu können. Dabei dürfen sie das Land nicht verlassen, um sich besseren Boden und anspruchslosere Herren zu suchen. Einige von ihnen wagten immerhin zu fliehen, und sich in den benachbarten Provinzen anzusiedeln. Allein es kam heraus, und sie mußten aus der neuen Heimat nach Taschitse zurückkehren, wo Geld- und Prügelstrafen sie erwarteten.

Ihr trauriges Schicksal entmutigte alle, die sonst gern ihrem Beispiel gefolgt wären. Das Volk verlor jede Energie, verarmte völlig und glaubte an keine Besserung mehr. Manche setzten ihre Hoffnung auf China. «Unter chinesischer Herrschaft ging es uns doch nicht so schlecht», sagten sie. «Am Ende kommen sie noch mal wieder ... Ja, aber wann? Bis dahin werden wir wohl tot sein! ...»

So reden die Frauen, wenn sie abends in ihren elenden Hütten an einem kümmerlichen Feuer kochen. Ihre Augen sind rot vom Weinen und blicken sehnsüchtig in die Nacht hinaus. Ein Gebirgszug hinter dem andern türmt sich trennend vor dem Lande auf, in das die Lhasa-Truppen ihre einstigen chinesischen Schutzherren zurückgetrieben haben.

Eigentlich ist die Entfernung gar nicht so groß zwischen ihrer Heimat und dem anderen Lande, das, wenn auch nicht der Himmel auf Erden, doch immerhin gastfreundlicher ist. Aber Großmutter sollte eben auch mit, die Kinder würden rasch müde, und die Kleinsten müßten gar getragen werden. Den Esel und die eine Kuh, deren Verlust die Familie ruinieren würde, könnten die Leute auch unmöglich zurücklassen. Da marschiert es sich langsam, und wie leicht wird man auf der Flucht erwischt ...

So traurig sieht es auf dem «glücklichen Gipfel» aus! Die Leute, bei denen ich übernachtete, wurden sicher von solchen und ähnlichen Gedanken verfolgt. Das Paar war sehr ungleichen Alters, und Yongden war es peinlich, daß er den jugendlichen Ehemann für den Sohn anstatt für den Gatten der Frau gehalten hatte. Die Großmutter wußte genau, sobald sie tot war, würden die Eheleute versuchen, mit den Kindern ihrem Gefängnis zu entrinnen. Die arme Alte hätte sonst gewiß gern noch länger gelebt; jetzt aber hatte sie nur den einen Wunsch, bald sterben zu können, um ihren Kindern den Weg zum Glück oder wenigstens zu geringerem Elend freizugeben. So wünschte sie sich den Tod; aber vom Glück träumte auch sie, wenn auch nicht von dem auf Erden, auf das ihre Familie noch hoffte. Abends, als alles schlafen gegangen war, bat sie den Lama, den Ritus vorzunehmen, der ihr eine glückliche Wiedergeburt im «Westlichen Paradies» sichern sollte. Ihre Tochter war eine gutherzige Frau. Sie und der freundliche junge Gatte wünschten gewiß der weißhaarigen, gebeugten Großmutter nicht den Tod. Aber sie waren so bettelarm, und die Steuern so hoch ... kurz, ich hätte weinen können.

Der Jammer des armen Volkes zerriß mir das Herz. Das war wieder ein Fall, wo man gern ein Gott gewesen wäre. Wie herrlich, wenn man über Kluge und Toren einen unerschöpflichen Glücksregen ausgießen könnte und überall Lächeln und Freude ernten!

Wir brachen noch vor Tagesanbruch auf, verfehlten im Dunkeln den Weg und fanden den Übergang über den Fluß nicht. Als wir es merkten, waren wir vermutlich schon seit Stunden an der Brücke vorbei. Deshalb blieb uns nichts übrig, als durch das Wasser zu waten. Der reißende Strom war breit, aber klar. Man konnte den Grund sehen und lief also keine Gefahr, plötzlich den Boden unter den Füßen zu verlieren, wie mir das auf einer früheren Reise im oberen Lauf des Mekong passiert war. Der Übergang schreckte weder Yongden noch mich. Wir hatten beide schon zu Pferde und zu Fuß reißende Ströme durchwatet. Aber die Ufer hatten einen dicken Eissaum, und so verhieß uns die Gottheit des Taschitse ein unbehaglich kaltes Morgenbad.

Ich suchte flußaufwärts nach einer Furt und kam an eine Stelle, wo der Fluß sich teilte. Der kleinere Arm war seicht und leicht überfroren und der Übergang dadurch noch unangenehmer. Zuweilen brach die gefrorene Oberfläche unter meinem Gewicht, und ich fiel zwischen den Eissplittern hin, die mir meine nackten Füße grausam zerschnitten. Dann kam bei hochgerafftem Kleid das eigentliche Bad, wobei mir das Wasser bis an die Hüften ging.

Als wir endlich am jenseitigen, steinigen Ufer standen, hätte ich viel für ein gewärmtes Badetuch gegeben. Nun, daran war natürlich nicht zu denken. Das winzige Handtuch, das ich in meinem Gepäck hatte, durfte ich auch nur heimlich gebrauchen. Tibeter pflegen sich nie abzutrocknen, nachdem sie einen Fluß durchwatet haben. Höchstens nehmen sie einen Zipfel ihrer weiten Gewänder dazu. Ich wollte es ihnen nachmachen, aber kaum war mein dickes, grobes Wollkleid naß geworden, als es auch schon steif gefroren war.

Bis Mittag folgten wir dem Fluß. Dann waren wir hungrig und wollten auch lieber essen, bevor wir das Tal verließen, denn es stand gar nicht fest, daß wir in den Bergen wieder an Wasser kommen würden. Wir wußten aus früheren Erfahrungen, wie qualvoll es ist, wenn man sechsunddreißig Stunden lang nichts zu trinken bekommt. Das wollten wir nicht wieder riskieren.

Ein Sturzbach floß quer über den Weg. Er mußte wohl einst mit furchtbarer Wucht einen ganzen Berg mit sich gerissen haben, denn man sah, wie die Ebene weit hinaus mit unzähligen Felsblöcken bedeckt war.

Ich suchte schnell alles zusammen, was an dürren Zweigen und Kuhdünger zwischen den Steinen umherlag, und Yongden zündete Feuer an. In Vorahnung der sicher sehr großen Entbehrungen, die uns bei den einsamen Paßübergängen erwarteten, wollten wir uns heute ein besonders üppiges Mahl gönnen: erst Suppe, dann Tee. Meist hatten wir nämlich nur eins von beiden, Suppe oder Tee. Ich bestimmte die Reihenfolge des Menüs; die Tibeter fangen mit Tee an und schließen mit Suppe.

Ja, diese Suppe! Ich will das Rezept verraten: Einer absolut korrekten, landesüblichen Tasche, nämlich hübsch fettig und schwarz vor Schmutz, entnehme ich ein kleines Stück trockenen Specks, das Geschenk einer mildtätigen Bauernfrau. Mein junger Begleiter schneidet es in ein Dutzend winzige Stückchen und wirft sie in einen Topf mit kochendem Wasser. Nun noch eine Prise Salz und ein Seufzer: «Ach, hätten wir doch eine Rübe oder einen Rettich!» Aber es muß auch ohne solche Leckerbissen gehen, und die dünnen Speckwürfel tanzen lustig in der trüben, kochenden Brühe herum, deren Geruch lebhaft an Brackwasser erinnert. Aber für hungrige Vagabunden wie wir riecht es doch ganz lieblich. Die reine Luft und die langen Märsche steigern den Appetit nicht wenig, und seit der gestrigen mageren Abendsuppe aus Rüben, aber ohne Speck, die unser Wirt uns vorsetzte, haben wir nichts wieder gegessen.

Jetzt werfe ich ein paar Handvoll Mehl, mit kaltem Wasser angerührt, in den Topf. Und ein paar Minuten nachher fangen wir an zu essen. «Heute ist die Suppe besonders gut! Sie schmeckt köstlich!» Freilich, ich kann trotz meines langen Aufenthalts in Tibet die französische Küche nicht ganz vergessen und setze hinzu: «Bei uns zu Hause dürfte man solchen Fraß nicht mal den Hunden vorsetzen.» Aber dann lache ich und lasse mir den Napf von neuem füllen.

Nun ist der Tee an der Reihe. Ich breche ein kleines Stück von dem Ziegeltee ab, der mehr aus Holzzweigen als aus Teeblättern besteht. Ich krümele ihn in das Wasser und tue Salz und Butter hinzu. Eigentlich ist es eine zweite Suppe, namentlich da wir ihn in unseren Näpfen wieder mit Tsamba vermischen.

Der Lunch ist jetzt zu Ende, und wir fühlen uns so völlig gestärkt, daß wir bis zum Himmel hinaufklettern könnten. Wir messen kühnen Blicks den ersten Gebirgszug, wie er sich gegen den Horizont abhebt, und wissen, dahinter liegen noch viele andere.

Wir haben die Lasten wieder auf den Rücken geladen und halten unsere langen Pilgerstäbe in den Händen. Vorwärts! Vor uns liegt jungfräuliches Land, das selbst von den Eingeborenen nur wenige gesehen haben.

Am Horizont begrenzte eine fast gerade verlaufende rötliche Linie, anscheinend ein scharfer Grat, das Ende des Tales. Es war gar nicht so weit bis dahin, aber Leute, die ihre Last auf dem Rücken tragen und noch dazu die dünne Höhenluft atmen müssen, denken anders über Entfernungen. Doch die Hoffnung, bald oben zu sein, belebte uns, und wir versuchten, rascher zu gehen. Was uns jedoch beunruhigte, war, daß wir keinen Latza auf dem Bergkamm sahen. Die Tibeter verfehlen sonst nie, wenigstens einen auf jeder Paßhöhe zu errichten. Als wir an dem Punkt ankamen, den wir für den höchsten gehalten hatten, wurde uns allerdings dieses Rätsel gelöst.

Wie soll ich unsere Empfindungen in diesem Augenblick beschreiben? Es war eine seltsame Mischung aus Bewunderung und Grauen, denn ganz plötzlich standen wir vor einer furchtbaren, gigantischen Landschaft, die uns bis dahin durch die Talwände verborgen geblieben war.

Wir sahen eine unendliche Schneefläche, ein wellenförmiges Hochland, fern zu unserer Linken durch blaugrüne Gletschermauern begrenzt, hinter denen immer wieder neue Gipfel in ewiger, makelloser Weiße sich erhoben. Zur Rechten öffnete sich ein weites Tal, das allmählich bis zu den benachbarten Höhen am Horizont anstieg. Vor uns verschwamm ähnlich sanft, aber in breiteren Flächen, ein nach und nach sich senkender Abhang in der Ferne.

Mit Worten läßt sich ein solcher Eindruck nicht wiedergeben. Jeder Gläubige kann davor nur überwältigt das Knie beugen, wie vor dem Antlitz des Allerheiligsten. Aber nachdem unsere Ergriffenheit sich gelegt hatte, sahen Yongden und ich einander schweigend an. Warum auch reden, die Lage war klar genug!

Wohin ging unser Weg? Nach rechts oder geradeaus? Beides war gleich möglich. Der Schnee lag so hoch, daß er jede Spur eines Weges verdeckte. Es war schon später Nachmittag; verfehlten wir die Straße, so mußten wir die ganze Nacht auf den vereisten Höhen umherirren. Und wir kannten Tibet gut genug, um zu wissen, was das hieß. Wir mußten unweigerlich beim ersten Schritt ins Ungewisse verunglücken, und jede Kunde von uns ging verloren.

Ich sah auf meine Uhr, es war drei Uhr nachmittags. Wir hatten noch ein paar Stunden Tageslicht vor uns, und es gab zum Glück gerade hellen Mondschein. Wir brauchten noch nicht besorgt zu sein; wir durften nur nicht die Straße verfehlen und mußten uns eilen.

Ich blickte noch einmal auf das Tal zu unserer Rechten. Dann entschloß ich mich: «Laß uns lieber geradeaus gehen!», und wir wanderten weiter. Ich war aufgeregt und schritt trotz des immer tieferen Schnees rasch voran. Wir hatten den Rat der Bauern in Taschitse nicht befolgen können und führten wenig Nahrungsmittel mit. Unser Wirt selbst hatte uns nicht viel Tsamba verkaufen können, und die Nachbarn hatten für sich selbst kaum genug. Sie meinten, wir könnten ja von den Dienern des Pönpo Mehl kaufen. Um alles weitere Gerede zu vermeiden, hatten wir auch gesagt, daß wir früh am anderen Morgen zur Verwaltung gehen würden, taten es aber natürlich nicht. Mein Sack war deshalb ziemlich leicht. Yongden mußte dagegen das Zelt mit seinen eisernen Klammern und sonst noch so manches tragen, war also viel schwerer beladen.

Ich strebte vorwärts. Mein einziger Gedanke war, die Paßhöhe zu erreichen und zu ermitteln, ob wir auch nicht etwa irregingen. So stapfte ich mit angespannter Kraft durch den Schnee, der mir bis zu den Knien ging. Ob der Lama wohl weit zurück war? Ich drehte mich um und spähte nach ihm aus. Niemals werde ich den Anblick vergessen! Weit, weit unten, inmitten all der stillen weißen Unendlichkeit schien er nicht größer zu sein als ein langsam emporkriechendes, winziges Insekt. Wie nie zuvor stand ich unter dem Eindruck des Mißverhältnisses zwischen der riesigen Gletscherkette, den vielen endlosen Abhängen dort und hier den zwei kümmerlichen Reisenden, die sich mutterseelenallein in dieses unberührte, phantastische Bergland gewagt hatten. Mich ergriff das tiefste Mitleid bei dem Gedanken, daß mein junger Freund, mein Gefährte auf schon so mancher abenteuerlichen Reise, hier in diesem Schneeland vielleicht bald den Tod finden könnte. Es war einfach meine Pflicht, den Paß zu entdecken, es mußte und würde mir gelingen.

Aber für nutzlose Gefühle blieb keine Zeit. Die hereinbrechende Nacht warf schon ihre Schatten auf den weißen Schimmer der Landschaft. Wir hätten jetzt schon weit über den Paß hinaus auf dem Abstieg sein müssen. Ich ging mit langen Schritten über das Schneefeld, sprang auch manchmal mit Hilfe meines langen Stabes; jedenfalls kam ich vorwärts, wenn ich auch oft kaum wußte, wie. Schließlich unterschied ich eine weiße Erhöhung und auf ihrer Spitze mit Lappen behängte Zweige, alles mit Schnee bedeckt und mit Eiszapfen garniert. Es war der Latza, die Paßhöhe! Ich machte Yongden Zeichen. Er schien mir jetzt noch ferner gerückt und noch kleiner geworden zu sein. Erst sah er mich nicht, dann winkte er mir aber auch mit seinem Stock zu. Er hatte verstanden, daß ich angekommen war.

Die Landschaft war über alle Beschreibung großartig. Hinter mir lag die eben durchmessene Wüstenei. Vor mir fiel das Gebirge schroff ab. Unten in der Tiefe verschwanden schwarze, wellenförmige Höhenzüge in der Dunkelheit. Als ich noch wie gebannt umherblickte, ging der Mond auf. Seine Strahlen berührten die Gletscher und die hohen in Schnee gehüllten Bergspitzen, die ganze weiße Ebene und die unbekannten silbernen Täler, die meiner noch warteten. Es war, als habe die Landschaft bei Tage geschlummert und als werde sie nun durch das blaue Licht zum Leben erweckt, so verwandelt sah sie aus. Funken sprühten, der Wind trug leise Töne herbei. Gewiß sollte es hier auf der hell erleuchteten weißen Hochebene Spiel und Tanz geben. Vielleicht versammelten sich bald die Nymphen der gefrorenen Wasserfälle, die Schneekönigin und die geheimnisvollen Höhlengeister, die Dschins. Oder kamen hier etwa die Riesen mit ihren im kalten Licht erstrahlenden Helmen zu ernster Beratung zusammen? Wenn es ein neugieriger Pilger gewagt hätte, da unbeweglich in einem Versteck das Morgengrauen abzuwarten, wer weiß, was für Geheimnisse sich ihm enthüllen mochten! Freilich, er hätte die Wunder der Zaubernacht niemals ausplaudern können, die Zunge wäre ihm nur zu bald gefroren.

Die Tibeter rufen ihr *«Lha gyalo»* nur bei Tage. Ich fügte mich dem Brauch und sprach nach sechs Seiten hin den alten Mantra-Spruch *«Sukham astu sarvajagatum!»* (Heil allen Welten!).

Als Yongden sich dem Latza nahe wußte, hatte er neuen Mut

gefaßt. Er kam wieder rascher vorwärts und holte mich ein. Wir begannen den Abstieg. Hier und da fanden wir Spuren eines Pfades, denn der Schnee lag nur an einer Seite des Berges hoch, und an manchen Stellen schien der gelbliche Kiesboden durch. Ich weiß nicht, wie hoch der Paß war. Nach meinen vielen Gebirgsreisen in Tibet bin ich so gut mit der dortigen Pflanzenwelt und anderen Einzelheiten vertraut, daß ich einigermaßen richtig schätzen kann. Ich hatte mir die Flechten und dergleichen angesehen und hielt den Paß für höher als den Dokar, den ich vor zwei Monaten überschritten hatte, und auch noch für höher als den Nugu und andere, die in einer Höhe von etwa 5550 Meter liegen.

Wir mußten nun freilich noch einen Teil der Nacht durchwandern, bis wir irgendwo an Brennmaterial kamen. Aber wir waren schon glücklich genug, daß der Paß noch zugänglich gewesen war und wir ihn unbeschadet passiert hatten. Wir kamen in bester Laune in ein Tal, das fast völlig von einem gefrorenen Fluß ausgefüllt war. Auf dem Eis ging natürlich jede Wegspur verloren, und wir irrten wieder auf der Suche nach irgendwelchen Anzeichen umher, die uns die Richtung angeben sollten. Schlimmstenfalls mußten wir dem Flußlauf folgen. Wenigstens führte er nach unten, möglicherweise freilich auch in eine enge Felsschlucht oder zu einem Absturz über Klippen. Ich entschied mich aber doch für das Eis, wenigstens solange wie das Tal offen blieb. Aber schließlich fanden wir am Fuß des Berges den Pfad wieder.

Es wanderte sich bei dem hellen Mondlicht gar nicht unangenehm. Manchmal kamen wir schon an ein paar vereinzelte Büsche, die über das Weideland zerstreut waren. Sonst war die Gegend ganz kahl. Rasten durften wir nur, wenn wir gleich Feuer anzündeten, denn nur die Bewegung hielt uns warm. Nirgends war ein Obdach zu sehen, und durch das allmählich verbreiterte Tal wehte von den Schneebergen herab ein eisiger Wind. Wir wanderten bis zwei Uhr morgens. Wir waren jetzt seit neunzehn Stunden auf den Beinen, und zwar ohne Ruhepause oder Erfrischung. Aber merkwürdig, ich war gar nicht müde, nur benommen.

Yongden war schon auf der Suche nach Brennmaterial, als ich selbst nahe am Fluß etwas fand. Hier war sicher im Sommer ein Lagerplatz gewesen.

Ich rief den Lama zurück und suchte möglichst viel Brennstoff zusammen. Begegnungen brauchten wir in dieser Einöde nicht zu befürchten, so beschlossen wir, unser Zelt in einer Niederung unter Gebüsch aufzuschlagen. Aber Stahl und Feuerstein, die Yongden auf tibetische Art in einem Beutelchen am Gürtel trug, waren beim Überschreiten der Schneefelder feucht geworden und zündeten nicht mehr. Das war eine ernste Sache. Wir waren ja allerdings nicht mehr auf der Paßhöhe, und in ein paar Stunden würde die Sonne scheinen. Aber wenn wir auch nicht gerade erfroren, wer bürgte uns dafür, daß wir nicht an einer Lungenentzündung oder sonst ernstlich erkrankten?

«Jetsunma[1]», sagte Yongden, «ich weiß, du bist in der Ausübung von ‹Tumo› erfahren. Halte du dich nur warm und kümmere dich nicht um mich. Ich werde herumspringen und so mein Blut warm erhalten!»

Es war halbwegs richtig. Ich hatte unter zwei Gomtschen, tibetischen Einsiedlermönchen, die seltsame Kunst studiert, wie man die Körperwärme steigern kann. Alles was ich darüber gelesen und gehört hatte, war mir sehr interessant gewesen, und da ich Selbstversuche für sehr wichtig halte, wollte ich mich gern darin versuchen. Ich erreichte mein Ziel auch endlich, aber nicht ohne große Schwierigkeiten, nur nach vieler Mühe und durch hartnäckige Ausdauer. Ich sah Eremiten Nacht für Nacht unbeweglich und völlig nackt auf dem Schnee sitzen. Sie waren in Nachdenken versunken, und um sie herum heulte und pfiff der furchtbarste Schneesturm. Ich sah sie ihre Jünger mitten im Winter an einem See- oder Flußufer einer Prüfung unterwerfen. Sie mußten dabei Tücher, die in das eisige Wasser getaucht waren, auf ihren Körpern wie an einem Ofen trocknen. Und darauf lernte ich selbst, wie man das machte. Fünf Wintermonate lang hatte ich mich trainiert, in viertausend Meter Höhe nichts als das dünne Baumwollgewand dieser Lernenden zu tragen. Ich hielt aber für mich eine weitere Ausbildung darin für Zeitverlust, wohnte ich doch meist in einem milderen Klima, oder ich konnte mir durch Heizen Wärme verschaffen. Ich war deshalb zu Feuern und warmen Kleidern zurückgekehrt, und mein Gefährte

1 Soviel wie «Ehrwürdige Dame»: der höchste Ehrentitel für eine Frau, die einem religiösen Orden angehört.

überschätzte mich, wenn er mir Tumo zutraute. Ich erinnerte mich aber doch manchmal gern der erhaltenen Lehren und setzte mich dann in meinem Tumo-Kleid auf irgendeinem verschneiten Gipfel nieder. Dies war aber nicht der Augenblick, um selbstsüchtig nur an mein eigenes Wohlergehen zu denken. Ich legte jetzt weniger Gewicht auf Wunder als auf ein ganz gewöhnliches Feuer, an dem wir beide uns ordentlich durchwärmen konnten.

«Geh!» sagte ich zu Yongden. «Sammle möglichst viel Kuhdünger und trockene Zweige; damit kannst du dich warmhalten, bis ich für Feuer gesorgt habe!»

Er ging fort, obgleich er eigentlich glaubte, wir könnten mit Brennmaterial doch nichts anfangen. Feuerstein und Stahl waren ja naß. Aber ich konnte sie vielleicht ebensogut an mir trocknen wie damals während meiner Lehrzeit die nassen Tücher. Die tibetischen Eremiten sind auf Tumo ja nur deshalb verfallen, weil sie ohne Schaden für ihre Gesundheit im Hochgebirge leben wollten. Es hat mit Religion gar nichts zu tun, und so kann man es auch im Alltag ohne Scheu vor Entheiligung anwenden.

Ich steckte Feuerstein und Stahl zusammen mit etwas Moos unter meine Kleider und begann mit dem Ritus. Ich war ja, wie ich schon sagte, unterwegs schläfrig geworden. Der Schlaf war mir aber ganz vergangen, während ich Brennmaterial suchte, das Zelt aufschlug und versuchte, das Feuer anzufachen. Jetzt, da ich nun saß, fing ich an einzuschlummern. Und doch kam mir dabei der Zweck des Ritus nicht aus dem Sinn. Ich sah mich bald von Flammen umgeben, die höher und höher stiegen, bis sie mich ganz einhüllten. Ihre Zungen schlugen über mir zusammen. Ich fühlte ein unsagbares Wohlbehagen.

Ein lauter Knall weckte mich. Das Eis auf dem Fluß war geborsten. Ich öffnete die Augen, und die Flammen um mich her schienen plötzlich im Boden zu versinken. Es wehte stark, und mein Körper brannte. Ich stand rasch auf, denn ich war sicher, diesmal würden Feuerstein, Stahl und Moos nicht versagen. Ich war noch halb im Traum, obgleich ich schon bis zum Zelt gegangen war. Ich fühlte es heiß wie Feuer aus Kopf und Finger spritzen.

Ich legte etwas dürres Gras und ein kleines Stück sehr trockenen Kuhdüngers auf die Erde und schlug den Stein an. Ein Funken flog ... ich schlug wieder an, noch ein Funken, und wieder und wieder einer, ein Feuerwerk im kleinen. Jetzt war es schon eine winzige Flamme, die wachsen, fressen, leben wollte. Ich gab ihr Nahrung, und sie schlug in die Höhe. Als Yongden wiederkam, den Schoß seines Gewandes voll von Kuhdünger und mit ein paar Zweigen in den Armen, war er freudig überrascht.

«Wie hast du das gemacht?» fragte er.

«Es ist Tumo-Feuer», antwortete ich lächelnd.

Der Lama sah mich an. «Wahrhaftig», sagte er. «Du bist ganz rot im Gesicht, und deine Augen glänzen.»

«Ja, schon gut», erwiderte ich. «Sorge schnell für einen starken Buttertee. Ich möchte etwas Heißes trinken.»

Mir war einigermaßen bange vor morgen, aber als die Sonne unser dünnes Zeltdach beschien, wachte ich gesund und munter auf.

Wir kamen noch am selben Tag in ein Tal, das von hohen Bergen eingeschlossen war. Weit und breit war nichts Lebendiges zu sehen, es war ganz das, was die Tibeter Satong («leeres Land») nennen. Das Auge schwelgte in den riesigen Raumverhältnissen; wir waren die einzigen Lebewesen hier. Wir hätten ebensogut die ersten Menschen und die Herren der Erde sein können. Jetzt fürchteten wir kein Verirren mehr, hatten wir doch einen Führer an dem klaren Fluß, der vom Gebirgsstock im Hintergrund des breiten Tales herabkam.

Der Boden war weder sandig noch hart, und er senkte sich so allmählich, daß es unseren Abstieg erleichterte. Dieses «leere Land» hatte seinen eigentümlichen, frischen Reiz – und war so ganz leer nun auch wieder nicht. Nach ein paar Stunden Marsch sah ich ein paar schwarze, über das Gras verstreute Flecke. Ich war meiner Sache noch nicht sicher, tippte aber auf Jaks, denn ich hatte in Taschitse gehört, daß manchmal Dokpas den Winter in diesen eingeschlossenen Tälern verbrächten. In der nördlichen Grassteppe trifft man wohl Herden von Hunderten wilder Jaks, nicht aber in dieser Gegend. Deshalb schaute ich mich nach den Wohnstätten der Leute um, denen das Vieh gehörte.

Wir wanderten noch eine gute Stunde weiter, ohne darauf zu stoßen. Endlich kamen wir aber an eines der Lager, wie man sie oft im tibetischen Hochgebirge findet, das heißt, Unterkünfte aus Steinen erbaut, die ganz ohne Mörtel aufeinandergeschichtet sind. Ein paar Hütten standen dicht zusammengedrängt, rundherum waren Hürden für das Vieh eingezäunt. Die ganze Niederlassung war durch eine etwa brusthohe Mauer vor den Winden geschützt, die durch das Tal fegten. Ein Tschörten und ein niedriger Mendong bezeugten die Frömmigkeit der Bewohner. Aber in Tibet wie auch anderswo gehen solche Äußerlichkeiten nicht immer Hand in Hand mit Mildtätigkeit, Gastfreundlichkeit und ähnlichen Tugenden. Als Yongden um Obdach für die Nacht und etwas zu essen bat, wurde er glatt abgewiesen und auf das nächste Lager vertröstet.

Bei dieser nächsten Niederlassung kamen wir spät am Abend an, wurden aber noch unfreundlicher aufgenommen. Zum Glück hatte ich kurz vorher einen Platz gesehen, der guten Windschutz versprach, und zwar da, wo die Dokpas des Tales die Gebeine ihrer Toten aufbewahren. Man darf dabei aber an kein Leichenhaus denken; das gibt es in Tibet nicht.

Am liebsten verbrennen die Tibeter ihre Leichen, und ihre großen Lamas äschern sie in großen, mit Butter gefüllten Kesseln ein. Das ist aber für das gewöhnliche Volk viel zu kostspielig, deshalb legt man in den waldarmen Gegenden, wo kein Holz zu haben ist, die Toten offen auf den Berghöhen nieder. So überläßt man sie den Geiern und anderen wilden Tieren. In Mitteltibet werden die Toten zerstückelt, bevor sie auf dem Boden des «Friedhofes» niedergelegt werden. Haben die Tiere das Fleisch abgenagt, so sammelt die Familie wenigstens teilweise die trockenen Knochen ein und übergibt sie einem Lama. Dieser zerstößt sie, vermischt den Staub mit Lehm und formt daraus eine Menge kleiner Tschörten, «Tsa Tsa» genannt. Die pulverisierten Gebeine der Ahnen werden in dieser Form an Orten aufbewahrt, die nahe bei den Dörfern eigens dafür erbaut sind. Manchmal setzt man sie auch in Höhlen bei. In dem von mir entdeckten Tsa Tsa blieb für uns noch Platz genug zum Niederlegen, aber es gab nichts Brennbares in der Nähe. Da die Tür der Dokpas für uns verschlossen geblieben war, mußten wir wählen: Wollten wir lieber ein Obdach ohne Feuer und ohne Mahlzeit, oder Feuer und Mahlzeit, aber draußen? Wir entschieden uns fürs Übernachten im Freien und suchten uns dafür eine Stelle unter den Felsen, die von Gebüsch umgeben war.

Am nächsten Tage folgten wir dem Fluß bis zu einer Brücke. Sie sind hierzulande selten, und ich wunderte mich, auf dem wenig begangenen Pfad überhaupt auf eine zu stoßen. Freilich, wie unsere Brücken im Westen sah sie allerdings nicht aus. Vier oder fünf Baumstämme aus Tannenholz, sehr lang und dünn, die auf zwei Steinhaufen ruhten. Hier und da ein paar flache Steine, um notfalls darauf zu treten, das war alles. Vermutlich wird sie nur dann gebraucht, wenn die Schneeschmelze Hochwasser bringt. Zu allen anderen Jahreszeiten wird der Fluß von Mensch und Tier durchwatet.

So armselig die Brücke aber auch war, ohne Grund stand sie nicht da. Der Pfad führte sicher drüben weiter, doch sah ich ihn auch diesseits, wo wir standen, sich fortsetzen. Sonderbar! Sollten wir hinübergehen oder nicht? Ich entschied mich für den Übergang, rutschte von der Brücke ab, fiel in Dornengestrüpp, das auf Sumpfboden wuchs, und wurde dabei so müde, daß ich mich schon beinahe zum Lagern entschloß. Schließlich konnten wir auch morgen nach dem rechten Wege suchen, aber gerade da sahen wir ein paar Jungen, die Vieh hüteten. Wie die Kinder mir sagten, hatten wir die drei Pässe, die nach dem Lande Po führten, noch immer vor uns. Einer von ihnen sei durch Schneefall gesperrt, versicherten sie. Von den anderen wußten sie nichts zu sagen. Jetzt gesellte sich eine Frau, die uns von fern gesehen hatte, zu den Knaben und bestätigte ihre Angaben. Sie riet uns, die Nacht da zu verbringen, wo wir gerade Wasser und Brennmaterial fänden. Auf die Weise könnten wir noch vor Tagesanbruch wieder mit dem Anstieg anfangen. Bis zur Paßhöhe war es weit, und selbst wenn sie frei war, lag gegen den Gipfel hin sicher viel Schnee. Eine schöne Aussicht für uns, die wir uns gerade erst über ein hohes Gebirge hinübergearbeitet hatten!

Die Nachricht kam aber nicht überraschend; wir wußten schon, daß ein zweiter Paß noch zu überschreiten blieb, der, selbst wenn er schneefrei war, für schwierig galt. Wir mußten aber unbedingt so rasch wie möglich die Po-Dörfer zu erreichen versuchen, denn wir hatten nur noch wenig Nahrungsmittel und dabei infolge der täglichen langen Gebirgswanderungen einen Riesenhunger. Also morgen sollten wir in das «Po-yul» niedersteigen, von dem wir seit Jahren gesprochen und geträumt hatten. Weshalb waren wir so wenig freudig erregt bei dem Gedanken, daß uns jetzt nur noch eine einzige Bergkette davon trennte? Ich wußte es selbst nicht, und wir hatten wenig Zeit zum Zergliedern unserer Gefühle; das wichtigste war, früh am nächsten Morgen oben anzukommen. Wir hatten uns deshalb entschlossen, weiterzugehen und erst höher oben zu lagern, als ein Mann mit einer Last Holz auf den Schultern aus dem Dickicht kam.

Wieder einmal mußte Yongden all die erfundenen Geschichten über unsere Pilgerfahrten, unser Heimatland und dergleichen auftischen. Danach drehte er den Spieß aber um und fragte den Dokpa über die Pässe aus. Der Mann riet uns, den Weg über den Aigni-Paß zu nehmen. Er sei zwar länger als der über den Gotza-Paß, aber weniger steil und auch beim Abstieg leichter. Jenseits, fügte er hinzu, würden wir zu ein paar Sommerhütten der Kuhhirten kommen. Sie ständen zu dieser Jahreszeit leer, und wir könnten darin übernachten.

Mir lag viel daran, etwas über die Quellen des Flusses zu erfahren, der das ganze Land Po durchfließt. Bettelnde Pilger dürfen aber keine geographischen Interessen zeigen. Eine direkte Frage wäre unvorsichtig gewesen. Ich tat deshalb so, als ob ich nur ganz materielle Bedenken hätte.

«Wie steht es mit Wasser?» erkundigte ich mich. «Können wir jenseits des Passes darauf rechnen?»

«Ihr geht immer den Fluß entlang, bis ihr an Weideland kommt. Mehr weiß ich nicht. Ich selbst bin nie weiter gegangen», antwortete der Mann.

«Gibt es auch auf der Gotza-Seite Wasser?» fragte ich wieder.

«Ja, aber der Fluß ist viel kleiner.»

«Und wie steht es mit dem dritten Paß?»

Ich fühlte selbst, ich fragte zuviel. Aber da Schnee und anderes mehr mich behinderten, das Gebirge nach Belieben zu durchwandern, wollte ich gern soviel wie möglich ermitteln. Erfuhr ich, daß die Reise über den Gotza lohnender war, konnte ich mich ja immer noch für diese Route entscheiden.

«Was fragst du so viel?» erwiderte der Mann und runzelte die Stirn dabei. «Über den Yöntsong-Paß könnt ihr nicht gehen. Er ist ganz verschneit. Die Soldaten erzählen wohl von einem großen Fluß, der drüben sein soll . . . Aber was geht euch das an?»

Yongden griff schnell ein. «Ja, ja», sagte er lachend, «Ihr kennt meine alte Mutter nicht. Sie hat immer Angst um ihren Tee. So schaut sie stets ängstlich nach Wasser aus und sucht nach einer Stelle, wo sie ihren Tee kochen kann. Wenn ich auf sie hören wollte, dann tränken wir den halben Tag lang Tee.» Der Dokpa lachte nun auch. «Jawohl», sagte er, «Tee ist eine gute Sache, vor allem für die Weiber, die nicht soviel Alkohol trinken wie wir.»

Aber Yongden hatte einen plötzlichen Einfall. «Mein Bruder», sagte er, «es ist klug, sich durch gute Taten Verdienst zu erwerben. Das bringt auf Erden und im Jenseits Nutzen. Siehst du, ich bin ein Lama, und dies hier ist meine Mutter, eine Ngagspa yum[1], wir beide sind Neskorpas[2], und jeder, der uns hilft, kann sich dadurch Verdienst erwerben. Wenn du uns Pferde besorgst, die uns auf den Aigni-Paß bringen, begehst du eine besonders gute Tat.»

Der Versuch war kühn. Für gewöhnlich leistet ein Dokpa solche Dienste nicht. Wir trugen freilich in unseren Gürteln gewichtige Überzeugungsmittel, die auch ohne alle Diplomatie den Mann leicht angespornt haben würden, aber in diesem Lande ließen wir sie besser nicht sehen. Ich hockte auf dem Boden und sah mit Ergötzen dem Kampf zu, der sich zwischen den beiden schlauen Füchsen abspielte. Der Dokpa war aber meinem Pflegesohn nicht gewachsen, von ihm hätte selbst Odysseus noch lernen können. Aber Yongden siegte doch nicht auf der ganzen Linie. Wir bekamen nur *ein* Pferd, das wir abwechselnd reiten sollten. Unser Gepäck jedoch wollte der Dokpa auf dem Rücken tragen. Wir konnten das Pferd nur leider nicht mehr am gleichen Abend haben. Andererseits wollte Yongden sich aber auch nicht gern von dem Dokpa trennen, damit er nicht etwa wieder anderen Sinnes wurde und sein Versprechen brach. Er bat ihn deshalb, uns in seinem Hause übernachten zu lassen. Der Dokpa überlegte einen Augenblick und sagte dann ja.

Die Kuhhirten lagerten am anderen Ufer. Ich wollte indes ungern meine hohen Filzstiefel anziehen, um meine weißen Beine nicht zu zeigen. Ich schützte deshalb Rheumatismus vor, und daß ich aus Furcht, in dem eisigen Wasser Schmerzen zu bekommen, lieber hier

1 Frau eines Zauberers, die auch ihrerseits besondere Weihen empfangen hat. Siehe auch Fußnote auf Seite 74.

2 Wörtlich: jemand, der von einem Wallfahrtsort zum anderen wandert – ein Pilger.

auf das Pferd warten wollte. Der gute Mann, der schon ein frommes Gespräch mit dem Lama begonnen hatte, war aber bereit, erst ihn, dann mich auf dem Rücken durch den Fluß zu tragen.

Ich war im ersten Augenblick froh über dieses Angebot, doch denn quälte mich der Gedanke an meinen Revolver, den Beutel mit unserem kleinen Goldvorrat und den Gürtel mit Silber, den ich unter dem Kleid trug. Ich überlegte, daß dem Mann, wenn er mich auf dem Rücken trug, mein Gewicht als zu schwer für meine Größe auffallen mußte. Er konnte vielleicht auch die harten Gegenstände fühlen, die ich unter meinen Sachen verborgen hatte. Merkte er etwas von unserem Geld, so konnte das unser Tod sein. Wenn unser künftiger Führer allein gewesen wäre, so hätte ich am Ende die verschiedenen gefährlichen Dinge anderweitig unterbringen können, aber daran hinderte mich die Gegenwart der Frau und der Knaben, die uns schwatzend folgten.

Was konnte ich anders tun, als die bei allen Tibetern übliche Bewegung nachahmen, mit der sie ihre Gewänder nach Läusen absuchen? Auf die Weise schob ich meinen automatischen Revolver unter die linke, die kleine Goldtasche unter die rechte Armhöhle und den Gürtel etwas mehr in die Höhe. Der Grund für meine Bewegungen war allen so selbstverständlich, daß sie niemand auffielen.

Unsere Ankunft im Dokpas-Lager erregte wenig Aufsehen. Yongden und ich waren ganz alltägliche arme Pilger. Ein Mann brachte uns zu einer kleinen Hütte, wo der dick mit Ziegen- und Schafdünger bedeckte Boden deutlich verriet, wer hier gehaust hatte. Gut möglich, daß die Tiere auch in der nächsten Nacht den Raum mit uns teilen sollten. Solch enges Zusammenleben zwischen Mensch und Vieh ist bei tibetischen Kuhhirten üblich. Ich bedauerte beinahe, daß ich die Kinder und die Frau, die uns ja zuerst angesprochen hatte, überhaupt getroffen hatte. Wenn nicht, hätten wir im Gebüsch für uns allein lagern können, also jedenfalls reinlicher als in diesem Ziegenstall, und dazu konnten wir uns dann nach Belieben in den Bergen umsehen. Jetzt aber mußten wir die Rolle der armen Neskorpas streng weiterführen.

Die Leute in dieser Gegend gelten für bösartig, stellen damit jedoch eine Ausnahme dar. Im allgemeinen schrecken die Tibeter nämlich vor Totschlag zurück, es sei denn, sie wären betrunken oder gezwungen, um ihr Leben zu kämpfen, und was ähnliche Ausnahmefälle sind. Das tibetische Gemüt ist ganz von den buddhistischen Lehren durchdrungen. Die Achtung vor allem Lebenden ist den Menschen in Fleisch und Blut übergegangen, so unklar ihre religiösen Begriffe auch sonst sein mögen. Von «Gerechtigkeit» ist in Tibet dagegen wenig die Rede, und die Beamten hören nicht viel auf die Klagen ausgeraubter Reisender oder höchstens dann, wenn es reiche Händler sind, die ihnen kostbare Belohnungen versprechen. Bauern oder Dokpas sehen es trotzdem auf alle Fälle lieber, daß sich die Räubereien recht weit von ihrem Wohnort abspielen. Sie können dann auf alle Fragen antworten: «Wir wissen von nichts. Wir sind nicht die Diebe. Es müssen wohl Bösewichter aus anderen Provinzen gewesen sein.»

Die tibetischen Straßenräuber sind keine besondere Klasse, die nur vom Raub lebt. Denn es gibt Landstriche, wo alle Männer ohne Ausnahme Räuber sind. Die männlichen Angehörigen des Stammes widmen sich dann ganz diesem einträglichen Gewerbe und überlassen die Landwirtschaft den Weibern. Das kommt freilich nicht oft vor. Aber in den entfernten Provinzen bilden doch viele, anscheinend ganz ehrliche Leute richtige Banden, um Raubzüge in der Nachbarschaft zu unternehmen oder um eine Karawane zu überfallen. Reisende, die ihren Weg kreuzen, werden gewiß ausgeplündert. Alles in allem habe ich so viele teils schreckliche, teils lustige Geschichten über Raubüberfälle auf Gebirgswegen und in den Steppen und Wüsten gehört, auch so viele Opfer von Räubern mit eigenen Augen gesehen, daß ich wohl an die große Unsicherheit im Märchenland Tibet glauben muß. Dabei kann ich aber zu Ehren der Bevölkerung nur sagen, daß ich persönlich nie irgendwelche Verluste erlitten habe. Es ist bei einigen angstvollen Augenblicken geblieben. Dasselbe gilt für China, selbst mitten im Bürgerkrieg, und ich habe die wildesten Regionen von Szetschwan und Jünnan weit im Westen bereist. Vielleicht hatte ich ungewöhnliches Glück. Schon möglich, aber auch das Glück hat wie alles in der Welt seinen Grund. Ich glaube, man kann durch eine bestimmte Geistesverfassung die Umstände mehr oder weniger den Wünschen gemäß gestalten.

Die Tibeter sind einfache Menschen. Das Brigantentum ist für sie ein ehrenwerter Sport. Solange sie niemand dabei totschlagen, halten sie das Rauben keineswegs für sündhaft und empfinden es nicht als Schande. Viel eher muß sich der Ausgeraubte schämen, daß er sich nicht mit Stärke oder List besser verteidigt hat.

«Meine Brüder, gebt mir einen Mann für ein paar Tage als Begleiter nach dem Seeufer mit!» sagte ich einmal, als ich den Sommer unter den berüchtigten Räuberstämmen der Gologs verlebte. «Und paßt mir, wenn ich fort bin, auf mein Lager, mein Gepäck und meine Pferde auf. Ihr alten Briganten kennt ja alle Schliche. Schande über euch, wenn jemand so nahe bei euren Zelten etwas zu stehlen vermag.»

Sie lachten herzlich, waren nicht im mindesten beleidigt, sondern eher geschmeichelt, weil ich ihre Tüchtigkeit als Banditen so hoch einschätzte. Vielleicht fühlten sie auch unbewußt die Stärke meiner Sympathie, und wie ich ihr Land und sie selbst liebte, diese wilden Kinder eines wilden Hochlandes!

Um aber wieder auf das Dokpas-Lager zurückzukommen: Wir wußten, wir waren bei ihnen sicherer als weiter fort und allein. Außerdem hofften wir auf Bettel ausgehen zu können, um Nahrungsmittel und Almosen einzuheimsen. Es wäre sehr unklug gewesen, hier Geld sehen zu lassen. Über dem Glauben an das Glück darf man doch nie die Vorsicht vergessen.

Ich erbat etwas glimmenden Kuhdünger zum Feueranzünden und erkundigte mich nach den Hunden. Konnte ich ihretwegen ruhig an den Fluß gehen, um Wasser zu holen? Da uns aber eine Frau Tee und Quark brachte, wartete ich mit dem Anzünden bis nach dem Essen. Unterdessen war der Hausherr gekommen und hatte mit Yongden gesprochen. Er schien mit dem, was er über uns erfuhr, so zufrieden, daß er uns in sein Wohnhaus rief. Für Feuer und Wasser brauchten wir nicht selbst zu sorgen, wurde uns gesagt, wir sollten beim Hausherrn mitessen.

Die große Küche, die wir betraten, sah nicht anders aus als alle in Tibet. Der Herd an der Rückwand nahm viel Platz ein. Rundherum an den Wänden und auf teils hölzernen, teils steinernen Gestellen standen verschiedene Haushaltsgeräte: große Vorratskisten, Säcke mit Wolle zum Spinnen, Schaffelle und dergleichen, alles mit einer dicken Staubschicht bedeckt und von Rauch geschwärzt. Fenster fehlten ganz, das Rauchloch war zugleich Lichtloch. Aber zwischen dem Dach und der oberen Mauer blieb eine Lücke, durch die etwas Licht in das Zimmer fiel. Übrigens kennen die Tibeter, mit Ausnahme der zahlenmäßig geringen Oberklasse unter den Stadtbewohnern, nur solche düsteren Wohnungen.

Die Sonne war schon untergegangen, als wir die Küche betraten. Auf dem Herd brannte ein starkes Feuer, und was da auf einem großen Dreifuß in einem riesigen Kessel gerade kochte, schien die Hausbewohner höchlichst zu interessieren. Sie beobachteten es alle mit gespannter Aufmerksamkeit.

Wir wurden sehr höflich aufgenommen. Für den Lama breitete der Hausherr am Ehrenplatz, nahe dem Herd, einen kleinen zerlumpten Teppich aus. Mir wiesen die Weiber, die spinnend weiter davon entfernt saßen, einen Platz auf dem Boden neben ihnen an.

Und nun fing das immer gleiche langweilige Gerede über unser Land, unsere Pilgerfahrt und dergleichen mehr wieder an. Obendrein wollte der Hausherr und mit ihm die halbe Familie natürlich die Gegenwart des Lama zu kirchlichen Zwecken ausnutzen und dadurch die Kosten der Gastfreundschaft wieder einbringen.

Wieder einmal mußte Yongden mit prophetischen Orakelsprüchen, Segensworten und ähnlichem den Genuß von Tee, Tsamba und Obdach für uns beide bezahlen. Teils brauchten wir in der Tat Vorräte, teils wollten wir auf unsere Wirte gern wie echte Arjopas wirken, deshalb bat Yongden um die Erlaubnis, sich auf kurze Zeit entfernen zu dürfen, um im Lager betteln zu gehen. Das pflegen die Arjopas stets zu tun, deshalb wunderte sich niemand darüber.

«Meine Mutter ist müde», sagte er zuvor noch den Hausleuten. «Sie will schlafen gehen, denn wir müssen noch vor Tagesanbruch nach dem Paß aufbrechen, und sie braucht Ruhe.» Darauf wandte er sich zu mir: «Komm, Mutter, leg dich nieder. Ich bleibe nicht lange fort.»

Er ging, und ich legte mich auf seinen Teppich, mit dem Kopf auf meinem eigenen Sack, den ich so an den meines Sohnes gelehnt hatte, daß man den einen nicht fortnehmen konnte, ohne auch den anderen zu verrücken. Wenn man in Tibet reist, lernt man dergleichen. Verbringt man die Nacht nicht gerade bei ganz guten Bekannten oder bei alten Freunden, so muß man stets auf kleine Diebstähle gefaßt sein.

Ich stellte mich schlafend, blieb aber ganz wach und behielt unsere Wirte im Auge. Ich horchte auf ihr Gespräch und war auf alles gefaßt. Ich regte mich auch nicht, als ich den Nepo, den Hausherrn, flüstern hörte: «Was mögen sie wohl in ihrem Gepäck haben?» Vielleicht fragte er ja nur aus Neugier, aber das konnte man nicht wissen. Ich wartete ab.

Wieder sprach er mit den anderen, aber so leise, daß ich nichts verstehen konnte. Allein durch die halbgeschlossenen Augenlider sah ich, wie der große Kerl sich mir langsam und geräuschlos näherte. Ich sah auch, daß er unbewaffnet war. Ich selbst hatte freilich meinen Revolver unter meinem Kleide zur Hand, aber was konnte er mir in meiner Lage nützen? Da war Schlauheit die bessere Waffe, und ich zerbrach mir noch den Kopf über eine Kriegslist für den schlimmsten Fall, als der Mann seine Riesenhand ausstreckte und vorsichtig die Tasche befühlte, die mir als Kissen diente.

Ich machte eine Bewegung; er zog sofort die Hand zurück und sagte mit ärgerlicher Stimme: «Sie wacht auf!» Aber unterdessen hatte ich eine Kriegslist gefunden.

«*Lags, lags, Gelong lags.* – Ja, ja, ehrwürdiger Mönch», sagte ich wie im Traum. Dann riß ich die Augen weit auf, sah bestürzt um mich herum und fragte darauf mit natürlicher Stimme: «Ist mein Sohn, der Lama, nicht hier? Sonderbar, ich hörte ihn doch gerade rufen: ‹Wach auf, Mutter! Wach schnell auf!›»

«Nein, er ist noch nicht zurück», antwortete sichtlich erschrocken der Hausherr, «soll ich ihn holen lassen?»

«Nein, nein», erwiderte ich. «Das möchte ich nicht, ich darf ihn nicht stören. Er ist ein gelehrter und heiliger Seher. Er weiß genau, wann er zurückzukehren hat.»

«Trink doch eine Tasse Tee», sagte eine Frau.

«Ja, gern, ihr seid sehr gut zu mir», antwortete ich höflich und zog meinen Napf heraus. Da trat Yongden ein, und so schnell nach meinem Gerede machte sein Kommen den gewünschten Eindruck.

«Ich hörte ganz deutlich, wie du sagtest, ich sollte aufwachen, und gehorchte dir gleich. Ich dachte wirklich, du seist im Zimmer, nicht wahr, Nepo?»

Alexandra David-Néel und Yongden
auf der Pilgerfahrt durch Tibet.

«Ja, ja», brummte der Nepo, vermutlich noch etwas aufgeregt.

Yongden verstand wohl, daß etwas passiert war, wußte freilich nicht, was.

«Gut, gut», sagte er mit so tiefer Stimme, als ob er mit den Lamas im Chor sänge. «Erwache, erwache!» Dabei blickte er argwöhnisch umher und sah, da er nichts Ungewöhnliches entdecken konnte, recht komisch und hilflos dabei aus. Er hatte etwas Butter und Tsamba erbettelt und sogar eine kleine Silbermünze bekommen.

Dieses Geschenk hatte eine traurige Veranlassung. Vor ein paar Monaten war einem Kuhhirten der einzige Sohn gestorben, und ein Lama aus einem Kloster weit jenseits der Pässe hatte den Totenritus vorgenommen. Damit begnügten die trauernden Eltern sich aber noch nicht; sie hätten gern noch mehr für ihr Kind getan. Der Junge war elf Jahre alt gewesen, als er starb, und sie baten Yongden, noch einige Tage zu bleiben, um weitere Zeremonien vorzunehmen. Er erklärte ihnen, daß er seine Reise unverzüglich fortsetzen müsse, aber nun baten sie ihn inständig, doch wenigstens einen mystischen Spruch zu sprechen! Kraft seiner findet der herumirrende Wanderer seinen Weg durch die vielen Pfade des Jenseits und fühlt sich wie an Freundeshand zum «Westlichen Paradies», dem Land der Glückseligkeit, geleitet.

Unmöglich konnte Yongden den armen Leuten die unschuldige Illusion verweigern, die ihnen so viel bedeutete. So verhalf er dem Knaben gern zu seinem Lotossitz im Himmel und verband die religiöse Zeremonie mit einer erbaulichen Moralpredigt für die inzwischen um ihn versammelten weiblichen und männlichen Dokpas.

Der Nepo war nun noch mehr von der Größe des Lama überzeugt und zog mich von dem Teppich fort, auf dem ich sitzengeblieben war, um der Geschichte von dem toten Knaben zu lauschen.

«Geh, geh, Mutter. Setz dich nach hinten; mach Platz für den Lama!»

Ich gehorchte dem Brauch, der mich auf den nackten Boden verbannte, und bedeutete Yongden durch einen Blick, sich ja nichts anmerken zu lassen und sich auf den Teppich zu setzen.

Jetzt enthüllte sich das Geheimnis des Kessels. Der Deckel wurde abgenommen und ein langer eiserner Haken in die kochende Brühe getaucht. Hiermit wurden Herz, Lunge und Leber eines Jaks herausgefischt, dann auch noch Magen und Därme, die, mit Fleisch und Tsamba gefüllt, eine Art Wurst ergaben. Die ganze schlaffe Masse wurde auf ein großes Holzbrett gelegt, sorgfältig mit einem Stück Sackleinen zugedeckt – und beiseite gestellt.

Darauf wurde Tsamba in die Suppe getan, und fünf Minuten später konnten wir unsere Näpfe füllen; erst der Lama, dann der Nepo und zu allerletzt auch ich. Ich wußte, wie anstrengend das Besteigen des Passes sein würde, deshalb aß ich so tüchtig, wie ich nur konnte, und ließ mir den Napf dreimal füllen.

Der Nepo war auf einmal sichtlich beglückt, mit einem Reisenden plaudern zu können, der ihm viel über ferne Wallfahrtsorte erzählen konnte. Ich hörte kaum hin, dachte lieber an das Land Po, von dem mich nur noch eine einzige Bergkette trennte, und prägte mir einige Beobachtungen ein, die ich im Laufe des Tages gemacht hatte. Plötzlich ließen mich aber ein paar aufgefangene Worte heftig zusammenschrecken.

«Es heißt», sagte der Nepo, «am Kha Karpo seien ein paar Philings gewesen.»

Ausländer am Kha Karpo? Hatten sich etwa Gerüchte über uns verbreitet? Oder hatte der Beamte uns am Ende auf dem direkten Wege nach Lhasa gesucht, und wir verdankten unsere Freiheit nur dem von uns eingeschlagenen Umweg? Wer konnte es wissen? War es aber so, dann suchte man uns jetzt gewiß schon in der Nähe Lhasas.

Yongden versuchte den Ursprung der Nachricht zu ermitteln. Aber es ging wie immer in Tibet, der Mann wußte nichts Näheres. Er hatte darüber nur von durchreisenden Dokpas gehört, und diese ihrerseits wohl wieder von anderen. Derartige Nachrichten konnten ebensogut schon Jahre alt sein und sich gar nicht auf uns beziehen. Vor drei oder vier Jahren hatte einmal ein englischer Konsul mit seiner Frau den Weg um den Kha Karpo gemacht. Das waren vielleicht diese Philings. Oder am Ende auch der amerikanische Naturforscher, von dem wir uns im Lu-tse-kiang getrennt hatten. Genau war das aber natürlich nicht festzustellen, und wir fühlten uns wieder einmal wie gehetztes Wild.

Yongden war nicht in der Stimmung, den Nepo noch länger zu unterhalten. Er erklärte, schlafen zu wollen.

Aber der Nepo hörte gar nicht darauf und kam mit einer Bitte. Wie er sagte, sorgten sich die Dokpas wegen der geringen diesjährigen Schneefälle. Der Boden war trocken geblieben, und wenn nicht mehr Feuchtigkeit fiel, sah es mit dem neuen Graswuchs auf dem Weideland schlecht aus. Was sollte dann aber aus dem Vieh werden, das nach der Hungerzeit des Winters ein gutes Futter nötig brauchte? Der Lama wußte doch sicher, ob nun bald Schnee fiele. Er verstand sich ja auf die geheimen Künste; am besten wäre es, er machte sich gleich daran und zauberte eine dicke Schneelage vom Himmel auf die Erde herab.

Yongden war müde, aber er durfte die Dokpas nicht verstimmen, vor allem bei ihnen kein Mißtrauen in seine Fähigkeiten als Lama aufkommen lassen.

«Der Ritus, den ihr meint, erfordert mehrere Tage», antwortete er, «außerdem muß ich nach dem Po-yul weiter und kann doch unmöglich gerade die Pässe verschneien lassen, über die ich hinüber will. Du bittest mich da um eine ganz verwickelte Sache.»

Das mußten alle Anwesenden zugeben.

«Laß mich überlegen», fuhr mein junger Freund fort. «Ja, so kann's gehen . . .»

Er zog ein kleines Stück Papier aus einem Sack und verlangte, daß man ihm womöglich etwas Gerste brächte. Ein paar Körner davon legte er auf das Papier, hielt es flach auf der offenen Handfläche und verfiel in tiefes Nachdenken. Dann fing er an zu singen, erst leise und langsam flüsternd, allmählich aber erhob er die Stimme, bis sie wie Donner vom niedrigen, verfallenen Dach der großen Küche widerhallte.

Die Dokpas sahen ganz erschrocken aus. Als Yongden plötzlich abbrach, fuhren alle zusammen und ich mit.

Darauf teilte er die Körner, die er für den Ritus gebraucht hatte, in zwei Teile. Die eine Hälfte wickelte er in einen Zipfel seines Taschentuchs, die andere ließ er im Papier, das er mit großer Umständlichkeit wieder und wieder faltete.

«Hier, nimm das», sagte er dem Nepo, «und höre gut zu. Morgen bei Sonnenuntergang mußt du das Papier öffnen und die Körner in alle Himmelsrichtungen streuen. Zur gleichen Zeit werde ich die Sprüche hersagen, die reichlichen Schneefall bewirken. Wenn du aber das Papier vor Sonnenuntergang öffnest, bevor ich die Ngags gesprochen habe, dann fühlen die Götter sich gekränkt und werden sich an euch rächen, weil sie nicht richtig angerufen worden sind. Also nimm dich gut in acht!»

Der Mann versprach, alle Anordnungen genau auszuführen. Es schien ihm auch endlich einzufallen, daß er für sein elendes bißchen Gastfreundschaft den Lama reichlich ausgenutzt hatte. Er befahl seiner Frau, uns ein Stück Fleisch als Wegzehrung zu geben. Sie brachte ein vorzügliches Stück herbei, aber bevor sie es dem Lama reichen konnte, hatte ihr Mann es ihr schon aus der Hand gerissen, wieder aufgehängt und dagegen eins ergriffen, das nur aus Haut und Knochen bestand. Das bot er nun meinem Gefährten mit größtem Ernst an. Es war so komisch, daß wir am liebsten laut gelacht hätten.

Yongden ist ein großer Kenner aller mönchischen Vorschriften, so konnte er sagen: «Ich darf von euch kein Fleisch geschenkt nehmen. Es ist unrein, denn ihr verdankt es der schweren Sünde des Tötens. Aber gebt mir etwas Tsamba, dann will ich euer Haus segnen.»

Die Worte des Lama entsprachen durchaus der orthodoxen Lehre, und nebenbei hatten sie noch das Gute, uns Gerstenmehl zu verschaffen, das uns viel wert war, so wenig es auch sein mochte. Eine große Schale mit Tsamba wurde vor ihn hingestellt, Yongden streute ein paar Fingerspitzen voll nach verschiedenen Richtungen und rief Glück und Segen auf den Wirt, seine Familie und alles, was ihm angehörte, herab. Der Nepo hatte das Mehl wohl nur zu rituellen Zwecken herbeigebracht, aber mein Sohn, nicht faul, leerte die ganze Schale in unseren Beutel, den ich ihm flink hinhielt. Dabei lag ich in der frömmsten Haltung auf den Knien.

Jetzt hofften wir, der alte Geizhals, der seinen leeren Napf ganz verdutzt ansah, würde den Lama endlich in Ruhe lassen. Wir hätten gern ein paar Stunden geschlafen, bevor wir einen neuen, ermüdenden Marsch antraten, dessen Ende gar nicht abzusehen war.

Wer weiß, der Paß konnte ja verschneit sein oder ein anderes Hindernis uns aufhalten. Vor den Dokpas waren wir freilich jetzt sicher. Ich hatte Yongdens List ganz gut verstanden. Er hatte verhindern wollen, daß uns einer der Hirten etwa folgte. Am nächsten Morgen würde die Geschichte von den Körnern sich verbreitet haben, und dann hatten alle ein Interesse daran, durch nichts den Zauber zu stören, der den ersehnten Schnee herbeibringen sollte. Waren aber die Körner nach Vorschrift in die Luft geworfen, so mußten die Dokpas mindestens noch einen vollen Tag lang auf den Erfolg warten. Das glaubten wir wenigstens, aber es sollte freilich ganz anders kommen.

Zwei Frauen bereiteten dem Nepo sein Nachtlager. Ich kann nicht «Bett» sagen, denn die Tibeter haben wie viele andere Asiaten, zum Beispiel auch die Japaner, keine Betten. Reiche Leute schlafen auf dicken, schön bestickten Polstern, die Armen auf dem Fußboden oder auf der Erde. Zwischen diesen beiden Extremen gibt es unzählige Abstufungen in der Dicke und Schönheit der Kissen, bis herunter zu einem einzigen Stück zerlumpten Sackleinens oder einem fettigen Schaffell. Gewöhnlich werden aber bei Tage die Wolldecken, oder was sonst anstatt ihrer gebraucht werden mag, beiseite geräumt und erst abends wieder herbeigeholt.

Als alles bereit war, zog der alte Nepo seinen Rock aus, behielt aber die Hosen an. Darauf schlüpfte er zwischen die Schlafpelze, die am besten und wärmsten Platz nahe beim Herde für ihn ausgebreitet waren. In die Mitte des Zimmers wurde ein Eimer gestellt, damit die Leute für die Notdurft nachtsüber das Haus nicht zu verlassen brauchten. Ich sah das hier zum erstenmal. Für gewöhnlich haben die Bauern richtige Klosetts, teils der Reinlichkeit wegen, teils um Dünger für ihre Felder zu sammeln, da Kuh-, Schaf- und Ziegendung als Brennmaterial dienen. In der Wüste haben die Dokpas nicht das Bedürfnis nach Klosetts. Sie haben ja weiten, leeren Raum um sich herum und brauchen auch nicht für die Landwirtschaft zu sorgen. Da ziehen sie sich bei Nacht so gut wie bei Tage einfach ein paar Meter weit von ihren Zelten zurück.

Einige der Männer und Frauen hatten sich schon vor dem Hausherrn schlafen gelegt. Junge Eheleute rollten sich zusammen mit ihren Kindern in eine große Wolldecke; ältere Leute und Junggesellen blieben jeder für sich. Und das junge Volk kroch haufenweise zusammen wie die jungen Hunde. Sie zankten sich um den Anteil an den zerlumpten Decken, bis der Schlaf sie zum Schweigen brachte.

Beinahe am Ende

Ich mochte wohl mehrere Stunden geschlafen haben, aber meinem Gefühl nach hatte ich die Augen kaum vor ein paar Minuten zugemacht.

«Es ist Zeit», sagt der Mann, der uns sein Pferd zur Verfügung stellen und uns bis zur Aigni-Paßhöhe begleiten wird. Er wirft einige Zweige auf die glimmende Asche; das Feuer beleuchtet die Schläfer, die sich unwirsch nur desto fester in ihre Decken wickeln. Unsere Toilette besteht nur darin, daß wir Gürtel und Strumpfbänder zuschnallen; unsere Ranzen hatten wir erst gar nicht geöffnet gehabt. Also sind wir im Nu bereit.

«*Kale pheb,* Lama, geht langsam!» tönt die Stimme des Nepo aus seinem Schaffell hervor, als wir zur Tür hinausgehen.

Der Mond wird von einem hohen Berg verdeckt und wirft nur unsicheres Licht über das Tal. Es weht heftig. Ich fühle die Kälte sehr stark, und ich friere sofort an den Fingern. Obgleich ich sie in die langen Ärmel meines dicken Kleides eingewickelt habe, kann ich kaum den Stab halten. Der Fluß, der, als wir ihn gestern überschritten, noch frei dahinfloß, ist jetzt mit dickem Eis bedeckt. Am jenseitigen Ufer windet der enge Pfad sich durch das Gebüsch. Wir kommen an mehrere Abzweigungen; ohne Führer hätten wir hier lange umherirren können. Yongden lehnt ebenso wie ich die Einladung zu reiten vorerst ab. Die Kälte ist zu schneidend, da ziehe ich das Gehen vor, bis die Sonne aufgegangen ist.

Das enge Tal, dem wir folgen, scheint uns mit dem Eiseshauch von Feindseligkeit und Verrat zu empfangen. Nach einem Marsch von wenigen Stunden bricht der Tag mit blaßgrünlichem Licht an, und die Landschaft wirkt nun noch unheimlicher als vorher. Auf unserem Pfad liegt nur wenig Schnee, desto riesigere Massen sehen wir seitwärts in den Schluchten.

Wir kreuzen kleine Wiesen, auf denen das nasse Gras gelb und winterlich steht. Ich steige jetzt aufs Pferd, gebe das Reiten aber bald wieder auf, bleibe etwas zurück und überlasse das Pferd Yongden. Der Dokpa, der es am Zügel führt, ärgert mich mit seinem unaufhörlichen Geschwätz. Ich liebe das Schweigen auf Gebirgswanderungen. Wenn man nur das rechte Ohr und das rechte Gemüt hat, kann man dann so viele Stimmen reden hören, die angenehmer tönen als menschliche.

Etwas später liegt auch auf unserem Pfad Schnee, allmählich wird er immer höher. Unser Führer zeigt uns einen großen weißen Hügel, bei dem, wie er sagt, ein Sommerweg nach einem anderen Paß abzweigt. Ich überzeuge mich schnell, daß ich jeden Gedanken daran aufgeben muß, mich in diesem Gebirge näher umzusehen, wie ich das gern getan hätte. Diese Regionen kann man höchstens in der kurzen Zwischenzeit erforschen, wenn der Schmutz von Schneeschmelze und Sommerregen etwas abgetrocknet ist und die ersten starken Schneefälle noch ausstehen. Das sind aber kaum sechs Wochen.

Weil in diesem Jahr, zur großen Sorge der Dokpas, so wenig Schnee gefallen ist, sind wir schon am Vormittag bei dem Latza am Scheitelpunkt des Aigni-Passes. Unser Führer legt das Gepäck ab, das er uns bis jetzt getragen hat. Er will uns hier verlassen und mit seinem Pferd zum Lager zurückkehren.

Wir dürfen nicht aus der Rolle fallen und müssen auf unsere Sicherheit bedacht sein; übergroße Freigebigkeit verbietet sich daher von selbst, aber ein kleines Geschenk hatte ich dem guten Mann doch von vornherein zugedacht. Yongden hatte ihm nur deshalb so erbaulich vorgepredigt, wie verdienstvoll es sei, Lamapilgern umsonst Gefälligkeiten zu erweisen, weil er die Dokpas unbedingt von unserer Armut überzeugen wollte. Ich hatte schon am Abend, als alles schlief, meinem Pflegesohn eine kurze Anweisung zugeflüstert. Jetzt handelt er danach.

Er zieht langsam zwei Münzen aus der Tasche und bringt dann

noch ein paar in Papier gewickelte getrocknete Zypressennadeln zum Vorschein.

«Dies Geld», sagt er feierlich, «ist alles, was ich habe. Ich habe es von dem Pönpo von Taschitse bekommen, dem ich dafür aus den heiligen Schriften vorgelesen habe. Du hast mir und meiner Mutter beigestanden. Als Dank schenke ich es dir und gebe dir auch das Sang[1], das von dem berühmten Wallfahrtsort Kha Karpo herstammt.»

Der Preis, den wir als Miete für Pferd und Führer bezahlen, ist freilich gering, aber der Mann kann damit zufrieden sein. Geld ist rar bei den Dokpas. Wir sind auch sicher, daß er es versteckt und daß er den Mund hält, schon aus Furcht, jemand könnte es ihm wegnehmen. So handeln wir vorsichtig und gerecht zugleich.

Yongden fügt noch einige Worte hinzu, die den Mann und seine Freunde davon überzeugen sollen, daß wir in dem Land, das wir nun betreten, durchaus nicht ohne Beschützer sind. Das wird er den Dokpas weitererzählen, und sie werden uns dann hoffentlich nicht folgen.

«Nimm das Geld, mein älterer Bruder», drängt der Lama ihn. «Wir sind ja jetzt in dem Reich des Königs von Po, und sein Anchös, sein Hausgeistlicher, ist ein Freund von mir, wir gehören beide zum Sera-Kloster zu Lhasa. Wenn ich in Not geriete, würde er den König bitten, mir zu helfen.»

«Das wird er gewiß tun, Herr», stimmt der Mann zu, und man hört seinem ehrerbietigen Ton an, wie sehr die armen Reisenden in seiner Achtung gestiegen sind. «Aber ich möchte doch nur den kostbaren ‹Sang› annehmen. Nähme ich das Geld, so verlöre ich ja das Verdienst, einem Lama geholfen zu haben ... Nein, nein, lieber nicht, an dem Verdienst liegt mir mehr, davon habe ich etwas hier auf Erden und auch im Jenseits ... Ich bitte dich, Lama, segne mich. Ich muß nun schnell nach Hause. *Kale pheb,* Lama, *Kale pheb,* Mutter!»

Und damit ging er, hochbeglückt über seine paar trockenen Blät-

1 Trockene Blätter, die wie der Weihrauch in der katholischen Kirche ihres Wohlgeruches wegen bei Reinigungs- und Beschwörungsriten verbrannt werden. Meist sind es Zypressen- oder Tannennadeln, in einigen Gebirgsgegenden manchmal aber auch junge Azaleensprossen, Kamille oder Farnkraut.

ter und im besten Glauben, Samenkörner für sein künftiges Glück hienieden und im Jenseits ausgesät zu haben. Meine besten Wünsche begleiteten ihn.

Hier standen wir bei dem Latza; aber weshalb riefen wir nicht nach tibetischem Brauch freudig: *«Lha gyalo!»* Wir waren gar nicht so übermütig froh wie sonst, wenn wir nach einem mühseligen Anstieg einen Gipfel erobert hatten. Nach all den endlosen Märschen waren der kurze Ritt und das Wandern ohne Gepäck eine wahre Wohltat gewesen. Zum erstenmal, seit wir China verlassen, hatten wir einen Paß ohne Ermüdung hinter uns gebracht; vielleicht waren wir gerade darum weniger froh gestimmt.

Aber es war weder Zeit noch Ort, sich in psychologische Probleme zu vertiefen.

«Wir bekommen Schnee», sagte Yongden mit ernstem Gesicht.

«Ich fürchte auch», antwortete ich, «die Sonne ging so melancholisch auf. Aber warum gerade heute? Womöglich hat der Nepo doch früher, als er sollte, die Körner ausgestreut, die du ihm gestern gabst.»

Aber der Lama ging auf den Scherz nicht ein.

«Wir müssen uns beeilen», sagte er.

Ich wollte ihn gern aufheitern und fuhr deshalb fort: «Erinnerst du dich noch an den Ngagspa-Lama am Kuku-nor, von dem die Kuhhirten erzählten, daß er es nach Belieben schneien, regnen, hageln und auch wieder aufhören lassen könnte? Ich habe ihm einige seiner Ngags abgelauscht. Wollen wir wetten, daß ich den Schnee aufhalten kann, den du herabbeschworen hast?»

Yongden lächelte nicht einmal.

«Die armen Leute brauchen doch Schnee für ihre Weiden», sagte er, «gönne ihn ihnen doch.» Und damit ging er den steilen, weißen Abhang hinab.

Sein seltsames Betragen beunruhigte mich. Was bedeutete seine Sorge wegen des Schnees? Davor hatten wir uns auf früheren Reisen doch nie gefürchtet, und überdies waren wir ganz nahe an Dörfern. Ob er sich etwa krank fühlte?

Ich beeilte mich, den Lama, der schon weit vor mir war, einzuholen. Trotz aller Mühe sah ich aber zu meinem Ärger, wie der Abstand zwischen uns immer noch wuchs. Ich versuchte den Weg durch

Abschneiden zu verkürzen, aber da muß es wohl eine barmherzige Bergfee gut mit mir gemeint haben: Ich fiel plötzlich hin und rutschte gerade wie auf einem Rodelschlitten bergab. Zum Glück hatte ich den Stab tief genug gefaßt, um ihn zum Steuern gebrauchen zu können. So schoß ich, ohne zu bremsen, mit Schnellzuggeschwindigkeit an Yongden vorbei und hielt erst viel weiter unten an.

Er eilte mir schleunigst nach und kam gerade dazu, als ich den Schnee von Ranzen und Kleid abschüttelte. In seiner Freude darüber, daß mir nichts passiert war, versicherte er mir, es sei eine ganz hübsche Sportsleistung gewesen und habe mir viel Mühe erspart. Yongden hatte darüber sein fröhliches Lachen wiedergefunden.

Was für trübe Vorahnungen mochten meinen sonst immer vergnügten Gefährten verstimmt haben? Ich wagte nicht, ihn danach zu fragen.

Die Landschaft verriet mir, wie verschieden das Land, das vor uns lag, von dem oberen Becken des Saluën ist. Die Luft war mit Feuchtigkeit geschwängert, der Boden naß und manchmal sogar sumpfig. Hier war schon reichlich Schnee gefallen, und die Dokpas brauchten keine Befürchtungen wegen des Graswuchses zu haben.

Wir kamen bald in die Baumzone und folgten dem Fluß, der auf dem Aigni entspringt. So gelangten wir in weite Weideländer, die am Schnittpunkt dreier Täler die ganze Bodenfläche einnahmen. Wir hatten eben das eine durchwandert, da öffnete sich, uns gerade gegenüber, hinter den Wiesen ein zweites, und ein Fluß, noch breiter als der vom Aigni kommende, strömte daraus hervor. Das dritte Tal nahm die vereinten Gewässer der beiden Flüsse auf, die sich fern von hier in den Brahmaputra ergossen. Sie brachten das Wasser, das von dem Schnee der eben überschrittenen mächtigen Gebirge abfloß, in den Indischen Ozean.

Wir hatten gewissermaßen eine der Quellen des Po-Flusses entdeckt. Sein oberer Lauf ist den Geographen noch unbekannt. Nun interessierte ich mich sehr für die zweite Quelle. Sie schien ihren Ursprung in der Nähe des augenblicklich unzugänglichen Passes zu nehmen, den die Dokpas Yöntsong genannt hatten. So sehr ich es auch bedauerte, der Schnee hinderte mich daran, den Gebirgszug an jener Seite zu erforschen. Ich wollte aber wenigstens, soweit es ging, dem Fluß folgen. Freilich ahnte ich nicht, daß dieser kleine Erkundungsgang, wie ich deren so viele in Tibet unternommen hatte, mir ein aufregendes Abenteuer einbringen sollte.

Ich teilte Yongden meinen Entschluß kurz mit. Er antwortete noch kürzer: «Es wird schneien, und wir haben nichts zu essen.»

Die Worte konnten nachdenklich stimmen.

Den Schnee fürchtete ich nicht. Ich öffnete beide Ranzen, wir prüften sie auf ihren Inhalt und waren uns einig, daß noch genug für drei Mahlzeiten da war. Das bedeutete also für drei Tage. Um des Wohllebens willen waren wir nicht in das verbotene Land aufgebrochen. Ich wollte mich in den oberen Tälern auch nicht lange aufhalten, sondern nur einen Blick hineinwerfen.

Also vorwärts!

Nach Sonnenuntergang fing es an zu schneien, erst langsam, als ob ein paar Schmetterlinge zwischen den dunklen Bäumen umherflatterten, dann allmählich dichter. Es war einer der langsamen Schneefälle, wo die Flocken aus einer unerschöpflichen himmlischen Vorratskammer herabzuwehen scheinen, schließlich aber die mächtigen Gipfel einhüllen und die Täler begraben.

«Laß uns das Zelt aufschlagen», sagte ich. «Wir machen dann ein Feuer darunter an und trinken Tee.» Etwas Erfrischung brauchten wir wirklich. Seit der Abendsuppe im Dokpas-Lager hatten wir nichts mehr zu uns genommen. Trockenes Holz war rar. Es dauerte lange, bis wir es, während es immer weiterschneite, abgehauen und zusammengetragen hatten. Endlich hatten wir aber doch genug dürre Äste, um Teewasser zu kochen. Wir waren kaum mit dem frugalen Mahl fertig, als wir die übriggebliebenen Kohlen schon hinauswarfen, denn die Hitze brachte den Schnee auf dem dünnen Zeltdach zum Schmelzen, und das Wasser tropfte reichlich auf uns herab. Es war auch klar, daß unsere Pilgerstäbe, die als Zeltstangen dienten, das Gewicht des unaufhörlich fallenden Schnees nicht lange tragen konnten. Damit sie ja nicht zusammenbrachen, stellten wir mit der Zeltleinwand eine Art schrägen Schutzdaches her, das wir mit ein paar Steinen an einem nahe gelegenen Felsen befestigten. Da es nicht sehr kalt war, gelang es uns auch bald, darunter einzuschlafen.

Von einem Gefühl qualvollen Druckes wachte ich auf. Ich hob den Kopf, stieß aber sofort gegen das Dach. Es war von der Schneelast eingedrückt, und wir lagen nun darunter begraben. Gefahr war nicht dabei, aber wir mußten uns doch möglichst schnell herausarbeiten. Ich stieß Yongden, der noch schlief, an. Unsere Situation sprach deutlich genug, so brauchte ich ihm nichts weiter zu sagen als: «Wir müssen uns langsam herumdrehen, dann beide zur gleichen Zeit aufstehen und so das Zeltleinen mit unseren Rücken hochheben.» – «Fertig? . . . Los!»

Wir waren glücklich aus unserem Grab heraus, aber das half uns noch nicht viel. Es schneite weiter, und wir konnten an kein neues Obdach denken, es wäre uns wieder ebenso damit ergangen. Da war es schon besser weiterzugehen, um uns warm zu halten.

So wanderten wir den Rest der Nacht und den ganzen nächsten Morgen, kamen dabei aber nicht recht vom Fleck. Der weiche Schnee erschwerte das Gehen. Und als wir in die höheren Regionen kamen, fingen wir an, auf dem vereisten Untergrund auszugleiten. Die Miniaturgletscher waren schon öfter gefroren und wieder aufgetaut und lagen jetzt heimtückisch unter einer dichten neuen Schneeschicht versteckt.

Bald nach Mittag kamen wir an einen freudig begrüßten Sa phug, das heißt, an eine Erdhöhle. Eine Felsenhöhle nennen die Tibeter dagegen Thag phug. Wir richteten uns auf dem trockenen Boden häuslich ein. Unser Zelt hängten wir wie einen Vorhang an einigen Baumwurzeln über unseren Köpfen auf und hatten so den doppelten Schutz der Höhle und der Leinwand. Brennholz gab es nicht, aber wir aßen etwas Tsamba und löschten unseren Durst mit ein wenig Schnee, den wir im Mund zum Schmelzen brachten. Wir waren im übrigen so erschöpft, daß wir bis zum Morgengrauen fest schliefen.

Als wir aufwachten, fiel der Schnee noch immer. Es hatte sicherlich die ganze Nacht durchgeschneit, denn er lag nun vor unserem prähistorischen Zufluchtsort noch viel höher als gestern, doch die hohe Schneemauer hatte geholfen, uns die Nacht über warm zu halten. Ich beschloß, unser Gepäck in der Höhle zu lassen und etwas höher hinauf auf Kundschaft auszugehen. Nur mit unseren Pilgerstäben bewaffnet, konnten wir auch viel rascher vorankommen. Wir mußten ja doch wieder zurück, um nach den Po-Dörfern zu gelangen; so konnten wir später unsere Lasten wieder abholen.

Diebe waren in dieser einsamen Gegend auf dem Weg zu einem verschneiten Paß kaum zu fürchten.

Wir brachen also auf. Der Schnee fiel weiter so langsam und unerbittlich wie schon seit vierzig Stunden. An einigen Stellen, wo er sich auf schon hohe alte Schichten legte, bildete er geradezu unübersteigbare Schranken. Wir konnten keine bestimmte Richtung einhalten. Mit großer Mühe erreichte ich einen Bergkamm, von dem aus ich, wie durch einen beweglichen weißen Flockenvorhang, unsichere Umrisse von Höhen entdeckte, die wie abfallende, wellige Halden aussahen. Vielleicht hatte der Schnee aber auch ihre Formen verändert. Alle Bergsteiger machen die Erfahrung, daß die Berge in ihrem Winterkleid da runde Linien zeigen, wo im Sommer scharfe Vorsprünge und Zacken hervortreten.

Der Abstieg war noch schwieriger als das Hinaufklettern. Ich versuchte einen Punkt zu erreichen, von dem aus ich festzustellen hoffte, ob etwa aus einer engen Klamm, die ich zu unterscheiden glaubte, ein Nebenfluß hervorkäme und sich mit dem Hauptstrom vereinte. Ich arbeitete mich dorthin vorwärts, als ich hinter mir einen Schrei hörte. Yongden war auf der Suche nach einer Abkürzung ausgeglitten und in eine Schlucht abgestürzt. Sie war nicht sehr tief, hatte aber fast senkrechte Wände, und der Zugang war deshalb schwierig. Ich brauchte eine Viertelstunde, bis ich meinen armen Gefährten erreicht hatte. Er sah jammervoll genug aus, wie er da in seinem zerlumpten Lama-Gewand auf dem blutbespritzten Schnee lag.

«Es ist nichts Schlimmes», antwortete er auf meine Frage, «ich muß während des Falls mit dem Kopf an einen Felsen geprallt sein. Hab keine Angst, es ist nichts als eine Schürfwunde. Ich bin nur schwindlig von dem Sturz.»

Er versuchte aufzustehen, stöhnte aber dabei, wurde blaß, schloß die Augen und stöhnte: «Oh, mein Fuß!»

Ich erschrak. Wenn er nun das Bein gebrochen hatte! Was sollten wir dann anfangen? Wir waren allein in der Wildnis, hatten nichts mehr zu essen, und der Schnee wurde von Stunde zu Stunde höher.

Ich zog ihm vorsichtig den Stiefel ab und untersuchte seinen Fuß. Gott sei Dank, die Knochen waren heil! Er hatte sich nur den Knöchel verstaucht und das Knie etwas geschunden. An sich waren weder Leben noch Gesundheit gefährdet. Wenigstens wären sie es an einem bewohnten Orte nicht gewesen, aber hier ...?

Er war sich über den Ernst der Lage ebenso klar wie ich und versuchte, nochmals aufzustehen. Es gelang ihm auch mit meiner Hilfe, und auf seinen Stock gestützt, blieb er auf einem Fuß stehen. «Ich will sehen, ob ich dich nicht tragen kann», sagte ich. «Wir müssen zurück nach dem Sa phug und dort weiter überlegen.»

Bei allem guten Willen und aller Anstrengung mußte ich aber bald einsehen, daß meine Kräfte nicht ausreichten, meinen Pflegesohn durch den tiefen Schnee zu tragen. Zumal darunter viele Steine und ähnliche Fußangeln verborgen waren, die mich häufig zum Stolpern brachten. Yongden hatte sich nur sehr ungern tragen lassen und versuchte sich nun weiterzuhelfen, indem er sich halb auf mich, halb auf seinen Stab stützte. Es war mehr ein Kriechen als Gehen, und er mußte alle paar Meter haltmachen. Durch die Anstrengung geriet er so in Schweiß, daß die Tropfen ihm von seiner Lama-Mütze herunterrannen. Wir brauchten Stunden, um die Felshöhle zu erreichen.

Ich massierte ihm den Knöchel und gebrauchte dann den Gürtel als Stützverband. Brennholz hatten wir ebensowenig wie tags vorher, wir schauderten vor Kälte, als wir uns auf den hartgefrorenen Boden niederlegten. Der Schnee, den wir unterwegs gegessen hatten, um unseren Durst zu löschen, und das eisige Wasser, das wir zu unserer Mahlzeit vom Flusse gehabt hatten, trugen noch zu dem innerlichen Kältegefühl bei, das uns wach hielt.

Und doch, wäre nicht die Sorge um meinen jungen Gefährten gewesen, so hätte die Lage ihren besonderen Reiz für mich gehabt. Selbst jetzt triumphierte dieser Reiz noch über meine Besorgnis und über das physische Unbehagen. Ich blieb bis tief in die Nacht hinein regungslos sitzen und freute mich an der großen Einsamkeit, dem absoluten Schweigen, der gänzlichen Stille dieses seltsamen weißen Landes. Alles um mich herum war Ruhe, war tiefster Frieden. Und noch immer höher und höher türmte der Schnee sich um uns auf.

Mein erster Blick am folgenden Morgen fiel auf Yongden. Er stand auf einem Bein, auf seinen Stab gelehnt, und stützte sich mit dem Rücken gegen die Felswand des Sa phug. Seine Haltung erinnerte an die chinesischen Statuen, die man manchmal in den Tao-

Tempeln findet. Unter anderen Umständen hätte er wohl komisch ausgesehen, aber jetzt standen seine Augen voll Tränen.

«Ich kann nicht gehen», sagte er verzweifelt. «Ich habe schon mehrere Versuche gemacht, kann aber auf dem Fuß nicht stehen.»

Der Knöchel war geschwollen, der Fuß stand nicht normal. Wir konnten unmöglich fort, und verbrachten die nächsten Stunden mit Überlegungen. Ich dachte daran, Yongden mit dem Gepäck zurückzulassen und ihm das bißchen übriggebliebene Tsamba zu geben, während ich ein Dorf zu erreichen versuchte und dort um Hilfe bat. Aber Yongden bezweifelte sehr, daß sich jemand um uns arme Bettler kümmern würde. Und Geld zeigen oder Belohnung anbieten durften wir erst recht nicht, das wäre das allergefährlichste gewesen. Man würde uns ausplündern und dann unserem Schicksal überlassen. Möglich, daß Yongden zu schlecht von den Popas dachte, mein Plan hatte aber jedenfalls manches gegen sich.

Wir wußten nicht, wie weit es noch bis zu den Dörfern war und welche Wege dahin führen mochten. Vor zwei Tagen, als wir vom Aigni herunterkamen, hatten wir drei Pfade gesehen; jede Spur davon mußte aber jetzt unter tiefem Schnee verborgen liegen. Unser einziger Führer blieb der Fluß, und auf den war wenig Verlaß. Er führte sicher nach bewohnten Gegenden, aber wußten wir denn, ob man ihm immer folgen konnte? Bergströme gehen oft durch enge Schluchten, während die Straßen sich hoch oben auf den Bergen halten müssen, so daß beide erst nach vielen Meilen wieder zusammentreffen.

Wenn ich nun den rechten Pfad verfehlte und wieder umkehren mußte? Der Weg konnte leicht mehrere Tage erfordern; ich konnte unterwegs ebensogut wie jetzt mein Gefährte einen Unfall erleiden oder Hungers sterben und nie mein Ziel erreichen.

Ich konnte es Yongden nicht verdenken, daß er die Lage düster beurteilte. Ich schauderte selbst bei dem Gedanken, den lahmen Freund in der Höhle allein zu lassen. Wie leicht konnten Wölfe, Bären, Schneeleoparden oder andere hungrige wilde Tiere ihn bei Nacht angreifen! Er konnte ja nicht einmal aufrecht stehen, um sich zu verteidigen.

Die Zeit verging über dem Plänemachen, aber einer nach dem anderen mußte wieder verworfen werden. Am Ende beschloß ich, soweit wie möglich dem Talverlauf zu folgen, um Dokpas zu suchen. Am Abend wollte ich zurück sein. Ich ging den ganzen Tag über, fand auch zwei verlassene Lager, allein nicht ein einziges Lebewesen. Ich dachte mit größtem Kummer an den Lama, der vor Kälte bebend in der Höhle zurückgeblieben war. Wieviel besser hätte er es in einer der leerstehenden Hütten gehabt, wo die Dokpas genug Brennmaterial zurückgelassen hatten, um sich am Feuer zu wärmen. Ich mußte ihm unbedingt etwas davon mitbringen. Aber wie sollte ich es tragen, ich hatte ja weder eine Tasche noch ein Stück Tuch bei mir, und der Dünger mußte schon dicht in Wolle eingewikkelt werden, um ihn unterwegs gegen Nässe zu schützen. Da blieb mir nichts anderes übrig, als mein Oberkleid aus dicker tibetischer Serge auszuziehen, den Dünger hineinzupacken, die Last mit meinem Gürtel zusammenzubinden, und dann auf den Rücken damit und vorwärts!

Es schneite noch immer, und mein chinesisches Unterkleid war kein genügender Schutz. Nach einer halben Stunde fühlte ich mich wie in einem eisigen Bade. Die hereinbrechende Nacht fand mich noch weit von der Höhle entfernt. Verirren konnte ich mich eigentlich nicht, ich brauchte ja nur dem Fluß zu folgen, aber in der Dunkelheit verfehlte ich dann doch den Zugang zur Höhle. Ich wußte wirklich nicht, war ich das Tal zu weit hinaufgegangen, oder war ich noch unterhalb des Sa phug?

Ich wollte gerade nach dem Lama rufen, als ich etwas höher hinauf ein Lichtchen entdeckte. Das war gewiß Yondgen, der, um mir ein Zeichen zu geben, das Wachslicht angezündet hatte, das sich in unserem Gepäck befand. Und so war es auch.

«Ich bin vor Angst halb gestorben», sagte er mir, als ich glücklich wieder bei ihm war. «Ich vermutete schon das Ärgste, als es Abend wurde und du nicht zurückkamst.»

Wir lebten wieder auf, als das Feuer brannte und wir einen Napf Tee mit einer Handvoll Tsamba darin vor uns hatten, wenn sich unsere elende Lage auch noch verschlechtert hatte; denn unser ganzer Vorrat bestand jetzt nur noch aus drei oder vier Löffel Tsamba und ein paar Teekrümeln. Wir ahnten weder, wie weit es noch bis zu den Dörfern sein mochte, noch welchen Pfad wir einschlagen mußten, und der arme Yongden konnte immer noch nicht gehen.

«Mach dir nicht soviel Sorgen um mich, Jetsunma», sagte der Lama, als ich mich am Feuer trocknete. «Wir fürchten doch beide den Tod nicht. Ich habe meinen Fuß den ganzen Tag lang massiert und will jetzt heiße Umschläge darauf legen. Dann kann ich vielleicht morgen wieder gehen. Und wenn nicht, mußt du an deine eigene Rettung denken und fortgehen. Du mußt nicht zuviel Mitleid mit mir haben; nichts passiert ohne Grund. Diesen Unfall verdanke ich nur meinen eigenen Taten, die ich in meinem früheren Leben begangen habe. Weder die Götter noch meine Mitmenschen sind dafür verantwortlich, und alles Klagen ist nutzlos. Laß uns nun schlafen gehen . . .»

Und wirklich, wir schliefen auch beide fest ein, während es unaufhörlich weiterschneite.

Am nächsten Tage konnte Yongden wieder stehen! Ich schnallte unsere Sachen zusammen und lud mir die ganze Last auf; dann half ich ihm wieder ebenso beim Gehen wie gleich nach dem Unfall auf dem Wege zur Höhle. Wir krochen freilich wie die Schnecken. Als wir erst wieder bei den bewaldeten Bergen waren, schlug ich einen Ast ab, an dessen oberem Ende ich ein mit den leeren Vorratsbeuteln umwickeltes kurzes Holzstück befestigte. Mit der so improvisierten rohen Krücke konnte sich Yongden allein weiterhelfen.

Als ich gestern auf Kundschaft aus gewesen war, hatte ich die Fortsetzung des Tales dermaßen verengt gefunden, daß ich fürchtete, wir könnten dem Fluß nicht länger folgen. Ich hatte mehr Zutrauen zu einem Bergpfad, den ich bei unserm Abstieg vom Aigni-Paß gesehen hatte, wie er sich durch den Wald bergan schlängelte.

Er zweigte kurz vor dem Weideland ab und führte auf der Höhe wahrscheinlich in derselben Richtung weiter wie hier unten der Fluß. Vermutlich hatte man ihn daher oberhalb angelegt, weil das Tal keinen Durchgang bot.

So wateten wir eine lange Strecke bis zu den Knien im Schnee, bis wir den Pfad erreichten, der sich als eine scharfe Linie zwischen den Bäumen abzeichnete. In diesem Augenblick klärte es sich auf, und wäre das Weiterkommen in dem tiefen Schnee nicht so mühsam gewesen, und hätte ich nicht gesehen, wie Yongden sich abquälte, wäre der Weg geradezu ein Genuß gewesen. Die schöne alpine Landschaft, die uns umgab, hatte gewiß große Reize. Leider fühlte ich mich aber fast ebenso unbehaglich wie mein Freund. Ich hatte ein Loch in meinem Schuh, durch das meine rechte große Zehe sich einen Weg bahnte. Der lange Marsch hatte aus dem kleinen Loch einen klaffenden Spalt gemacht, der sich wie das Maul einer sonderbaren Bestie bei jedem Schritt öffnete und wieder schloß. Mein Bein endete sozusagen in einem schneefressenden Tiere. Mit dem linken Fuß stand es auch nicht viel besser; bei ihm hatte die Stiefelsohle sich an der einen Seite fast ganz abgelöst. Frischer Schnee ist den Füßen besonders gefährlich, da er brennt und sie wund macht. Die tibetischen Gebirgsbewohner haben sonst ein dickes Fell, aber vor direkter Berührung mit dem Schnee nehmen sie sich sehr in acht.

Es wurde spät, und wir hatten alle Hoffnung aufgegeben, noch heute in ein Dorf zu kommen. Nirgends sah man Spuren von Anbau oder von Vieh, und von einem Obdach war auch nichts zu entdekken. Wir hatten uns ganz umsonst nach den Sommerhütten der Dokpas umgesehen, von denen uns unser Begleiter zum Aigni-Paß erzählt hatte, daß sie an dem Weg nach den bewohnten Tälern lägen. Sie waren auch in dem tiefen Schnee gewiß nicht leicht zu entdecken gewesen. Oder sollten wir etwa den Weg verfehlt haben? Die wenigen Worte, die wir miteinander wechselten, drehten sich um diese Frage. Von unseren beiderseitigen Schmerzen sprachen wir gar nicht mehr. Wir wußten genau, jeder tat, was in seiner Macht stand; keiner konnte dem anderen helfen, da war alles Reden unnütz. Später erwähnten wir auch die Frage der Hütten und des Verirrens mit keiner Silbe mehr; es machte nur müde und half nichts.

Die Nacht kam heran, und wieder schneite es. Der Himmel war pechschwarz, und nur von dem weißen Boden und den verschneiten Bäumen selbst schien ein unsicheres, trübes Licht auszugehen, das mich an den Hades erinnerte. Weiß wie die Schneemänner und halb in Trance hinkten wir schweigend weiter. In der phantastischen Umgebung müssen wir zwei Gespenstern geglichen haben, die auf Befehl eines tibetischen Hexenmeisters umherspukten. Dann wieder verglich ich uns mit zwei verirrten und verwirrten Weihnachtsmännern . . .

Wie kam ich denn plötzlich auf den Weihnachtsmann? Natürlich, es war ja Dezember. Aber ich war mir nicht klar darüber, wie sich die Daten des gregorianischen und des chinesisch-tibetischen Kalenders, den ich seit Jahren gebraucht hatte, zueinander verhielten. Sobald ich daran kommen konnte, wollte ich doch den chinesisch-westlichen Doppelkalender in meiner Tasche befragen.

Yongden blieb allmählich zurück, und ich schleppte mich mechanisch weiter. Dörfer, Hütten, Obdach irgendwelcher Art, nichts schien erreichbar, und das Lagern im tiefen Schnee war unmöglich. Also, was tun?

Ein plötzlicher Stoß, und ich fuhr aus meiner Betäubung auf. Ich hatte mich an etwas Hartem gestoßen. Ich schaute nach, es waren die Spitzen eines Zaunes. Und ein Zaun bedeutete soviel wie das Sommerlager von Dokpas. Wir waren auf dem rechten Wege, und hier war auch eine Schlafstätte für uns!

Ich konnte es kaum glauben. Ich legte meine Hand auf das Holz und ließ sie daran entlanggleiten, als fürchtete ich, Zaun und Hütten könnten mir wieder entschlüpfen. Ich kam an das Tor der Einzäunung und unterschied nun so etwas wie eine große viereckige Hütte und mehrere kleinere.

Ich schrie dem Lama die gute Kunde zu.

Ohne auf ihn zu warten, betrat ich das Lager. Neben dem Raum für die Menschen war ein Schuppen für die Pferde. Ich legte meine Last ab und fing gleich an, den vor der Tür hoch aufgetürmten Schnee fortzuschaffen. Yongden fand mich schon bei der Arbeit. Wir entdeckten zum Glück unter dem Vordach eine ansehnliche Menge Brennholz und trockenen Kuhdünger. Zuerst zündeten wir hier ein Feuer an, denn der Raum war so dunkel, daß wir nicht sehen konnten, wo der Herd stand. Kaum gaben die brennenden Zweige etwas Licht, trugen wir sie in die Hütte hinüber. Sie war ziemlich groß, hatte einen Herd, und zu seinen beiden Seiten lagen Bretter am Boden, auf denen man sitzen und liegen konnte. Schließlich steckt doch auch in dem größten Asketen noch etwas verborgenes Epikureertum; das fühlte ich wollüstig in mir aufleben, als sich nach den bösen im Sa phug verbrachten Nächten die Wärme in dem geschlossenen Raum verbreitete.

Vor dem Schlafengehen schütteten wir in unser heißes Trinkwasser ein wenig Tsamba; den Rest sparten wir für das morgige Frühstück auf, und Yongden machte einen heißen Umschlag für seinen Fuß. Ich blickte in meinen Kalender; es war der 22. Dezember.

Yongdens Fuß war zwar am anderen Morgen weniger geschwollen, aber ohne Krücke konnte er doch noch nicht auskommen. Und nun war ich selbst in Schwierigkeit, weil ich in meinen Schuhen ohne Sohlen nicht mehr gehen konnte. Gestern hatten mir die Füße abwechselnd gebrannt und gefroren. Schwielen und blutende Wunden machten mich jetzt ebenso lahm wie meinen Sohn. Beinahe barfuß konnte ich mich wirklich auf keine neue Schneewanderung wagen.

Das Kloster hatte dem Lama leider keine Fertigkeit als Flickschuster beigebracht, er stellte sich daher recht ungeschickt dabei an. Und ich verstand mich auch nicht darauf, ich konnte ihm höchstens helfen, das abgenutzte Sohlenleder abzutrennen.

Um ein Uhr waren die Stiefel repariert, aber wir zögerten noch mit dem Aufbruch. Die dauernd bewohnten Gegenden mußten noch sehr fern sein, sonst hätte hier sicher kein Sommerlager gestanden, und wir kamen so langsam vom Fleck, daß wir vor Dunkelwerden kaum darauf rechnen konnten, Wohnstätten zu erreichen. Nach dem langen Fasten und im Hinblick auf unsere geschwundenen Kräfte schreckte uns aber der Gedanke an noch eine nächtliche Wanderung. Freilich, wenn wir weiter ausruhten, mußten wir auch weiter hungern. Die Wahl zwischen den beiden Übeln fiel schwer. Das helle Feuer verlockte uns dazu, die Nacht noch in der Wärme zu verbringen und sehr früh, vor Tagesgrauen, aufzubrechen.

Das Wetter klärte sich nicht auf, es schneite ununterbrochen weiter. Yongden, der gern feststellen wollte, ob sein verstauchter Knöchel wirklich besser war, ging zu einer anderen, auf derselben Lichtung gelegenen Dokpas-Unterkunft. Von dort aus hatte er, wie er mir bei seiner Rückkehr sagte, den Pfad gesehen, den wir am nächsten Morgen einschlagen mußten. Lange bevor der Morgen graute, schürten wir schon das Feuer; wir kehrten unser Teebeutelchen um und schüttelten es über dem Kessel aus, damit auch das letzte Atom Teestaub in das kochende Wasser fiel. Nach kurzem, ausschließlich aus Flüssigkeit bestehendem Frühstück gingen wir gerade auf den Ort zu, den Yongden sich gestern gemerkt hatte. Es war noch dunkel, und der Schnee fiel dicht. Der Weg schien hier schmaler als unten zu sein, aber in Tibet richten die Wege sich nach dem Wald, und der Wald ist ein launischer Straßenbaumeister.

Wir gingen mühsam bis gegen Mittag weiter, sahen dann aber mit Schrecken, daß es die falsche Richtung war. Wir gerieten in Dikkichte und an steile Abhänge, der Pfad war spurlos verschwunden. Ob wir erst während des Marsches falsch gegangen waren? Ich vermutete eher, daß wir uns von Anfang an geirrt hatten. Wir waren gewiß auf einen der Kuhpfade geraten, wie man sie in den Bergen in der Nähe von Weiden häufig findet. Aber eins stand fest, wir mußten wieder nach dem Dokpas-Lager zurück. In unserer jetzigen Lage mußte jeder Versuch, nach dem richtigen Weg zu suchen, uns nur noch weiter in die Irre führen.

Weit waren wir nicht gegangen. Weder der Lama an seiner Krücke noch ich mit meinen stark blutenden Füßen waren rasch vorangekommen. Aber einerlei, wie fern oder nahe das Lager sein mochte, wir mußten es unbedingt bald erreichen. Wir hatten nun seit drei Tagen gefastet und durften nicht lange mehr herumirren. Wir hatten oft Mühe, unsere Spuren wiederzufinden, und Yongden mußte häufig rasten, was wieder Zeit kostete.

Die Berge waren hier mit Stechpalmen bewachsen, und wieder wurde ich an Weihnachten erinnert. Es war der Weihnachtsabend, und ich malte mir die fröhliche Erregung aus, die zu dieser Stunde bei den meisten Leuten in den westlichen Ländern zu herrschen pflegt, allerdings auch den Kummer derer, die nicht einmal «die Brosamen bekommen, die von des Reichen Tische fallen». Wie fern lag mir alles das in dieser Waldeinsamkeit! Ich brach einen kleinen Stechpalmenzweig ab, den ich später, wenn ich einmal glücklich den Banden der Berge und des Schnees entronnen war, einem Freunde schenken wollte. Aber so geht es im Leben: Als ich den Zweig aus dem unberührten Po-Wald nach dem Westen gebracht hatte, da war der Mann, für den er bestimmt war, in ein noch viel geheimnisvolleres Land gezogen als das der Popas.

Als wir endlich wieder in der Dokpas-Hütte angekommen waren, bestand unsere einzige Erfrischung wieder aus einem Napf mit heißem Wasser. Ich wäre am liebsten gleich wieder auf Kundschaft ausgegangen, wir durften uns morgen keinesfalls nochmals verirren. Aber bei uns beiden stellten sich allmählich Schwindelanfälle ein;

wir hörten seltsames Glockenläuten, und obgleich uns der Hunger nicht allzusehr quälte – wenn wir nicht bald etwas zu essen bekamen, würde uns schließlich die Kraft fehlen, die Dörfer überhaupt noch zu erreichen.

Yongden bestand darauf, selbst auf die Suche nach dem Weg zu gehen, während ich mich am Feuer ausruhte. Er bat so inständig, daß ich nachgab, und so machte der arme Junge sich wieder auf und stapfte durch den Schnee, den Stab in der einen Hand, die Krücke unter dem anderen Arm.

Die Zeit verging; Nahrungsmittel gab es nicht, also blieb mir das Kochen erspart. Der Kessel war bald mit Schnee gefüllt, er brauchte nur zu schmelzen und erhitzt zu werden. Mir blieb viel Muße zum Nachdenken ...

Ich dachte mir einige meiner Bekannten an meine Stelle. Darunter ein paar, die jetzt auf Gott, den Teufel, ihre Mitmenschen und sich selbst fluchen würden. Andere sah ich im Geiste weinen und auf den Knien beten. Ich weiß, daß fast alle meine und meines Pflegesohns große Ruhe unbegreiflich gefunden haben würden. Ein schöner Pali-Vers wollte mir nicht aus dem Sinn: «Wahrlich, wir leben froh dahin, furchtfrei unter den Furchtsamen!»

Als Yongden zurückkam, war es fast dunkel. Diesmal meinte er, seiner Sache ganz sicher zu sein. Gestern hatte er den Pfad nur flüchtig gesehen und ihn für den Hauptweg gehalten. Dunkelheit und Schnee hatten uns dann, als wir ihn einschlugen, gehindert, unseren eigentlich unbegreiflichen Irrtum einzusehen. Denn wenn der richtige Weg auch in seinem Anfang durch über die ganze Lichtung verstreut stehende Tannen nicht deutlich zu erkennen war, so konnte ihn ein guter «Pfadfinder» doch unschwer ausmachen. Yongden war ihm eine ganze Strecke gefolgt; es schien alles in Ordnung, der Pfad war sicher der richtige.

Das klang ja sehr tröstlich, aber das Aussehen meines Gefährten machte mir Sorge. Er war blaß, und seine Augen glühten wie im Fieber. Er leerte den Napf mit heißem Wasser zweimal und schlief sofort ein.

Ich beobachtete ihn noch eine ganze Weile. Er war unruhig und stöhnte manchmal, wurde aber allmählich ruhiger, und ich machte nun auch die Augen zu.

Tritte auf dem Bretterboden und verwirrtes Gemurmel weckten mich auf. Bei dem unsicheren Licht der glimmenden Kohlen sah ich, wie der Lama, den Stab in der Hand, der Tür zuschwankte. Was sollte das heißen? Ich war schnell auf den Füßen.

«Was fehlt dir?» fragte ich. «Bist du krank?»

«Der Schnee wird so hoch, so hoch», antwortete er wie im Traum. «Wir liegen hier und schlafen, und draußen fällt er immer höher und höher . . . Wir müssen fort, sonst wird's zu spät . . .»

Er war nur halb bei Bewußtsein und hatte sicher einen Alptraum gehabt. Ich bat ihn, sich zu beruhigen und wieder hinzulegen. Er schien mich nicht zu verstehen und war ganz in seine Ideen verrannt. Er wollte absolut fort, und ich sah wohl, er phantasierte. Seine Hände brannten wie im Fieber; sehr begreiflich nach dem langen Umherirren im Schnee, dem Fasten und der schmerzhaften Knöchelverletzung.

Er ging mit plötzlicher Heftigkeit zur Tür und öffnete sie.

«Siehst du», sagte er, «es schneit.»

Es fiel allerdings dichter Schnee. Vor dem Eingang zum Lager, den wir seit unserer Ankunft schon mehrere Male freigemacht hatten, lag ein frischer weißer Hügel. Ein kalter Luftzug fegte in die Hütte hinein.

«Du darfst nicht weggehen!» befahl ich dem Lama. «Du bist krank, und die Kälte macht es schlimmer!»

«Wir müssen gleich fort», erwiderte er eigensinnig, und während er mich fortzuziehen versuchte, rief er: «Du stirbst sonst, Jetsunma, komm schnell, komm mit!»

Ich stieß ihn weg, warf die Tür zu und drängte den Tobenden zu seinem Lager am Feuer zurück. Doch die wilde Angst um unser beider Leben hatte die Kräfte des jungen Mannes wunderbar gestärkt. Er tanzte auf seinem verletzten Fuß herum, scheinbar ohne Schmerz zu spüren. Wenn es ihm nur nicht gelang, mich zu überwältigen und die Hütte zu verlassen! Ich dachte mit Schrecken daran, daß die Lichtung nur ein paar Schritte entfernt an einem Abgrund endete.

Ich brachte es fertig, durch ein paar neue Zweige das Feuer wieder anzufachen, und bei der plötzlich aufflackernden Helligkeit schienen Yongdens Phantasien nachzulassen.

«Was ist? Was ist?» sagte er und sah sich um. Er wehrte sich nun auch nicht mehr gegen das Niederlegen.

Ich machte ein großes Feuer und legte dem Fiebernden etwas Schnee auf den Kopf. Er schlief darauf wieder ein, aber ich wollte ihn nicht unbewacht lassen und blieb den Rest der Nacht bei ihm sitzen.

War es ein Traum im Halbschlaf? . . . Ich hörte von weither leises Glöckchengeläute. Wer mochte wohl in dem Schnee und zu dieser Stunde vorbeikommen? Ich lauschte und schwankte zwischen Furcht und Hoffnung, es könnte jemand bei uns eintreten, aber nach einer Weile erstarb das Geklingel. So verlief mein Weihnachtsabend im Lande Po.

Als der Tag anbrach, wagte ich meinen Begleiter nicht zu wecken. Ich hatte weit mehr Zutrauen zu dem mächtigen Heilmittel, dem Schlaf, als zu den paar mitgenommenen Tabletten. Es war schon spät, als Yongden die Augen aufschlug. Er erinnerte sich nur undeutlich an die Geschehnisse der letzten Nacht und hielt sie für Träume. Wieder war heißes Wasser unser ganzes Frühstück.

Hätten wir wenigstens etwas Butter oder ein oder zwei Prisen Tsamba hinzufügen können, würden wir uns besser gefühlt haben, aber einfaches Wasser, selbst kochend heiß getrunken, war wirklich keine große Stärkung.

Ich sprach mich gerade darüber aus und schloß zum Scherz mit dem Wunsch, ein mitleidiger Gebirgsgott möchte uns doch ein, wenn auch noch so winziges Stück Butter oder Fett bescheren, als Yongden mir einen sonderbaren Blick zuwarf.

«Was gibt's?» fragte ich.

«Nun», antwortete er zögernd, «wenn du nicht zu eigen mit dem Fett sein willst, könnte ich wohl den Gebirgsgott spielen.»

«Wie meinst du das?» . . .

Er lachte. «Du bist ja schon eine ganz gute Tibeterin geworden, aber ganz echt bist du doch wohl noch nicht, sonst . . .»

«Sag doch, hast du am Ende noch etwas in der Tasche?»

«Ja», erwiderte er, «und zwar das Stück Speck, mit dem ich meine Stiefelsohlen einreibe, um sie wasserdicht zu machen, und dann noch ein Stückchen Leder, das ich vorgestern beim Zuschneiden der neuen Sohlen übrigbehalten habe.»

«Wirf alles in den Topf und tu etwas Salz hinzu, wenn du noch welches hast», sagte ich und fühlte mich dabei ganz als echte Tibeterin.

Eine halbe Stunde später kosteten wir eine trübe Brühe, über deren Aroma man verschiedener Meinung sein konnte. Aber ein wenig beruhigten unsere hungrigen Mägen sich danach doch.

Es klärte sich auf, und bald nachdem wir das Dokpas-Lager verlassen hatten, ließ die Sonne sich schüchtern sehen. Beim Abstieg fanden wir, daß der Schnee weniger hoch lag. Der Pfad führte weiter durch dichten Wald, und wir stießen auf ein weiteres Lager, gerade kein gutes Omen für die Nähe unseres Zieles. Etwas unterhalb desselben kreuzten wir einen dritten Zufluß des Po, einen kleinen Wildbach, der aus der Flanke des Gotza hervorstürzte. Wir sahen auch den Pfad, der zum Passe selbst hinaufführte.

Von Feldern, Dörfern oder sonst irgendeinem Anzeichen menschlicher Siedlungen war dagegen nichts zu entdecken, und es wurde bald Abend. Würden wir noch weiter fasten müssen? Zwei Stunden später sah ich abseits des Weges auf einer schmalen Lichtung eine kleine Hütte, die ich Yongden zeigte. Ob wir klug daran taten, hier zu rasten? Wir hatten nur eben noch Zeit, etwas Holz zu sammeln, bevor es dunkel wurde. An Nahrung war nicht zu denken. Wir sollten wohl fortan wie die verklärten Götter von Düften und reinen Lüften leben.

Als wir uns der Hütte näherten, waren wir sehr erstaunt, einen Mann an der Tür stehen zu sehen. Es war unser erstes Zusammentreffen mit einem Popa in seinem eigenen Land, und uns fielen sofort all die unheimlichen Geschichten ein, die man sich in Tibet über diesen gefürchteten Stamm der Räuber und Menschenfresser erzählt. Aber wir ließen uns natürlich nichts anmerken. Ich fragte nur höflich:

«*Kuscho* (Herr), dürfen wir hereinkommen und uns ein Feuer anzünden?»

«Kommt herein», antwortete der Popa kurz.

Wir kreuzten die Lichtung und erstaunten noch mehr, als wir etwa ein Dutzend Leute in der Hütte um das Feuer herumsitzend fanden.

Wir wurden höflich aufgenommen. Die Männer warfen einander

Blicke zu, als sie hörten, daß wir über den Aigni-Paß gekommen waren.

«Ihr müßt mächtige Polhas und Molhas[1] haben. Ohne ihre Hilfe hättet ihr im Schnee umkommen müssen, denn der Paß ist jetzt völlig verschneit und unbegehbar», sagten sie.

Unser besonderer himmlischer Schutz stimmte die Popas freundlich gegen uns. Dem Lama wurde ein Ehrenplatz am Feuer eingeräumt, und wir durften die Näpfe hinreichen und uns etwas Tee eingießen lassen. Die Männer entschuldigten sich, daß sie uns keine Tsamba anbieten könnten. Aber der reichlich mit Butter versetzte Tee erfrischte uns auch ohne Tsamba ganz herrlich.

Nach einigen Erkundigungen über unser Land und unsere Pilgerfahrten fragte der im Range am höchsten stehende Popa den Lama, ob er sich auf die Kunst des «Mo» verstünde. Alle schienen sehr erbaut zu sein, als er das bejahte. Was jetzt folgte, würde vorzüglichen Stoff für einen Roman geliefert haben, und zugleich beleuchtete es eine interessante Seite tibetischer Innenpolitik. Im Westen ist so wenig oder auch gar nichts über die wahre Situation Tibets bekannt, daß ich zum besseren Verständnis ein paar Erklärungen vorausschicken muß.

Tibet war ja durchaus keine geschlossene Einheit unter einer Zentralregierung. Außer in den Provinzen Ü und Tsang haben die verschiedenen Stämme immer unabhängig unter einer Anzahl kleiner Herrscher gelebt, die man Gyalpos (Könige) nannte. Während der chinesischen Oberherrlichkeit mischten die kaiserlichen Beamten sich wenig in diese lokalen Angelegenheiten ein. Seit der Regent von Lhasa sie jedoch durch seine Truppen vertrieben hatte, bemühte er sich, das ganze tibetische Gebiet unter seine Gewalt zu bekommen.

Die Stämme, die den Auszug der chinesischen Beamten wie eine Befreiung begrüßt hatten, sind andererseits durchaus abgeneigt, die Herrschaft der Männer aus Lhasa anzuerkennen, zumal diesen das Prestige des chinesischen Gelehrtentums fehlt. Der Kaiser von China ist, wie die Lamas glauben, eine Inkarnation des Gottes der Erkenntnis und der Weisheit. Den Dalai Lama verehren sie dagegen nur als eine geistig besonders hochstehende Persönlichkeit, und

1 Vergöttlichte Ahnen väterlicher- und mütterlicherseits.

wenn auch manche so weit gehen, sich aus der Entfernung ehrfürchtig vor ihm zu verneigen, so wehren sie sich doch sehr gegen Statthalter oder andere weltliche Machthaber. Besonders sprechen sie ihnen aber das Recht ab, Steuern zu erheben und nach Lhasa abzuführen.

So hatten die Einwohner von Tschos Dsong den von der Hauptstadt zu ihnen gesandten Gouverneur einfach mit Steinwürfen vertrieben und ihn in der Lamaserei, wohin er sich in aller Eile geflüchtet hatte, belagert.

Dem Beamten war es gelungen, bei Nacht aus Tschos Dsong zu entkommen und heimlich durch einen Boten vom Kalon Lama Hilfe zu erbitten; dieser hat als eine Art Vizekönig seinen Sitz in Tschiamdo. Aber die Männer von Tschos Dsong hatten von dieser Botschaft Wind bekommen und fürchteten nun, der Kalon Lama könnte eine militärische Strafexpedition gegen sie unternehmen. Deshalb eilten einige dem Boten nach, um ihm den betreffenden Brief abzunehmen. Unsere Wirte waren Honoratioren aus der stolzen Stadt, die den früheren Statthalter gesteinigt hatte. An Raub und Menschenfresserei war kein Gedanke, der Lama sollte nur sagen, ob sie den Boten rechtzeitig abfangen würden.

Der Spaß mit den Mo hatte diesmal seine ernste Seite. Erwies sich das Orakel als falsch, so konnte das für den Seher gefährlich werden. Die Riesenkerle, die da um das Feuer herumsaßen, waren, wenn sie gereizt wurden, unberechenbar. Mein Begleiter und ich sahen neben ihnen wie der Däumling aus dem Märchen in der Höhle des Menschenfressers aus. Nur daß es hier vierzehn Riesen gab, und wenn sie uns verirrte Wanderer auch nicht gerade auffressen würden, ungestraft durfte man sicher nicht mit ihnen scherzen.

Der Lama fragte sie gründlich über die Straßen aus, die der Bote des Pönpo mutmaßlich beim Verlassen des Landes eingeschlagen hatte, und ich schnappte dabei eine ganze Reihe geographischer Angaben auf. Wir erfuhren auch, daß ein Mann nach dem Aigni-Paß geschickt worden war, was mir das ferne Klingeln von Pferdeglöckchen erklärte, das ich vor Tagesanbruch gehört hatte. Der Mann war umgekehrt, weil er schon in mäßiger Höhe so viel Schnee gefunden hatte, daß der Paß weiter oben völlig unpassierbar sein mußte und ferneres Vorgehen nutzlos war. Desto erstaunter waren die Popas auch gewesen, als sie uns von der anderen Seite der Bergkette herabkommen sahen. Sie fragten uns wieder und wieder, ob wir nichts, und seien es auch nur menschliche Fußspuren, gesehen hätten. Wir konnten das mit gutem Recht verneinen; der Bote des Pönpo mußte einen anderen Weg genommen haben.

Nach vielem Gemurmel und vielen Gesten, die mit größter Aufmerksamkeit von den interessierten Zuschauern beobachtet wurden, sagte Yongden so ungefähr: «Wenn eure Leute schneller laufen als der Bote des Pönpo, werden sie ihn einholen.» Aber diese Binsenwahrheit war natürlich in orakelhafte Fassung gebracht und in feierliche Worte eingehüllt und klang wirklich höchst eindrucksvoll.

Gott mag wissen, weshalb ich hier eingriff. Etwa aus Rührung über diese Wilhelm Tells des Dschungels, die den Kampf gegen den Fronvogt Geßler von Lhasa aufnahmen? Oder weil die Romantik der politischen Intrige im Herzen der Wildnis mich reizte, in diesem Drama mitzuspielen? Gleichviel; jedenfalls unterbrach ich wie im Selbstgespräch die Stille, die Yongdens Rede folgte, durch die Worte: «Es wird nichts passieren, alles wird gut ausgehen!»

Die vierzehn Verschwörer und mein erstaunter Gefährte sahen mich verdutzt an.

«Was? Was? Was sagt sie?» fragten sie nach kurzer Pause. «Ist sie eine Pamo[1]?»

«Das nicht gerade. Mein Vater war ein schwarzer Ngagspa und hat seine Frau in alle Geheimnisse eingeweiht.»

«Wirklich? Wirklich?» erwiderten einige der Popas. Sie drängten sich enger zusammen und luden mich ein, näher am Feuer Platz zu nehmen.

«Sitz doch nicht da in der Ecke, Ehrwürdige Mutter, da mußt du ja frieren. Schade, daß du zu spät gekommen bist, um mit uns zu essen. Also, es wird alles gut für uns ausgehen?»

«*Yakpo tschung yong,* es wird Gutes entstehen», antwortete ich und blickte ins Feuer, anscheinend in tiefes Nachdenken versunken.

Sehr behaglich fühlten die Popas sich dabei nicht, das sah ich. Sie freuten sich zwar über die günstigen Orakelsprüche, aber die Gesellschaft von schwarzen Ngagspa so mitten im Wald und nach Sonnen-

1 Siehe Fußnote auf Seite 74.

untergang war ihnen unheimlich. Sie nahmen also Abschied, wobei sie dem Lama einschärften, auf etwaige Nachfragen Dritter nur zu sagen, daß sie alle nach Hause gegangen seien.

Die Männer hatten von einem nahen Dorf namens Tschulog gesprochen; aber was den kräftigen Bergbewohnern ganz nahe schien, konnte uns lahmen, müden, erschöpften Menschen sehr weit vorkommen. Wir hatten reichlich Buttertee getrunken und noch ein Stückchen Butter und eine Handvoll Tee geschenkt bekommen. So war für ein flüssiges Frühstück für morgen gesorgt, und wir blieben über Nacht besser unter Dach. «Die Popas kommen gewiß nicht zurück, um uns auszurauben», sagte ich zu Yongden, «erstens haben sie viel zuviel mit sich selbst zu tun, und zweitens haben sie Angst vor mir.»

Das gab er zu, meinte aber dennoch, die Hütte sei kein sicheres Nachtquartier für uns. Er glaubte, die Anhänger des Pönpo könnten wohl gehört haben, daß seine Feinde hier zusammengekommen seien, und deshalb den Versuch machen, sie bei Nacht zu überraschen und umzubringen. Dabei konnten wir leicht für die Leute gehalten werden, die den hohen Herrn gesteinigt hatten. Was dann, wenn nun durch die Tür auf uns geschossen wurde oder wenn man uns, um festzustellen, wer wir waren, vor einen Beamten schleppte oder uns auch nur unbequeme Fragen stellte?

Ganz unrecht hatte er gewiß nicht. Aber es war jetzt unter den Bäumen schon ziemlich dunkel. Wir kannten den Weg nicht, wie leicht konnte uns da ein ähnlicher Unfall treffen wie der, an dessen Folgen Yongden noch litt. Daß auf uns geschossen wurde oder daß man uns festhielt, das konnte ebensogut während der nächtlichen Wanderung durch den Wald wie in der Hütte passieren. Ich war für Bleiben!

Sobald das feststand, ging mein Gefährte hinter das Haus, um Holz zu holen. Ich blieb am Feuer sitzen.

Plötzlich erschien ganz geräuschlos ein Mann an der Tür, sah sich eilig in der Hütte um, sprach dabei ein paar hastige Worte, die ich nicht verstand, und war verschwunden, ehe ich ihn bitten konnte, sie zu wiederholen. Ich schrie deshalb das hinterher, was dem Lama für alle Fälle zu sagen aufgetragen war:

«Es ist niemand hier!»

Das klang doch sicher überzeugend, und wenn sich wirklich jemand nach den Verschwörern hatte umsehen wollen, würde er uns jetzt wohl in Ruhe lassen.

Leider sollte der kurze Besuch uns aber noch weiterhin beunruhigen. Kurz nachher hörten wir, wie es in den Büschen knackte, hörten die trocknen Blätter rascheln und die dürren Zweige unter den Schritten eines unsichtbaren Wanderers knacken.

Yongden rief von der Tür aus: «*Arau, Arau* (Kamerad), komm nur her!»

Aber niemand kam. Ich vermutete, daß sich draußen wilde Tiere herumtrieben, und warf einige Steine in die Richtung des Gebüsches; es hörte aber deshalb nicht auf. Das bestärkte Yongden in der Meinung, daß wir es mit Menschen zu tun hätten.

Da wir nicht angegriffen wurden und niemand kam, kehrten wir in die Hütte zurück. Wir verbarrikadierten uns, so gut es ging, deckten das Feuer zu und schliefen so fest, daß die Sonne schon hoch stand, als wir aufwachten.

Der Napf Tee schmeckte uns gut, aber mein ermüdeter Körper verlangte nach fester Nahrung. Es war unser sechster Fasttag, und ich fürchtete, einen weiteren nicht überstehen zu können.

Tschulog, das erste Dorf, zu dem wir kamen, war durchaus nicht so nahe, wie die Verschwörer uns gesagt hatten; wir erreichten es erst am Mittag.

Jetzt waren wir also endlich bei den Popas, über deren Heldentaten und Untaten wir soviel Seltsames gehört und von denen Yongden und ich seit Jahren gesprochen hatten. Bis jetzt war alles gut gegangen, und wir erhofften auch für die Zukunft das Beste. Das Dorf lag in alpiner Landschaft, in einem engen, halbverschneiten Tal. Weder die Holzhütten noch die paar Leute, denen wir begegneten, sahen besonders bedrohlich aus.

Die riesigen Gebirgsketten, die wir im Rücken hatten, gaben mir allmählich ein großes Gefühl von Sicherheit. Kein Mensch würde in einer so weltabgeschiedenen Region eine Ausländerin suchen. In dieser Einöde, wohin nie eines weißen Mannes Fuß gedrungen war, konnte unmöglich irgendein Verdacht auf eine bettelnde Pilgerin fallen. Besser konnten wir unsere Wanderungen im Lande Po gar nicht anfangen als mit einem Bettelgang; es entsprach sowohl unserem Programm wie unseren augenblicklichen Bedürfnissen. Wir klopften deshalb gleich an die Tür der ersten Hütte am Weg. Als wir auf die Frage: «Wo seid ihr hergekommen?» antworteten, daß wir eben vom Aigni-Paß herunterkämen, schrie die Frau, die uns ausgefragt hatte, so laut, daß ein paar Nachbarn herbeiliefen. Wie waren wir denn durch den Schnee gekommen? Das war ja ein wahres Wunder, und die Schutzpatrone, die Polhas und Molhas, mußten natürlich auch wieder herhalten. Wir mußten uns setzen und unsere Näpfe hervorziehen, die mit heißer Suppe gefüllt wurden. Ob sie gut oder schlecht war, das kann ich nicht sagen. Ich fühlte nichts als die rein körperliche Freude des Halbverhungerten, wenn er nach langem Fasten wieder Nahrung bekommt. Mir war zumute, als wäre ich nicht ein Wesen, sondern als stürzten mehrere Wesen aus meinem Innern empor in meinen Mund, um über den dicken Brei aus Tsamba, Wasser, Quark und Rüben herzufallen, den ich gierig verschlang. Andere gute Leute gaben uns Tsamba und etwas Butter, und mit dem Ranzen in der Hand zogen wir bettelnd weiter durch das Dorf. Wir brachten es schnell zu genug Tsamba für zwei Tage. Wir waren ja nun in bewohnten Gegenden und brauchten uns deshalb nicht mehr mit schweren Säcken zu beladen. So verließen wir Tschulog und folgten dem Flußufer abwärts.

Wir waren eben aus dem Dorf heraus, als ein sonderbarer Gedanke mich nicht mehr losließ. Die Frau hatte die Suppe für uns aus einem Topf genommen, der hinter dem Haus in einer Ecke stand ... Warum war der irdene Topf wohl gerade dahin gestellt worden? Sollte etwa ...? Nein, ich bäumte mich gegen den bloßen Gedanken auf ...

Ich wandte mich an meinen Gefährten. «*Gelong lags,* Ehrenwerter Mönch», sagte ich höflich zu ihm. «Mich dünkt, wir haben Hundefutter gegessen!»

Der Lama, noch mitten im behaglichsten Verdauen, schrak zusammen. «Was sagst du da – Hundefutter?»

Ich setzte ihm gelassen meine Gründe für die Vermutung auseinander. Er ward so blaß, daß ich lebhaft an die Gesichter erinnert wurde, die man auf Passagierdampfern bei stürmischen Überfahrten zu sehen bekommt.

Glücklicherweise erinnerte ich mich nun aber doch, daß unsere Wohltäterin die Brühe mit einem Suppenlöffel eingefüllt hatte, der unter den Küchengeräten über dem Herde hing. Niemand in Tibet würde Hundefutter mit einem in der Küche gebrauchten Löffel berühren. Ich konnte daher sicher sein, daß die Suppe für Menschen bestimmt gewesen war, und beruhigte den schauernden Lama wieder.

«Wie du mich erschreckt hast», sagte er lachend.

«Du bist ein Narr!» antwortete ich. «Ob es nun Menschen- oder Hundenahrung war, gut geschmeckt hat die Suppe uns sicher. Weshalb willst du dir den Genuß noch nachträglich durch eine bloße Vermutung verekeln?»

«Ich fürchte», antwortete Yongden, «du hast bei deinen Lehrern, den Eremiten, zu große Fortschritte in der Askese gemacht. Wenn du von jetzt ab unsere Suppe kochst, will ich doch lieber genau darauf achten, was du hineintust.»

«Hoffentlich nicht wieder Stiefelleder wie du neulich.»

Die von mir so ungerecht verleumdete Suppe hielt uns jedenfalls bei guter Laune, und wir waren in bester Stimmung, als drei gutgekleidete, stattliche Männer quer über die Felder auf uns zukamen. Sie sahen mit ihrem langwallenden Haar, den Pelzgewändern, den leuchtend rot und grünen Tuchwesten und mit den Schwertern, in juwelengeschmückter Scheide im Gürtel, wie Ritter in romantischen Märchenbüchern aus. Dazu der geheimnisvolle Hintergrund der Tannen, der klare Fluß, der enge gewundene Feldweg, das alles erhöhte noch den Eindruck. Ich mußte auch an Gemälde von Memling denken, die ich in meiner Jugend in belgischen Galerien gesehen hatte. Sie baten den Lama ganz höflich um Mo in derselben Sache, über die er schon gestern im Walde befragt worden war. Noch immer waren die Leute, die hinter dem Boten her waren, nicht zurückgekommen. Hatten sie ihn gefaßt oder nicht? Das ganze Land regte sich augenscheinlich darüber auf. Yongden erwiderte, daß die Götter sich zu dieser Sache schon einmal geäußert hätten und daß es nun weder klug noch passend sei, sie nochmals deswegen zu belästigen. Aber eines könne er ja ruhig wiederholen, es werde alles gut ablaufen. Die Ritter schienen befriedigt und zogen sich mit großer Würde wieder zurück.

Kurz nachher hielt ein vorübergehender Bauer meinen Gefährten an, um in Privatangelegenheiten ein Mo zu erbitten, und kaum war er zufriedengestellt, stellte ein vorbeireitender Lama dasselbe Anliegen an seinen bescheiden zu Fuß gehenden Kollegen.

Die menschliche Leichtgläubigkeit kennt keine Grenzen, weder im Osten noch im Westen. In Indien haben die Brahmanen seit Jahrhunderten den Glauben genährt, daß man das größte religiöse Verdienst erwerben kann, wenn man Leute ihrer Kaste beschenkt und speist. Allmählich haben sie sich aber in dem Netz ihrer schlauen Lehren selbst verfangen, und so sieht sich jetzt der eine Brahmane manchmal gezwungen, dem andern Geschenke zu machen. Ähnlich geht es in Tibet, wo auch ein im Ritus erfahrener Lama seine Magie nicht im eigenen Interesse ausüben darf, sondern sich dabei auf die gutbezahlten Dienste seines Kollegen verlassen muß. Nur die Eremiten können dem entgehen.

Um aber auf Yongden zurückzukommen: Die Gelbmützen-Lamas sind freilich als der Staatskirche angehörig mächtiger und zahlreicher als die Rotmützen-Lamas, geben aber selbst deren Überlegenheit in allen Fragen zu, die mit Magie oder Okkultismus zusammenhängen. So schmutzig und abgetragen Yongdens roter Hut auch sein mochte, er hatte überall Erfolg. Als Dank für die verschiedenen Orakelsprüche konnten wir die Ranzen mit Butter und Tsamba füllen. Unsere Abenteuer im gefürchteten Lande der Popas fingen also recht ermutigend an.

Wir kamen bald in eine enge dunkle Schlucht; Vorräte hatten wir jetzt, deshalb beschlossen wir zu rasten und etwas Gerstenmehl und Butter zu schmausen. Wir hatten es uns schon auf einem umgefallenen Baumstamm bequem gemacht, als ein Mann uns im Vorbeigehen riet, rasch weiterzugehen. Es sei noch weit bis zum nächsten Dorf und die Straße nichts weniger als sicher. Sogar bei Tage gäbe es hier Räuber, und erst recht bei Nacht.

Wir brachen gleich auf und hielten unter den Kleidern die Revolver bereit.

Die Sonne war schon untergegangen, als wir aus der Schlucht heraustraten. Vor uns öffneten sich drei weite Täler, die in ihrer ganzen Ausdehnung angebaut waren. Hier und da lagen Bauernhöfe, und eine Häusergruppe schloß sich zu einem Dorf zusammen.

Jenseits des Flusses gelangte man durch das Tal nach Tschos Dsong mit einer bedeutenden Lamaserei, derselben, wo der Abgesandte aus Lhasa gesteinigt worden war.

Wir passierten eine gut gebaute, wenn auch geländerlose Brücke und durften die Nacht in dem sehr reinlich gehaltenen Mahlraum eines kleinen alleingelegenen Hofes verbringen. Der Ort, wo das Mehl gemahlen wird, ist überhaupt der reinlichste in einem tibetischen Haus; oft dürfen ihn nur die Familienmitglieder betreten, aus Furcht, Fremde könnten ihn beschmutzen.

Unsere Wirte schickten uns nur ein wenig trockenen Kuhdünger, um Feuer anzuzünden, wollten uns aber nicht einmal gegen Bezahlung genug Brennmaterial geben, um ein Mahl daran zu kochen. Ich ging auf die Felder und den Fluß entlang, um noch etwas Holz aufzulesen. Als ich zurückkam, fand ich Besuch bei Yongden, und die Gespräche über den Boten, seine Verfolger und so weiter waren schon wieder im vollen Gange.

Nach und nach kamen immer mehr Leute dazu und forderten von unserm Wirt einen Beitrag an Korn, um einen Trupp bewaffneter Popas damit zu versorgen, die sich irgendwo – der Ort wurde vor uns nicht genannt – zur Musterung stellen sollten. Es sah ganz nach Aufstand aus. Am folgenden Morgen kamen weitere bewaffnete Männer zu Yongden wegen Mo in der Statthalteraffäre. Es war dem Statthalter gelungen, aus Tschos Dsong zu fliehen und sich in die Lamaserei in Sung Dsong zu retten.

Wir konnten sicher sein, daß nach tibetischem Brauch beide Parteien ihre Spione im Lande umherschickten. Am Ende konnten wir selbst noch für Spione gehalten werden und in Schwierigkeiten geraten. Wir gingen deshalb auf die andere Seite des Flusses und machten, daß wir Sung Dsong so schnell wie möglich hinter uns ließen.

Pilger, die von den heiligen Pemakoichen-Bergen heimkehrten, hielten uns unterwegs an, um mit uns Tee zu trinken, und machten uns noch ein kleines Geschenk. Wir gingen wieder auf das rechte Ufer des Polang Tsang po hinüber und gerieten in eine enge Schlucht, in der ich einen seltsamen Unfall hatte. Ich stieß mit den Zehen gegen einen hervorstehenden Stein, ohne sie zu verletzen, fühlte aber einen so furchtbaren Schmerz im Unterleib, daß ich fast ohnmächtig wurde. Ich konnte nicht mehr stehen und blieb lange am Boden liegen. Damit es aber wie bei allen unseren unangenehmsten Abenteuern auch hier nicht an Komik fehlte, wagte Yongden nicht, mir Wasser ins Gesicht zu spritzen, als er mich ohnmächtig werden sah. Er war viel zu bange, daß er die Schmutzkruste und die schwarze «Schminke» abwaschen könnte, die zu meiner Verkleidung gehörten.

Länger als einen Tag hielt die gute Meinung nicht stand, die wir uns nach unserem ersten Zusammentreffen mit den Popas von ihnen gebildet hatten.

Als wir an diesem Abend aus einer Schlucht herauskamen, sahen wir das Tal sich plötzlich erweitern. Mehrere Bauernhöfe lagen über die Felder verstreut, und nahe am Wege sahen wir ein paar halbe Ruinen von verlassenen Häusern. Ich schlug Yongden vor, uns für die Nacht in einer dieser verfallenen Wohnstätten einzurichten, aber er wandte mit Recht dagegen ein, daß die Bauern den Schein unseres Feuers bemerken und uns unliebsame Besuche abstatten könnten.

Es war aber auch nicht ratsam, die Nacht in der Nähe des Dorfes im Freien zuzubringen, um Obdach mußten wir also immerhin bitten, und dabei sollten wir die Gastfreundschaft der Popas gründlich kennenlernen. Bei dem ersten Hof, an den wir kamen, rannte ein junger Hirte mit Windeseile fort, um den Mitbewohnern zu verkünden, daß Arjopas im Anzuge seien. Sofort wurden alle Türen und Fenster zugemacht und auf all unser Rufen und Schreien nicht mehr geantwortet. Das ging so schnell und selbstverständlich vonstatten, daß es sich eigentlich ganz lustig ansah. Ich hätte beinahe laut gelacht, aber da die Heiterkeit sich schlecht mit meiner Verkleidung vertrug, schnitt ich ein recht betrübtes Gesicht.

«Es war dumm von uns», sagte Yongden, «daß wir es in einer so kleinen Hütte versuchten. Die armen Leute haben selbst kaum genug, und wer nichts zu geben hat, fürchtet natürlich Bettlerbesuche. Abweisen wollen sie dabei aber einen Lamapilger auch wieder nicht gern, weil es eine böse Art wäre, deshalb sind sie schlau und sehen ihn lieber gar nicht an. Hast du gemerkt, wie sie Tür und Vorhänge schlossen, ohne herauszublicken? Sie haben bestimmt zueinander gesagt: ‹Das ist wieder so ein Schurke, der einen Bettellama nachmacht, nur um uns Bauern zu täuschen.› Wenn sie aber den Lama vor ihrer Tür nicht erkannt haben, sind die schlauen Gesellen ja schuldlos. Gar nicht schlecht ausgedacht!»

«Dann laß uns zu reichen Leuten gehen!»

Im Hause des Dorf-Krösus schloß man nicht gerade die Türen, erlaubte dafür aber den großen Hunden, uns nach Herzenslust anzugreifen. Während ich sie mir mit der eisernen Spitze meines Stokkes mühsam vom Leibe hielt, versuchte Yongden so laut zu bitten und zu flehen, daß er das wütende Gebell damit übertönte. Zuerst antwortete niemand. Dann erschien eine junge Frau auf dem flachen Dach, fragte uns gründlich aus, jagte aber die Hunde keineswegs fort. Yongden antwortete mit engelhafter Geduld, und ich setzte unterdessen den Kampf mit den Tieren fort. Als die Frau ihre Neugier befriedigt hatte, ging sie in den oberen Stock zurück, um dem Nepo über uns und unser Anliegen zu berichten. Darüber verflogen weitere zehn Minuten, und dann war das Ende vom Liede doch eine abschlägige Antwort: Wir durften das Haus nicht betreten!

Die Tibeter sind, wie die Menschen anderswo auch, gerade wie die Schafe. Hat ein Bauer sich geweigert, einen Reisenden aufzunehmen, so erfahren das leicht die andern und verschließen ihm dann ebenfalls ihre Tür. In der ganzen Nachbarschaft des Herrn der wütenden Hunde sah es jetzt schlecht für uns aus. Wir waren also schon darauf gefaßt, noch ein paar Stunden gehen zu müssen und, wenn wir an kein Dorf kommen sollten, sogar im Freien zu nächtigen. Aber das letzte Haus in der angebauten Gegend sah vielversprechend aus. Gerade als wir daran vorbeikamen, ließ eine Frau die Kühe in die Hürde ein, und Yongden bat sie, uns doch bis zum folgenden Morgen bei sich aufzunehmen. Während er noch auf sie einredete, erschien eine andere Frau an einem Fenster, und er wiederholte die Bitte.

Er bekam zur Antwort, der Hausherr müsse erst gefragt werden, und damit ging sie fort. Nach einer Weile kam dieselbe Frau mit einem Teller voll Tsamba wieder, den der Nepo uns schickte; aufnehmen wollte er uns aber nicht.

«Um Tsamba haben wir nicht gebeten», erklärte Yongden. «Wir versorgen uns selbst und betteln bei niemand um Almosen. Laßt uns bitte nur ins Haus kommen!»

Die Frau nahm das Mehl wieder mit, und diese Ablehnung wird

dem Nepo wohl ein Beweis für unsere Achtbarkeit gewesen sein, jedenfalls wurden wir in ein so reinliches und gut gebautes Zimmer geführt, wie ich es in Tibet eigentlich sonst nur in wohlhabenden Häusern kannte. Eine Magd zündete Feuer an und ließ uns noch einen guten Holzvorrat da. Unsere Meinung von den Popas, die nach den Erfahrungen auf den übrigen Höfen schon sehr tief gesunken war, stieg wieder ein wenig. Wir kochten uns Suppe, unterhielten uns unterdessen mit dem Nepo und ein paar Frauen, und Yongden wurde wie gewöhnlich um Mo gebeten.

Einer der Frauen fiel ein Türkis auf, den der Lama an seinem Rosenkranz am Hals trug. Türkise werden ebenso wie Korallen und Perlen in Tibet sehr geschätzt. Was aber unter der Bezeichnung «Yu» (Türkis) dort im Umlauf ist, besteht meist aus poliertem Malachit oder noch gröberen, in China hergestellten Fälschungen und ist selten echt. Der Stein an Yongdens Rosenkranz hatte eine hübsche Farbe und gefiel den Weibern sehr. Sie besahen ihn sich immer wieder. Schließlich wollte eine ihn gern kaufen, aber schlau, wie die Bauern überall sind, versuchte sie unsere scheinbare Notlage zu einem recht billigen Einkauf auszunutzen, wobei ihre Freundinnen sie kräftig unterstützten.

Es war ganz lustig, ihre Reden über eingebildete Gefahren mit anzuhören, über Diebe, die uns auf der Straße überfallen könnten, und wie doch für uns arme Reisende Nahrungsmittel viel, viel mehr Wert hätten als ungenießbare Steine. Dabei war niemand unter ihnen, der nicht die geistige Überlegenheit eines ordinierten Lama anerkannt hätte. Bei Krankheits- und Todesfällen, ebenso bei Viehseuchen würden sie sich immer um Hilfe an ihn gewandt haben. Sie hätten ihn auch um seinen Segen für die Ernte und für das Haus oder um Mo gebeten, aber lieferte ihnen das Schicksal so einen armen Heiligen als Handelspartner in die Hände, dann betrogen sie ihn, wo sie konnten.

Der Lama wollte den gebotenen Preis nicht akzeptieren, und da ich wußte, daß er beim Tod seines Vaters etliche wirklich schöne Türkise geerbt hatte, hielt ich den an seinem Hals für einen von diesen.

Ob es nun das Gespräch über die Räuber war, oder ob er sich mit den vielen Mo überanstrengt hatte, jedenfalls schlief Yongden sehr unruhig. Plötzlich wachte ich in der Nacht durch sein ziemlich lautes Rufen auf.

«Wo ist meine Flinte?» jammerte der Lama. «Sie haben mir meine Flinte weggenommen.»

Ich begriff erst nicht, daß er laut träumte. Schnell griff ich nach den beiden Revolvern, die wir wie gewöhnlich mit unserem Geld unter dem Zeltleinen versteckt hatten, mit dem wir uns auf tibetische Art zudeckten. So zugedeckt, konnten wir die schweren Gürtel mit dem Geld darin ablegen, dessen Gewicht auf der Brust uns sonst während der Nacht außerordentlich lästig war. Es hat mich oft am Schlafen gehindert.

Unsere Revolver und Gürtel waren da, aber Yongden fuhr laut zu reden fort.

Außer uns übernachteten noch zwei Personen in dem Raum: ein Mann aus einem anderen Teil des Landes Po und seine Frau. Die beiden konnten leicht aufwachen, das Feuer mit ein paar harzigen Holzscheiten zum Aufflackern bringen und sich im hellen Licht davon überzeugen, was eigentlich vorging. Selbst wenn sie dann sahen, daß der Lama nur träumte, konnten sie immerhin darauf verfallen, daß doch etwas an dem Traum daran wäre, und nach Feuerwaffen bei uns suchen. Hegten aber erst unsere Wirtsleute diesen Verdacht, hielt ich sie auch jeder Gewalttat fähig, um sie uns wegzunehmen.

Ich stieß den Träumer sachte an. Umsonst, er redete sein verworrenes Zeug über die Flinte weiter. Ich schlängelte mich ganz nahe an ihn heran und flüsterte ihm ins Ohr, er solle ruhig sein. Er öffnete wohl die Augen, wachte aber nicht auf. Ich gab ihm einen Klaps und hauchte ihn an. Wie sollte ich ihn nur zum Schweigen bringen? Endlich drehte er sich auf die andere Seite und war still. Unsere Zimmergenossen regten sich schon in ihrer Ecke. Ich nahm unsere Gürtel und Revolver und schnallte sie rasch unter dem Kleid fest, so daß man sie selbst dann nicht sehen konnte, wenn Licht gemacht und nach der Ursache des Lärms gefragt wurde.

Ich wagte es nicht, wieder einzuschlafen, und behielt Yongden im Auge, bis er kurz vor Tagesanbruch aufwachte.

Während wir unseren Morgentee tranken, kamen wieder die zwei Frauen und versuchten, den Türkis zu kaufen, und als wir schon Abschied genommen hatten und weitergingen, lief die Frau, die am meisten dahinterher war, noch mit etwas Butter und Tsamba hinter dem Lama her. Ich hielt den Yu immer noch für echt und spottete daher über das dumme Weib, das einen so schönen Stein so billig kaufen zu können glaubte. In meiner Angst, jemand von den Männern ihrer Verwandtschaft möchte versuchen, das kostbare Juwel auf noch billigere Weise in die Hand zu bekommen, fügte ich hinzu: «Mein Sohn ist ein reiner Gelong. Er vergißt zu oft, daß sein Vater ein Ngagspa war und sein älterer Bruder zu Haus es noch ist. Der Yu da hing einmal an seines Vaters Gebetskranz, und niemand, der nicht in die Ngags eingeweiht ist, wird ihn ungestraft tragen.»

Das kühlte das eitle Frauenzimmer ab. Die Frau begriff, daß sie den Türkis endgültig verloren hatte, schätzte sich jetzt sogar glücklich, der Gefahr, ihn zu tragen, entronnen zu sein.

Sie zog schweigend mit Butter und Tsamba wieder ab.

«Du wirst doch deinen Türkis nicht verkaufen?» fragte ich Yongden. «Wir brauchen ja kein Geld, da kannst du ihn lieber behalten und später einmal einem deiner Angehörigen schenken.»

«Die machen sich nichts aus solchen Yus», antwortete er lachend.

«Was, nichts aus Türkisen?»

«Doch – aber nur aus echten!»

«Und dieser . . .»

«. . . ist chinesische Imitation. Er wäre mit Tsamba und Butter ganz gut bezahlt gewesen.»

Ich hatte mich also ebenso wie die Bauersfrau über seine Echtheit getäuscht! Allein solche Scherze durften wir uns nicht wieder erlauben. Es wäre doch zu dumm gewesen, wegen vermeintlicher Kostbarkeiten ausgeraubt oder gar totgeschlagen zu werden. Der Türkis verschwand deshalb in einem der Geheimfächer meines Gürtels.

Erlebnisse einer Revolverheldin

Wir mußten nun einen dichten Wald durchwandern und kamen ein paar Tage später nach Sung Dsong.

Der ganze Kangyur[1] wär eben in einem Dorf vorgelesen worden, und am Schluß wurden alle die dicken Bände auf Jaks geladen und durch ein paar Landleute zum Kloster zurückgebracht. Eine alte Frau, die zu ihnen gehörte, wandelte gemächlich vor ihrem zottigen Ochsen her, der die schöne Gelegenheit zum Weiden benutzte. Das gute Großmütterchen schwatzte ein wenig mit uns, und als sie mich im Weitergehen trockene Tsamba essen sah, zog sie ein Stück Brot unter ihrem Gewand hervor und gab es mir.

Ich schauderte bei dem Gedanken, an welch sonderbaren und schmutzigen Stellen das Brot gesteckt haben mochte! Allein ablehnen durfte ich es natürlich nicht, ich mußte sogar so tun, als ob ich es äße. Der erste Bissen schmeckte auch gar nicht schlecht, ganz im Gegenteil. So überwand ich schnell den Ekel und verzehrte es mit dem Appetit einer richtigen Landstreicherin bis auf das letzte Krümchen.

Ich war eben mit dem ländlichen Leckerbissen fertig, als Sung Dsong in Sicht kam. Überall lagen Häusergruppen verstreut. Die Lamaserei selbst stand auf einer kleinen Anhöhe zwischen dem Po- und dem Nagong-Fluß, der aus einem Tal hinter der Lamaserei heraustrat. Es war ein imposanter Hintergrund für die weitläufigen, aber unbedeutenden Gebäude des Klosters.

1 Die tibetische Sammlung der Unterweisungen des Buddha Shakyamuni; sie besteht aus 92 Bänden.

Sung Dsong ist noch nicht auf den Karten verzeichnet, obgleich es einer der wichtigsten Orte des Landes Po ist und durch seine Lage am Zusammenfluß zweier großer Ströme auch geographische Bedeutung hat. Diese ganze Gegend ist noch *terra incognita* für den Geographen, und es war mir ein wahrer Schmerz, daß die sonderbare Verkleidung, zu der ich gezwungen war, mir selbst die wenigen Aufzeichnungen unmöglich machte, deren ich allenfalls fähig gewesen wäre. Andererseits habe ich mein freies Wanderleben viel zu sehr genossen, um denen zu grollen, die mir die Härten und Gefahren meiner Pilgerfahrt als Bettlerin aufgezwungen haben. Ich bin ihnen eigentlich sogar Dank für die wundervollen Erlebnisse schuldig.

Wie ich schon sagte, ist die Region am oberen Laufe des Po-Flusses noch nicht vermessen. Auf den Karten wird er mit dem Nagong verwechselt, der aber weiter in Südosten entspringt. Der Irrtum ist um so verzeihlicher, als noch kein weißer Reisender den Fluß höher hinauf als bis Showa verfolgt hat, und das liegt stromabwärts weit von Sung Dsong entfernt.

Der Nagong entspringt am Fuß eines kleinen Passes nahe bei einem Kloster, Dugang genannt, und zwar in dem Gebirgszug, der das Becken des Saluën von dem des Brahmaputra trennt. An der anderen Seite des Passes fließt der Daischin, der in den Saluën mündet.

Oberhalb Sung Dsong nimmt der Po-Fluß zwei wichtige Nebenflüsse auf, die aus weiten Tälern hervorkommen. Der obere geht nach Tschos Dsong und der zweite in der Richtung auf Tschundo, wo das Mutterkloster der beiden großen Lamasereien von Tschos Dsong und Sung Dsong liegt.

Was es über diese Gegend an Landkarten gibt, ist nach Berichten und nicht nach wirklichen Vermessungen entworfen. Phantasie und geographische Kombinationsgabe müssen die geringen Kenntnisse ergänzen, und eine Ausgabe wurde dabei immer von der anderen kopiert. Unter diese Phantasiegebilde gehört auch eine Stadt namens Podsong. In Wirklichkeit bedeutet dies Wort «die Festung des Landes Po» und entspricht etwa dem Begriff «Hauptstadt». Allein die Popas sind sich gar nicht einig darüber, welche ihrer Städte diese Bezeichnung verdient. Während die Leute von Pomed (dem unteren Po) Showa für «Podsong» erklären, weil der König von Po dort seinen Wohnsitz hat, behaupten die Einwohner von Potöd (der oberen Region), daß Tschundo «Podsong» ist.

Die Karten von Tibet haben aber noch mehr Sonderbarkeiten. In den meisten östlichen und westlichen Teilen sind sie dem Reisenden wenig oder gar nichts nütze. Was sie an Namen aufzuweisen haben, entspricht sehr selten den bei den Eingeborenen gebräuchlichen. Flüsse und Gebirgsstöcke befinden sich selten da, wo sie vermerkt sind, und viele davon fehlen auf der Karte ganz und gar, ebenso bis auf wenige Hauptverbindungen auch Straßen.

So ärgerlich es war, wir mußten uns in Sung Dsong länger aufhalten, um uns von neuem mit Lebensmitteln zu versorgen. Um das Kloster herum ging es sehr lebhaft zu. Landleute strömten herbei, ihre Jaks oder Pferde mit Holz, Fleisch und Korn beladen; zwischen ihnen herum ritten mit wichtiger Miene die Dorfhäuptlinge und erteilten ihre Befehle. Es fehlte auch nicht an Trapas, die geschäftig durch das Klostertor aus- und einliefen.

Der verfolgte Gouverneur hatte sich nach Sung Dsong gerettet, und die Einwohner müssen einen unter ihnen wohnenden Vertreter der Obrigkeit nebst seinem Gefolge, Dienern und Tieren nicht nur ernähren, sie müssen ihm auch täglich Geschenke machen. Man kann sich also denken, daß die armen Ameisen viel zu tun hatten, um die Vorratskammern im Haushalt des Pönpo zu füllen.

Die Prophezeiung, mit der Yongden die Verschwörer in der Waldhütte so überrascht und erfreut hatte, sollte sich nun bewahrheiten. Verschiedene große Lamas hatten als Friedensvermittler zwischen dem beleidigten Statthalter und den Tapferen von Tschos Dsong gewirkt. Einer von ihnen kam an uns vorbei, als wir gerade essend an einem Fluß saßen.

Über dem prächtigen Zug von in Goldbrokat und hellgelben Atlas gekleideten Reitern mit ihren dunkelroten Reiseröcken und Schals hatten wir ganz vergessen, daß kleine Leute wie wir uns allerwenigstens erheben mußten, um unsere Ehrfurcht zu bezeugen. Der große Lama, noch ein junger Mann, schien aber nicht weiter beleidigt und lächelte seinem bescheideneren Ordensbruder, der inzwischen unglaublich zerlumpt aussah, freundlich zu. Die tibetischen Diener waren hochmütiger als ihr Herr und warfen uns ärgerliche Blicke zu. Allein ihr Herr hatte gelächelt, und das bewahrte uns vor Prügeln, die sie uns sonst doch gewiß gern erteilt hätten.

Yongden blieb etwa drei Stunden im Kloster von Sung Dsong. Einige zuvorkommende Trapas schenkten ihm noch etwas Brot und getrocknete Aprikosen zu den schon von ihm gekauften Vorräten. Da konnte er unmöglich dem langen Geschwätz entgehen, das die Tibeter so sehr genießen, und als sie ihn herzlich zum Tee einluden, durfte er das auch nicht ablehnen. So verging ihm die Zeit rasch und gar nicht unangenehm; mir wurde sie aber desto länger, denn ich saß unterdessen mit unserem Gepäck an einem wilden, einsamen Ort, über den ein eisiger Wind dahinfegte.

Zuerst leisteten mir ein paar Kinder, die Vieh hüteten, Gesellschaft. Sie setzten sich zu mir, und ich erfuhr durch ihr harmloses Geplauder mancherlei Wissenswertes. Darauf kam ein wohlhabender Reisender vorbei, von mehreren Dienern begleitet. Er sah mich bei den beiden Lasten sitzen, schloß daraus, daß ich einen Gefährten haben müsse, und fragte, auf wen ich wartete.

Ich antwortete ihm, mein Sohn, ein Gelong, sei nach der Lamaserei gegangen. Das klang höchst ehrbar, und der Mann stieg ab, um mich über meine Heimat und allerlei anderes auszufragen.

Ich hatte mich seit einiger Zeit für eine neue Heimat entschieden, und zwar für das entlegene Ngari. Der Reisende kannte es nur vom Hörensagen, war aber einmal in Schigatse gewesen, der Hauptstadt der Provinz Tsang. Da hatte ich mich vor einigen Jahren aufgehalten, konnte also ganz ungezwungen darüber reden. Der Mann setzte sich auf den Boden nieder, und wir gerieten in ein ganz angeregtes Gespräch, an dem auch die Diener teilnahmen. Er kam aus der Provinz Kongbu und hatte ein paar Stück getrockneten Zuckersirups bei sich, von denen er mir zwei schenkte. Als der Lama stolz auf seine Vorräte zurückkam, machte es mir Spaß, ihn mit meinen Zukkerkuchen zu verblüffen, die ich für das Geschenk einer Lhamo, einer Göttin, ausgab.

Das Land, das wir nach dem Verlassen von Sung Dsong betraten, muß zu allen Jahreszeiten herrlich sein, die Hand des Winters hatte ihm aber eine geradezu märchenhafte Schönheit verliehen. Meilenweit gingen wir durch düstere, totenstille, geheimnisvolle Wälder.

Die Autorin im Lamapriesterinnen-Ornat
vor dem Taschi-Lhünpo-Kloster in Schigatse (1916).

Plötzlich enthüllte dann eine Lichtung hinter der dunklen Linie hoher Tannen eine wunderbare schneeweiße Gebirgslandschaft mit Bergen, die hoch zum blauen Himmel emporragten. Gefrorene Wildbäche und glitzernde Wasserfälle hingen gleich gigantischen fleckenlosen Vorhängen von den wildgezackten Felsen herab. Wir standen wie gebannt in sprachlosem Staunen; uns war, als ob wir die Menschenwelt weit hinter uns gelassen hätten und ständen nun vor dem Wohnsitz seliger Geister. Aber dann führte der Weg wieder durch Wald, und die Vision war verschwunden, um an einem der folgenden Tage wieder mit derselben Plötzlichkeit vor uns aufzutauchen.

Ich verweilte lange in der Gegend, machte weite Abstecher von dem geraden Weg und ging bei Tag recht langsam. Nachts schliefen wir meist im Freien, entweder am Fuß eines Baumes oder auch in einer Höhle, wenn das Glück uns wohlwollte und wir sie gerade dann entdeckten, wenn es Zeit zum Lagern war. Wenn wir in Dörfer, alleinliegende Höfe oder Klöster kamen, baten wir oft um Gastfreundschaft. Manchmal wurden wir abgewiesen, und mehr als einmal mußten wir uns gegen Hunde verteidigen, die auf uns gehetzt wurden. Wir besprachen mit dem größten Ernst die Frage der mehr oder weniger großen Bissigkeit der Hofhunde, an denen wir vorbei mußten. Gelegenheit zu diesem Studium bot sich uns reichlich. Zuweilen ward uns auch auf unsere Bitte die mürrische Antwort zuteil, es sei ein Kranker im Hause, was einem strengen Verbot, es zu betreten, gleichkam.

Der Aberglaube, der dieser Sitte zugrunde liegt, hat nichts mit der Furcht vor Ansteckung zu tun. Wie ich schon früher gesagt habe, glauben die Tibeter bei Krankheiten und Unfällen nie an eine natürliche Ursache. Sie sehen in alledem das Werk böser Geister, die es auf die Lebenskraft der Menschen abgesehen haben, um sie sich dienstbar zu machen oder um an ihnen zu zehren. Dem Glauben nach ist ein starker, gesunder Mensch schwerer zu fangen und zu töten, als einer, der schon durch Krankheit geschwächt ist, so wie dem Jäger ein flinkes Reh weniger leicht zur Beute fällt als ein lahmes oder schon verwundetes.

Nun steht bei den Tibetern jeder von fern kommende Reisende in dem Verdacht, von Teufeln begleitet zu sein, und er wird daher ungern in ein Haus gelassen, wo jemand krank liegt, weil in seinem Gefolge unerwünschte, unsichtbare Besucher mit eintreten könnten.

Selbstverständlich benutzen die schlauen Tibeter oft diesen Aberglauben, um auch, wenn alles im Haus wohlauf ist, ihre Tür verschlossen zu halten. Ich habe einmal einer Frau, die uns unter diesem Vorwand fortschickte, einen tüchtigen Schrecken eingejagt. Bevor sie noch die Läden ihres einzigen Fensters schließen konnte, hatte ich schnell einen Blick hineingetan und gesehen, daß da niemand bettlägerig war. Darauf gebärdete ich mich ganz wie eine Seherin, stellte sie als Lügnerin bloß und prophezeite ihr wirkliche Krankheit in der Familie als Strafe für die Sünde, heilige Pilgersleute so belogen zu haben. Zugleich vollführte ich eine Art Indianertanz und schüttelte die Falten meines weiten Kleides so aus, als ob ich ein ganzes Dutzend Teufel, die sich darin verborgen hatten, loslassen wollte. Die Komödie endete damit, daß die nun bitterlich weinende Frau mir reuevoll etwas Butter schenkte. Sie bat uns sogar, bei ihr zu übernachten, was wir nun aber ablehnten. Um sie jedoch zu trösten, segnete Yongden das kleine Anwesen von außen, damit die von mir angehexte Krankheit gleich wieder ausgetrieben wurde. Ich denke, mein Vorgehen wird in Zukunft manchen armen, müden und hungrigen Arjopas zugute gekommen sein; die Frau hat sie gewiß nicht wieder abgewiesen.

Der nächste wichtigere Ort, den wir nach Sung Dsong erreichten, war Daschin, zugleich Sitz eines großen Klosters. Am Tage bevor wir dort ankamen, trafen wir unterwegs einen Bauern und seine Frau. Sie hatten irgendwo eine Kuh gekauft und führten sie jetzt nach Hause. Wie fast immer, wenn wir mit Leuten in Berührung kamen, wurde Yongden von ihnen um Mo in irgendeiner Landangelegenheit gebeten. Wir wanderten ein paar Stunden lang mit dem Ehepaar zusammen; als wir anhielten, um Tee zu trinken, gingen die beiden weiter, aber nicht ohne uns einen freundlichen Empfang in ihrem Haus zu versprechen. Am späten Nachmittag, während wir ein Dorf passierten, sahen wir jedoch die Kuh vor einer Tür angebunden, und ihr Besitzer rief uns von der Schwelle aus zu: «Geht langsam, wir kommen bald nach!» Allein es wurde Abend, und die Leute kamen nicht; wir dachten uns, sie wären die Nacht über bei ihren Freunden geblieben. Wir kamen zu spät an das nächste Dorf, um noch um Obdach zu bitten, die Bewohner schliefen gewiß schon und würden uns nicht mehr einlassen. Wir fanden im Wald eine Mulde, in der wir uns mit unserem Gepäck einrichteten; und weil hier und da noch etwas Schnee lag, deckten wir uns wie früher mit dem Zelt zu. Dabei kam uns der Himmel großmütig zu Hilfe und ließ noch etwas wirklichen Schnee auf unsere nachgeahmte Schneedecke herunterrieseln. So waren wir prächtig versteckt und hatten nicht unter der Kälte zu leiden.

Am Tage danach kamen wir erst durch ein Dorf, dann machten wir halt, um am Ufer eines breiten Gebirgsbaches zu frühstücken. Gerade als wir fertig waren, kam auch das Ehepaar mit seiner Kuh. Sie erzählten, sie seien aufgehalten worden und hätten bei den Freunden übernachtet, jetzt sollten wir aber mit ihnen zusammen zu ihrem Haus gehen. Wir schlossen uns ihnen an, und vielleicht um sich Vorausbezahlung für ihre Gastfreundschaft zu sichern, baten sie Yongden schon während des Marsches in allerlei Angelegenheiten um Mo. Die eine Sache betraf einen Schwerkranken. Würde er noch leben oder nicht, wenn die beiden nach Daschin zurückkamen?

Für gewöhnlich war Yongden ein sehr vorsichtiger Prophet; diesmal sagte er aber aus Ärger über die Zudringlichkeit des Bauern einfach: «Er ist tot!»

Ich konnte nicht recht dahinterkommen, ob sie sich darüber grämten oder freuten, das heißt, ob sie die lachenden Erben oder die liebenden Angehörigen des Totgesagten waren. Jedenfalls redeten sie erst leise untereinander und wurden dann still.

Ungefähr eine halbe Stunde später ging ein aus Daschin kommender Mann an uns vorbei, bei dem sich unsere Gefährten gleich nach dem Befinden des Kranken erkundigten.

«Es geht ihm viel besser», lautete die Antwort.

Um des Lama Ruf war es jetzt geschehen, und als wir endlich das goldene Dach des Daschiner Klosters über dem Wald aufragen sahen, gingen unsere Wirte ihres Weges, ohne uns noch eines Blickes zu würdigen. Wir folgten ihnen nicht und versuchten sie auch nicht an die versprochene Unterkunft zu erinnern. Es lag uns wirklich wenig daran. Ich rechne jene Zeit zur glücklichsten meines Lebens, in der ich durch das Übernachten im Freien aller Sorgen um Obdach und dergleichen ledig war.

Die Gegend, in der wir allein zurückblieben, war in ihrer Mischung von Lieblichkeit und Strenge sehr anziehend. Augenscheinlich hatten die Lamas von Daschin das auch empfunden, denn sie hatten hoch über der Straße, an eine Felswand gelehnt, mehrere Tsam Khang erbaut, kleine Häuser für Einsiedler. Wie Schwalbennester hingen sie an dem schwarzen Gestein, und ein paar kühne, in den Spalten wurzelnde Tannen bildeten einen erhabenen Rahmen um die ganze Gruppe der asketischen Wohnstätten.

Einsiedler werden in Tibet sehr hoch geachtet. Fast jedes Kloster errichtet in seiner Nachbarschaft an einsamer Stelle kleine Einsiedeleien für die Mönche, die sich zeitweise oder auch für immer von allem weltlichen Getriebe zurückziehen wollen.

Von jedem Lama, der die Menge irgendwie überragt, wird erwartet, daß er einmal im Leben mindestens drei Jahre und später dann jedes Jahr noch einen Monat in solch einer Einsiedelei zubringt. Diese Jahre der Zurückgezogenheit werden Tsam genannt, der Einsiedler selbst Tsampa. Es gibt viele Abstufungen von Tsam, die an Strenge und Dauer untereinander sehr verschieden sind. Manchmal lebt ein Lama nur für sich in einem Tsam Khang oder auch nur in seiner eigenen Wohnung, empfängt zwar keine Besuche, hat aber dienstbare Wesen, die ihn umsorgen. Dann wieder gibt es Lamas, die sich in Dunkelheit und Stille vergraben und ihre Nahrung durch doppelte Gitter zugeschoben bekommen.

Außer den Tsam Khang gibt es in Tibet die Riteus, das sind abgelegenere Einsiedeleien, die Zufluchtsorte ganz strenger Asketen. Die Welt der tibetischen Mystiker ist innerhalb des geheimnisvollen Tibet noch ein neues Geheimnis, ein seltsames Wunder in einem Lande, das ohnehin schon ein Wunderland ist. Eines Tages wird Tibet vielleicht nicht mehr «verschlossen» sein. Aber ob das Geheimnis seiner Tsam Khang und Riteus mit den seltsamen Zielen und Zwecken seiner Bewohner jemals der Menge enthüllt werden wird, das möchte ich doch bezweifeln.

Ich saß auf der Wiese bei einem riesigen Findlingsblock und webte gern meine Phantasiegebilde um die Gestalten der Männer, die ihr verborgenes Leben hinter den weißen Mauern ihrer winzigen Häuschen da oben führten. Unterdessen zog ein Trupp Neskorpas an mir vorbei. Sie hatten eine Pilgerfahrt gemacht und waren nun auf dem Rückweg nach ihrer Heimat im Nu-Tal. Yongden und ich versuchten, sie über die Straße und das Land, woher sie kamen, auszufragen, aber wir erfuhren wenig Wissenswertes. Diese armen Bauern oder Geistlichen niedrigsten Ranges geben nicht im geringsten acht auf das, was sie unterwegs sehen. Sie gehen vorwärts wie das Vieh und sehen nicht einmal die Straße, die sie ziehen. Die meisten sind gewiß ganz stumpfsinnig, aber zu ihrer Entschuldigung muß man sagen, daß die langen, ermüdenden Wanderungen mit der schweren Last auf dem Rücken und bei ungenügender Nahrung auch kaum dazu beitragen, einen geistig regsam zu machen. Ich habe das an mir selbst erfahren und habe mit aller Macht gegen das überwältigende Gefühl halber Betäubung ankämpfen müssen, wenn ich drauf und dran war, wie diese armen Pilger in einer Art Ochsentrab dahinzutrotten.

Als wir uns dem Kloster näherten, sah ich in einiger Entfernung unser Paar von unterwegs. Sie sahen uns schüchtern, aber beharrlich an.

«Eigentlich sind es doch keine schlechten Leute», sagte ich, indem ich Yongden auf sie aufmerksam machte. «Sie bereuen gewiß, daß sie uns verlassen haben, und möchten ihr Versprechen noch halten!»

Der Lama warf einen Blick auf das Paar.

«Der Kranke ist gestorben», erklärte er.

«Woher weißt du das?» fragte ich erstaunt.

«Das ist nicht schwer zu erkennen», erwiderte mein Gefährte. «Sieh doch nur, wie demütig sie sich nun geben, so ganz anders als vorhin noch. Sie haben Angst, daß sie einen großen Propheten beleidigt haben, und fürchten die bösen Folgen ihrer Unhöflichkeit. Du kannst sicher sein, sie haben bei ihrer Ankunft gefunden, daß der Mann tot war.»

Er schritt mit großer Würde dem Kloster zu, ohne dem verängstigten Paar auch nur einen Blick zu gönnen, und ich saß auf den Steinen am Rande der Allee, die unterhalb der Gebäude den Fluß entlanglief.

Die Lamaserei lag zwar nicht sehr hoch, aber der tiefgewundene Fluß zu ihren Füßen und die Felsvorsprünge jenseits des grünen Wassers bildeten dennoch eine hübsche, romantische Landschaft, der die vergoldete Kuppel, die sich über die alten Schutzmauern erhob, noch ein besonderes Gepräge verlieh. Hinter dem Kloster öffnete sich ein weites, angebautes Tal. Die Straße, die sich darin entlangzog, führte nach Überschreiten mehrerer Pässe in das südliche Tibet. Eine von ihr abzweigende Seitenstraße erreicht die Grenze Indiens in Assam, an den Ufern des Brahmaputra, eine andere führt den Reisenden nach China oder Birma, eine dritte läuft am jenseitigen Ufer des Polung Tsangpo, nicht weit von Daschin, nach Norden, den Bergen zu, sie trifft auf die Hauptstraße von Tschiamdo nach Lhasa. Von hier gehen verschiedene Wege nach Jakyendo, der an der Teekarawanenstraße gelegenen Marktstadt. Wenn man dann noch weiter nach Norden wandert, erreicht man die großen chinesisch-tibetischen Märkte Sining und Dankas in Kansu und kommt im weiteren Verlauf der Reise in die Mongolei. In jedem anderen Lande wäre ein Ort mit einer geographisch so günstigen Lage ein wichtiges Zentrum geworden; man hätte nur die verschiedenen Straßen, die hier zusammenlaufen, befahrbar oder wenigstens für Maultiere begehbar machen müssen. Allein wer kümmert sich in Tibet um solche Fragen? Daschin war daher nur ein Dorf geblieben.

Mehrere Leute kamen an mir vorbei, als ich da am Flusse saß, darunter auch einige Frauen, die in dem Walde Holz sammeln wollten, durch den uns der Weg geführt hatte. Sie blieben stehen und fragten mich aus. Ich sagte ihnen, daß ich auf meinen Sohn wartete, der nach dem Kloster gegangen war, und wir plauderten noch ein wenig miteinander weiter.

Yongden blieb sehr lange weg. Zufällig hatte er im Kloster einen Mönch aus demselben Lande getroffen, wo sein Urgroßvater ein hochstehender verheirateter Rotmützen-Lama gewesen war. Yongden kannte da eine Menge Leute, wenn auch nicht persönlich, so doch dem Namen nach. Er hatte zwar seit Jahren nichts mehr von ihnen gehört, befriedigte aber doch die eifrige Neugier seines Ordensbruders und erzählte ihm das Neueste von allem und jedem. Solch glückliches Zusammentreffen mußte in Tibet natürlich durch Essen und Trinken gefeiert werden. Während der «Sohn» es sich so mit seinem geistlichen Freund in dem den Frauen verschlossenen Bereich wohl sein ließ, ging die Sonne unter, und die alte «Mutter» fing an zu frieren, während sie auf den Steinen saß und die Perlen ihres Rosenkranzes zählte.

Die Frauen kehrten jetzt zurück, jede mit einer Last Holz beladen, und waren ganz erstaunt, mich noch am selben Fleck zu sehen. Das führte zu einem neuen Gespräch, und die älteste lud mich über die Nacht in ihr Haus ein, dessen Lage sie mir genau beschrieb. Darauf gingen sie fort, waren aber noch ganz in der Nähe, als Yongden in Begleitung eines jungen Lama-Novizen erschien. Beide waren mit Vorräten bepackt und brachten uns eine Einladung zu Leuten im Dorf. Ich wollte aber lieber die gute Frau besuchen, mit der ich schon Bekanntschaft geschlossen hatte, und wir begaben uns zu ihr.

Der Herr des Hauses, nach dem sie uns führte, war für einen gewöhnlichen Bauern erstaunlich intelligent. Er war viel herumgekommen und hatte lange in Lhasa gelebt. Es war eine Freude, ihm zuzuhören, nur wurde uns bange dabei, er könnte vielleicht meine Verkleidung durchschauen. Ich verrichtete deshalb alle niedrigen Arbeiten und ließ den Lama auf dem Teppich sitzen, der für ihn nahe am Feuer in einer Art Vorraum ausgebreitet war, denn in die Familienküche wurden wir nicht eingeladen. Es war mir schon seit unserer Ankunft im Lande Po aufgefallen, wie eigen die Leute hier in dieser Hinsicht waren. Im Nu-Tal, oft auch in dem des Giamo-nutschu, durften wir mit den Hausbewohnern in der Küche schlafen; die Popas aber schienen durchaus dagegen zu sein.

Wir brachen auf, sobald es Tag wurde. Es war kalt, und der Wind blies rauh durch das große offene Tal nach Süden, allein wir kamen bald wieder in den Wald, und da wurde es wärmer. Der Po durchläuft von seiner Quelle am Fuß der von uns überschrittenen Bergkette bis hinunter zum Brahmaputra alle nur möglichen Klimazonen. Wir hatten sein Tal im tiefen Schnee gesehen, und jetzt im Januar nahm der Fluß seinen Lauf durch Gerstenfelder. Der jungfräuliche Boden des Tales scheint sehr fruchtbar zu sein. In der Hoffnung auf bessere Ernten haben einige neue Ansiedler aus den benachbarten Provinzen etwas Wald gerodet und ländliche Blockhäuser ganz in der Art der russischen Jobas gebaut. Sie sind oft von Tannen umgeben, was die Ähnlichkeit noch erhöht, so daß die ganze Landschaft entschieden an Rußland oder Sibirien erinnert. Viel mehr als Hütten sind diese bescheidenen Wohnstätten nicht; manchmal sind sie nur 25 bis 30 Quadratmeter groß. In einer von ihnen trafen wir ein wahres Idyll zweier Liebender. Die Jugend hatten freilich beide längst hinter sich. Der Mann hatte einen Kropf, und seine Gattin war ebensowenig eine Schönheit. Die Hütte beherbergte außer dem Ehepaar eine Kuh mit ihrem Milchkalb, noch zwei andere junge Kälber und ein paar schwarze Ferkel, kurz, es war eine ganze Kinderstube voll kleiner Vierfüßler. In dieser Umgebung hörten wir eine höchst rührende Liebesgeschichte, allerdings von der Art, die von den Moralisten des Abendlandes «sündig» genannt wird. Die Frau, die dieser Wirtschaft vorstand, war einst die Herrin in einem anderen besseren und größeren Hause gewesen, war aber selbst mittellos mit einem ebenso mittellosen Romeo in die Wildnis geflohen. Kinder hatten sie nicht, was in Tibet sehr selten vorkommt, sie wünschten sich auch keine. Ihre Liebe war ja nun schon nicht mehr jung, aber sie füllte ihre Herzen doch noch bis zum Rande aus.

Die armen Leute nahmen uns gut auf. Wir teilten ihre Rübensuppe mit ihnen, und dann drängten sie uns als Wegzehrung noch etwas Tsamba auf. Yongden wurde um Mo gebeten. Er schloß gar nicht so dumm damit, daß sie den Lu, den Gutes bringenden Schlangengöttern, zuliebe, das Haus gründlich reinigen sollten.

Darauf legten wir uns alle vier schlafen, unsere Wirte auf die eine Seite des Herdes, wir auf die andere, die Kuh nahe an der Tür, die Kälber zu unseren Füßen, und die munteren Schweinchen liefen hin und her und über uns weg, denn viel Platz blieb für sie in der Hütte nicht mehr übrig.

Als wir das liebende Paar schnarchen hörten, flüsterte Yongden mir ins Ohr: «Ich will fünf Rupien in einen Topf auf dem Sims legen. Sie werden das Geld beim Reinemachen finden und glauben, die Lu hätten es ihnen gebracht. Darf ich?»

Es war ein hübscher Scherz, und ich hätte gern zugesehen, wenn die fünf Rupien gefunden wurden. Was für eine hohe Meinung müssen die guten Leutchen sich über den heiligen und gelehrten Lama gebildet haben, dessen Segen sie die Gunst der Lu verdankten! Auch gibt es so viele Geschichten von Lu, die in Menschengestalt umhergehen, daß unsere Wirte uns im nachhinein noch selbst für verkleidete Lu hielten. Mir fiel unwillkürlich die Fabel von Philemon und Baucis ein, von dem treuen Liebespaar, das ja auch Götterbesuch erhält, und ich erzählte sie Yongden.

Neujahr wird im Po-Land, wie auch in einigen Teilen von Kham, nicht am selben Tag wie in Lhasa gefeiert, wo nach dem chinesischen Kalender gerechnet wird. So kam es, daß wir in Showa, der bescheidenen Hauptstadt Pomeds, gerade am Neujahrstag der Popas eintrafen. Nun, da heute alles feierte und sich einen guten Tag machte, wollten wir auch unser kleines Privatvergnügen und unseren Vorteil haben. Wir fingen daher am Tor der königlichen Residenz ganz kühn unsere Rezitationen an. Reiche Segenssprüche flossen von unseren beredten Lippen. Ich glaube, selbst hier in der Heimat zudringlicher Bettler hatte man selten unseresgleichen gesehen. Überall an den Fenstern zeigten sich Köpfe, und die Leute stürzten geradezu ihre steilen Treppen herab. Das Volk war verblüfft und wie bezaubert. Unser Triumph machte uns immer kühner, und die Kühnheit verlieh Yongdens Stimme, die im Chor der Lamaserei ausgebildet worden war, noch besondere Kraft. Die anfangs dazwischenbellenden Hunde wurden schnell zum Schweigen gebracht und flohen vor Schreck in die entferntesten Ecken des Hofes.

So ungewöhnlich unsere Rezitation war, die Leute müssen doch schließlich genug davon gehabt haben, denn Diener brachten uns Branntwein, Tee und Tsamba, und wir wurden eingeladen, uns im Hof hinzusetzen und zu tafeln. Den Tschang (Alkohol) wiesen wir zurück; wir seien Buddhisten, tränken also nie davon. Wir stiegen dadurch noch höher in der Achtung der Palastdiener, und der Beweis dafür war, daß sie uns auch noch gedörrtes Fleisch vorsetzten. Als wir da aber wieder erklärten, daß wir als Buddhisten jedes Lebewesen respektierten und alles Schlachten von Tieren mißbilligten, daß wir also strenge Vegetarier wären und keinesfalls das Jahr mit einer grausamen Handlung anfangen wollten, da erreichte die Bewunderung ihren Höhepunkt.

Die Fleischnahrung verstößt gegen den Geist des Buddhismus, wenn auch die heiligen Bücher ihren Genuß nicht so ausdrücklich verbieten wie den berauschender Getränke. Allein der Fleischgenuß ist mit so vielen Einschränkungen verbunden, daß er in der Praxis kein Genuß mehr ist. Ein Buddhist darf unter folgenden Bedingungen Fleisch essen: Er darf das Tier weder selbst getötet noch jemand anders damit beauftragt haben. Niemand darf es in der Absicht getötet haben, ihn damit zu versorgen, und er darf auch nicht den

Verdacht hegen, daß das Tier überhaupt getötet worden ist. Die beiden ersten Einschränkungen lassen sich allenfalls umgehen, die dritte ist schon lästiger. Freilich helfen manche sich mit der Ausrede, die Metzger schlachteten ja für die Allgemeinheit, nicht für die Bedürfnisse eines einzelnen. Aber an Nummer 4 stößt man sich den Kopf ein, denn man kann schwerlich ein Stück Fleisch essen, ohne den «Verdacht» zu haben, daß es von einem getöteten Tier herrührt. Schlaue Sophisten gibt es überall. Ich erinnere nur an die fidelen Mönche aus den mittelalterlichen Erzählungen, die ein Hähnchen «Karpfen» tauften, um es während der Fastenzeit essen zu dürfen. Und auch das orientalische Gemüt ist scharfsinnig genug, um den Freuden des Gaumens zu ihrem Recht zu verhelfen.

Ich möchte bei dieser Gelegenheit einen auffallenden Unterschied zwischen dem Lamaismus und dem auf eigenem Boden erwachsenen primitiven orthodoxen Buddhismus der Südlichen Schule betonen: Die Fleischesser unter den Buddhisten von Ceylon, Birma und Thailand versuchen, wie ich schon sagte, trotz der oben erwähnten Einschränkungen ihren Fleischgenuß durch sophistische Auslegungen zu rechtfertigen. Gehören sie religiösen Orden an, so erklären sie, als Bettler könnten sie ihre Nahrung nicht frei wählen und müßten annehmen, was ihnen an milden Gaben zuteil würde. Das stimmt freilich ganz und gar nicht, denn aus dem echten Bettelmönchswesen ist jetzt eine Farce geworden, ein zeremonieller Gang nach einem vereinbarten Ort, um dort eine eigens für die Mönche gekochte Mahlzeit abzuholen. Überdies würden sie sich ohne Zweifel dagegen wehren, wenn schlechte, unappetitliche oder ungesunde Speisen in die von ihnen benutzten rituellen Schalen oder in die verschiedenen Gefäße gefüllt würden, die von den sie bedienenden Knaben herbeigebracht werden.

Das ist in Tibet ganz anders. Gewiß, viele Leute sagen sich, «ich habe das Tier ja nicht selbst getötet», aber der Wert ihrer Entschuldigung erscheint ihnen selbst sehr zweifelhaft. Jeder Tibeter weiß genau, daß er mehr oder weniger unrecht tut, wenn er Fleisch ißt. Der Durchschnittslama – ich spreche hier nicht von den Trapas oder den gewöhnlichen Geistlichen – enthält sich des Fleisches jeden achten, fünfzehnten und dreißigsten Tag des Monats und während des ganzen ersten Monats im Jahre. So zeigen sie, auch wenn sie nicht stark genug für die völlige Enthaltsamkeit sind, doch ihre Achtung für die richtige Lebensweise.

Männer und Frauen, mögen es nun Laien oder Ordensangehörige sein, die ganz der «weißen Diät», wie es in Tibet heißt, treu bleiben, sind dort gar nicht so selten und stehen in hohem Ansehen.

Bevor ich in meinem Bericht fortfahre, muß ich einfügen, daß, obschon die Gewißheit des Fleischessens den vorzeitigen Tod vieler Tiere veranlaßt und auf den ersten Blick wichtiger erscheint als die Frage des mäßigen oder auch unmäßigen Alkoholgenusses, die Tibeter doch ganz recht haben: Nüchternheit ist sicher der wichtigste Faktor für die geistige und seelische Vervollkommnung. Ein Sünder, der sich die Folgen seiner bösen Taten klarmacht, kann sich allenfalls bekehren; der Trunkenbold dagegen hat sich selbst um alle Vernunft gebracht und ist daher hilflos.

Dafür gibt es ein amüsantes Beispiel: Einem buddhistischen Mönch wurde von einem bösen Geist die Wahl zwischen drei Sünden gelassen: ein Schaf zu töten, sein Keuschheitsgelübde zu brechen oder Alkohol zu trinken. Nach langem Grübeln schreckte der arme Mönch vor den beiden ersten Sünden zurück und wählte die letzte als die scheinbar am wenigsten folgenschwere. Aber als er betrunken war und in der Aufregung alle Selbstbeherrschung verloren hatte, ging er zum Weibe und tötete dann noch obendrein ein Schaf, um seiner Geliebten ein Fest zu geben.

Nachdem wir mit Tee, Tsamba und verschiedenen Kuchen bewirtet waren, bekamen wir noch reichliche Vorräte mit auf den Weg und zogen ab, gefolgt von vielen bewundernden Blicken.

In Showa geht die Hauptstraße auf das andere Ufer des Flusses über. Die große, gedeckte Brücke mit ihren kleinen Wachttürmen ist gut gebaut und besteht ganz aus Holz; ihre Tore können im Notfall auf beiden Seiten geschlossen werden. Sie ist reichlich mit Anschlagsäulen versehen, auf denen magische oder mystische Formeln gedruckt sind. Bündel von kleinen Papierwimpeln hängen, im Winde flatternd, von allen Seiten herunter. Die Lobpreisungs- und Segensworte, die darauf stehen, sollen vom Fluß in die Weite getragen werden.

Die Tibeter schmücken ebenso wie die Chinesen ihre Brücken, Straßen und besonders schön gelegenen Punkte ihres Landes gern mit Inschriften religiösen, philosophischen oder poetischen Inhalts. Ich habe nie begriffen, daß es Reisende gibt, die sich darüber lustig machen. Sind denn die Zigaretten- oder Benzinplakate, mit denen der Westen seine Straßen «schmückt», wirklich besser? Ich kann mir nicht helfen, ich ziehe es bei weitem vor, auf Mauern und Felsen ein paar schöne, zarte Verse oder Zeilen aus einer philosophischen Abhandlung eingegraben zu sehen. Oder wenn von der Wand einer natürlichen Grotte das nachdenkliche Angesicht eines Buddha auf mich herniederblickt, oder auch nur ein Papierstreifen mit dem uralten Sanskrit-Segenswunsch «*Sara mangalam!*» (Allen Freude!) über einem Fluß oder auf dem Gipfel eines Passes im Winde flattert.

Über unserem üppigen Mahl und der Besichtigung des Ortes hatten wir viel Zeit verloren. Immerhin war es noch früh genug am Nachmittag, um weiterzuwandern und nicht auch noch die Nacht in Showa zu verbringen.

Wir kamen abends an ein Dorf, wo wir wieder bei Bauern zu Gast waren. Während wir alle um den Herd herum saßen, sah ich einem der Mädchen beim Teigkneten zu. Sie bearbeitete ihn mehrere Stunden lang. Yongden hatte wie gewöhnlich einige Male geweissagt, und wir fingen an schläfrig zu werden, allein der Teig wurde noch immer weiter bearbeitet. Ich wunderte mich allmählich darüber und wäre ganz gern mit der Hausfrau plaudernd sitzen geblieben, um zu sehen, was eigentlich daraus wurde, aber Yongden bat, schlafen gehen zu dürfen. Er war müde, und wir wollten am anderen Morgen früh aufstehen. Dagegen ließ sich nichts sagen, wir zogen uns also in eine Ecke der Küche zurück, die zugleich als Schlafzimmer diente, und legten uns unter unserem Zeltleinen zur Ruhe.

Asiaten fühlen, wenn sie schlafen gehen, nicht wie wir das Bedürfnis nach Alleinsein und Stille. Ausgenommen bei den höheren Klassen, liegen selbst kranke Leute dort mitten unter den anderen, die nicht daran denken, ihretwegen etwa weniger laut zu sprechen oder zu lachen. Ich sah einmal einen sterbenden alten Mann auf dem Ladentisch ausgestreckt liegen, und um ihn herum spielten sich die geschäftlichen Verhandlungen zwischen seinem Sohn und den Kunden ungestört weiter ab. Und der Mann war keineswegs arm, sondern ein wohlhabender Kaufmann, jedoch weder ihm selbst noch dem Sohn kam auch nur der Gedanke, daß er eigentlich besser allein schliefe.

Für Landstreicher wie uns ließen unsere Wirte sich erst recht nicht in ihrer Neujahrsfeier stören, und so lärmten sie lustig weiter. Echte Arjopas hätten dabei sicher ruhig geschlafen, also traute man es uns auch zu. Ich blieb aber wach, beobachtete die Leute noch lange und lauschte ihren Gesprächen. Endlich übermannte mich doch die Müdigkeit, und erst der Duft gebackenen Teigs weckte mich aus meinem Halbschlummer. Das Mädchen hatte mit Kneten aufgehört und buk nun Neujahrskuchen in dem aus Aprikosenkernen gewonnenen Öl, der Spezialität dieser Gegend. Mein Gaumen ist gewiß nicht verwöhnt, aber jeden Tag Tsamba und kaum jemals etwas anderes dazu, war wirklich schmale Kost . . ., es roch so herrlich nach frischem, warmem, knusprigem Kuchen . . . Ich ärgerte mich über den Lama. Warum mußte er jetzt schlafen? Schändlich; ich wollte doch nicht allein Tantalusqualen leiden. Ich streckte meinen Arm aus, so weit ich konnte, aber er reichte doch nicht bis zu meinem Gefährten heran. Es gelang mir, unter der Decke an ihn heranzukriechen, und siehe da, er lag mit weit offenen Augen da.

«Sie essen Kuchen», flüsterte ich ihm ins Ohr.

«Oh, das sehe ich auch», antwortete er leise mit verzweifelter Stimme.

«Glaubst du, daß sie uns welche abgeben?»

«Ausgeschlossen, sie glauben ja, daß wir schlafen.»

Das klang entmutigend! Ich blieb wach und beobachtete die Glücklichen, die im Essen mit dem Mädchen kaum Schritt halten konnten, so rasch buk es seine vielen Kuchen. Alles, was übrigblieb, wurde in einen großen Korb gefüllt, auf den sich nun meine ganze Hoffnung konzentrierte . . . Morgen waren die Kuchen freilich kalt, aber es wäre doch mal etwas anderes als unsere ewige Tsamba; ob wir wohl etwas davon bekamen?

Jetzt legte sich auch die Familie auf der Erde unter Wolldecken schlafen, es wurde dunkel im Zimmer, und ich schlief ein.

Von dem Kuchenteig war noch ziemlich viel übriggeblieben, und am anderen Morgen aßen wir frische, knusprige Neujahrskuchen, durften auch obendrein noch eine hübsche Portion kalter Kuchen in unsere Vorratstasche packen.

Bis dahin war unsere Reise durch das Land Po völlig friedlich verlaufen, und ich fing an, die weitverbreiteten Geschichten über die Popas für sehr übertrieben zu halten.

In Tibet heißt es also, daß die Popas geborene Räuber seien! Alljährlich fallen sie, manchmal in Banden von Hunderten, über ihre Nachbarn in den Provinzen Kongbu oder Dainschi her und plündern ihre Dörfer aus. Außer diesen organisierten Raubzügen finden die Popas – ob sie nun Handelsleute, Pilger oder Bauern sind – es schwer, an irgendwelchen Reisenden, die ihnen über den Weg laufen, vorbeizugehen, ohne von ihnen Geld zu erpressen oder ihnen ihr Gepäck etwas zu erleichtern, so bescheiden es auch sein mag. Und wenn es auch nichts ist als eine Handvoll Gerstenmehl, eine schäbige Decke oder ein paar Kupfermünzen, sie sind nicht wählerisch. Bei dem leisesten Widerstand oder wenn sie wertvollere Beute wittern, werden sie aber leicht zu Mördern. Wohlhabende Reisende trauen sich überhaupt nicht in die Po-Wälder. Nur die Ärmsten der Armen, bettelnde Pilger, die sich durch ihr Elend sicher fühlen, wagen sich auf die Pfade, die über die Berge der Popas führen.

Wir hatten auf dem ganzen Weg durch das Land Po noch niemand von auswärts getroffen. Alle Leute, denen wir auf den menschenleeren Straßen begegneten, gehörten entweder zu den Einwohnern oder waren dort schon so lange angesiedelt, daß sie selbst so gut wie Popas geworden waren.

Nun fing ein neuer Abschnitt für uns an, und die fröhliche Neujahrsfeier schloß unsere Zeit der Ruhe ab.

Noch am selben Nachmittag, nachdem wir das gastliche Haus mit den guten Kuchen verlassen hatten, kamen wir an einen allein liegenden Hof, aus dem eben mehrere Leute heraustraten. Das Neujahrsfest war noch nicht vorüber, und infolgedessen waren einige von den Männern mehr oder weniger betrunken. Alle trugen Gewehre auf der Schulter, und einige taten so, als ob sie auf uns schießen wollten. Wir gingen ruhig weiter, ohne von ihnen Notiz zu nehmen. Am Abend entdeckte ich eine geräumige Höhle, in der wir behaglich schliefen. Wir blieben zu lange liegen und verloren dann noch Zeit mit unserer Frühstückssuppe. Während wir sie kochten, erschien ein Mann mit der Frage, ob wir nichts zu verkaufen hätten. Dabei sah er in unsere noch offenen Ranzen hinein.

Unsere beiden ganz gewöhnlichen Löffel erregten seine Aufmerksamkeit; dann setzte er sich, zog ein Stück trockenen, gegorenen Käse aus seinem Gewand und fing an zu essen. Dieser Käse schmeckt ganz ähnlich wie der französische Roquefort, und Yongden, der sich davon eine Bereicherung unseres eintönigen Speisezettels versprach, fragte den Mann, ob er uns etwas davon verkaufen wollte. Der Mann bejahte das; er habe ihn bei sich zu Hause, gar nicht weit von der Höhle, und würde ihn gern gegen Nadeln umtauschen, wenn wir welche besäßen. Wir hatten uns einige zu diesem Zweck mitgenommen, also ging der Mann fort, um den Käse zu holen.

Wir hatten noch nicht alles wieder eingepackt, als er mit einem Käse und gefolgt von einem anderen Mann zurückkam. Dieser zweite war viel kühner als der, mit dem wir zuerst verhandelt hatten. Er befühlte unser Zeltleinen und behauptete, es kaufen zu wollen. Dann nahm er unsere Löffel und prüfte sie, während sein Gefährte nach der Richtung, aus der sie gekommen waren, hinsah, als ob er noch mehr Leute erwartete.

Was die beiden Popas vorhatten, wußten wir ganz genau. Der kühnere hatte die beiden begehrten Löffel schon in seinen Amphag gesteckt und wollte sie nicht wieder herausgeben, während der andere versuchte, dem Lama das Zelt aus den Händen zu winden.

Ich war mir klar darüber, daß sie noch mehr Leute herbeigerufen hatten, die helfen sollten, uns auszuplündern. Das konnte schlimm werden. Wir mußten die beiden abschrecken und dann schnell fliehen. Vielleicht kamen wir bis zum nächsten Dorf, wohin die Diebe nicht wagen würden, uns zu folgen.

Ich versuchte vergebens einen Appell an die Herzensgüte der Männer. Die Zeit drängte, wir mußten der Sache ein Ende machen und den Leuten zeigen, daß sie es nicht mit furchtsamen, wehrlosen Reisenden zu tun hatten.

«Laßt sofort das Zelt los und gebt die Löffel wieder her!» befahl ich. Mittlerweile hielt ich unter dem Kleid meine Pistole bereit. Der frechste der Diebe lachte nur und faßte irgendeinen anderen Gegenstand an, wobei er mir den Rücken zuwandte. Ich schoß, dicht hinter ihm stehend, aber nicht auf ihn, sondern in die Luft. Sein Begleiter sah es, war jedoch viel zu erschrocken, um seinen Freund zu warnen. Löffel und Zeltplane flogen schnell auf den Boden, und wie die gejagten Hasen liefen die beiden durch das Dickicht fort. Behaglich war die Lage aber trotzdem nicht. Die Schurken konnten sehr wohl noch andere ihresgleichen herbeiholen, sie hatten ja schon vorhin nach ihnen ausgeschaut. Ich bat Yongden, so rasch wie möglich zusammenzupacken, damit wir uns schnell auf- und davonmachen könnten.

Was passiert wäre, wenn sich nicht ganz plötzlich eine Gesellschaft von dreißig Pilgern gezeigt hätte, weiß ich nicht. Sie hatten den Schuß gehört und erkundigten sich nach der Ursache.

Zu der Pistole bekannten wir uns nur ungern, weil sie eigentlich nur Häuptlinge und reiche Händler mit sich zu führen pflegen. Natürlich hielten sie Yongden für den Schützen, und als sie später die Waffe ansehen wollten, zeigten wir ihnen einen ganz kleinen, altmodischen Revolver anstatt der Selbstladepistole, die den Popa beinahe ins Jenseits befördert hätte.

Wir schlossen uns der Gesellschaft an, und wer weiß, ob wir dieser Begegnung im richtigen Augenblick nicht das Leben verdanken. Von unseren neuen Gefährten hörten wir, daß die Popas ihren schlechten Ruf durchaus verdienen, was unsere eigene Erfahrung nur zu bald bestätigen sollte. Der Trupp, mit dem wir nun zusammen wanderten, bestand zumeist aus Leuten von Dsong im Nu-Tal. Wie sie erzählten, waren sie an demselben Tag, an dem wir in dem Dokpas-Lager anlangten, wo wir Führer und Pferd nach dem Aigni-Paß bekamen, in einem anderen Kuhhirtenlager am Fuße des Passes eingetroffen, der in das Nagong-Tal führt.

Vor dem Übergang über das Gebirge wollten mehrere Trapas sich ihre Stiefel gern neu besohlen, deshalb beschlossen die meisten, zu diesem Zweck einen Tag in der Nähe des Dokpas-Lagers zu bleiben. Ein paar weltliche Pilger und fast alle Frauen wollten statt dessen lieber die Paßwanderung langsamer machen. Sie brachen auf und übernachteten unter den Bäumen etwas tiefer unten an der anderen Seite des Gebirgsstockes. Bei Morgengrauen erschien eine Anzahl Popas, und kaum sahen sie die armen Pilger, fielen sie auch schon über sie her und nahmen ihnen alle Decken und die paar in ihren

Kleidern versteckten Geldstücke ab. Als sie hörten, daß noch ein Teil der Pilger nachkommen sollte, befahlen sie den Ausgeraubten, weiterzugehen und sich unterwegs nicht aufzuhalten. Sie luden ihre Jaks voll, trieben sie in die Berge, lagerten sich nahe der Paßhöhe und erwarteten dort die Ankunft des Restes der Gesellschaft gleich tückischen Berggeistern.

Die Popas baten erst um ein Geschenk, wie es bei den Räubern in Tibet und China so der höfliche Brauch ist. Allein viele der Mönche waren mit Speeren und Schwertern bewaffnet und nahmen lieber den Kampf auf, als etwas zu «verschenken». Auch die Popas hatten Schwerter, aber die Pilger waren in der Überzahl und schlugen die tapferen Söhne des Po in die Flucht. Am folgenden Tage trafen die Lamas dann mit ihrer unglücklichen Vorhut zusammen.

Erlebnisse mit Räubern sind so häufig in Tibet, daß sie nur, wenn sie sehr blutig verlaufen, starken Eindruck auf die Reisenden machen. Hier lagen zwar drei von ihnen verletzt in der Nähe des Feuers, aber die anderen ließen sich dadurch keineswegs niederdrücken. Im Gegenteil, das kleine Abenteuer hatte die Eintönigkeit der Reise etwas unterbrochen und sie angenehm angeregt. Es wurde ein höchst lustiger Abend. Die Trapas aus Lhasa erzählten eine Menge Geschichten, die in der Hauptstadt umliefen, und den neuesten Klatsch vom Hof des Dalai Lama.

Ein paar Popas wurden durch die großen, von der Gesellschaft angezündeten Feuer und durch das Geräusch des Holzfällens im Walde auf uns aufmerksam. Mehrere Männer kamen von ihrem am anderen Ufer liegenden Dorf herbei, um mit uns zu schwatzen. Ganz nüchtern waren sie nicht. Vermutlich wollten sie sich überzeugen, wie viele wir waren, und mit ihren Freunden beraten, ob wir mit Erfolg ausgeraubt werden konnten.

Sie baten Yongden, einen Tag bei ihnen zu bleiben, um Haus und Hof zu segnen. Der Lama lehnte die Einladung natürlich ab, indem er angab, wie sehr wir uns eilen müßten, um Lhasa noch rechtzeitig zum großen Neujahrsfest zu erreichen. Das begriffen sie und ließen ihn in Ruhe, fügten aber hinzu, daß sie ihm am nächsten Morgen ihre Frauen und Kinder schicken würden, damit er sie segne.

Trotz dieser frommen Reden wurden doch Nachtwachen um unser Lager aufgestellt, jedoch Stunde um Stunde verlief ganz friedlich, sogar so ruhig und still, daß wir in unserem etwas abseits stehenden Zelt nichts vom Aufbruch unserer Gefährten hörten. Dann bestand ich noch darauf, erst unseren heißen Tee zu trinken; daran hielt ich, soweit es anging, fest und schreibe dieser Gewohnheit viel von der guten Gesundheit zu, die sich Yongden und ich sowie alle unsere Diener auf früheren Reisen stets bewahrt haben. Dagegen klagen andere tibetische Reisende viel über heftige Fieberanfälle und sonstige Erkrankungen, haben aber auch die Gewohnheit, selbst zur Winterszeit und in den kältesten Gegenden vor Sonnenaufgang ohne Frühstück aufzubrechen.

Freilich hielt uns dieser treffliche Brauch etwas auf, und Yongden hielt es für Leichtsinn, sich in diesem unsicheren Landstrich von der Gruppe zu trennen. Wir waren beinahe fertig mit Packen, und ich beugte mich gerade über einige Gepäckstücke, als er mir plötzlich das Nahen von Räubern ankündete. Ich sah aus der angegebenen Richtung wirklich einen Trupp Leute auf uns zukommen, doch wir erkannten bald, daß es nur Frauen und Kinder waren.

Trotz des Rausches hatten unsere gestrigen Besucher also nicht vergessen, sie zu schicken, um gesegnet zu werden. Sie brachten sogar ein ganz annehmbares Geschenk von spanischen Pfefferschoten mit, die in Lhasa einen wertvollen Tauschartikel bilden, und außerdem noch etwas Butter und getrocknete Früchte. So verwandelten sich die gefürchteten Räuber in Wohltäter. Über den Segenzeremonien, dem Verpacken unserer Geschenke und dem unvermeidlichen Geschwätz verging noch mehr Zeit, so daß wir beim Aufbruch eigentlich kaum mehr hoffen konnten, unsere Gefährten wieder einzuholen.

Es war fast ein Wunder, wie vielen und verschiedenartigen Gefahren wir entronnen waren, aber man soll doch nie den Tag vor dem Abend loben, und die Popas machten uns noch lange zu schaffen. Sie sollten aber auch die erste Ausländerin, die ihr schönes Land betrat, noch näher kennenlernen.

Es war am Abend desselben Tages; wir waren müde von der langen Wanderung und hatten die Hoffnung aufgeben müssen, die Pilgergruppe einzuholen. Durch dichtes Laubwerk versteckt, rauschte tief unterhalb unseres schmalen Pfades der Tongyuk-Fluß, dem wir stromaufwärts folgten. Ich ging voran und schaute eben nach einem Lagerplatz aus, als ich sah, wie sieben Männer uns entgegenkamen. Ich ahnte sofort Böses. Immerhin, Kaltblütigkeit ist bekanntlich die beste Waffe, und meine Gewöhnung an ein Leben voll Abenteuer hatte mich gegen derartige Lagen gewappnet. Ich ging also ruhig und mit der ganzen Teilnahmslosigkeit einer müden Pilgerin weiter. Einer von der Bande blieb in der Mitte des schmalen Pfades stehen und fragte mich, woher und wohin. Ich murmelte die Namen einiger Wallfahrtsorte und ging zwischen ihm und dem Gebüsch durch. Er versuchte nicht, mich festzuhalten, und ich freute mich schon bei dem Gedanken, daß alles wieder einmal gut gegangen sei, als ich mich umdrehte und sah, daß mein Sohn nicht weitergegangen war, sich an einen Felsen lehnte und mit den Männern redete. Es schien freilich bei einem friedlichen Gespräch zu bleiben, die Stimmen klangen nicht lauter als gewöhnlich, aber was gesagt wurde, konnte ich nicht hören.

Da bemerkte ich, daß einer der großen Burschen etwas aus der Umhängetasche des Lama herausnahm. Ich wußte, er hatte ein paar Münzen darin, war mir aber nicht klar über den Vorgang und dachte, die Popas verkauften uns etwas.

Ich begriff die Sachlage erst, als Yongden mir zuschrie: «Sie haben mir meine beiden Rupien weggenommen!»

Der Geldverlust war ja nicht der Rede wert, aber ich sah, daß einige der Räuber Hand an die Last auf seinem Rücken legten und sie gerade öffnen wollten.

Nun wurde es Ernst. Ein Kampf war ausgeschlossen, denn wenn ich einen der Männer erschoß, würden die anderen meinen wehrlosen Begleiter sofort mit den langen Schwertern erschlagen haben, die sie im Gürtel trugen.

Andererseits konnten wir sie nicht ohne Gefahr den Inhalt unserer Ranzen untersuchen lassen. Die ausländischen Gegenstände darin mußten den Wilden auffallen, ihr Besitz die zerlumpten Pilger verdächtig machen. Waren die Räuber aber erst einmal auf der Spur, konnten sie leicht darauf verfallen, uns zu durchsuchen und dabei das unter unseren Kleidern verborgene Gold finden. Und was dann? Uns entweder auf dem Fleck totschlagen oder uns vor einen ihrer Häuptlinge schleppen, der dann, wenn ich zugab, eine verkleidete Ausländerin zu sein, den nächsten Vertreter der Lhasa-Regierung benachrichtigte. Hielt ich aber an meinem Inkognito fest, so wurden wir eben als Diebe behandelt, was soviel hieß wie: Er behielt unweigerlich unser Gold für sich, und wir bekamen unbarmherzig Prügel.

Am meisten fürchtete ich, erkannt und an der Weiterreise gehindert zu werden. Die Männer mußten in dem Glauben bleiben, daß sie es mit einem armen Bettler und einer alten Arjopa zu tun gehabt hatten, dann würden sie die Begegnung bald restlos vergessen haben.

Diese Gedanken fuhren mir viel rascher durch den Kopf, als ich sie hier aufschreiben kann. Die Handlung für das ländliche Drama, das hier über die Bühne gehen sollte, war schnell gefunden, nun ging's ans Spielen meiner Rolle.

Verzweifelt aus vollem Halse heulend beklagte ich, während dicke Tränen mir die Wangen herunterrollten, den Verlust der zwei Rupien, unseres einzigen, unseres allereinzigsten Geldes! Was sollte nun aus uns werden, und wie konnten wir uns auf unserer langen Pilgerreise zu essen verschaffen?

Und dann, was für heiliges Geld waren gerade diese beiden Rupien gewesen! Ein frommer Familienvater hatte sie uns dafür gegeben, daß der Lama beim Begräbnis seines Vaters die Zeremonien vorgenommen hatte, die dem Verstorbenen den Eingang in das glückselige Land, ins «Westliche Paradies», verschafften. Und das hatten diese Missetäter zu stehlen gewagt! Aber die Rache würde nicht ausbleiben!

Nun ging ich von Tränen zu Flüchen über, was mir gar nicht schwerfiel. Ich bin wohlbewandert im tibetischen Pantheon und seinen verschiedenen Göttern und wandte mich gleich an die am meisten gefürchteten, und zwar unter ihren gräßlichsten Namen und Titeln. Zuerst kam Palden Dorjee Lhamo an die Reihe, die Göttin, die im Sattel aus blutiger Menschenhaut auf ihrem wilden Pferd daherjagt. Dann flehte ich zu den «Zornigen»; sie nähren sich von Menschenfleisch, und ihre Leibgerichte sind frische Menschengehirne, im Schädel serviert. Auch die riesenhaften «Fürchterlichen» fehlten nicht, die Begleiter von König Tod; mit Knochen bekränzt, tanzen sie auf Leichen. Sie alle rief ich auf und flehte sie an, uns zu rächen. Wahrlich, ich war die in alle Geheimnisse eingeweihte Gattin eines schwarzen Ngagspa. Seine Schutzgeister würden unfehlbar jeden verderben, der sich an seinem unschuldigen Sohne vergriff. Wandelte dieser nicht den reinen, heiligen Weg des Gelong?

Ich habe für gewöhnlich nichts Dramatisches an mir, aber in diesem Augenblick fühlte ich mich jeder großen Tragödin ebenbürtig. Es dunkelte im Walde, und ein leichter Lufthauch raunte und flüsterte in den Blättern. Aus dem unsichtbaren Bergstrom unten in der Tiefe schienen düstere, geheimnisvolle Stimmen bis zu uns heraufzuklingen, und in der Luft schwirrte es wie von drohenden Worten in unbekannter Sprache.

Ich blieb innerlich ruhig und zitterte nicht vor den Dieben – ich war ein anderes Mal schon mehr als sieben zugleich entgegengetreten; was mich erschauern machte, war die okkulte Stimmung, die ich selbst geschaffen hatte. Und darin war ich nicht allein. Die sieben Räuber standen wie versteinert da, einige an den Fels gelehnt in einer Linie mit meinem Sohn, andere weiter unten auf dem Wege; die ganze Gruppe war wie vom Schreck gelähmt, und ich hätte sie zu gern fotografiert. Aber für Schnappschüsse war es nicht der richtige Augenblick.

Einer der Popas kam mir vorsichtig etwas näher und versuchte aus einiger Entfernung Friedensverhandlungen: «Sei nicht böse, altes Mütterchen! Hier sind eure zwei Rupien, weine nur nicht und hör auf mit Fluchen! Wir wollen auch ganz friedlich in unser Dorf zurückgehen.»

Ich ließ darauf Wut und Verzweiflung abflauen und nahm die beiden Geldstücke so entgegen, als habe ich einen unersetzlichen Schatz zurückerobert.

Yongden hatte sich mir wieder angeschlossen. Die Diebe baten ehrfurchtsvoll um seinen Segen, den er ihnen auch mit mäßig guten Wünschen erteilte, dann zogen sie ab.

Diese Bande kehrte sicher nicht wieder zurück, um uns auszuplündern, aber das Abenteuer mußte uns doch eine deutliche Warnung sein, die besonders gefährliche Gegend schleunigst zu verlassen. Wir durchwanderten in der Nacht noch ein gutes Stück Wald, in dem es mir war, als spukten dort überall die Schatten der von mir heraufbeschworenen Göttergestalten. Vom Fluß her klang es wie das Stimmengewirr einer großen Volksmenge. Wir schienen von unsichtbaren Wesen umgeben, und ich mußte an all die furchtbaren Gottheiten denken, die ich angerufen hatte . . ., denn schließlich stand ich, wie alle, die lange in der Wildnis gelebt haben, dieser geheimnisvollen Welt nicht ganz ungläubig gegenüber.

Es war nicht das erstemal, daß sich im Lauf meiner tibetischen Wanderungen falsche Magie und Räuber zu einer übersinnlichen Begebenheit verschmolzen hatten. Ein komischer Zwischenfall, der mir ungefähr achtzehn Monate vor meiner Begegnung mit den räuberischen Popas in der Grassteppe passiert war, fiel mir wieder ein.

Ich war an dem Tage weit hinter meinen Leuten zurückgeblieben, um Pflanzen zu sammeln, die ich an die Französische Botanische Gesellschaft schicken wollte. Es war zur Regenzeit, die ganze Steppe war zu einem Schlammeer geworden. Schwerfällig zogen große Wolken am niedrigen Himmel dahin, verhüllten die Gipfel, füllten alle Täler und warfen ein graues, trübseliges Leichentuch über die Landschaft. Ich erkannte die leuchtende Einsamkeit kaum wieder, die ich in früheren Jahren so oft auf unbeschwerten Ritten durchstreift hatte. Zum Glück hatte ich Gründe genug, um keiner müden und gedrückten Stimmung nachzugeben,.sonst hätte die Trostlosigkeit von Nässe, Regen und Nebel, die ich noch dazu fröstelnd und von Fieber durchschüttelt durchwandern mußte, mich leicht überwältigen können.

Unsere Gesellschaft bestand aus neun Personen: Yongden, drei Dienern, einem chinesischen Soldaten und einem Mohammedaner, der mit seiner tibetischen Frau und seinem kleinen Sohn auf dem Rückweg nach seiner Heimat begriffen war.

Yongden und die Frau waren mit mir beim Pflanzensuchen zurückgeblieben, die anderen Männer weit voraus. Es hatte sich endlich aufgeklärt, und zwischen den Wolken hindurch sah man, daß die Sonne am Untergehen war. Also war es Zeit, uns nach dem Lager aufzumachen.

Wir hatten die Ebene verlassen und kamen um einen Felsvorsprung herum in ein enges Tal, als zu meiner Linken drei Männer mit über die Schultern geworfenen Flinten auftauchten und schweigend im Dickicht vor uns verschwanden. Ich war mir sofort im klaren über sie. In dieser Gegend begrüßen die tibetischen Reisenden einander sonst stets mit: «*Oghiai! Oghiai!*[1]» Dann werden Fragen über das Woher und Wohin gewechselt. Das Schweigen der Männer war höchst verdächtig, überdies waren sie ja auch nicht weitergegangen, sondern hatten sich versteckt.

1 «Ihr habt Schweres erlebt», worauf die Antwort lautet: *«Lags ma kaa; kiai lo oghiai!»*, d. h. «Ich habe nichts Schweres erlebt, vielleicht aber ihr.»

Ich tat so, als ob ich meinen Weg ruhig und achtlos fortsetzte, fühlte aber unter meinem Kleid nach, ob mein Revolver auch zur Hand war. Der neben mir reitenden Frau flüsterte ich zu: «Hast du sie gesehen?»

«Ja», antwortete sie, «es sind Räuber.»

Ich beschaute mir eine auf einem Felsen wachsende Blume anscheinend mit größtem Interesse und rief Yongden unter dem Vorwand, sie ihm zu zeigen, herbei. Um keinen Preis durften die Briganten, die uns vielleicht beobachteten, Zeichen von Aufregung oder Furcht bei uns sehen. Ich trug schließlich die Tracht eines Lamaordens, dessen Mitglieder als furchtlos gelten und denen okkulte Kräfte zugeschrieben werden; darin bestand unser bester Schutz.

«Hast du die Männer gesehen?» fragte ich meinen Begleiter.

«Nein.»

«Drei Männer mit Flinten, ohne Zweifel Räuber. Halte deinen Revolver bereit. Sobald der Weg sich wendet und wir außer Sicht sind, wollen wir schneller reiten. Wir müssen rasch zum Lager zurück und die Diener benachrichtigen.»

Wir waren gut beritten und kamen schnell vorwärts. Plötzlich war aus der Richtung unseres Lagers ein Schuß zu hören. Wir ritten rascher und sahen bald unsere Zelte, die im hohen Gras dicht an einem Fluß aufgeschlagen waren.

«Habt ihr drei Männer auf eurem Weg gesehen?» fragte ich sofort die Diener, die, um unsere Pferde zu halten, herbeikamen. Nein, innerhalb der letzten zehn Tage waren sie keiner Menschenseele begegnet.

«Ich habe aber doch einen Schuß gehört.»

Sie ließen alle die Köpfe hängen. «Ich habe einen Hasen geschossen», bekannte der Soldat. «Wir haben kein Fleisch mehr, und meine Frau fühlt sich ganz schwach.»

Ich hatte meinen Dienern streng alles Jagen verboten, aber der Soldat stand nicht in meinem Dienst. Ich ging also darüber weg.

«Diese Frau und ich haben drei bewaffnete Männer gesehen, die sich anscheinend vor uns verstecken wollten», sagte ich. «Wir müssen diese Nacht das Lager besonders gut bewachen. Die drei haben vielleicht in der Nachbarschaft noch Kumpane.»

«Da sind sie!» rief mein oberster Diener Tsering und zeigte auf zwei Männer, die oberhalb des Lagers auf der Spitze des Hügels standen. Ich sah sie mir durch das Fernglas an; es waren dieselben Leute wie unterwegs. Ob sie den dritten etwa ausgeschickt hatten, um noch mehr solche Schurken zu holen und uns dann zu überfallen? Die beiden blieben beobachtend stehen.

«Wir wollen keine Notiz mehr von ihnen nehmen», sagte ich, «sondern Tee trinken und dabei einen Plan entwerfen. Legt Flinten und Revolver an einen für die Räuber recht sichtbaren Ort. Sollten es mehr als nur die beiden sein, so ist es besser, daß sie sehen, wie gut wir uns verteidigen können.»

Der Tee war fertig. Einer der Diener tauchte einen Löffel in den Kessel, warf ein paar Tropfen der Flüssigkeit nach den sechs Seiten, einschließlich Zenit und Nadir, und rief laut: «Trinkt Tee, ihr Götter!» Darauf wurden unsere Schalen gefüllt, und um das Feuer in der Rund sitzend, berieten wir die Lage.

Die Leute schlugen vor, die benachbarten Hügel zu erklettern und von da nach einer vielleicht in der Nähe befindlichen Bande auszuschauen; aber dafür war ich nicht. Die Räuber konnten ja gerade den Augenblick benutzen, in dem meine Dienerschaft fern vom Lager war, um ein paar Tiere oder Gepäck zu stehlen.

«Ich weiß etwas Besseres», sagte der Soldat. «Wir lassen es erst dunkel werden, dann verstecke ich mich mit zwei anderen Männern, jeder für sich, an drei verschiedenen Stellen außerhalb des Lagers. Ein anderer hält hier Wache und schlägt dabei die ganze Nacht hindurch die Trommel oder macht sonst irgendwie Lärm, wie es die Chinesen zu tun pflegen. Die Räuber vermuten uns dann alle um das Feuer versammelt und werden sich an die Zelte heranschleichen. Die außerhalb des Lagers versteckten Männer müssen sie dabei sehen und können auf sie schießen, bevor sie noch die Zelte erreicht haben.»

Das schien mir für einen so kleinen Trupp wie den unseren der beste Plan, und ich ging darauf ein.

Wir banden die Tiere gut an, denn wenn die tibetischen Räuber keinen offenen Kampf wagen, eröffnen sie gewöhnlich auf kurze Entfernung ein Gewehrfeuer, um die Tiere scheu zu machen. Reißen sie sich dann los, jagen sie sie fort, und es gelingt ihnen meist, einige zu erbeuten.

Yongden bestand darauf, mit den Säcken und Kisten, in denen unsere Vorräte enthalten waren, eine Barrikade zu bauen. Natürlich war das als Schutz für uns gedacht, aber, bei aller Achtung für die Gelehrsamkeit meines Pflegesohns – von der Kriegskunst versteht er nichts. Der Bau sah mir mehr danach aus, als ob wir ihn mit unsern Leibern schützen müßten, als daß er ihnen Schutz verleihen könnte. Aber ich fühlte mich auch nicht gerade als Sachverständige, und leider war kein großer Feldherr da, um uns über den Bau von Feldbefestigungen aufzuklären.

Die Nacht, in der wir jeden Augenblick auf einen Angriff gefaßt waren, war eine der schönsten meines Lebens, wenn es auch nicht die Aussicht auf den Kampf war, die mir das Wachbleiben so reizvoll machte. Am Eingang des Zeltes, die Schale mit Tee neben sich, saß Tsering und sang wohl an die tausend Jahre alte Balladen aus dem Lande Kham. Den Takt dazu schlug er mit einer kleinen Gerte auf einem tibetischen Kessel, in dem wir über dem Lagerfeuer unseren Tee oder unsere Suppe kochten. Die Lieder besingen die Großtaten ländlicher Ritter, wie sie sich einstmals in den Urwäldern zugetragen haben, über denen die leuchtenden Bergeshäupter mit ihren ewigen Schneekronen zum Himmel emporragen. Diese Helden waren wohl ebensogut Räuber wie die, gegen die wir soeben auf der Hut waren. Von unserem Wächter wußte ich auch gewiß, daß er in mehr als einem derartigen Abenteuer eine Hauptrolle gespielt hatte, und dasselbe galt für die drei von uns aufgestellten Schildwachen. Das ist nun einmal nicht anders; in diesem Lande weiß der mutige Mann noch nichts Besseres zu tun, als den Spuren reicher Karawanen nachzugehen.

Tsering hatte eine schöne Stimme, und sein Vortrag schlug bald heroische, bald mystische Töne an. Er sang nicht nur von Kriegern, sondern auch von gütigen Göttinnen und heiligen Lamas. Manchmal schlossen die Verse mit dem leidenschaftlichen Wunsch nach dem geistigen Erwachen, das aller Furcht und Trübsal ein Ende macht. Selbst der prosaische Kessel schien sich poetisch zu verklären; sein Metall erklang feierlich wie Glockenton. Tsering war unermüdlich; erst als der Morgen graute, verstummten seine Zaubergesänge.

Ganz erstarrt von der langen Wache in dem feuchten hohen Gras kamen die Schildwachen zurück und beeilten sich, Feuer anzuzünden und Tee zu machen. Tserings Gesang war verhallt, und auch der musikalische Kessel hatte sich wieder auf seine nützliche Bestimmung besonnen; er stand mit dampfendem Tee auf den Flammen. Yongden lag, mit dem Kopf an seine Barrikade gelehnt, in tiefem Schlaf.

Die Räuber hatten zwar keinen Angriff gewagt, die Nacht aber in der Nähe des Lagers verbracht. Wir waren beinahe mit Frühstücken fertig, als die drei Männer erschienen, jeder ein Pferd am Zügel führend. Meine Leute sprangen rasch auf die Füße und liefen ihnen entgegen. «Wer seid ihr?» fragten sie. «Wir sahen euch gestern. Was tut ihr hier?»

«Wir sind Jäger», antworteten die Neuankömmlinge.

«So, das trifft sich ja gut. Wir haben gerade kein Fleisch mehr, und würden euch etwas Wild abkaufen.»

Die angeblichen Jäger machten verlegene Gesichter. «Wir haben noch nichts geschossen», sagten sie.

Mehr brauchten meine Leute nicht zu hören.

«Wißt ihr wohl», fragte Tsering die drei Tibeter, «wer die edle, hochwürdige Dame ist, die mit einem so schönen Zelt reist und ein Gewand aus Goldbrokat trägt?»

«Ist sie am Ende die Philing Jetsunma, die in Jakyendo gewohnt hat? Von der haben wir gehört.»

«Jawohl, das ist sie. Und ihr könnt uns glauben, vor Räubern hat sie ebensowenig Angst wie vor wilden Tieren oder was es auch sein mag. Wer ihr nur das geringste von ihrem Hab und Gut stehlen wollte, wäre schlimm dran. Sie braucht nur in eine Schale voll Wasser hineinzusehen, dann erblickt sie darin sofort den Dieb, alles was er gestohlen hat und den Ort, wo er sich selbst und das Diebesgut versteckt hält.»

«Dann haben die Dokpas also wirklich recht, wenn sie sagen, daß alle weißen Ausländer sich auf diese Kunst verstehen?» sagten die Leute.

«So ist es», bestätigte mein oberster Diener.

Tsering kannte die Geschichten, die sich die Kuhhirten erzählen, sehr gut, und benutzte sie nun ganz geschickt, um die Räuber einzuschüchtern und sie von dem Gedanken abzubringen, uns ein paar Tage später, nach Verstärkung durch ihre Kumpane, zu überfallen.

Vielleicht zehn Tage nach diesem Erlebnis verbrachten wir die Nacht einem Dokpas-Lager gegenüber. Schon bevor es dunkelte, zog ich mich in mein Zelt zurück und hörte von da aus, wie das Lager viel Besuch bekam. Die Leute brachten Geschenke von Milch und Butter, und Yongden sagte ihnen, daß die Dame heute nicht bei ihren religiösen Meditationen gestört werden dürfe, daß sie die Gäste aber morgen früh gern empfangen werde.

Bei Tagesanbruch bat Yongden, in mein Zelt eintreten zu dürfen.

«Bevor die Dokpas zurückkommen», sagte er, «muß ich dir eine Bitte mitteilen, die sie gestern äußerten. Zwei ihrer Pferde sind ihnen, sie wissen nicht von wem, gestohlen worden, und nun möchten sie, daß du in eine Schale Wasser sähst, um ihnen die Diebe und den Ort zu beschreiben, wo die gestohlenen Tiere versteckt gehalten werden.»

«Was hast du ihnen geantwortet?» fragte ich.

«Ich glaube fast», meinte Yongden, «die Leute haben nichts Gutes vor. Kann sein, daß ihnen gar nichts gestohlen worden ist und sie nur herausbekommen wollen, ob sich das mit der Schale Wasser und der Zauberkunst der weißen Ausländerin wirklich so verhält. Es sollte mich gar nicht wundern, wenn sie ein Auge auf unsere schönen chinesischen Maultiere geworfen hätten. Sie würden sie gewiß gern stehlen, wenn sie nur sicher wären, daß du den Dieben nicht auf die Spur kommen könntest. Zumal wenn der Diebstahl ein paar Tagesmärsche von ihrem Lager entfernt vor sich ginge, ließe sich wohl nicht mehr so leicht der Stamm ermitteln, zu dem die Räuber gehören. Sagst du ihnen, daß du ihre Pferde gesehen hast, und es sind in Wirklichkeit gar keine gestohlen worden, so werden sie überzeugt sein, daß du ihre Lüge nicht durchschaut hast und daß es mit deinen Zauberkünsten nicht weit her sein kann. Sie werden dann glauben, daß sie uns ungestraft ausrauben dürfen. Ich erklärte ihnen deshalb, du könntest zwar alles, was sie erfahren möchten, aus der Schale Wasser ersehen, aber das gewöhnliche Flußwasser sei dafür unbrauchbar; es müsse erst durch besondere Riten und Zeremonien drei Tage lang eigens vorbereitet werden. Das leuchtete ihnen ein. Darauf sagte ich ihnen, daß du wegen einer wichtigen Besprechung mit einem großen Lama nach Amdo gerufen seist und vermutlich keine drei Tage mehr hierbliebst. Und da ich weiß, wie sehr ihnen der Gedanke widerstrebt, daß ein Mensch um eines einfachen Diebstahls willen hingerichtet werden könnte, fügte ich hinzu, du würdest jeden, der auch nur einmal in seinem Leben gestohlen hat, den chinesischen Richtern melden. Und das hieße soviel wie sie rettungslos zum Tode verurteilen. Das wirkte gründlich abschreckend. Die Männer wollten sich nun doch lieber auf eigene Faust nach den gestohlenen Pferden umsehen.»

Ich lächelte zu seiner List, und als sich die Dokpas von neuem mit Geschenken einfanden, wiederholte ich ihnen alles, was Yongden erzählt hatte, so daß sie auf die Vornahme des allzu gefährlichen Ritus tatsächlich gern verzichteten.

Mein oberster Diener, Tsering, war in seiner frühen Jugend einmal im Dienst von Ausländern bis Ta-tschien-lu gereist. Von der Zeit her war ihm eine gewisse Überheblichkeit geblieben, die er gern vor seinen leichtgläubigen Landsleuten zur Schau stellte. Er hörte ein paar Tage lang gar nicht auf damit, sich über unsere Herausforderer lustig zu machen, und konnte nicht genug über die betrogenen Narren lachen.

Mittlerweile waren wir am Ufer des großen Blauen Sees angelangt, an dem von so vielen Tausenden von Tibetern und Mongolen hochverehrten heiligen Kuku-nor. Die Regenzeit war vorüber, und ich sah das wundervolle Binnenmeer wieder, wie es im hellsten Sonnenschein dalag, sah alle die Felseninseln, von denen die größte schon seit Jahrhunderten einigen Anachoreten als Wohnsitz diente.

Als ich einmal von einem Bad, das ich im See genommen hatte, nach dem Lager zurückkam, sah ich Tsering eben aus Yongdens Zelt heraustreten und dabei hastig etwas in seiner Brusttasche verbergen. Am selben Abend berichtete mir Yongden, er sei, während er gerade Geld zählte, abgerufen worden und habe seine Börse auf einer Kiste im Zelt liegenlassen. Als er zurückkehrte, fehlten drei Rupien.

Ich sagte ihm nichts von Tsering, sondern schalt ihn nur wegen seiner Unachtsamkeit, und dabei blieb es.

Drei Tage später legte ich auf meinem Feldtischchen ein paar Grashalme und etwas Reis zurecht. Ich zündete ein paar Räucherkerzen an und stellte eine Schale mit Wasser in die Mitte. Dann wartete ich, bis ich alle Diener in ihren Zelten wußte und daß sie ausgezogen, wenn auch noch nicht eingeschlafen waren. Nun verstecken die Tibeter während des Schlafens ihr kostbarstes Hab und Gut, besonders ihr Geld, unter dem, was sie gerade als Kopfkissen benutzen.

Ich läutete zunächst eine Weile die kleine Glocke und schlug das

Tamburin, das die Lamas bei ihren Zeremonien gebrauchen. Dann rief ich Tsering.

«Tsering», sagte ich mit strenger Stimme zu ihm, «aus Lama Yongdens Börse fehlen drei Rupien. Ich habe sie in diesem geweihten Wasser unter deinem Kopf liegen sehen. Geh und hole sie!»

Der «Skeptiker» verlor seine ganze spöttische Ungläubigkeit, er wurde blaß und klapperte vor Angst mit den Zähnen. Er verneigte sich dreimal tief vor mir, ging ohne ein Wort der Widerrede zum Zelt der Dienerschaft und brachte das Geld zurück.

«Werden die Rachegötter mich töten?» fragte er zitternd.

«Nein», antwortete ich ernst, «ich will dafür sorgen, daß dein Leben erhalten bleibt.»

Er verneigte sich nochmals und ging.

Als ich wieder in meinem kleinen Zelt allein war, blickte ich lange auf die schweigende Einöde hinaus und zum sternenhellen Himmel, dann nahm ich noch einmal das lamaistische Glöckchen und die Trommel zur Hand, die bei dem mystischen Ritus ihre Rolle gespielt hatten. Bei den Klängen dieser altertümlichen Musik versank ich in Nachdenken über die Gewalt, die der Urväterglaube über das menschliche Gemüt besitzt, und wie die Komödie, die ich eben aufgeführt hatte, doch ihre geheimnisvollen, im Tiefsten wurzelnden Elemente hatte.

Räuberabenteuer haben in Tibet stets einen romantischen Beigeschmack, von dem man aber leicht zuviel bekommen kann. Ich war deshalb recht froh, in den Tagen nach meinem dramatischen Auftreten im Walde keinen anderen Wegelagerern mehr zu begegnen.

Wir näherten uns jetzt Tong-yuk, wo am Kreuzungspunkt zweier Straßen ein Schlagbaum dafür sorgt, daß alle nach Lhasa ziehenden Reisenden gründlich untersucht werden. Aber wie so oft in Tibet, ist die Sache doch wieder so kindlich eingerichtet, daß ein Fußgänger sich der Überwachung unschwer entziehen kann.

Wenn man von Tong-yuk nach Giamda, der Hauptstadt der Provinz Kongbu, reisen will, kann man einen viel kürzeren Weg einschlagen als den üblichen, der weit nach Süden, bis zum Brahmaputra ausbiegt. Aber der kürzere Weg führt durch unbewohnte Gegenden, und deshalb ziehen die Reisenden die langen Schleifen des südlichen Weges vor. Die Zeit hat im Osten wenig Wert, und für alle tibetischen Reisenden ist die Hauptsache, daß eine Straße sicher und bequem ist.

Auf den Karten sind zwar nur wenige Straßen verzeichnet, in Wirklichkeit ist aber ganz Tibet von vielen mehr oder weniger gut begehbaren Pfaden durchkreuzt. Künftige Forscher brauchen deshalb nicht zu befürchten, daß sie sich ihren Weg nach den unbekannten Landschaften erst mühsam mit der Axt durch undurchdringlichen Dschungel bahnen müssen. Allerdings gilt alles, was ich sage, nur für Leute, die auf landesübliche Art zu reisen verstehen, so wie ich selbst das auf allen meinen Reisen getan habe. Wer nicht ohne große Zelte, ohne Tisch, Stühle, Büchsennahrung, einen Backofen zum Brotbacken und sogar ein Grammophon auskommen kann (denn selbst das haben einige Forschungsreisende schon mitgeschleppt), der wird sich mit den ländlichen Wegen Tibets nicht befreunden können und vermutlich ebensowenig mit den rauhen Bergbewohnern, die sie angelegt haben.

Die Zollbrücke von Tong-yuk überwölbt einen schmalen, aber ziemlich tiefen Bergstrom. Nahe bei dem Brückentor befindet sich das Haus des Brückenwarts. Als wir an das Tor klopften, öffnete er es nur eben weit genug, um uns durch den Spalt zu mustern. Wir ließen ihm gar keine Zeit, uns Fragen zu stellen, sondern fragten selbst schnell, wie in großer Besorgnis:

«Sind unsere Freunde hier?»

«Was für Freunde?» erkundigte sich der Mann.

«Die große Gesellschaft von Sera- und Depung-Mönchen.»

«Die sind heute früh abgezogen.»

«Wie schade», jammerten wir beide.

Der Brückenwart hatte das Tor etwas weiter geöffnet, und wir benutzten das gleich, um uns vorzudrängen, während wir dabei den armen Kerl mit unaufhörlichen Fragen geradezu betäubten. Wir wollten wissen, ob die Trapas ihm keine Botschaft für uns aufgetragen hätten und ob sie nicht auch einen Beutel mit getrocknetem Fleisch, der uns gehörte, für uns zurückgelassen hätten. Yongden sah den Tibeter ganz mißtrauisch an, und der Mann bemühte sich eifrig, ihn zu überzeugen, daß niemand von der Gesellschaft ihm etwas für uns eingehändigt hätte. War er nicht ein ehrlicher Mann?

Die Autorin mit zwei Dienern auf der Wanderung durch den Himalaja (1914).

Wie sollte es ihm da einfallen, einen Lama um sein Eigentum zu bringen?

Yongden konnte von gar nichts anderem als von dem Dörrfleisch reden und schien darüber ganz die Tatsache zu vergessen, daß die Reisenden eigentlich erst im Verwaltungsbüro die Erlaubnis einholen müssen, bevor sie ihre Reise fortsetzen dürfen. Es war meisterhaft, wie er den Vorwand gebrauchte, aber ich fürchtete doch, der Brückenwart könnte, so verdutzt er auch aussah, sich schließlich doch an seine Pflicht erinnern und uns nach unserer Reiseerlaubnis fragen, ohne die er uns nicht vorbeilassen durfte. Ich fragte mit weinerlicher Stimme:

«Hat der Pönpo unseren Freunden Almosen gegeben?»

«Das weiß ich nicht», lautete die Antwort.

«Nun», erwiderte ich, «dann muß ich versuchen, etwas zu bekommen. Mein Sohn, der Lama, hat sich den Fuß verletzt. Wir sind zurückgeblieben und haben nun nichts zu essen, da der Sack mit dem getrockneten Fleisch ja bei den anderen ist.»

«Das mit dem Sack will ich schon durch ein Mo ergründen», sagte Yongden streng. «Meine Mo treffen immer ein.»

«Ja, ja», stimmte der unschuldig Verdächtigte zu, «befragt erst das ‹Mo›, Lama. Ihr könnt ja nachher zum Pönpo gehen.»

«Ich gehe sofort hin», erklärte ich. «Vielleicht ist er gut zu mir.»

Das war dem Brückenwart höchst gleichgültig. Ich ging also und traf nahe bei der Wohnung des Beamten einen ziemlich gutgekleideten Mann. Ich grüßte ihn sehr höflich und fragte ihn, ob er mir den Weg zum Pönpo zeigen wolle.

«Was willst du denn?» fragte er.

Ich erklärte, daß mein Sohn, ein Trapa aus dem Kloster Sera, zu der Gesellschaft gehöre, die gestern Tong-yuk passiert hatte. Wegen seines wunden Fußes wären wir zurückgeblieben und müßten uns nun, da wir nichts zu essen hätten, beeilen, unsere Gefährten einzuholen. Mit geheuchelter Schüchternheit zog ich darauf zwei kleine Münzen aus der Tasche, die, wie ich sagte, mein Sohn, der Lama, der ja bald kommen mußte, dem Pönpo anbieten wollte. Er hielte sich nur noch bei dem Torhüter auf, um sich nach einem Sack zu erkundigen, den unsere Freunde für uns hatten dalassen sollen. Was mich betraf, wollte ich um eine Handvoll Tsamba bitten.

Der Mann ergriff hastig die beiden Münzen, ganz wie ich erwartet hatte, und befahl mir, zu warten. Darauf ging er fort, und ein paar Minuten nachher brachte ein Diener mir einen kleinen Napf mit Tsamba. Aus der Ferne hörte ich den Mann, der mein Geld genommen hatte, rufen: «Führt sie hinunter, der Trapa braucht nicht erst herzukommen.»

So ging der Diener mir voran. Ich weiß nicht, was er dem Torhüter sagte; diesen fand ich aber hocherfreut, weil Yongden, der Meister der unfehlbaren Mo, entdeckt hatte, daß ihm von unseren Freunden kein Dörrfleisch für uns anvertraut worden war.

Wir durften den Schlagbaum passieren und beeilten uns fortzukommen, was niemand wundern konnte, da uns ja daran liegen mußte, unsere Gesellschaft recht bald einzuholen. Abends lagerten wir in einem herrlichen Wald. Jetzt blieb uns nur noch die Zollbrücke von Giamda zu überschreiten, aber bis dahin war es noch weit, und wir konnten uns noch manchen Plan ausklügeln.

Wir näherten uns jetzt dem Ende des Pfades, der die «südliche Poststraße» genannt wird. Dieses Grenzgebiet ist fast ganz bewaldet, Dörfer sind selten. Obgleich die Einwohner dieser Gegend auch keinen besseren Ruf haben als die des Oberlandes, hatten wir doch nirgends Unannehmlichkeiten.

Die Frauen tragen hier Pelzkleider, über die sie eine Art großer Stola werfen; bei den Reichen besteht sie aus Bären-, bei den Armen aus Ziegenfellen. Wie aller Pelz in Tibet, wird auch dieser mit dem Haar nach innen gewendet getragen. Die Männer tragen einen Schulterkragen, der aber bei ihnen nur bis zur Taille reicht, bei den Frauen hingegen fällt er bis fast zu den Knien herab.

Sehr auffällig waren die ganz westländisch geformten, schwarzen runden Filzhüte der Frauen. Wenn man sie noch mit Band, Federn oder Blumen garnierte, könnte man sie bei uns zulande im Ladenfenster irgendeiner Putzmacherin ausstellen.

Merkwürdiger noch waren die düsteren, traurigen Melodien, die ich unterwegs singen hörte. Ich meinte zuerst, sie müßten zu seltsamen religiösen Riten gehören, die sich im tiefen Forst abspielten. Aber die Wahrheit erwies sich als weniger poetisch. Angezogen durch den langsamen und ergreifenden Trauergesang, der aus der Ferne an mein Ohr schlug, ging ich quer durch den Dschungel in der Richtung auf den unsichtbaren Chor vorwärts. Im Geiste sah ich wenigstens ein Begräbnis, vielleicht auch noch Unheimlicheres mich erwarten. Mit aller Aufregung, wie der Reisende sie in der Hoffnung auf ein interessantes Erlebnis empfindet, kämpfte ich mich durch das Dickicht, bis ich am Rande einer Lichtung heraustrat und nun die Klageweiber zu Gesicht bekam. Es waren etwa dreißig Frauen, alle in Ziegenfelle gekleidet und mit dem landesüblichen schwarzen Filzhut auf dem Kopf. Von dramatischen Vorgängen war nicht viel zu sehen. Sie trugen nur Baumstämme zusammen, die von den Männern oben auf dem Berg gefällt worden waren, und der Trauergesang half ihnen, beim Schleppen der schweren Lasten Schritt zu halten. Die Worte des Liedes bedeuteten nichts besonders Trauriges, aber woher mochte die seltsame Melodie stammen? Ich habe in keinem anderen Teil von Tibet Ähnliches gehört.

Als wir aus den Po-Wäldern herauskamen, erreichten wir offenes Land, das durch das Zusammentreffen mehrerer breiter Täler gebildet wurde. Ansehnliche Dörfer lagen über die weite Fläche hin zerstreut, der Boden war teils Weideland, teils angebaut. Die auffallend schöne Landschaft erinnerte mich an manche Gegenden in den Schweizer und französischen Alpen, nur hat hier alles einen viel größeren Maßstab.

Nach Norden zu liegt noch unerforschtes Gebiet, und ich hätte nur zu gern eine Entdeckungsreise in die Gebirge zwischen den Flüssen Tong-yuk und Giamda unternommen. Aber leider war die Zeit dafür zu kurz. Wenn ich rechtzeitig zu den Neujahrsfestlichkeiten in Lhasa eintreffen wollte, mußte ich mich beeilen. Auch wagte ich zunächst nicht, die Hauptstraße auf meinen Wanderungen zu verlassen. In Tibet macht niemand Ausflüge zum Vergnügen; was hätte ich da antworten sollen, wenn man mich fragte, wohin ich ging? Die Tibeter haben Verständnis für das Wandern nur dann, wenn man einen ganz bestimmten Zweck damit verbindet. Es lag aber kein nennbares Ziel in Richtung der unerforschten Region.

Hören die Leute im Grenzland von Fremden, die Berge besteigen und ferne Länder bereisen, oder die auch nur photographische Aufnahmen machen, so können sie sich absolut nicht denken, daß sie es zum eigenen Vergnügen und aus wissenschaftlichem Interesse tun.

Ihrer Auffassung nach stehen alle Entdeckungsreisenden und Touristen im Solde ihrer Regierung. Ein verständiger Mensch – so räsoniert der Tibeter – wird sich doch die Mühe des Reisens nicht machen, wenn er bequem zu Hause bleiben könnte! Für ihn selbst sind die einzigen Beweggründe zum Reisen, Handel zu treiben oder sich religiöses Verdienst zu erwerben.

Hätte ich nur den Namen eines Klosters oder Dsongs gekannt, das in jener Richtung lag, so würde ich ihn zur Rechtfertigung meines Reiseziels benutzt haben. So aber wußte ich nicht einmal, wo der Pfad lag, der über das Gebirge führte, oder vielmehr, ich wußte gar nicht, ob es überhaupt einen solchen Pfad gab.

Ich brach aber immerhin auf, vorsichtshalber bei Nacht, damit ich außer Sicht war, wenn die Bauern am folgenden Morgen bei ihrer Feldarbeit waren. Ich kam auf einen bewaldeten Bergkamm, stieg hinab, erkletterte noch einen und hatte von dort die Aussicht auf verschneite Gipfel. Ich war zwei Tage lang gewandert und mußte nun nahe dem Fluß Giamda sein. Ich wünschte aber besonders, an den Brahmaputra zu gelangen, und wie gesagt, die Zeit drängte; ging ich bis zum Giamda, so konnte ich mir nicht mehr erlauben, mich noch südlich nach dem Brahmaputra zu wenden, denn um Lhasa zu erreichen, hätte ich bis Giamda Dsong wieder zurückgehen müssen.

Am zweiten Tage abends, als Yongden gerade Tee kochte, zerbrach ich mir noch den Kopf über diesen Reiseplan, als plötzlich, wie ein Geist im Märchen, ein Lama vor mir auftauchte. Wir hatten ihn nicht kommen hören, oder vielmehr, er schien weniger gekommen als aus dem Boden gerade vor uns emporgestiegen zu sein. Wenn die Tibeter Dokpas-Schuhe mit weichen, biegsamen Sohlen tragen, so bewegen sie sich ganz lautlos, aber dieser Lama erschien obendrein so unerwartet und plötzlich, daß Yongden und ich ihn wie eine Himmelserscheinung anstarrten.

Er trug die sehr einfache Tracht der Gomtschen, die in der Form etwas von der der Klostermönche abweicht. Um seinen Hals hing der Totreng, und der lange Stab mit der Eisenspitze, den er in der Hand hielt, wies oben einen Dreizack auf.

Ohne ein Wort zu sprechen, setzte er sich ans Feuer und ließ sogar unseren höflichen Gruß *«Kale ju den jags!»* unbeantwortet. Yongden versuchte vergeblich, ihn in ein Gespräch zu verwickeln, und nun dachten wir, daß er, wie das bei Asketen häufig der Fall ist, das Gelübde des Schweigens abgelegt hätte.

Der stumme Fremdling, der mich fest ansah, wurde mir unbehaglich. Es wäre mir lieber gewesen, er wäre aufgestanden und weggegangen oder hätte doch, gleich anderen Reisenden, gegessen und getrunken. Aber er hatte nicht das mindeste Gepäck bei sich, nicht einmal einen Beutel mit Tsamba, und das war seltsam in diesem wirtshauslosen Lande. Wovon er nur leben mochte? So wie er da mit untergeschlagenen Beinen neben seinem in die Erde gesteckten Dreizack saß, sah er wie eine Statue aus, an der nur die Augen lebten. Es war Nacht geworden. Wollte er am Ende dableiben?

Der Tee war fertig; der rätselhafte Wanderer zog aus seinem Gewande einen zum Napf umgearbeiteten Schädel hervor und hielt ihn Yongden hin. In der Regel bedienen nur Anhänger der Tantrik-Sekte sich dieser unheimlichen Trinkgefäße, und dann eigentlich nur für alkoholische Getränke. Mein junger Gefährte sagte mit entschuldigender Handbewegung: «Gomtschen, wir haben keinen Tschang. Branntwein trinken wir nie.»

«Gebt mir, was ihr habt», erwiderte der Lama und öffnete zum erstenmal den Mund dabei, «es ist mir ganz gleich.»

Wieder in Schweigen versinkend, trank er und aß etwas Tsamba. Er schien weder die Absicht zu haben, wegzugehen, noch am Feuer schlafen zu wollen. Plötzlich redete er mich, immer noch unbeweglich bleibend, an.

«Jetsunma», sagte er, «was hast du mit deinen ‹Ringen der Eingeweihten› gemacht?»

Mir stand das Herz still. Dieser Mann kannte mich! Er mußte mich als Lamapriesterin gekleidet gesehen haben, mochte es nun in Kham, in der nördlichen Einöde, in Amdo, in Tsang oder sonstwo gewesen sein. Jedenfalls verrieten seine Worte deutlich, daß ich ihm nicht fremd war.

Yongden versuchte auszuweichen. «Wir verstehen nicht. Meine Mutter und ich –», aber der wunderliche Reisende ließ ihm gar nicht die Zeit, eine Geschichte zu erfinden. «Geh weg!» befahl er ihm kurz.

Ich hatte meine Kaltblütigkeit zurückgewonnen. Verstellung war nutzlos. Ich hatte nicht die mindeste Erinnerung an den Mann, aber da ich ja sichtlich erkannt war, nahm ich am besten die Lage, wie sie war. «Geh nur», sagte ich zu Yongden, «und zünde dir in einiger Entfernung Feuer an.» Er nahm eine Handvoll Holz und etwas glühende Kohlen und ging fort.

«Versuche nicht, dich an mich zu erinnern, Jetsunma», sagte der Asket, als wir allein waren. «Ich kann mir so viele Gestalten geben, wie ich will, und meine jetzige hast du nie gesehen.»

Was nun folgte, war ein langes Gespräch über tibetische Philosophie und Mystik. Endlich erhob er sich, ergriff seinen Stab und verschwand ebenso geisterhaft, wie er gekommen war. Selbst auf dem steinigen Pfade blieben seine Schritte unhörbar, und als er erst den Wald betreten hatte, schien er gleichsam damit zu verschmelzen.

Ich rief Yongden und schnitt alle seine Fragen mit der kurzen Bemerkung ab: «Dieser Gomtschen kennt uns, wenn ich mich seiner auch nicht erinnere; er wird uns aber nicht verraten.»

Darauf tat ich so, als ob ich mich schlafen legte, um ungestört den Gedankengängen nachgehen zu können, die das Gespräch mit dem Lama in mir angeregt hatte. Bald verkündete das rosige Licht am Himmel den anbrechenden Morgen; die Nacht war mir im Nu vergangen, so angespannt hatte ich dem geheimnisvollen Reisenden gelauscht. Wir fachten unser Feuer wieder an und bereiteten unser bescheidenes Frühstück.

Eigentlich hätte die Art, wie der Lama zu mir gesprochen hatte, mir deutlich genug sagen müssen, daß ich von einem Mann wie ihm keinen Verrat zu befürchten hatte. Aber Monate voll Angst und Sorge lagen hinter mir, und die Übermüdung machte sich geltend. Ich war nun doch zu unruhig, um mich noch bis ins Giamda-Tal vorzuwagen. Der wunderbare Gomtschen hatte freilich dadurch, daß er die Richtung dahin eingeschlagen hatte, im Grunde meine Frage beantwortet, ob es einen Weg über diese Gebirgskette gäbe. Ging er nicht etwa nach irgendeiner in den Bergen versteckten Einsiedlerklause, so würde er vermutlich ins Giamda-Becken hinabsteigen. Aber so sehr mich die nächtliche Unterhaltung mit ihm auch gefesselt hatte, ich hielt mich doch ungern auf den Fersen eines Menschen, der mich kannte.

«Laß uns umkehren», sagte ich zu Yongden. «Wir wollen den Temo-Paß überschreiten und uns das große Temo-Kloster ansehen. Vielleicht kannst du dir dort auch den warmen Rock kaufen, den du so nötig brauchst.»

Wir stiegen also wieder in das weite Tal hinab, folgten ihm bis zu seinem Ursprung, streiften mehrere Dörfer und kamen endlich am Fuß des Temo-Passes an. Ich zog ihn dem südlich gelegenen Nyima-Paß vor, weil er noch nicht wie dieser vermessen worden ist.

Es dunkelte schon, als wir an ein großes Haus kamen, das einsam in den Wiesen nahe am Fluß stand. Trotz seines guten Zustandes sah das massive Gebäude aus grauem Stein etwas unheimlich aus, vielleicht seiner düsteren Farbe wegen, vielleicht auch weil es von dunklen, dichtbewaldeten Bergen umgeben war. Aber ohne daß wir lange um Gastfreundschaft zu bitten brauchten, wurden wir gleich aufgenommen und treppauf in ein großes, behagliches, wenn auch dunkles Zimmer geführt. Yongden und ich kochten uns etwas Suppe und hatten eben zu essen angefangen, als die Hausfrau einen Lama zu uns hereinführte, mit dessen Gepäckstücken sie sich beladen hatte. Es schien so, als ob wir diese Nacht das Zimmer mit ihm teilen sollten, ein Gedanke, der uns wenig behagte; aber da war nichts zu machen. Handelsleute aus Lhasa hielten die anderen Zimmer besetzt; das uns eingeräumte war entschieden das letzte Gastzimmer des Hauses, und indem sie die beiden Lamas zusammen unterbrachte, hatte die Hausfrau ihnen ja eine Aufmerksamkeit erwiesen.

Der Reisende machte einen ruhigen und höflichen Eindruck. Er breitete seinen Teppich möglichst weit von uns entfernt aus und näherte sich dann dem Feuer, um seinen Tee zu kochen.

Yongden bat ihn, sich die Mühe zu sparen; die Suppe wäre fertig und wir würden nachher auch Tee machen. Der Lama nahm die Einladung an, zog etwas Brot und andere Vorräte heraus und stellte sie Yongden für unsere gemeinsame Mahlzeit zur Verfügung. Darauf setzte er sich nieder und fing an zu essen.

Die tibetische Sitte verlangte, daß ich mich in bescheidener Entfernung hielt, und ich benutzte das, um von meiner dunklen Ecke aus den Lama zu beobachten, wie er am lodernden Feuer sein Mahl verzehrte.

Ich sah, daß er zu einer der Rotmützen-Sekten gehörte, vermutlich zu den Anhängern der geheimen Tsog-Tschen-Lehre, denn er hatte um die Schultern seines chinesischen Reisegewandes einen Gomthog[1] geschlungen. Außerdem verrieten noch einige Einzelheiten in seiner Kleidung und sein Stab mit dem Dreizack, den er bei seinem Eintritt ins Zimmer senkrecht zwischen zwei Bretter des Fußbodens gestoßen hatte, wer er war.

Der mystische Dreizack, grell von den aufflackernden Herdflammen beleuchtet, warf bewegliche Schatten auf die rote Wand. Damit kam selbst in dies gewöhnliche Bauernhaus ein Hauch jener okkulten Atmosphäre, wie sie die asketischen Einsiedeleien Tibets umwittert, und gemahnte mich an die Anachoreten, bei denen ich einst verweilt oder die ich unterwegs besucht hatte. Auch der Gomtschen, dem ich die ganze Nacht hindurch gelauscht hatte, kam mir wieder in Erinnerung.

Der symbolische Stab, den unser neuer Gefährte wie alle Tantrik-Lamas trug, war aber auch das einzige, was er mit dem geheimnisvollen Schweiger von der Begegnung im Walde gemein hatte. Er erwies sich als ein äußerst angenehmer und belesener Gelehrter aus der Provinz Kham und unterhielt sich gern mit uns. Zuerst hörte ich ihm nur aus der Entfernung zu, wie es meine Verkleidung erforderte; aber als ich nach einiger Zeit sah, daß Yongden seinem wirklich hochgelehrten, philosophisch gebildeten Kollegen nicht folgen konnte und ich dadurch um die Antwort auf eine mich interessierende Frage kommen würde, vergaß ich alle Vorsicht und mischte mich ins Gespräch. Der Fremde schien keineswegs überrascht durch die bei einer ärmlich gekleideten Frau doch sehr ungewöhnlichen Kenntnisse. Möglich, daß er sich zu sehr in den Gegenstand vertieft hatte, um noch auf seine Fragesteller achtzugeben.

Bis lang in die Nacht hinein blieben wir beisammen, zitierten Stellen aus den alten Schriften, suchten nach Erklärungen und bezogen uns auf die Kommentare berühmter Verfasser; kurz, ich war so recht in meinem Fahrwasser.

1 Eine Art Schärpe, die den zu mystischen Sekten gehörigen Lamas als Binde und Stütze dient, wenn sie viele Stunden im Nachdenken verharren und oft die ganze Nacht mit gekreuzten Beinen in hockender Stellung verbringen. Auf der Reise werfen sie diese Schärpe quer über die Schultern.

Aber als ich vor Tagesanbruch erwachte, da ergriff mich wieder die Furcht, unter der ich am Anfang meiner Reise so oft zitternd gelitten hatte. Also noch nicht genug, daß der geheimnisvolle Gomtschen mich erkannt hatte. Jetzt hatte ich mich ganz unvorsichtigerweise auch noch wohlbewandert in buddhistischer und tantristischer Philosophie gezeigt und vielleicht den Lama mißtrauisch gemacht. Ich hatte eine rechte Torheit begangen; weiß der Himmel, wie ich sie büßen mußte und ob ich überhaupt Lhasa noch erreichte.

Mir war deshalb recht elend zumute, als wir den Anstieg zum Temo-Paß begannen; den philosophischen Fremdling hatten wir noch schlafend in dem großen Steinhaus zurückgelassen. Der Paßübergang bot keine besondere Schwierigkeit, wenn der Schnee nahe dem Gipfel auch recht hoch lag. Der Weg führte immer durch Wald und war in gutem Zustand; aber es war weit von der Paßhöhe bis zum Fuß des Berges, bis zu dem Abhang, der nach dem Brahmaputra zu liegt. So erreichten wir erst, als es schon dunkelte, Temo, das mit seinen verschiedenen Klöstern ein recht bedeutender Ort ist.

Als wir sicher sein konnten, daß die Bauern alle in ihren Häusern und schlafen gegangen waren, schlugen wir unser Zelt an einem abgelegenen Ort in den Feldern auf. Es war Vollmond, und der Himmel wundervoll klar, während zugleich eine dichte Nebelschicht oberhalb des Bodens das ganze Tal bedeckte und die bizarre Täuschung hervorbrachte, als hülle ein riesiger Schleier die Erde ein.

Nach friedlicher Nachtruhe wachte ich früh auf, oder besser gesagt, ich glaubte wach zu sein, denn vermutlich narrte mich nur ein Traum als Folge meiner Ängste und der kürzlichen Begegnungen. Im fahlen Morgenlicht sah ich einen Lama vor mir stehen, er glich weder dem Gomtschen noch dem Gelehrten von jenseits des Passes. Gekleidet war er in die weiße Tracht der Reskyang-Asketen, sein Kopf war unbedeckt und eine lange Haarsträhne hing ihm bis zu den Fersen hernieder.

«Jetsunma», redete er mich an, «das ärmliche Laiengewand und die Rolle des armen Mütterleins, die du spielst, stehen dir gar nicht gut. Du hast dich viel zu sehr in die schlichte Gemütsverfassung deiner Rolle hineingelebt. Du warst viel tapferer, als du noch die ‹Ringe der Eingeweihten› trugst. Und sei ohne Furcht, nach Lhasa wirst du kommen, denn: *‹Jigs med naljorma nga›*, ich bin ein furchtloser Yogi», schloß er mit einem meiner Lieblingszitate aus einem Gedicht und lächelte halb gutmütig, halb sarkastisch dazu.

Ich wollte ihm antworten, wurde aber nun erst wirklich wach. Die ersten Strahlen der aufgehenden Sonne fielen auf meine Stirn; vor mir befand sich nichts als leerer Raum, und durch den offenen Vorhang des kleinen Zeltes sah ich in weiter Ferne die goldenen Dächer des Temo-Klosters funkeln.

Yongden hatte Glück; schon an der ersten Tür, an der er anklopfte, fand er alles, was er an Vorräten und Kleidungsstücken brauchte. Es war hohe Zeit! Seine Mönchskutte war völlig zerlumpt, und er litt empfindlich unter der Nachtkälte. Er erstand das abgelegte Reisegewand eines Lamas, das ihm leidlich paßte. Auch war der Stoff ganz gut, so daß mein Gefährte jetzt wie ein wohlhabender Pilger aussah, dessen Kleidung nur etwas von der Reise ramponiert war. Von einem gutherzigen Mann bekam er auch noch als Schlafteppich ein Ziegenfell geschenkt, ein Luxus, der ihn besonders beglückte.

In Temo erfuhr ich eine mich sehr beunruhigende Nachricht. Der Pantschen Lama des Klosters Taschi Lhünpo war aus seiner Residenz entflohen. Soldaten hatten ihn festnehmen sollen; was da eigentlich vorgefallen war, wußte niemand genau zu sagen. Ich habe am Anfang dieses Buches ja erzählt, daß der Pantschen Lama mir die herzlichste Gastfreundschaft erwiesen hatte. Seit Jahren stand ich mit seiner Mutter im Briefwechsel, und zu Anfang jedes Winters verfehlte sie nie, mir ein Paar Filzschuhe und eine von ihr selbst genähte und gestrickte gelbe Brokatmütze zu schicken.

Wie hatte es nur so weit kommen können, daß der mächtige geistliche Gebieter von Schigatse hatte fliehen müssen? Freilich wußte ich wohl, daß er am Hof zu Lhasa schlecht angeschrieben war. Seine ausgesprochene Sympathie für China und seine Mißbilligung der Ausgaben für das Heer hatten den König von Tibet arg verstimmt. Ich wußte auch, daß man ihm verschiedene Male schwere Kontributionen auferlegt hatte, aber es wäre mir doch nie eingefallen, daß er zur Flucht gezwungen werden könnte – er, den die Tibeter als die höchste Inkarnation einer höchsten geistlichen Macht verehren. Ich habe später Einzelheiten über dies echt orientalische, politische Drama erfahren, die vielleicht von allgemeinem Interesse sind.

Im Verlauf der Jahre war bei dem ganz unter englischen Einfluß geratenen Dalai Lama und der Hofpartei der Haß gegen den berühmten Pantschen Lama mehr und mehr gewachsen. Er sollte seine Provinz immer höher besteuern und das eingetriebene Geld der Lhasa-Regierung aushändigen. Wie mir erzählt wurde, konnten die Beamten die geforderten Summen nicht herbeischaffen, und der Pantschen Lama schlug daher dem Dalai Lama vor, ihn selbst zum Zweck der Gelderhebung eine Rundreise durch die Mongolei machen zu lassen. Möglich, daß er durch persönliches Erscheinen mehr erreichte, als die Sendboten der Regierung in den schon verarmten Dörfern der Provinz Tsang fertiggebracht hatten. Diese Erlaubnis wurde verweigert und der Lama aufgefordert, sich nach Lhasa zu begeben.

Im Park von Norbu-ling, der traditionellen Residenz des Dalai Lama, wurde ihm ein neues Haus gebaut. (Ich sah es in anscheinend unfertigem Zustand an einem ziemlich abgelegenen Ort liegen.) Es hieß, bei dem Hause befände sich auch ein Gefängnis, und daß der Pantschen Lama, als er von der ihm drohenden Gefahr hörte, sich in wilder Flucht mit ein paar Getreuen nach der nördlichen Einöde gerettet habe.

Ob der Hof zu Lhasa den Großlama von Taschi-Lhünpo wirklich gefangennehmen wollte, das werden wohl nur wenige in die politischen Geheimnisse Eingeweihte genau wissen; ganz unwahrscheinlich ist es durchaus nicht. Die Hofpartei scheint in mehreren Fällen grausame Rache an den Personen genommen zu haben, die nach der Vertreibung der Chinesen aus Tibet noch zu jenen hielten. So wurde mir von einem Großlama erzählt, den man wegen seiner Würde als Tulku[1] nicht öffentlich hinzurichten wagte, dafür aber ins Gefängnis warf und dort Hungers sterben ließ. Die hohen Geistlichen und Mitglieder seines Haushalts wurden gefoltert, indem Tag für Tag, bis der Tod sie erlöste, eiserne Nägel in ihren Körper getrieben wurden.

Wieweit diese Geschichten übertrieben sind, weiß ich freilich nicht.

1 Wörtlich: «Körper der Verwandlung». Im tibetischen Buddhismus Bezeichnung für eine Person, die nach bestimmten Prüfungen als Reinkarnation einer verstorbenen Persönlichkeit angesehen wird.

Ungefähr zur selben Zeit wurde ein Mitglied des hohen tibetischen Adels, das als Staatsminister die Chinesen unterstützt hatte, im Potala-Palast getötet. Wie es heißt, war er vor den eben in seine Hauptstadt zurückgekehrten Herrscher gerufen worden. Dort wurden ihm seine seidenen Gewänder abgerissen, er wurde zu Boden gestoßen, gebunden und dann die hohen Stufen der Treppe hinabgeworfen, die vom Potala zum Fuß des Berges hinabführt. Er lebte noch, als er unten ankam, und wurde auf dem Fleck, wo er liegenblieb, ermordet. Sein Sohn hörte von dem gräßlichen Ereignis und versuchte in Vorahnung seines eigenen Schicksals zu fliehen, wurde aber in dem Augenblick, als er wegreiten wollte, erschossen.

Als Beispiel für die tibetische Denkweise füge ich noch hinzu, daß die Witwe des unglücklichen Ministers sowie seine Tochter und Schwiegertochter alle drei einem Günstling des Herrschers zur Ehe gegeben wurden. Dieser erhielt auch den Titel und die Güter des verstorbenen Ministers. (Ich will lieber keine Namen nennen; denn der Mann, der die Erbschaft des hingerichteten tibetischen Würdenträgers angetreten hat, ist vielleicht an dessen tragischem Ende ganz unschuldig.)

Ich weiß, daß selbst jetzt noch, mehr als zwölf Jahre nach dem siegreichen Aufstand gegen China, drei hohe geistliche Würdenträger als Staatsgefangene in Lhasa gefangengehalten werden. Einer von ihnen steht unter der Aufsicht des Oberkommandierenden. Diese drei Lamas, die Gyarongpas, das heißt, Angehörige der in China wohnhaften Stämme sind, stecken seit ihrer Verurteilung in Kangs und werden diese schweren hölzernen Halskragen bis zu ihrem Tode tragen müssen, wenn nicht eine neue Revolution sie davon befreit.

Unter diesen Umständen kann man es dem Pantschen Lama des Taschi-Klosters nicht verdenken, wenn er die Gastfreundschaft seines hohen lamaistischen Kollegen fürchtete. Und das um so weniger, wenn das Stadtgespräch auf Wahrheit beruhte: Drei oder vier Edelleute aus der Provinz Tsang sollten, dem Gerüchte nach, wegen dieser Steuererhebungsgeschichte in dem Teil des Potala-Palastes gefangenliegen, der eigentlich für «vornehme» Gäste reserviert wird.

Um aber auf den Taschi Lama zurückzukommen: Gleichviel, ob die Geschichte seiner Flucht ganz oder auch nur teilweise der Wahrheit entsprechen mochte, alarmierend war das, was ich darüber hörte, sicherlich.

Fast zwei Jahre lang hatte einer seiner treuen Freunde als Pilger verkleidet das Land durchstreift, um festzustellen, welche Straßen sich für eine schleunige Flucht am besten eigneten. Er war von seiner letzten Erkundungsreise noch nicht zurückgekehrt, als dem Taschi Lama jeder weitere Aufschub so gefährlich schien, daß er Schigatse eilig verließ. Sein Freund, der Lama Lobdsang, traf am Tage darauf dort ein und folgte schnell seinem Herrn, wurde aber durch Schneefall, der den Paß völlig versperrte, zur Umkehr gezwungen.

In Tibet war er nicht mehr sicher. Er ging über die indische Grenze, aber seine Pläne blieben nicht verborgen. Nach allen Richtungen wurde der Haftbefehl gegen ihn weitergegeben. Jedoch gelang es ihm, sich ein paar Stunden, bevor der Befehl, ihn festzuhalten, an dem Hafenort angekommen war, nach China einzuschiffen. Unterdessen hatte ein tibetischer Beamter, der einen kleinen Distrikt unter sich hatte, den Taschi Lama unter einem Trupp von Reisenden, die seinen Wohnort passierten, erkannt. Teils aus Furcht, sich zu irren, teils, weil er ungern die Hand an die erhabene Person legte, vor der alle Tibeter, Mongolen, Mandschuren und Lamaisten Sibiriens, selbst die von den fernen Wolga-Ufern stammenden sich in Ehrfurcht niederwerfen, schickte er einen Boten mit der Nachricht an den Herrscher in Lhasa.

Dort glaubte jedermann, der Taschi Lama sei in Schigatse, und weder die Einwohner der Stadt noch die Mönche des Taschi-Lhünpo-Klosters wußten um seine Flucht. Als der vom Dalai Lama abgesandte Beamte festgestellt hatte, daß der Taschi Lama wirklich entflohen war, wurden dreihundert Soldaten einem Depang, einem tibetischen Oberst oder General, unterstellt und erhielten Befehl, den Flüchtling zurückzubringen. Aber darüber war viel Zeit hingegangen, und der Taschi Lama und seine Gefährten hatten sicher ausgezeichnete Pferde. Wenn ich mich an den großen Stall mit den schönen Tieren erinnerte, den ich in Schigatse besucht hatte, verstand ich sehr wohl, daß der Lama längst drüben in Sicherheit war, als das Regiment endlich die chinesische Grenze erreicht hatte.

Es versteht sich von selbst, daß das Volksgemüt im Osten sich nicht mit dem einfachen Bericht eines politischen Dramas zufrieden gibt. Als ich nach Lhasa kam, lag die Flucht des Taschi Lama kaum drei Monate zurück; aber was für eine Legende hatte sich schon darum gebildet! Der eine wußte zu sagen, daß der Lama nach seiner Flucht aus Schigatse dort sein leibhaftiges Ebenbild zurückgelassen habe. Dieser Astralkörper benahm sich genau wie er selbst, so daß alle nicht in das Geheimnis Eingeweihten sich dadurch täuschen ließen. Erst als der Taschi Lama in China in Sicherheit war, verschwand das Phantom. Andere erzählten die Geschichte wieder anders. Wenn man ihnen glauben sollte, und sie waren in der Mehrzahl, so war es das Phantom, das nach China entflohen war, der heilige Großlama dagegen hielt sich noch immer in Schigatse auf. Für die Feinde war er unsichtbar; nur seine treuen Untertanen und die frommen Pilger konnten ihn sehen.

Diese Legenden hörte ich, wie gesagt, erst später. Die unsicheren Gerüchte, die in Temo zu mir drangen, flößten mir die Befürchtung ein, daß mein früherer Wirt noch nicht in Sicherheit war. Mit Sorge dachte ich daran, wie es in allen diesen Stürmen seiner guten Mutter, meiner Freundin, ergangen sein mochte! Ich wußte damals noch nicht, daß noch vor der Flucht ihres geliebten Sohnes der Tod die gütige Frau von all ihren irdischen Sorgen erlöst hatte.

Während ich meinen Weg nach dem Brahmaputra weiter verfolgte und über diese seltsamen Ereignisse nachgrübelte, stieg plötzlich eine Erinnerung in mir auf.

Vor wenig mehr als zwei Jahren, während ich mich in Jakyendo aufhielt, sang eine Bande aus Kham mir die berühmte tibetische Ballade vor, das Gedicht vom *König Gesar von Link*. Und dabei erzählte mir der Mann von alten Weissagungen, die mit dem Krieger-Messias aus dem Norden zusammenhängen, dessen Kommen die Tibeter erwarten. In einer von ihnen wird wirklich verkündet, daß der Taschi Lama Tibet verlassen und sich nach Norden begeben wird.

Ich lauschte so ungläubig wie möglich und fragte scherzend, wie viele Jahrhunderte das wohl noch dauern würde. Der Barde, der übrigens eine etwas dubiose Erscheinung war, erwiderte ganz ernst, ich würde es noch erleben, daß die Prophezeiung einträfe, denn binnen zweieinhalb Jahren würde der Taschi Lama Schigatse verlassen haben.

Mir schien das mehr als unwahrscheinlich, ja, einfach lächerlich, und doch war ich nun hier im Herzen von Tibet und hörte von der Flucht des mystischen Gebieters von Taschi-Lhünpo in die nördliche Einöde, und das alles gerade zweieinhalb Jahre nach der Weissagung!

War das nur ein sonderbarer Zufall? Und was nun? Würden die übrigen Prophezeiungen ebenfalls eintreffen und in dem sagenhaften Schambala, das die Tibeter von heute in Sibirien suchen, ein Held erstehen, der mit einem Heer ganz Asien unter seiner Herrschaft vereinigen würde? Vielleicht bleibt es nur ein Traum, der aber im Osten von Tausenden, nein, von Millionen geträumt wird.

Alle Leute in Tsang sangen um diese Zeit ein Lied, in dem es hieß:

> Unser Lama ist eine Wolke,
> Sein Pferd ist der Wind.
> Mit dem Winde reitend
> Wird er nach Thurgod [Turkestan] gehen.

Von Temo aus gelangten wir an die sandigen Ufer des Brahmaputra. Von dem breiten, majestätischen Fluß mit seinem Rahmen von hohen Bergen geht ein Hauch der Ruhe und des Friedens aus, der das Gemüt mächtig ergreift. Landschaften reden ihre eigene Sprache und verraten uns viel über die Seele der Dinge, aus denen sie bestehen. Es spricht aus ihnen der hohe Geist der mächtigen Gipfel so gut wie die bescheidene Stimme der im Wiesengras verborgenen Blume. Der Brahmaputra predigte heitere Ruhe, und in dieser Ruhe versanken spurlos alle unsere Befürchtungen, Ängste und Sorgen.

Bevor wir uns gen Norden wandten und dem Giamda stromauf folgten, hatten wir noch den interessanten Anblick von wohl mehrere hundert Mann starken Bön-Pilgergruppen, die den Kongbu-Bon-Berg umwanderten, diesen heiligsten aller ihrer geweihten Orte.

Die Böns sind Anhänger des Glaubens, der in Tibet vorherrschte, ehe der Buddhismus eingeführt wurde. Ursprünglich werden sie wohl die Weltanschauung der Schamanen geteilt haben, Gewißheit kann es darüber nicht geben, weil zur Zeit, als die primitiven Bön-

Lehren noch in Tibet Geltung hatten, das Schreiben dort vermutlich noch eine unbekannte Kunst war. Die Böns selbst behaupten allerdings, uralte Bücher zu besitzen, die geschrieben sein sollen, ehe der Buddhismus nach Tibet drang. Kann sein, daß etwas Wahres daran ist, aber bislang fehlt es noch an sicheren Beweisen dafür. Heutzutage ähneln die Böns in ihren religiösen Gebräuchen der alten Rotmützen-Sekte, aber mit dem Unterschied, daß sie Opfertiere schlachten. Ihre Klöster sind denen der Lamas nachgeahmt, ihre Geistlichen kleiden sich ebenso wie die Lamaisten und nennen sich ebenfalls Lamas.

Die *weißen* Böns sind also, kurz gesagt, Lamaisten, die einen Teil der alten religiösen Gebräuche bewahrt haben, wie das ja auch die Lamaisten bei Annahme des Buddhismus in nicht geringem Grade taten. Die *schwarzen* Böns sind origineller und stehen dem Schamanismus näher. Viele von ihnen sind nichts als zweifelhafte Hexenmeister, aber ab und zu finden sich doch ein paar interessante und intelligente Leute darunter, mit kühnen philosophischen Ansichten, und einige gelten für mächtige Magier.

Im Grunde unterscheidet sich die Mehrzahl der Böns von den Lamaisten nur dadurch, daß sie sich beim Umschreiten ihrer heiligen Gebäude links, die Lamaisten dagegen rechts halten. Ferner wiederholen die Böns nicht die von den Lamaisten rezitierte Formel: *«Om mani padme hum»,* sondern sie sprechen: *«Om matrige salendu».*

Viele der Pilger warfen sich beim Umschreiten des Berges bei jedem Schritt zu Boden, das heißt, wenn sie an der Erde lagen, streckten sie ihre Arme aus und bezeichneten mit den Fingern den Punkt, bis wohin ihr Körper gereicht hatte. Dann richteten sie sich gerade da auf, wo ihre Finger das Zeichen gemacht hatten, warfen sich von neuem zu Boden, maßen nochmals ihre Körperlänge, und so trieben sie es den ganzen Weg lang. Sie nennen dieses Verfahren *Korwa la kyang tschag tsches pa,* das heißt: Bei der Umwandlung gestreckte Verneigungen machen.

Die Lamaisten werfen sich auf diese Weise nieder, wenn sie Klöster umwandern, die Reliquien von besonderer Heiligkeit enthalten, wie zum Beispiel das Grab des Tsongkhapa. Ich sah während meines Aufenthaltes in Lhasa, wie Männer die heilige Stadt auf diese Art umwanderten. Ich habe sogar erzählen hören, daß Leute, die auf diese Weise von der fernen Mongolei nach Lhasa kommen, ganze Jahre für den Weg verwenden.

Die Bön-Pilger waren meist hochgewachsene, kräftige Gesellen mit kühnen, energischen Gesichtern, und es sah höchst merkwürdig aus, wenn sie sich beim Abstieg über steile, felsige Hänge mit dem Kopf nach unten hinwarfen. Auch eine große Anzahl Frauen pilgerten um den Berg herum und zeigten sich manchmal besonders mutig und ausdauernd bei dem ermüdenden, endlosen Hinwerfen.

Während ich das Giamda-Tal durchwanderte, fiel mir auf, wie verlassen und verkommen das ganze Land aussah. Verödete Dörfer waren nur noch Trümmerhaufen, über die der Wald gesiegt und sich das früher gerodete und bebaute Land zurückerobert hatte. Einst hatte es auf der damaligen Hauptstraße, die sich am linken Flußufer hält, chinesische Wachtposten gegeben. Hier und da konnte man noch hohe, jetzt verfallende Wachttürme sehen. In ihrer Umgebung war eine chinesische Bevölkerung ansässig gewesen, die das Land bebaut hatte. Jetzt war aber diese ganze Strecke Wegs von frechen Räubern heimgesucht, die aus den Bergen stammten, deren Überschreiten ich vor meiner Begegnung mit dem seltsamen Gomtschen vorgesehen hatte. In den benachbarten Dörfern hatten die Leute mir dringend geraten, den Fluß zu überqueren und trotz des Umwegs lieber auf dem rechten Ufer weiterzugehen, da hier das Land etwas dichter bevölkert und dadurch sicherer sei. Immerhin war auch diese Seite noch spärlich genug bewohnt.

Zweimal traf ich auf dieser Straße vereinzelte Pilger von der Art des Mannes, den ich am Anfang meiner Reise nahe dem Kha Karpo sterbend gefunden hatte, aber hier waren es beidemal todkranke Frauen. Eine von ihnen lehnte es ab, in einem Bauernhaus um Obdach zu bitten, so sehr wir ihr auch dazu rieten, und obgleich wir ihr dafür etwas Geld geschenkt hatten. Wir boten ihr an, sie nach einem nahe gelegenen Flecken zu begleiten, aber sie lehnte abermals ab und wollte lieber ein Feuer unter den Bäumen am Wegrand anzünden. Yongden suchte etwas Holz zusammen und legte es neben ihr nieder, dann gingen wir fort. Der letzte Blick, den ich auf sie warf, zeigte mir die verlassene fromme Pilgerin am eben angezündeten Feuer sitzend. In dünner bläulicher Spirale stieg der Rauch gerade vor ihr auf und verteilte sich im Abendlicht – ich meinte darin ein Symbol des erlöschenden Lebens zu sehen.

Die zweite Pilgerin, die ich traf, lag unter einem spärlichen Schutzdach aus Zweigen, das einige halbwegs barmherzige Bauern über ihr errichtet hatten. Ihr Mitleid hatte gerade noch hingereicht, der verlassenen kranken Frau soweit zu helfen, aber ein Plätzchen an ihrem Herde gönnten sie ihr nicht mehr. Sie hatte ihr Hündchen bei sich, das wütend bellte und sein möglichstes tat, um seiner Herrin alle Vorbeigehenden fernzuhalten. Das arme treue Tier war wirklich rührend. Auch hier konnte ich nichts tun, als etwas Geld geben und dann weitergehen. Was für eine Qual ist es doch, daß man eigentlich immer nur seinen Weg fortsetzen muß, ohne das endlose Leid lindern zu können, an dem alle Straßen der Welt uns vorbeiführen.

Giamda gilt in ganz Tibet als eine bedeutende Stadt, ist aber in Wirklichkeit wenig mehr als ein Dorf. Durch seine Lage am Schnittpunkt der Hauptstraße Lhasa–Tschiamdo mit der Straße zum Brahmaputra hat es allerdings eine gewisse strategische und kaufmännische Bedeutung. Obgleich die Stadt fast 3300 Meter hoch liegt, ist das Klima äußerst mild. An sonnigen Januartagen können sich die Temperaturen mit den Sommertemperaturen mitteleuropäischer Länder messen.

Reisende, die nach Lhasa wollen, müssen nach dem Übergang über eine Zollbrücke bei einem Beamten die Erlaubnis zur Fortsetzung ihrer Reise einholen. Wie oft hatte ich nicht mit Yongden beraten, wie wir dies Hindernis am besten überwinden könnten! Bei dergleichen Besprechungen erscheinen solche Dinge eigentlich immer viel schwieriger, als sie schließlich im entscheidenden Augenblick sind. Wir kamen nämlich ganz unangefochten durch Giamda, überschritten die Brücke, bezahlten den Zoll, und dann führte ein Junge uns zum Haus des Beamten. Ich schickte Yongden hinein und setzte mich selbst auf einen staubigen Straßenstein bei der Tür. Auf dem engen Wege gingen viele Leute an mir vorbei, aber niemand achtete sonderlich auf mich. Yongden erwies dem Amtsvorsteher oder vielleicht auch nur seinem Sekretär oder irgendeinem Angestellten des Ortes seinen Respekt, kam aber nach wenigen Minuten schon wieder heraus. Wir beluden uns mit unserem Gepäck, und – das gefürchtete Giamda lag hinter uns.

Wir waren nun auf der Poststraße, der einzigen in ganz Tibet. Zur Zeit der chinesischen Oberherrschaft diente sie dem Postverkehr von Peking nach Lhasa; jetzt geht dieser nur bis Tschiamdo und führt nicht mehr weiter nach China hinein. Anstatt der Meilensteine hat man kleine, Reliquienschreinen ähnelnde Gebäude errichtet, die zugleich wie ein Beweis des Fortschrittes der Zivilisation wirken; ich hielt sie zuerst für Dorfkapellen oder Tsa-Tsa-Häuser[1], um so mehr, weil auf einigen von ihnen behauene Steine mit der gewöhnlichen Inschrift *«Om mani padme hum»* oder ähnlichen Formeln lagen und ich um sie herum die Spuren des Rundgangs sah, die fromme Füße zurückgelassen hatten. Dabei entdeckte ich aber auch meinen Irrtum, denn als ich einen alten Mann andächtig um einen solchen Meilenstein herumpilgern sah, wollte ich sehen, was für ein Götterbild der kleine Schrein enthielt. Zu meiner Überraschung entdeckte ich einen rötlichen Stein, auf dem eine Zahl, ich glaube, es war 135, eingehauen waren. Seltsam; das warf alle meine Kenntnisse vom Lamaismus über den Haufen, und ich brauchte ein paar Minuten des Nachdenkens, bis mir die Geheimnisse dieses ungewöhnlichen Kults klar wurden. Das hätte ich allerdings nicht gedacht, daß ich bei meinen orientalischen Forschungen noch die Anbetung eines für ein altehrwürdiges Heiligtum gehaltenen schlichten Meilensteins entdecken würde ...

Als wir den Kongbu-Ba-Paß überschritten, hatten wir einen traurigen Anblick. Ein Pilgertrupp, hauptsächlich aus Frauen bestehend, war durch einen Teil der eigenen Reisegefährten, die sich plötzlich als Briganten entpuppt hatten, völlig ausgeraubt worden, was in Tibet nicht selten ist. Einige von den armen Weibern hatten die Reise nicht fortsetzen können und in einer Berghöhle Obdach gesucht. Eine wies eine schreckliche Wunde am Kopfe, die andere eine an der Brust auf; einer dritten war der Arm gebrochen. Ihre elenden Landsleute, die noch dazu aus demselben Distrikt, beinahe aus demselben Dorf stammten, hatten sie mit Speeren angegriffen.

1 Erklärung siehe auf Seite 163.

Ganz nahe bei der Höhle lagen die Leichen zweier Männer, und das alles trug sich auf der Hauptstraße zu, nur 160 Kilometer von Lhasa entfernt! Berittene Soldaten hätten die Mörder leicht einholen können, aber wegen einer so alltäglichen Begebenheit ließ sich in diesem gesetzlosen Land kein Beamter in seiner Ruhe stören.

Am Ziel meiner Wünsche

Nach viermonatigen Wanderungen, von deren Abenteuern und Eindrücken ich hier nur den kleinsten Teil habe erzählen können, verließ ich den Ort Dechen eines Morgens und hatte nun endlich nur noch eine Tagesreise bis Lhasa. Das Wetter war klar, trokken und kalt, der Himmel hell. Im rosigen Licht der aufgehenden Sonne erblickten wir den Potala, den riesigen Palast des lamaistischen Herrschers, zwar noch in weiter Ferne, aber doch schon in majestätischer Größe.

«Diesmal haben wir es geschafft!» sagte ich zu Yongden.

Er bat mich zu schweigen: «Freue dich nicht zu früh; noch müssen wir den Kyiflem überschreiten, und da kann recht gut noch ein Wachtposten stehen!»

Wir waren so nahe am Ziel, daß ich mir jetzt ein Mißlingen nicht mehr denken konnte. Je näher wir kamen, desto höher erhob sich vor uns der Potala, schon konnten wir die eleganten Umrisse seiner vielen goldenen Dächer unterscheiden. Sie hoben sich strahlend vom blauen Himmel ab, und von ihren scharf nach oben eingebogenen Ecken schienen Funken zu sprühen, als ob die ganze Burg, der Stolz Tibets, eine Flammenkrone trüge.

Unsere Augen konnten sich nicht von dem Bild losreißen. Mit beflügelten Schritten gingen wir vorwärts, so nahe war jetzt der Sieg. Das Tal, dem wir nach unserem Abstieg vom Paß gefolgt waren, hatte sich nun weit geöffnet. Früher einmal mögen seine Abhänge bewaldet gewesen sein, jetzt waren sie völlig kahl. Je näher wir der Hauptstadt kamen, desto dichter zusammen lagen die Dörfer, aber zu meiner Verwunderung begegneten wir auf der Straße wenig Leuten. Wie mir erzählt wurde, war der Verkehr zur Zeit der chinesischen Oberhoheit viel lebhafter gewesen, und das erinnerte mich an meine eigenen Beobachtungen in der Provinz Kongbu. Am Fuße verfallender Wachttürme verlassene, verödete Dörfer, und an vielen Stellen, wo früher Ackerland gewesen war, eroberte sich jetzt der Wald sein altes Gebiet zurück.

So karg war das Lhasa-Tal freilich in dem Teil, wo ich es durchwanderte, nicht gewesen. Aber auch dort lag unendlich viel Boden unbebaut, auf dem man gut die Gerste für die nahe Stadt hätte ziehen können, in der der Lebensunterhalt viel zu teuer ist.

Die Tibeter haben durch die Trennung von China viel verloren. Von ihrer sogenannten Unabhängigkeit profitiert nur die Hofbeamtenclique. Die meisten Leute, die sich vorher gegen die schlaffe, weit entfernte chinesische Regierung auflehnten, bereuen es jetzt, wo Steuern, Zwangsleistungen und das unverschämte Plünderungssystem der einheimischen Truppen weit über die Ansprüche der früheren Herren hinausgehen.

Der Fluß, an den wir kamen, ist im Winter nur ein schmaler Wasserlauf, und wir schifften uns auf einer ländlichen Fähre ein, die mit einem Tierkopf geschmückt war, den der Künstler sich vermutlich als Pferdekopf gedacht hatte. Es dauerte kaum ein paar Minuten, da waren wir am anderen Ufer. Weder die Fährleute noch die Passagiere hatten auch nur einen Blick für uns übrig gehabt. Der Kyiflem wird jahraus, jahrein von Hunderten von zerlumpten Pilgern passiert, und wir unterschieden uns durch nichts von den übrigen Arjopas.

Auf Lhasaer Gebiet waren wir nun glücklich, aber damit noch lange nicht in der Stadt selbst. Wieder bat Yongden mich, meine Freude, selbst leise flüsternd, nicht zu früh zu äußern. Aber was hätten wir jetzt wohl noch fürchten sollen, wir waren ja so gut wie am Ziel! Und wirklich nahm die Natur selbst mütterlich für uns Partei. Gerade wie in der Nacht, als wir in den Wäldern am Kha Karpo spurlos verschwanden, «lullten die Götter die Menschen in Schlaf und brachten die Hunde zum Schweigen». Wie durch ein Wunder wurde unser Einzug in Lhasa beschützt.

Wir waren kaum gelandet, als die bis dahin unbewegte Luft unruhig wurde und sich ganz plötzlich ein furchtbarer Sturm erhob, der große Staubwolken aufwirbelte. Ich habe den Samum in der Sahara erlebt und gebe zu, daß er wohl noch ärger sein mag; immerhin erinnerte mich dieser schreckliche, trockene, peitschende Staubregen stark an die afrikanische Wüste.

An uns vorbei glitten vermummte Gestalten, Menschen, die tief gebückt das Gesicht im Schoß ihres Gewandes verbargen oder es mit irgendeinem Stück Stoff verhüllten, das sie gerade bei der Hand hatten. Wer sollte uns da wohl kommen sehen oder erkennen? Vor dem Potala hing es wie ein riesiger gelber Vorhang von wirbelndem Sande, der sowohl Lhasa wie die dahinführenden Straßen und alle darauf wandelnden Menschen verhüllte. Ich sah darin ein Zeichen, das mir völlige Sicherheit versprach, und die Zukunft hat mir recht gegeben. Zwei Monate lang durfte ich das lamaistische Rom durchstreifen, ohne daß irgend jemand der Verdacht gekommen wäre, daß eine Ausländerin den Anblick der verbotenen Stadt genoß.

«Die Götter warfen einen Schleier über die Augen seiner Feinde, und sie erkannten ihn nicht.» So hieß es in einer alten tibetischen Sage, die ich vor Zeiten in der Grassteppe gehört hatte.

Zum Jahreswechsel kommen immer viele Pilger aus allen Provinzen Tibets in der Hauptstadt zusammen, um die verschiedenen Feste und Lustbarkeiten mitzumachen, die dort stattfinden. Alle Gasthäuser sind besetzt. Jeder, der nur über ein Zimmer oder Obdach verfügen kann, vermietet es dann zu hohem Preis. Die Reisenden übernachten sogar in Ställen und Höfen. Ich hätte leicht stundenlang von Haus zu Haus gehen können, um ein Unterkommen zu suchen, ohne dabei etwas anderes zu erreichen, als daß viele Hausbesitzer beiderlei Geschlechts mich neugierig beäugt hätten. Aber diese Mühe und Gefahr blieben mir zum Glück erspart.

So rasch, wie er gekommen war, flaute der Sturm auch wieder ab. Wir mit dem Stadtgetriebe unvertrauten Neuankömmlinge standen etwas ratlos mitten unter der Menge und wußten nicht, wohin wir uns wenden sollten. Da kam uns unerwartete Hilfe in der Gestalt einer jungen Frau.

«Brauchst du eine Unterkunft, Mütterchen?» fragte sie. «Du kommst gewiß von weit her; folge mir nur. Ich kann dir einen Ort zeigen, wo du gut aufgehoben bist.» Ich war einigermaßen überrascht und konnte nur lächelnd danken. Es gibt freilich viele gefällige Leute in Tibet, so war die Freundlichkeit der Frau nichts Besonderes, aber woher wußte sie nur, daß ich von weit her kam? Ich wunderte mich etwas darüber, aber vielleicht hatte sie es einfach aus meinem Pilgerstab geschlossen, und nach so vielen Fasttagen und Strapazen war ich allerdings mager genug, um Mitleid zu erregen.

Unsere Führerin war nicht gesprächig, und wir folgten ihr wie die Schafe, denn all der Verkehrslärm betäubte uns förmlich nach den in der Wildnis zugebrachten Monaten, und noch mehr benahm uns das Glück, das wir gehabt hatten, die Sinne. Sie brachte uns nach einem außerhalb der Stadt gelegenen Ort, mit wundervollem Blick auf die schöne Landschaft und den Potala. Das machte mir fast den größten Eindruck, denn auf der ganzen Reise hatte ich mir gewünscht, von meiner Unterkunft aus diesen Blick zu haben.

Ich bekam eine enge Zelle angewiesen, in einem halbverfallenen, von bettelarmen Leuten bewohnten Gebäude. Eine bessere Bleibe konnten wir uns nicht wünschen, wenn wir unser Inkognito bewahren wollten. Daß hier eine ausländische «Dame» absteigen würde, darauf konnte wirklich kein Mensch verfallen, und den elenden Bettlern, die in dieser Gegend hausten, ist diese Idee denn auch niemals gekommen.

Nach einem kurzen Lebewohl verließ uns die Frau lächelnd. Es war alles so schnell gegangen, daß es mir noch wie ein Traum war, und wir haben unsere Führerin nie wieder gesehen. Als wir am Abend in unserer Hütte inmitten unseres ärmlichen Gepäcks an der Erde lagen, sagte ich zu meinem getreuen Begleiter. «Erlaubst du mir jetzt zu sagen, daß wir das Spiel gewonnen haben?»

«Ja», sagte er und rief nun selbst triumphierend, wenn auch mit halber Stimme: «*Lha gyalo! De tamtsche pham!* Die Götter siegen! Die Dämonen sind bezwungen! Wir sind in Lhasa!»

Ich war also wirklich in Lhasa und konnte auf meinen Sieg wohl ein bißchen stolz sein. Allein der Kampf, der mit den Waffen der List und Schlauheit ausgefochten werden mußte, war noch nicht zu Ende. Nun ich in Lhasa war, erhob sich die Frage, wie ich am besten dableiben konnte. Eigentlich hatte mich ja mehr eine Art Eigensinn hergetrieben als ein frommer Wunsch, aber das Betreten der verbotenen Stadt war mit so viel Mühen und Gefahren verknüpft gewesen, daß ich den Aufenthalt nun auch nach Herzenslust genießen wollte. Ich hätte mich ja vor mir selbst schämen müssen, wenn man mich nach kurzem, flüchtigem Blick auf die Außenfront der Paläste und Tempel festgenommen, irgendwo gefangengesetzt und zur Grenze zurückbefördert hätte. Das durfte mir nicht passieren. Nun wollte ich unbedingt auf die Spitze des Potala steigen und alle die berühmten Heiligtümer und großen historischen Klöster um Lhasa herum besuchen. Jetzt ging ich nicht eher fort, bis ich alle die religiösen Zeremonien, die Rennen und die Festzüge bei der Neujahrsfeier gesehen hatte. Da ich nun mal die erste Frau zu sein schien, der es gelungen war, sich den Weg zu alledem zu bahnen, was Lhasa an Schönheit und Eigenart aufzuweisen hat, war das auch nicht mehr als mein gerechter Lohn für alle die Strapazen der Reise. Wie viele Beamte hatten seit Jahren nicht schon versucht, meine Besichtigungen zu verhindern; diesmal war ich entschlossen, sie mir von niemand vereiteln zu lassen.

Lhasa ist durchaus keine große Stadt, dabei aber doch die größte im ganzen Lande, die Hauptstadt und das Rom der lamaistischen Welt. Sie liegt sehr hübsch, nicht weit vom Fluß Kyi, in einem weiten Tal, umgeben von mächtigen, aber kahlen Gebirgszügen. Immerhin würde die Landschaft um Lhasa in einem Lande, das so reich an wundervollen Gebirgsszenerien ist wie Tibet, nichts Besonderes haben, gäbe es hier nicht den riesigen, auf dem Potala-Berg errichteten Palast des Dalai Lama. Dieser Potala ist einer der beiden Gipfel eines kleinen isolierten Bergzuges, der sich inmitten des Tales erhebt. Der andere Gipfel heißt Tschagpo-ri (Eisenberg) und wird durch die Gebäude der geistlichen Medizinschule gekrönt. Bilder geben besser, als Beschreibungen es vermögen, einen Begriff von dem gigantischen Bauwerk des Palastes, aber auch die beste Fotografie bleibt noch weit hinter der imposanten Wirklichkeit zurück. Man muß den roten Palast mit seinen goldenen Dächern selbst gesehen haben, wie er, auf einem schimmernden Sockel blendend weißer Gebäude ruhend, hoch zum blauen Himmel emporragt. Was für ein Gesamtkunstwerk hätte man nicht mit den Reichtümern schaffen können, die in dieser ungeheuren Ansammlung von Wohnungen stecken, regellos, planlos übereinandergetürmt, die sich am Abhang des Potala erheben. Aber die tibetischen Architekten waren leider keine Künstler. Ihre Hände vermögen selbst aus dem kostbarsten Material keine Schönheit zu gestalten, sondern nur Macht und Reichtum auszudrücken. Und doch verleiht die Verschwendung von Silber, Gold und edlen Steinen den Tempeln und Palästen Tibets ein eigenes Gepräge, das mit der wilden Landschaft ringsum harmoniert.

In der Hauptsache waren es chinesische Maler und Kunstverständige, denen man die Ausschmückung des Potala und des Jo Khang, des heiligsten Tempels, verdankt. Man könnte wochenlang in den vielen Galerien und Gängen des Dalai-Lama-Palastes damit verbringen, die Bildersprache der Wandgemälde zu entziffern, auf denen mittels Millionen winziger, aber lebensvoller Figürchen voll Grazie und Witz die Legenden der Götter und die Geschichte der heiligen Männer des Landes erzählt werden.

Eine Menge Lha Khangs (Gotteshäuser) finden sich zwischen den Wohnungen zerstreut; sie enthalten Abbilder all der mystischen und symbolischen Gottheiten des mayanistischen Buddhismus und sind oft reich mit Gold verziert und mit Türkisen, Korallen und Edelsteinen eingelegt. Ein besonderer Raum ist für die Porträts der früheren Dalai Lamas bestimmt, und auch den jetzigen kann man dort, wenn auch nur in Miniatur, sitzen sehen.

Den primitiven Göttern und Dämonen der vorbuddhistischen Zeit, von denen die Tibeter sich nie ganz freimachen konnten, sind dunklere Gelasse vorbehalten. Wie diese in das lamaistische Pantheon Einlaß erhielten, wird in allen alten Schriften auf dieselbe Weise erzählt. Es wird nämlich beschrieben, wie die indischen Missionare oder auch die ersten tibetischen Mitglieder des buddhistischen Ordens gegen Wesen ankämpften, die sich ihren Lehren widersetzten und ihnen ihre Bekehrten abtrünnig machten. Diese heiligen Männer waren im Besitz magischer Kräfte, und wenn es ihnen bis zu einem gewissen Grade gelungen war, den bösen Feind zu besiegen, so benutzten sie seine augenblickliche Niederlage, um von ihm das Gelübde zu erpressen, daß er seinen Haß fahren lassen und fortan ein Beschützer der buddhistischen Glaubenslehre werden wolle. Als Dank dafür wurde dem Gott oder dem Dämon der Titel «Tschoskyong» (Beschützer der Religion) verliehen und ihm ein Platz im Tempel angewiesen.

Allein der Lamaismus geht noch weiter. Selbst Wesen von noch schlimmerer Art erhalten in besonderen Gebäuden symbolische Nahrung, und die dort für sie niedergelegten Opfer bilden einen Ersatz für die blutigeren und realistischeren, nämlich menschlichen Opfer des vorbuddhistischen Kults. Die Tibeter glauben, daß Menschen und Tiere nur dann vor der Wildheit dieser Wesen sicher sind, wenn man ihnen gebührende Ehrfurcht bezeugt und sie stets gut versorgt. Andere bösartige und unsichtbare Geister können durch Zauberkünste gefesselt werden, und es bedarf unablässiger Wachsamkeit, damit die magischen Sprüche und die übrigen okkulten Riten stets zur rechten Zeit ausgeübt werden.

Ich brauche kaum zu sagen, daß alle diese Riten mit dem wahren Buddhismus nichts zu tun haben. Aber in Tibet werden sie selbst durch die Gelehrten begünstigt. Viele von ihnen sind der Ansicht, daß ihre Ausübung dem Lande und der Masse der Bevölkerung zugute kommen. Wie es auch sein mag, sowohl im Königspalast zu Lhasa wie im ganzen übrigen Tibet werden alle nur erdenklichen Formen des Gottesdienstes ausgeübt.

Der Potala enthält üppige Gemächer, und auf der obersten Terrasse mit ihren chinesischen Pavillons ließe sich ein idealer Dachgarten hervorzaubern, schöner, als die Welt ihn je gesehen hat. Aber schwerlich wird einem der Dalai Lamas, die im Laufe der Zeit auf dem Thron des Potala gesessen haben, auch nur der Gedanke an einen solchen Plan gekommen sein. Von dieser Terrasse des Palastes aus umfaßt der Blick nach vorn das ganze Tal, in dem Lhasa liegt. Nach rückwärts erstreckt sich eine weite Wüstenlandschaft, von einer hohen Gebirgskette gleich einer Zyklopenmauer abgeschlossen. An ihrem Fuß erhebt sich das große Kloster von Sera (der Hagel), schneeweiß mit roten Tempeln und goldenen Dächern gleich dem Potala selbst. Seine Mönche spielen im Staat eine wichtige Rolle.

Das komische Element, das für mich immer, sogar in den ernstesten Augenblicken des Daseins, den Lebensatem bedeutet, verließ mich auch an den Toren des Potala nicht. Ich denke, es wird der Mühe wert sein, wenn ich meinen Besuch im tibetischen Vatikan hier erzähle.

Die Zukunft war so unsicher und mein Inkognito so leicht gefährdet, daß ich immerhin gut tat, mich mit der Besichtigung der Sehenswürdigkeiten Lhasas zu beeilen und mit den interessantesten zu beginnen. So entschloß ich mich, den Potala-Palast als erstes zu besuchen.

Mit Yongden auf dem Weg dorthin, hielt ich es für das sicherste, mich einer Pilgergruppe anzuschließen, die gerade den Palast betrat. Je echter meine tibetischen Gefährten waren, desto weniger würde ich auffallen. Leider wollten uns aber gar keine Dokpas oder andere Auswärtige begegnen, und ich war schon darauf gefaßt, mit Yongden allein zu bleiben, als ich zwei Männer erblickte, die nahe dem ersten Palasttor müßig herumstanden. Beide waren in die groben weißen Sergegewänder gekleidet, wie sie das Landvolk dort trägt.

«Laß uns diese beiden Männer mitnehmen», sagte ich zu Yongden.

«Wie können wir sie dazu auffordern?» erwiderte er; «wir wissen ja gar nicht, ob sie überhaupt in den Potala hineinwollen.»

«Laß es uns versuchen», fuhr ich fort. «Diese Leute sehen gerade so gut und dumm aus, wie wir sie brauchen!»

Mit ein paar Worten setzte ich Yongden auseinander, welche Rolle ich ihm zugedacht hatte. Im selben Augenblick kamen Arbeiter vorbei, die große Baumstämme trugen. Alle Vorübergehenden gingen ihnen schnell aus dem Wege, und bei der Gelegenheit gab Yongden einem der Bauern einen Stoß in den Rücken. *«Atsi»*, rief er darauf höflich, «ich hatte dich nicht gesehen.»

«Macht nichts, Lama», antwortete der Mann.

«Woher kommst du?» fragte mein Gefährte, mit dem ganzen gönnerhaften Selbstbewußtsein des Großstädters dem Mann vom Lande gegenüber.

Sie nannten den Namen ihres Dorfes und erzählten uns, sie seien nach Lhasa gekommen, um Gerste zu verkaufen. Jetzt hätten sie ihre Geschäfte erledigt und wollten sich nun vor ihrer morgigen Abreise noch ein bißchen in der «Großstadt» umsehen.

«Da wollt ihr natürlich den Potala ‹treffen› (so spricht man respektvoll von dem Besuch eines Heiligtums)», sagte Yongden ihnen auf den Kopf zu. Die Männer gestanden, das sei eigentlich nicht ihre Absicht, da sie den Potala schon früher «getroffen» hätten. Allein nun sprach ihnen Yongden mit der ganzen Autorität eines Potala-

Mönches von dem religiösen Verdienst eines solchen Besuches und wie Neujahr gerade der richtige Zeitpunkt für dergleichen sei. Wenn sie den Potala-Heiligtümern ihre Ehrfurcht erwiesen, so sei das ja hundertmal besser, als in den Straßen herumzubummeln und sich in den Wirtshäusern einen Rausch anzutrinken. Er sah rührend mitleidig und menschenfreundlich aus, als er hinzufügte, daß er, da der Zufall uns einmal zusammengeführt hätte, gern bereit sei, sie zu den Altären zu führen und ihnen all die Namen und Geschichten der Gottheiten zu erklären. Da strahlten die beiden Einfaltspinsel über das ganze Gesicht, und dankbar folgten sie dem Lama, denn sie waren, wie alle Tibeter, sehr religiös veranlagt.

Hinter ihnen erklomm ich ganz beruhigt die lange Treppenflucht und kam so an ein oberes Tor. Die drei Männer gingen weiter mir voran, und ich wollte ihnen hübsch demütig folgen, als ein Novizenlama, ein Junge von zehn, elf Jahren, mich anhielt. Er sah mit seinem roten Gesicht, der flachen Nase und den großen Ohren, in einem für seine Figur viel zu großen geistlichen Gewand wie ein Gnom aus. Er spielte hier den Türhüter und befahl mir mit grober Stimme, meine pelzgefütterte Mütze abzunehmen. Diese Art Kopfbedeckung sei im Potala nicht erlaubt.

Wie ungeschickt! Ich hatte ganz vergessen, daß man diese Mützen dort nicht tragen durfte. Ich hatte sie nun schon lange in Benutzung, und sie hatte mir immer, seit sie mir durch Freunde aus einer unsichtbaren Welt «gesandt» worden war, bei meiner Verkleidung die besten Dienste geleistet. Sie beschattete mein Gesicht, und wenn ich sie auf dem Kopf hatte, fühlte ich mich vor Entdeckung geschützt. Was nun?

Mein Haar hatte allmählich seine natürliche braune Farbe wiedergewonnen. Die chinesische Tusche war schon, bevor ich in Lhasa ankam, abgegangen, und in meiner jetzigen Wohnung hatten die Türen und Wände so viele Ritzen, durch die mich die Nachbarn jederzeit beobachten konnten, daß ich nicht gewagt hatte, das Haar wieder neu zu schwärzen. Nun paßte seine Farbe gar nicht mehr zu dem schwarzen Jakhaar, das ich trug, und diese Zöpfe selber waren allmählich zu dünnen Rattenschwänzen zusammengeschmolzen. Hatte ich die Mütze auf, so mochte es noch angehen, denn die Flechten beschatteten meine Stirn gerade genug, um der Frisur einiger Dokpas-Stämme ähnlich zu sehen. Nun mußte ich dem abscheulichen kleinen Unhold gehorchen und meine Mütze abnehmen, und daß ich dann komischer als irgendein Zirkusclown aussehen würde, wußte ich leider nur zu gut. Aber da gab es keinen Ausweg. Ich steckte meine Mütze, wie er mir befahl, unter mein Kleid und holte meine Gefährten ein. Yongden war etwas zurückgeblieben, um auf mich zu warten. Kaum sah er mich, war er wie vom Donner gerührt, schnappte nach Luft und konnte nur schwer einen Schreckensschrei unterdrücken.

«Wie siehst du aus! Wer hat dir die Mütze weggenommen?» fragte er entsetzt.

«Ich darf sie hier nicht aufbehalten», antwortete ich schnell.

«Du siehst wie ein Dämon aus», fuhr er zitternd fort, «in meinem Leben habe ich so ein Gesicht noch nicht gesehen. Da müssen dich ja alle anstarren . . .»

Ich hätte am liebsten geweint. Immerhin tröstete die absolute Gleichgültigkeit der beiden Bauern mich einigermaßen. Sie schienen gar nichts Auffallendes und Verkehrtes an mir zu bemerken und lauschten eifrig dem, was ihnen ihr Führer von den Göttern, den Heiligen und den verflossenen Dalai Lamas erzählte. Noch andere fanden sich dazu und erbauten sich an den Erläuterungen des freundlichen Lama. Ich mischte mich unter die Menge, drängte mich mit ihr in den Gängen, auf den steilen Treppen und vor engen Kapellentüren, und keiner warf auch nur einen Blick auf meine entsetzliche Frisur. Ich selbst freilich blieb mir ihrer bewußt, und schließlich amüsierte ich mich darüber. Yongden beruhigte sich allmählich auch etwas, wagte aber aus Angst, laut lachen zu müssen, nicht, mich anzusehen.

Endlich kamen wir so auf die oberste Terrasse mit ihren chinesischen Pavillons, deren elegante, funkelnde Dächer ich zuerst erblickt hatte, als wir uns Lhasa näherten, und die mir das nahe Ziel verkündet hatten.

Ein paar Stunden später, als ich herunterstieg, schien einem Pilger meine Erscheinung doch etwas ungewöhnlich vorzukommen. Ich hörte, wie er zu seinem Freunde sagte: «Was glaubst du wohl, woher sie kommt?» Aber er gab sich gleich selbst die Antwort: «Sie muß eine Ladakhi sein», eine Frau aus Westtibet.

Wir genossen jetzt, nachdem wir die Höhe des beherrschenden Potala erreicht hatten, den wundervollen Blick auf Lhasa, das mit seinen Tempeln und Klöstern wie ein ausgebreiteter weiß-rot-goldener Teppich im Tal lag.

Die beiden Bauern waren hochbeglückt, dankten dem guten Lama mit beredten Worten und boten ihm als Zeichen der Dankbarkeit und Verehrung einige Kupfermünzen an.

«So ist es ganz in der Ordnung», sagte Yongden, als wir sie verließen. «Ich habe sie vom Trinken abgehalten, und sie haben uns einen Dienst geleistet.» Die Münzen schenkte er einem blinden Bettler, und so freute sich noch jemand mit uns!

So schön der Potala ist, der gegenwärtige Dalai Lama scheint ihm trotzdem wenig Geschmack abzugewinnen. Er besucht ihn nur bei Gelegenheit einiger Festlichkeiten. Seine gewöhnliche Residenz Norbu-ling (was etwa «Juwelenviertel» bedeutet) liegt in einem großen Park außerhalb der Stadt, der aber aus Mangel an tüchtigen Gärtnern nicht viel mehr ist als ein von ein paar Alleen und Wegen durchkreuzter bewaldeter Landstrich.

Einer seiner Hauptanziehungspunkte ist ein zoologischer Garten en miniature mit einem ganz eigenartigen Geflügelhof, in dem nur Hähne geduldet werden. Von diesen Junggesellen sind wenigstens dreihundert da, und dank der Abwesenheit von Hennen, also von Damen, scheinen sie alle Kampflust eingebüßt zu haben. Ganz friedlich pickt einer neben dem andern seine Körner auf, sie streiten miteinander nie. Die Tiere sind nahe bei einem der auf die Hauptstraße sich öffnenden Tore untergebracht und wandern in der Hoffnung, von den Vorübergehenden gefüttert zu werden, sogar manchmal auf die Straße hinaus. Da sie dem Dalai Lama gehören, gehen Pilger und selbst Einwohner Lhasas manchmal eigens in der Absicht hinaus, ihnen Körner zu streuen, denn auch das gilt als verdienstvolle religiöse Handlung!

Mehrere dem Lama-König reservierte Häuser liegen im Norbuling-Park zerstreut. Eines derselben hat Zimmer, die in verschiedenen Stilarten ausgestattet sind oder wenigstens in dem, was die Tibeter dafür halten. Sie sprechen von dem englischen, dem indischen und dem chinesischen Zimmer, und weil auf dem flachen Dach des Gebäudes vergoldete Ornamente, Gyaltsen genannt, die

Zeichen der Macht und des Sieges, stehen, schmeicheln die Hofschranzen dem Dalai Lama bis zum Überdruß mit den Worten: «Alle diese englischen, indischen, chinesischen und übrigen Räume befinden sich unter dem tibetischen Dach, auf dem die tibetischen Siegesbanner (Gyaltsen) stehen. Ebenso ist auch Tibet über alle Nationen erhaben, und du bist der höchste aller Herrscher.»

Die Leute sagen, daß der geistliche König von Tibet zu diesen Schmeicheleien lächelt und sie gern hört. Aber kann er sie wirklich ernst nehmen? Schon zweimal war er in der Verbannung, erst in China, dann in Indien, da muß er doch mancherlei über die Dinge jenseits der tibetischen Grenzen gelernt haben. Allein selbst wenn der Herrscher seine wirkliche Lage kennt, so trifft das sicher nicht für das Volk zu, dem wahre Wundergeschichten über die Größe des Dalai Lama und sein Verhältnis zu England aufgebunden werden. Höchst wahrscheinlich verbreitet der Lhasaer Hof diese Albernheiten, um das Prestige des Dalai Lama, und damit auch sein eigenes, aufrechtzuerhalten. Eine dieser ganz amüsanten Geschichten möge als Beweis dienen.

Als der Dalai Lama sich gerade in Indien befand, saß er einmal als Gast des Vizekönigs mit diesem und vielen anderen hohen Herren in einem großen Salon zusammen. Zufällig streckte er beide Arme aus – und siehe da! Auf jeder seiner geöffneten Handflächen erschien einer der Hügel von Lhasa. Auf der einen Hand war der Potala zu sehen, auf der andern die große Medizinschule von Tschagpo-ri. Angesichts dieses Wunders waren die Engländer wie vom Donner gerührt, und alle, der Vizekönig an ihrer Spitze, beugten das Knie vor dem heiligen Herrscher und baten um seinen Segen. Der König von England wurde gleich von dem Wunder verständigt, und natürlich teilte er vollständig die Gefühle der edelsten seiner Untertanen und flehte den Lama an, der Schutzpatron seines Königreiches zu werden und ihn im Notfall gegen feindliche Angriffe zu unterstützen. Der mitleidige Lama versprach denn auch gnädigst die Hilfe seines Heeres, falls Englands Sicherheit jemals bedroht werden sollte.

Aufgrund solcher Märchen sind die meisten Tibeter wirklich überzeugt, daß sie so etwas wie Schutzherren von Großbritannien geworden sind. Das erklärt ihnen denn auch, warum zur Zeit in

Lhasa ein britischer Regierungsvertreter weilt. Sie glauben, er käme, um ehrfurchtsvoll die Befehle des Dalai Lama entgegenzunehmen und sie dann Seiner britischen Majestät zu übermitteln.

Es gibt in Lhasa keine so bunten Läden und Basare, wie sie das Herz des Sammlers in China erfreuen. Der Hauptartikel, den man auf dem Markt von Lhasa findet, ist Aluminiumware. Im übrigen sieht man fast nur Schundartikel, die aus Indien, England, Japan und einigen anderen europäischen Ländern eingeführt werden. Häßlichere Baumwolltuche, abscheulichere Tonwaren als die in den Buden zum Verkauf kommenden, habe ich nirgends in der Welt gefunden. Früher stand Tibet in regem Handelsaustausch mit China, aber seit viele Waren aus Indien eingeführt werden, hat das fast ganz aufgehört. Nur Tee und Seidenstoffe kommen noch aus China herein; allein es werden die größten Anstrengungen gemacht, alle chinesischen Produkte vom tibetischen Markt zu vertreiben.

Da ich von China kam, wo Silber, gemünzt und in Barren, reichlich vorhanden war, überraschte es mich sehr, daß es im mittleren Tibet gar kein Silber mehr gibt. Die Lhasa-Regierung hat eine häßliche Kupfermünze geprägt, die jetzt in Lhasa und Umgebung allgemein gebraucht wird, aber weniger als 160 Kilometer vom Potala entfernt schon keine Gültigkeit mehr hat. So ist sie im Verkehr mit Leuten, die nicht gerade in Lhasa Geschäfte haben, ganz wertlos. Die Lhasa-Regierung hat auch einige Banknoten ausgegeben, die aber nur als Kuriosität gelten und von den Händlern zurückgewiesen werden. In der Nähe von Norbu-ling gibt es einen Ort, wo Goldmünzen geprägt werden, aber sie kommen nicht in Umlauf.

Ich habe viele Leute gefragt, wie es kommt, daß das Silber so seltsam aus Mitteltibet verschwunden ist, dagegen im chinesischen Tibet nach wie vor reichlich vorhanden ist. Je nach der gesellschaftlichen Stellung und der besonderen Gemütsverfassung lauteten die Antworten meiner Gewährsmänner sehr verschieden. Manche lächelten bloß, wenn ich nach dem Verbleib des Silbers fragte. Andere antworteten: «Die Regierung hortet es.» Offenherzige Leute sagten dagegen ganz brutal: «Unsere Regierung gibt es den Philing-Herren von Indien (also den Engländern) als Bezahlung für die alten Gewehre, die für ihre eigenen Soldaten nicht mehr gut genug sind, die sie uns aber teuer verkaufen. Schlechtbewaffnete Chinesen können wir allenfalls mit ihnen bekämpfen, aber gegen ein Philing-Heer würden sie uns nichts nützen.» Die gleichen Gedanken habe ich öfter auf originellere und abergläubischere Weise äußern können. Einige Tibeter sagten, daß den Gewehren, bevor sie nach Lhasa abgeschickt wurden, durch die Zauberkünste der Philing-Priester alle Macht genommen worden sei, den weißen Fremden oder ihren Dienern zu schaden.

In dem von den Lhasa-Truppen eroberten Teil von Kham antworten die Lhasaer Beamten den Landleuten auf ihre Klagen über die empfindlich gestiegenen Steuern, ihr gütiger Beschützer, der Dalai Lama, sei dafür nicht verantwortlich, sondern es seien die Philings, die von ihm verlangten, daß er das Geld aufbringe. Warum er jenen, denen er angeblich überlegen ist, gehorcht, was er für sein Silber erhält und viele andere Dinge mehr, das wird den einfältigen Leuten natürlich nicht auseinandergesetzt, und logisch zu denken vermag ihr Gehirn nicht. Das einzige, was sie wissen und nicht vergessen, ist, daß diese verhaßten «Weißäugigen» an ihrem Ruin schuld sind. So wird der Haß gegen die weiße Rasse auch in den entferntesten Winkeln Asiens ausgesät und genährt, und er wird sich ohne Zweifel ausbreiten und gedeihen.

In Lhasa findet jedesmal im ersten Monat des Jahres bei Vollmond ein berühmtes Fest statt. Große leichte Holzgerüste werden ganz mit aus Butter hergestellten, bunt gefärbten Ornamenten und Bildern von Göttern, Menschen und Tieren bedeckt. Diese Bauten heißen Tormas. Gegen hundert von ihnen stehen an den Straßen, die den mittleren Kreis für den religiösen Rundgang bilden, und vor jedem brennen auf einem kleinen Altar unzählige Butterlämpchen. Dies nächtliche Fest, wie auch gewisse auf den Dächern der Tempel stattfindende Konzerte sind als Unterhaltung für die Götter gedacht.

Das Butter-Tormas-Fest in Lhasa ist nicht nur in ganz Tibet, sondern auch in der Mongolei und China bekannt, und es ist auch wirklich großartig. Aber ich meine doch, viel schöner wirkt es noch in der üppigen Umgebung der großen Kum-Bum-Lamaserei, wo ich es mehrere Male erlebt habe, als ich in diesem Kloster wohnte. Immerhin habe ich diesen Teil der Neujahrsvergnügungen auch in Lhasa sehr genossen.

Sobald es dunkel geworden war und die Lichter brannten, gingen Yongden und ich in die Tormas-Zone. Wir fanden dort eine große Menge, die den Dalai Lama erwartete, der seinen Rundgang zur Besichtigung der Tormas machen sollte. Ich hatte zwar schon mehr als einmal große tibetische Volksansammlungen gesehen, aber früher hatten Diener und andere Begleiter mir stets den Weg gebahnt. Diesmal gehörte ich das erstemal mit zur Volksmenge.

Gruppen von wahren Riesengestalten, in Schaffelle gekleidete Hirten, rannten wild vor Freude mitten in die dicksten Menschenhaufen hinein. Ihre großen Fäuste bearbeiteten die Rippen eines jeden, der sich ihnen in den Weg stellte.

Die mit langen Stöcken und Peitschen ausgerüsteten Polizisten wurden desto aufgeregter, je mehr die Zeit der Ankunft des Dalai Lama sich näherte, und gebrauchten ihre Waffen ohne Ansehen der Person. Es ging wirklich recht lebhaft her, und wir hatten genug zu tun, um uns gegen all die Puffe und Stöße zu schützen.

Die ganze Garnison Lhasas war unter Waffen. Fußvolk und Reiterei marschierten an den strahlenden Butterbauten, die von Tausenden von Lampen beleuchtet waren, vorbei. In einem mit gelbem Brokat bezogenen Tragstuhl kam auch der Dalai Lama vorbei, begleitet von dem Oberbefehlshaber der tibetischen Armee und anderen hohen Würdenträgern. Die Musik spielte eine englische Operettenmelodie. Knallfrösche wurden abgebrannt, und ein etwas dürftiges bengalisches Licht färbte den Zug ein paar Minuten lang rot und grün.

Dem Zuge des Königs folgten noch viele private Prozessionen, vornehme Herren, deren Dienerschaft chinesische Laternen in den Händen trug, die hohe Geistlichkeit, begleitet von ihren Untergebenen, die Vertreter des Maharadschas von Nepal und andere mehr. Alle aber, Geistliche, Edelleute, wohlhabende Kaufleute und ihre Frauen, trugen ihre schönsten Festgewänder und zogen fröhlich lachend vorbei, waren freilich auch alle mehr oder weniger betrunken. Ihre Heiterkeit wirkte ansteckend. Yongden und ich ließen uns von der Menge treiben, rannten, pufften und schoben mit ihr und genossen mit kindlichem Vergnügen den Spaß, wirklich in Lhasa zu sein und das Neujahrsfest mit den Tibetern zu feiern.

Als es endlich Zeit wurde, in unsere Höhle zurückzukehren, fiel uns unterwegs auf, daß die Straßen, obgleich Vollmond war, mit jedem Augenblick dunkler wurden. Sonderbar! Wenn wir nicht Abstinenzler gewesen wären, hätten wir es uns ja allenfalls erklären können, denn die meisten Bürger sahen in dieser Nacht wohl nicht mehr ganz klar, aber dieser Grund fiel bei uns weg. Am Ende kamen wir auf einen offenen Platz und sahen, daß der Mond in einer Ecke einen schwarzen Schatten hatte. Es war also der Anfang einer Mondfinsternis, und bald hörten wir, wie die guten Leute laute Trommelwirbel schlugen, um den Drachen zu verscheuchen, der ihrer Ansicht nach ihr Nachtlicht verschlucken wollte. Es wurde eine totale Mondfinsternis; ich beobachtete sie während der ganzen Nacht, und es war eine der interessantesten, die ich je gesehen habe.

«Das ist noch besser als damals am Tag unserer Ankunft der Sandvorhang vor dem Potala», scherzte Yongden. «Nun schützen uns deine Götter sogar vor dem Mond, damit wir nicht zu deutlich gesehen werden. Es wird gut sein, wenn du sie jetzt bittest, mit ihrem Schutz unseres Inkognitos nicht zu weit zu gehen, sonst lassen sie am Ende gar die Sonne nicht mehr scheinen!»

Was ich aber auch für Schutzgeister gehabt haben mag, es kam doch wieder ein Tag, an dem ich Gefahr lief, erkannt zu werden, und wo ich mich wieder meiner Haut wehren mußte.

Ich wanderte gerade auf dem Markt umher, als ein Polizist stehenblieb und mich scharf ansah. Vielleicht nur, weil er sich verwundert fragte, aus welchem Teil Tibets ich wohl stammen mochte, aber es war immerhin besser, auf alles gefaßt zu sein. Mein Herz schlug etwas schneller, aber im übrigen stürzte ich mich mutig wie immer in den neuen Kampf, den es auszufechten galt. Ich tat so, als ob unter den ausgelegten Waren meine Wahl auf einen Aluminiumtopf fiele, und begann mit all dem lächerlichen Eigensinn der Leute von den halbwilden Grenzstämmen darum zu handeln. Ich bot einen geradezu unannehmbar niedrigen Preis und schwatzte laut und atemlos das unsinnigste Zeug. In den Buden ringsherum fingen die Leute an zu lachen und sich über mich lustig zu machen. Die Kuhhirten aus der nördlichen Einöde und ihr Weibervolk bilden für die zivilisierten Einwohner Lhasas stets ein willkommenes Ziel des Spottes.

«Na!» sagte der Händler lachend und halb ärgerlich über mein unaufhörliches Geschwätz, «du bist mir eine waschechte Dokpa, das steht fest!» Und alle Umstehenden verhöhnten das dumme Weib das von nichts anderm wußte als von seinem Vieh und dem Wüstengras. Ich erstand den Topf, und weil ich doch noch fürchtete, daß man mir folgen könnte, zwang ich mich dazu, noch auf dem Markt herumzubummeln und eine wahre Komödie der übertriebenen Bewunderung selbst der häßlichsten und billigsten Waren aufzuführen. Zum Glück stieß ich dabei auf eine Gruppe echter Dokpas und fing gleich ein Gespräch mit ihnen in ihrem eigenen Dialekt an, denn ich hatte vor einigen Jahren einmal in ihrer Gegend gelebt. Dabei nannte ich ihnen bekannte Menschen und Orte bei Namen und brachte ihnen die Überzeugung bei, daß ich aus ihrer Nachbarschaft stamme. Diese Leute haben eine so lebhafte Phantasie, daß ich wetten möchte, am folgenden Tag würden sie geschworen haben, mich seit eh und je zu kennen.

Ein anderer Polizist schlug mich bald darauf mit seinem Knüppel, weil ich mich an einen nur für vornehme Leute reservierten Platz gedrängt hatte. Ich amüsierte mich so gut über den Schlag, daß ich an mich halten mußte, um dem Mann nicht ein Trinkgeld zu geben. «Ich kann wirklich mit meinem Inkognito zufrieden sein», sagte ich stolz zu Yongden. «Nun habe ich sogar Prügel bekommen wie ein gestandenes Tibeterweib!» Und nach diesem Erlebnis fühlte ich mich völlig sicher.

Die Landstraße, die durch Lhasa führt, ist, so bescheiden sie auch aussehen mag, eine der großen Verkehrsadern der Welt. Sie kommt von Indien, kreuzt Mittelasien, berührt die Mongolei und endet in Sibirien; so legt sie einen schier unendlich langen Weg zurück und überschreitet hohe Gebirgszüge, bietet aber für einen guten Reiter wenig Schwierigkeiten. Im Winter, wenn die Kälte es erlaubt, Eisvorräte als konserviertes Trinkwasser mitzuführen, kann der Reisende auf dieser Straße eine wasserlose Region in einer fast geraden Linie durchqueren. Im Sommer muß er einen Umweg machen und sich östlich des schon erwähnten Blauen Sees, des Kuku-nor, halten.

Vielleicht ist der Tag gar nicht mehr so fern, an dem ein «Transasiatischer Expreß» in behaglichen Schlaf- und Salonwagen ganze Touristengesellschaften hierherbefördern wird, aber die Reise selbst wird dann viel von ihrem Reiz verloren haben.

In der tibetischen Hauptstadt herrscht viel Leben, und es wohnen dort fröhliche Menschen, die sich gern im Freien ergehen. Obgleich der Ort gar nicht sehr dicht bevölkert ist, wimmelt es in den Straßen vom frühen Morgen bis gegen Sonnenuntergang von Menschen; dämmert es aber, so halten die Einwohner sich lieber im Hause auf. Wie die Leute sagen, ist seit der Gründung einer nationalen Polizei und eines eigenen Heeres die Unsicherheit bedeutend gestiegen, denn die offiziellen Schützer des öffentlichen Wohls verwandeln sich im Dunkel der Nacht oft in Räuber.

Bis auf einen kleinen Teil der Stadt sind die Straßen von Lhasa breit, haben an ihren Kreuzungspunkten weite Plätze und werden verhältnismäßig rein gehalten. Leider fehlen in den Häusern alle sanitären Einrichtungen; für die Notdurft werden an verschiedenen Punkten der Stadt einige unbebaute Grundstücke freigehalten.

Mehrere bedeutende Klöster liegen in Lhasa selbst, und zu ihnen gehören auch die beiden berühmten Hochschulen, in denen Tantrismus, Magie, Riten und okkulte Wissenschaften gelehrt werden. Die drei großen Lamasereien, deren Ruf Tausende von Pilgern anzieht und wo die jungen Lamas, von weither aus der Mandschurei und Mongolei herkommend, studieren, befinden sich nicht direkt in Lhasa, sondern in der Nachbarschaft. Sera, das ich schon genannt habe, liegt sechs Kilometer hinter dem Potala, Depung etwa zehn Kilometer auf dem Weg nach Indien, und Galden, versteckt und von Bergen eingeschlossen, ist drei Kilometer entfernt. Es sind die drei größten und, als dem Staate gehörend, auch mächtigsten Klöster Tibets.

Der den Tibetern heiligste Tempel, den ich in Lhasa besichtigte, heißt Jo Khang, «Haus des Herrn». Er wurde erbaut, um ein altes Bild zu beherbergen, das Siddhartha Gautama als Jüngling darstellt, noch bevor er ein Buddha wurde. Das Gemälde stammt aus Indien und soll etwa im ersten Jahrhundert vor Christus nach China gebracht worden sein. Der chinesische Kaiser T'ang T'ai-tsung schenkte es um das Jahr 630 seiner Tochter als Mitgift bei ihrer Heirat mit dem tibetischen König Srong Tsang Gampo. Bei den leichtgläubigen Tibetern sind viele Legenden über dieses Bild und seinen Ursprung im Umlauf, darunter die, daß Siddhartha es selbst gemalt und daß es schon mehrere Male gesprochen habe.

Neben dem Jowo-Altar, dem «Altar des Herrn», vor dem Tausende von Lampen brennen, gibt es in diesem Tempel eine Menge Räume mit Bildnissen von Göttern und Heiligen. In diesem dunklen, fensterlosen Gebäude, unter diesen oft lebensgroßen, unbeweglichen Figuren machen die endlosen Scharen schweigsam wandelnder Pilger einen seltsamen Eindruck, der noch durch das gelbliche Licht der Butterlämpchen erhöht wird. Von weitem kann man manchmal kaum die lebenden Menschen von den Puppen unterscheiden, denen ihre Verehrung gilt. Künstlerischen Wert haben die Statuen freilich nicht, aber diese vielen, unzerstörbar ruhig heiteren Gesichter mit ihrem wie nach innen gerichteten Blick tun doch ihre mächtige Wirkung. Sie reden deutlich die Sprache der mystischen Schulung, die dem Gemüt unerschütterliche Ruhe verleiht.

Die Prozession der Gläubigen stimmte mich traurig. Da wandelten sie nun in ihrem Aberglauben auf eben dem Pfad, den gerade der Buddha verurteilt hatte, dessen Andenken sie doch verehren. In den buddhistischen Schriften heißt es: «Es sind Wesen, geleitet von der Unwissenheit, äonenlang gehen sie auf schmerzensvollem Wege immer neuen Geburten und neuem Tode entgegen.»

Die vielen Sakristane und Küster in ihren dunkelroten Togen aber, die alle diese Tempel bevölkern, sehen in diesem Zustrom von Pilgern keineswegs eine ärgerliche Störung. Für sie ist es reiner Verdienst, denn von den Opfergaben der Gläubigen fließt der Löwenanteil in ihre eigene Tasche. Man kann oft sehen, wie sie die Menge beobachten und sich dann auf die Leute stürzen, die ihnen die reichsten oder die frömmsten scheinen, von denen sie also die größten Trinkgelder erwarten können. Haben sie eine solche Pilgergruppe oder auch einen einzelnen Gläubigen entdeckt, so führen sie ihren Opfern endlose Wunder vor, halten die heiligen Reliquien einen Augenblick lang über ihre Köpfe, lassen sie heiliges Wasser aus silbernen und goldenen Schalen trinken und erzählen ihnen die langatmigsten Geschichten. Und die Kollegen des Führers, die an den verschiedenen Schreinen Wache halten, wollen natürlich auch ihren Teil von den Spenden abbekommen.

Mein wohlhabendes Aussehen konnte es wirklich nicht sein, das diese schlauen Burschen zu mir hinzog, da muß es wohl das unendlich dumme Gesicht gewesen sein, das ich aufsetzte; jedenfalls meldeten sich ungerufen schnell mehrere Führer bei mir. Sie schleppten mich bis in die entferntesten Winkel des Gebäudes und zeigten mir eine Menge von Gegenständen der frommen Verehrung. Ich glaubte mich nach dem europäischen Rom versetzt, wo es auch von gierigen Sakristanen nur so wimmelt.

Wieder wurde ich für eine Ladakhi gehalten. Ich umwandelte gerade einen Schrein, vermied aber, von dem heiligen, aber nicht sehr sauberen Wasser zu kosten, als ich eine mitleidige Stimme hinter mir sagen hörte: «Oh, gebt doch der heiligen Frau etwas vom heiligsten Wasser. Sie muß von Ladakh sein, das so weit entfernt liegt. Was muß sie für einen starken Glauben haben!»

Diesmal waren die Lamas nicht von Geldgier, sondern von Menschenfreundlichkeit beseelt. Ich sah mich von jungen, lächelnden Gesichtern umgeben. Ein Mann ergriff mich beim Arm und führte mich weiter, während andere die vor uns stehenden Pilger beiseiteschoben. Ich konnte jetzt ganz aus der Nähe noch mehr Juwelen, noch mehr goldene und silberne Ornamente bewundern. Ein mit Edelsteinen besetztes Gefäß wurde in den Bereich meiner Hände gebracht, die ich auf vorgeschriebene Weise ihm entgegenstreckte. Ich sprach die von mir erwarteten Worte: «Laßt mich trinken und mein Haupt benetzen.» Und bei mir dachte ich: «Das ist meine Taufe als Ladakhi.»

Es war eine glückliche Eingebung gewesen, daß ich den Jahresanfang für meinen Aufenthalt in Lhasa gewählt hatte, denn zu keiner anderen Zeit hätte ich soviel eigenartige Festlichkeiten und interessante Zeremonien sehen können. Ich mischte mich unter die vergnügungssüchtige Menge und sah berittene Edelleute und Fußvolk in den Panzern und mit den Lang- und Rundschilden aus der alten Königszeit, eine Erinnerung an das Tibet früherer Tage. Auch an Pferderennen fehlte es nicht, aber so ungeregelt, wildvergnügt und amüsant es auch dabei zuging, an Reiterkünsten hatten die Dokpas in der Grassteppe weit Besseres geleistet.

Ich hatte mehrere Male Gelegenheit, den Mann zu sehen, der als der größte einheimische Gelehrte gilt und der den Thron von Tsongkhapa, dem Gründer der Gelugpa- oder Gelbmützen-Sekte, einnimmt. Den ganzen ersten Monat des Jahres predigt er unter freiem Himmel unter einem Baldachin, der eigens dafür nahe beim

Jo-Khang-Kloster errichtet wird. Aber er redet nicht etwa zum Volk, wie man aus der Tatsache, daß er außerhalb des Tempels predigt, schließen könnte. Nur die Mönche haben das Recht, mit gekreuzten Beinen auf dem Pflaster zu seinen Füßen zu sitzen, und ihre Oberen bestimmen, wer von ihnen dieser Predigt lauschen darf. Und wehe dem, der mit seinem Nachbar spräche oder sich nicht ganz unbeweglich hielte! Wehe auch dem unseligen Laien, der es sich einfallen ließe, dem Reden des höchsten Lehrers und Meisters zuzuhören. Die Kleriker, die bei dieser Versammlung die Polizei vertreten, würden kurzen Prozeß mit ihm machen und ihn mit dem großen Bündel von Stricken unbarmherzig auspeitschen, das sie unablässig martialisch in der Luft kreisen lassen.

Der große Philosoph von Tibet ist ein magerer alter Mann mit schmalem, ebenmäßigem Gesicht, von aristokratischem Äußeren und von hochmütig asketischer Haltung. Unter dem gelbbrokatenen Sonnenschirm, den ein Klosterbruder als Ehrenzeichen über ihn aufgespannt hält, geht er mit so kurzen, schnellen Schritten voran, als ob er eine lästige Pflicht rasch erledigen möchte. Auf seinem klugen Gesicht steht deutlich geschrieben, daß ihm Volksmengen und öffentliche Zeremonien in der Seele verhaßt sind und daß er ihre Langeweile nur schwer erträgt.

Was er da, auf seinem Thron sitzend, vorträgt, hat nichts mit einer Predigt im abendländischen Sinn zu tun. Er spricht ohne Gesten, ohne seine Stimme zu erheben und so sachlich, wie das die von ihm auseinandergesetzten Theorien erfordern.

An den Uniformen der in Khaki gekleideten Soldaten, die als Thronwächter fungieren, kann man sehen, wie die westliche Zivilisation anfängt, bis nach Lhasa vorzudringen. Ich amüsierte mich über die Truppen, wie sie mit komischen Schritten hinter der Musik einherstolzierten, die dazu gar nicht so schlecht englische Operettenmelodien spielte. Daß sie mit veralteten englischen Flinten ausgerüstet sind, sagte ich schon. Diese Waffen sind in den meisten Teilen von Mittelasien noch gang und gäbe, und außerdem sind sogar ein paar von Maultieren gezogene Gebirgsgeschütze vorhanden. Sie sind nicht wenig stolz auf diese kurzen, dicken, wie Kröten geformten Kanonen und stellen sie gern bei passenden und unpassenden Gelegenheiten zur Schau. Eine von ihnen platzte vor kurzem und tötete mehrere Leute; aber das hat der Bewunderung der Lhasaer für die noch übrigbleibenden nicht den mindesten Abbruch getan. Solche und ähnliche Vorkommnisse gelten in diesem gesegneten Lande wohl gar noch als glückbringend. Dabei fällt mir ein Ereignis ein, das sich während meines Aufenthalts in Lhasa zutrug.

Im ersten Monat des Jahres ist es Sitte, Mo einzuholen und nach allen möglichen Omen auszuspähen, aus denen man Schlüsse ziehen will, ob dem Staat und besonders der Person des Dalai Lama Glück oder Unglück bevorsteht.

Eines dieser Omen wird auf wunderliche Weise befragt. Drei Zelte werden errichtet und in jedes von ihnen ein Tier eingeschlossen: ein Hahn, eine Ziege und ein Hase. Diese Tiere tragen um den Hals Amulette, die der Dalai Lama gesegnet hat. Eine Anzahl von Männern müssen auf die Zelte schießen, und wird dabei irgendeins der Tiere verwundet oder getötet, so ist das ein Zeichen, daß Tibet und sein Herrscher bösen Zeiten entgegengehen. In diesem Fall müssen die Mönche der drei großen Klöster, Sera, Galden und Depung, sich versammeln, zwanzig Tage lang die heiligen Schriften lesen und verschiedene Zeremonien vornehmen, um das Übelwollen der Götter abzuwenden.

Als ich in Lhasa war, wurden fünfundzwanzig anstatt der gewohnten fünfzehn Schüsse auf die Zelte abgefeuert und englische, chinesische und tibetische Flinten dabei gebraucht. Eine der letzteren platzte, der Schütze ward schwer verwundet und starb am Tage darauf. Die Tatsache, daß selbst nach diesem verlängerten Beschuß kein Tier getroffen war, galt als außerordentlich glückverheißend; daß dagegen ein Mensch dabei sein Leben eingebüßt hatte, bestärkte die Tibeter nur in ihrem Vertrauen in das Wohlergehen des Lama-Königs! Ihrer Meinung nach war der arme Teufel von irgendeinem erzürnten Dämon als Ersatz für das kostbare Dasein ihres Herrschers hinweggerafft worden.

Während der vielen Jahre meines Zusammenlebens mit den Tibetern hatte ich oft Gelegenheit, Leute aus allen gesellschaftlichen Schichten in der Nähe zu beobachten, aber so tief wie jetzt in Lhasa war ich früher doch nie in das Volksleben eingedrungen. Die Höhle, in der ich abgestiegen war, bildete den Mittelpunkt einer kleinen Karawanserei, in der die seltsamsten Typen der Menschheit sich zusammengefunden hatten. Nur die wohlhabendsten unter den Gästen schliefen unter einem Dach, die andern hausten im Freien. Jede Handlung spielte sich öffentlich ab. Ich erlebte so geradezu einen Roman, dessen Handlung im Armenviertel vor sich ging, aber wie amüsant und exotisch war doch gerade der Ort des Geschehens. Wie verschieden von dem trübseligen Eindruck gleicher Quartiere im Westen! Freilich waren alle Bewohner hier schmutzig und zerlumpt, das Essen denkbar derb und häufig knapp, aber dafür erfreute sich jedermann an dem leuchtend blauen Himmel und der hellen, lebenspendenden Sonne, als könne man mehr vom Schicksal, von den Göttern, gar nicht erwarten.

Bis auf den empfindlichen Mangel an jeglichem Komfort ging es mir nicht schlecht unter meinen seltsamen Nachbarn. Sie hatten keine Ahnung, wer ich war, und behandelten mich genau wie ihresgleichen. Manche von ihnen hatten bessere Tage gesehen. Da war zum Beispiel der jüngste Sohn eines leidlich wohlhabenden Vaters. Er hatte eine vermögende Witwe geheiratet, die älter war als er, und hätte im Leben vorwärtskommen können, wenn nicht Trägheit, Trunk und Spiel sein Ruin geworden wären. Als seine Frau alt geworden war, nahm er sich eine Geliebte, und schließlich gelang es seiner Frau, die sich ganz klar darüber war, daß ihr nichtsnutziger Mann sie noch ganz ins Elend bringen würde, ihn auf recht schlaue Weise loszuwerden. Sie rief ihre Angehörigen zusammen und erklärte, daß sie ihre letzten Lebensjahre nur noch der Frömmigkeit widmen wolle. Sie sagte, da ihr Mann eine Mätresse habe, möge er diese ruhig heiraten (Polygamie ist, ebenso wie Polyandrie, in Tibet gesetzlich zugelassen), aber nur unter der Bedingung, daß sie ihr Haus verließen, alle Schulden auf sich nähmen und sie von allen Verpflichtungen gegen ihren Mann entbunden sei. Der Mann willigte ein, es wurde ein Kontrakt aufgesetzt, und er zog mit seiner neuen Frau ab.

Als ich das «junge Paar» kennenlernte, verlief das Leben der beiden durchaus nicht glatt. Der Mann war zwar ein gutmütiger Bursche, dabei aber schwach und ein unverbesserlicher Trinker. Bald nach Mittag war er meist nicht mehr bei Sinnen und kam vor dem nächsten Morgen nicht wieder zu sich. Und die Frau trieb es oft auch nicht besser. Immerhin war sie doch noch die tätigere und klügere von beiden, aber gerade diese Klugheit führte zu den schrecklichsten Zänkereien. Der Mann behauptete, die Frau habe ihm, während er seinen Rausch ausschlief, sein letztes Hab und Gut gestohlen – Haushaltsgegenstände, Decken usw. Die Frau jammerte dagegen, ihr Gemahl habe ihre Juwelen entwendet und den Erlös verspielt. Wenn sie laut genug geschrien hatte, um den Trunkenbold aus seiner Betäubung aufzuwecken – was starke Lungen erforderte –, folgte eine sehr dramatische Unterhaltung. Der Mann griff dann häufig zu einem Stock, den er als Gichtleidender stets zur Hand hatte, die Frau bekam damit eine tüchtige Tracht Prügel, und bevor irgend jemand ihr zur Hilfe kommen konnte, war sie schon windelweich geschlagen. Sie bewohnten ein bedrückend kleines Zimmer mit nur einem Ausgang ins Freie, und der schlaue Gatte, der sehr groß und stark war, brachte es immer fertig, die Tür mit seinem dicken Körper zu verbarrikadieren. Von da aus konnte er dann sein Schätzchen mit dem langen Stock auch in der entferntesten Ecke erreichen.

Unser jämmerliches Haus war in drei Teile geteilt. Das Zimmer am Eingang wurde von dem eben beschriebenen zanksüchtigen Paar bewohnt. Ich hatte ein enges Stübchen daneben inne, und ein dunkles Hinterzimmer beherbergte ein anderes, sehr merkwürdiges Paar. Auch dies hatte einst bessere Zeiten erlebt. Der Frau sah man die Manieren ihrer guten Herkunft noch an. Ihr Mann war zur Zeit ihrer Heirat nicht unvermögend gewesen und während des Krieges mit China zum Offizier ernannt worden. Aber dann hatte er, ganz wie sein Nachbar, alles vertrunken und verspielt.

Die Armut hatte seinen Stolz aber keineswegs gebeugt. Er war ein großer attraktiver Mann, mit tiefer Verachtung für die Arbeit und gab sich die würdige Miene eines unverschuldet verarmten Edelmannes. Er wurde allgemein mit einem Titel angeredet, der etwa unserem «Hauptmann» entspricht, und war viel zu aristokratisch, um ein bescheideneres Amt anzunehmen. Da die Regierung ihm kein Ministerportefeuille anbot, entschloß er sich zum Betteln. Jeden Morgen, wenn er seinen Tee getrunken hatte, ging mein Nachbar aus, eine Botentasche umgehängt und seinen Bettelsack malerisch über die Schulter geworfen, ganz so wie in alten Zeiten die Hidalgos ihr Mäntelchen. Mit dem Stab in der Hand, hocherhobenen Hauptes zog er los, seiner Vornehmheit so sicher, daß er nicht einmal geruhte, sich für die Gaben, die er erhielt, zu bedanken.

Erst nach Sonnenuntergang kehrte der «Hauptmann» zurück. Wo er sein zweites Frühstück einnahm, wer ihn dazu einlud, erfuhr man nicht. Er war nicht ohne Witz, konnte ganz amüsant sein und genoß in ganz Lhasa eine Art von Berühmtheit. Er verstand seine Wünsche so beiläufig zu äußern, ganz als ob er bei seinen täglichen Ausgängen kein anderes Ziel hätte, als den einen oder anderen Herrn zu besuchen, daß die Leute ihm das Verlangte schließlich lachend gaben. Seine Methode bewährte sich so gut, daß er abends die leeren Taschen, mit denen er ausgezogen war, prall gefüllt heimbrachte und seine Frau und die beiden Kinder ihre regelmäßigen Mahlzeiten erhielten.

In der Wohnung des Trunkenbolds verschlimmerte sich der Streit, als ein der Frau gehöriges Türkisschmuckstück verschwand. Zuerst hatte sie ihren Mann im Verdacht, allein er war wirklich unschuldig. Als Täterin wurde das Dienstmädchen ermittelt – ja, die Dame in dem kleinen Eingangszimmer hielt sich ein Mädchen! Jetzt erhob sich eine sonderbare Frage. Das Mädchen behauptete nämlich, eine Entschädigung beanspruchen zu können, weil man sie eine Diebin genannt hatte, ein Schimpfwort, das sie nach ihrer Meinung in keiner Weise verdiente, da sie den Schmuck nur am Boden gefunden und aufgehoben habe. Bald wimmelte das Haus von Männern, die als Schiedsrichter, Verteidiger, Berater und Zeugen dienen wollten und von denen einige weder das Türkismedaillon noch das Mädchen jemals gesehen hatten noch irgend etwas von dem Fall selbst wußten. Sie erschienen, sobald der Tag anbrach, aßen, tranken und blieben bis in die Nacht hinein. Ich genoß von meinem Zimmerchen aus den ganzen komischen Vorgang und folgte mit Vergnügen den merkwürdigen Gründen für oder wider, die namentlich gegen Abend, wenn der Alkohol die Gehirne mit originellen Einfällen versorgt hatte, ins Feld geführt wurden.

Einmal, als die Diskussion besonders hitzig geworden war, fingen das Mädchen und seine frühere Herrin an, einander erst heftig zu beschimpfen, um sich dann schließlich in die Haare zu geraten. Die anwesenden Männer standen auf, um sie zu trennen – keine leichte Arbeit –, denn die wütenden Frauenzimmer griffen mit ihren Krallen die Friedenstifter an. Schließlich gelang es den vereinten Kräften doch, das Mädchen aus dem Hause zu drängen, und um ihr die Rückkehr unmöglich zu machen, prügelten sie sie quer über den Hof bis auf die Straße.

Betrunkene sind unberechenbar, so fiel es dem Hausherrn plötzlich ein, seine Frau für die ganze Geschichte verantwortlich zu machen. Er erklärte, sie habe ihn vor seinen Gästen beschämt, und versuchte seinen alten Trick, sich vor die Tür zu stellen und sie durchzubläuen. Diesmal war sie aber durch den vorhergehenden Kampf so erregt, daß sie sich auf ihn warf und ihm seinen langen Ohrring so heftig aus dem Ohr riß, daß das Ohrläppchen abriß. Er rächte sich dafür durch einen Schlag auf den Kopf, und nun fing sie an, laut zu schreien. Die Frau des «Hauptmanns» stürzte aus ihrem Zimmer hervor, um sich dazwischenzuwerfen, hatte aber auf dem engen Schlachtfeld noch keine zwei Schritte gemacht, als sie auch schon einen, allerdings nicht für sie bestimmten, Schlag auf ihrer Backe sitzen hatte. Laut heulend ließ sie sich auf eine Bank fallen. Da Yongden gerade fort war, hielt ich es für meine Pflicht, den Mann von ernstlichen Mißhandlungen seiner Frau zurückzuhalten, ich ging also nun auch hinein, in der Absicht, die um ihr Leben fürchtende Frau bei mir in Sicherheit zu bringen. Aber es kamen immer mehr Leute hinzu, und ich sah, daß sie den Augenblick zur Flucht benutzen konnte. «Lauf schnell weg!» drängte ich die Frau und sicherte ihr den Rückzug. Sie lief hinter mir hinaus – und ich habe sie nie wiedergesehen.

Als der «Hauptmann» am Abend nach Hause kam, begrüßte ihn seine Gattin mit einer geschwollenen Wange, die schon braun und blau zu werden begann. Ich habe nicht dramatisches Talent genug, um die Szene zu beschreiben, die sich nun anstatt bei Rampenlicht bei dem Schein der Glut im Kohlenbecken abspielte. Der «Hauptmann» hatte ganz das Zeug zu einem glänzenden Schauspieler. Er deklamierte die halbe Nacht hindurch, bald in wilden Tönen nach Rache rufend, bald mit hohem Pathos die Leiden seiner Gattin beklagend. Dann wieder richtete er sich zu seiner vollen Höhe auf, so daß sein Kopf beinahe das niedrige Dach durchstieß, und sprach von seiner beleidigten Ehre. Der Mann, dem alle diese Verwünschungen und Racheschwüre galten, lag halb bewußtlos auf einem zusammengebrochenen Lager, und der «Hauptmann», der übrigens selbst durchaus nicht mehr nüchtern war, schloß seinen Monolog mit einer Predigt gegen das abscheuliche Laster der Trunkenheit.

Tags darauf nahm der «Hauptmann» Yongden beiseite und erklärte, er brauche mich als Zeugin bei einem Prozeß, den er wegen Schadenersatz für die geschwollene Backe seiner Frau anstrengen wolle. Der junge Lama tat alles, um ihm die Idee auszureden, und bot ihm sogar ein kleines Geschenk an. Er nahm das Geld, blieb aber bei seinem Plan. Er wollte Rache nehmen, und ich sollte ihm dazu verhelfen.

Ich wurde recht ärgerlich, als Yongden mir davon berichtete. Ich hätte in dieser Sache vor mehreren Leuten erscheinen müssen, und das bedeutete lange Gespräche, in deren Verlauf Yongden und ich nach unserm Heimatlande gefragt werden würden. Mit unserem Inkognito sah es dann böse aus!

Wir saßen schweigsam beim Tee und zerbrachen uns den Kopf, wie wir diesen gefährlichen Verwicklungen entgehen könnten, als die Tür geöffnet wurde. In Tibet, und noch dazu bei den unteren Klassen, ist es nicht Brauch, an die Tür zu klopfen und, ehe man ein Zimmer oder ein Haus betritt, um Erlaubnis zu bitten. Ein Mann kam herein, der mir nach der üblichen höflichen Begrüßung sagte, meine Nachbarin, der ich den Tag vorher zur Flucht verholfen hatte, wolle sich von ihrem frisch angetrauten Mann scheiden lassen und wünsche mich dabei als Zeugin für seine Brutalität anzugeben. Ich versuchte gerade wie in dem vorhergehenden Fall, den Boten zu bewegen, mich ganz aus dem Spiel zu lassen, denn die Eheleute hatten sich mir freundlich erwiesen, und ich wollte ungern gegen einen von ihnen aussagen. Aber alles Reden war umsonst, er bestand darauf, mein Zeugnis müsse gehört werden.

Das bewog uns dazu, uns für eine Woche von Lhasa zu entfernen; angeblich wollten wir das große Kloster Galden besuchen, wo es neben anderen interessanten Sehenswürdigkeiten das massiv goldene und silberne, juwelengeschmückte Grab des Tsongkhapa zu bewundern gibt.

In unserem Quartier in Lhasa war unterdessen viel Alkohol getrunken worden, die beiden Fälle waren aber noch nicht erledigt. Eine neue Reihe von Festlichkeiten stand bevor, und die Richter hatten die Prozesse auf später verschoben. Ich atmete erleichtert auf, denn am Tage nach dem großen Ser-Pang-Festzug wollte ich ohnehin aus Lhasa abreisen.

Allein die Komödien und Dramen meiner eigenartigen Nachbarn waren für mich noch nicht abgeschlossen. Eines Nachts wurde ich durch eine alte Frau, einer der im Hof draußen übernachtenden Gäste, geweckt, die mich zu ihrer scheinbar im Sterben liegenden Tochter zur Hilfe rief. Yongden, ich, der «Hauptmann» und seine Frau, wir liefen alle nach draußen. Wir fanden das Mädchen aufrecht sitzend, sie schien nur mühsam zu atmen und stieß dabei die sonderbarsten Laute aus; es klang fast, als ob eine Lokomotive Dampf abließe. «Nun weiß ich, was ihr fehlt», sagte die Mutter zu uns. «Der Gott reitet sie.»

Das Mädchen war also eine Pamo, ein Trance-Medium. Ich hatte schon viele Leute, unter andern auch vor ein paar Wochen diese selbe junge Person, in Trance gesehen; in dieser Nacht sah sie aber ungewöhnlich erregt aus. Mutter und Schwester beeilten sich, die symbolischen Ornamente der Pamo an ihr zu befestigen, darunter auch den Hut, «Rigs nga» genannt, weil er fünf *(nga)* Bilder von Dhyana-Buddhas aufweist, von denen jeder, dem Lamaismus nach, der geistige Vater eines Geschlechtes *(rigs)* ist.

Sie fing an, den Kopf zu schütteln und zu tanzen. Ihr Gesang, der nur erst ein Gemurmel war, wurde lauter und lauter, bis er schließlich in wildes Geschrei ausartete. Nun gab es im Hof zwei Kettenhunde, und die beiden braven Tiere wußten diese nächtliche Vorstellung gar nicht zu würdigen, da sie sicher dadurch im Schlaf gestört wurden. Sie begannen zu bellen und zu heulen, und endlich gelang es dem einen sogar, seine Kette zu sprengen und sich auf die Pamo zu stürzen. Mehrere der Anwesenden hatten ebenso wie ich das Tier manchmal gefüttert, und wir konnten die Dogge zurückreißen, als sie das Mädchen von hinten angesprungen hatte. Der Hund war gegen Leute, die er kannte, recht gutartig, so konnten wir ihn leicht wieder anketten. Allmählich war es heller geworden, und Yongden merkte, daß das Tier etwas in seinem Maule weggeschleppt hatte und es nun so zwischen den Klauen hielt, wie es diese Rasse macht, wenn sie ein Stück Tuch zerreißen wollen.

Die Pamo hat mit Tanzen aufgehört. Sie stand statuenhaft unbeweglich und steif da. Die Mutter fragte sie, ob sie verletzt sei, aber das Mädchen schien bewußtlos und antwortete nicht. Da bemerkte die Alte, daß der magische Hut nicht mehr auf dem Kopf der Tochter saß. «Wo ist meiner Tochter Rigs nga geblieben?» jammerte sie los. «Wo ist er geblieben? Was für ein böses Omen!»

«Den Rigs nga hat der Hund», sagte ich. «Sei nur nicht so betrübt, es war ja ein alter. Mein Sohn, der Lama, kennt einen gutmütigen Kaufmann in der Stadt, den er um einen neuen bitten wird.»

Ich glaubte, das Versprechen eines neuen Hutes würde die alte Bettlerin trösten, aber bevor ich noch ausgesprochen hatte, kreischte sie laut: «Nehmt ihn dem Hund weg . . . Es ist ja der Gott . . . der Gott ist doch darin! . . . Der Hund wird den Gott totmachen, und dann muß meine Tochter sterben.»

«Hat der Hund ihn wirklich?» erkundigte sich der «Hauptmann».

«Ja», antwortete Yongden.

«Dann muß die Pamo sterben, wenn er ihn zerreißt», erklärte der aristokratische Bettler orakelhaft. Mit diesem Narren konnte man nicht vernünftig reden. Über dem lauten Geschrei der alten Mutter: «Der Hund macht den Gott tot, meine Tochter muß dafür sterben!», waren allmählich alle Gäste der Karawanserei wach geworden und standen um uns herum. Es war ein malerisches Volk, was da im Licht des friedlichen, runden Vollmondes wirr durcheinanderlief. An der Gefahr für den Gott und das Medium zweifelte gewiß niemand unter ihnen, aber dabei wagte auch niemand, dem schrecklichen schwarzen Tier entgegenzutreten, das doch viel vernünftiger als sie alle war. Es sah die ungewohnte nächtliche Aufregung mit verdutzten Augen an und vergaß darüber, weiter mit dem Rigs nga zu spielen. Die alte Frau heulte hemmungslos weiter, die Tochter stand nach wie vor so leblos wie eine Holzpuppe da.

«Wir kommen hier nicht ohne einen Phurbu[1] aus», sagte endlich ein sehr zerzauster Greis und fing an, uns auseinanderzusetzen, wie ein gebührend eingeweihter Lama dies vornehmen könne. Der Dämon, der in den Hund gefahren sei und ihm geboten habe, den Rigs nga zu packen und die in dem symbolischen Hut enthaltenen Lebenskräfte des Gottes und des Mediums zu verschlingen, müsse

1 Magischer Dolch zur Bezähmung von Dämonen.

überwältigt werden. Aber leider sei ja kein Magier zur Stelle. Der «Hauptmann» schnitt diese Reden kurz ab, indem er verkündete: «Ich hole schnell mein Schwert und steche das Tier von rückwärts tot!»

Der Gedanke, daß der dumme Feigling den armen, unschuldigen Hund totschlagen wollte, empörte mich und war mir ganz unerträglich.

«Überlaßt alles mir», sagte ich. «Ich will den Rigs nga schon holen.» Und zu Yongden gewandt, befahl ich: «Mach du rasch einen großen Kloß aus Tsamba!»

Er lief ins Haus, und ich ging zu dem Hund hinüber. Ganz ungefährlich war er nicht. Diese tibetischen Kettenhunde leiden es sogar von dem eigenen Herrn ungern, daß er ihnen etwas wieder fortnimmt. Immerhin stand das große Tier auf, als ich es ansprach, und während ich ihm den Kopf streichelte, gab ich dem Zauberhut einen Stoß, der ihn fortschleuderte. Die Bulldogge merkte es nicht, denn sie achtete nur noch auf Yongden, der eben mit dem Mehlkloß heraustrat. «Friß lieber das, Freundchen», sagte ich, «das schmeckt besser und ist nahrhafter als ein Gott.»

Die betrübte Mutter setzte ihrer Pamo den zerrissenen Hut schleunigst wieder auf den Kopf, und diese erwachte nun aus ihrer lethargischen Starre und fing an, sich wie ein Kreisel zu drehen. «Der Gott ist zurückgekehrt!» schrien die zerlumpten Zuhörer und vertieften sich in Gespräche über ähnliche seltsame Fälle dieser Art, die aber für die Pamos ein schlechtes Ende genommen hatten. Jeder hatte ein Wunder oder doch etwas Merkwürdiges zu erzählen, ich aber hatte mehr als genug davon und eilte in meine Zelle zurück.

So kam der Tag heran, an dem die alljährliche Zeremonie stattfinden sollte, durch die der «Sündenbock» aus der Stadt vertrieben wird. Bei den Tibetern ist der «Sündenbock» nicht ein unschuldiges Wesen, sondern ein Mensch, der sich seiner Rolle bewußt ist. Die Tibeter glauben, daß in Zauberkünsten erfahrene Lamas ihm alle die Ursachen aufladen können, die sonst andere Menschen der Gewalt böser Geister überliefern und ihnen Armut, Krankheit und dergleichen Unglück mehr zuziehen würden. So wird jedes Jahr ein freiwilliges Opfer, «Lus kong kyi gyalpo» (König der Unreinheit) ernannt, mit allen Sünden des Herrschers und seiner Untertanen beladen und nach der sandigen Samye verbannt, einer Wüste Sahara im kleinen. Es gibt immer einige arme Teufel, die durch ansehnliche Geldsummen sich zu dem Abenteuer verlocken lassen. Möglich auch, daß sie obendrein skeptisch gegen die Dämonen und die von ihnen drohenden Gefahren sind. Wahrscheinlicher ist aber, daß die Lus kong kyi gyalpos einen Lama kennen, der noch klüger ist als sein Kollege, welcher ihnen die Sünden des Volkes aufgehalst hat und sie gegen gute Bezahlung wieder reinwaschen und vor den Dämonen schützen wird. Jedoch mag es nun eine Folge der sehr schwer ganz abzuschüttelnden atavistischen Leichtgläubigkeit sein oder mag es andere Ursachen haben, oft sterben diese menschlichen «Sündenböcke» wirklich vor der Zeit, plötzlich oder unter geheimnisvollen Umständen, oder sie leiden an seltsamen Krankheiten. Als ich in Lhasa war, starb ein früherer Lus kong kyi gyalpo gerade an dem Tag, bevor sein Nachfolger nach Samye verbannt werden sollte.

Ich verfehlte nicht, in der Woche vor der Austreibung des «Sündenbocks» die Stadt zu durchstreifen, um zuzusehen, wie er die ihm gesetzlich zustehenden «Gebühren» einkassierte. Er war in gute tibetische Gewänder gekleidet und nur durch den in der Hand gehaltenen schwarzen Jakschwanz kenntlich. Er trat in die Läden ein und ging über den Markt und sammelte dabei Geld oder auch andere Gaben ein. Wollte jemand ihn mit zu wenig abspeisen, so redete der Lus kong kyi gyalpo ihm kurz ins Gewissen. Bekam er darauf immer noch nicht, was er wollte, so pflegte er den Jakschwanz über dem Kopf des Geizhalses oder über der Schwelle seines Hauses zu schwingen. Diese Geste der Verwünschung sollte die schrecklichsten Folgen heraufbeschwören. Allein jedermann schien freigebig zu sein, denn ich sah den Lus kong kyi gyalpo den großen zottigen Jakschwanz niemals schwingen.

Der Lus kong kyi gyalpo erhebt seine Steuern ohne Ansehen der Person an den Türen der Reichen und Hochgestellten so gut wie bei den Armen. Da er stets aus den untersten Klassen stammt, erhält er auf die Weise ein für seine Begriffe großes Vermögen.

Ich war gespannt, ob er auch mein Quartier besuchen würde, aber er wird es wohl nicht der Mühe für wert gehalten haben, sich bei uns bettelarmen Gästen die paar Kupfermünzen zu holen, auf die er höchstens rechnen konnte. Jedenfalls erschien er nicht. Der

Zufall führte mich aber auf der Straße in seinen Weg, und da streckte er mir sofort die offene Hand entgegen. Es hätte mir Spaß gemacht, den Jakschwanz in Tätigkeit zu sehen, deshalb sagte ich: «Ich bin eine Pilgerin, die von weither kommt. Ich habe kein Geld.» Seine Antwort waren ein strenger Blick und der Befehl: «Gib!» – «Ich habe doch nichts», erwiderte ich. Er erhob langsam seinen Arm, so wie ich es schon auf dem Markt von ihm gesehen hatte, und jetzt hätte ich sicher das Vergnügen gehabt, zu sehen, wie der Jakschwanz über meinem Kopfe geschwungen wurde, wenn nicht zwei des Wegs kommende gutgekleidete Damen sich für mich verwandt hätten, indem sie sagten: «Wir wollen an ihrer Statt geben!» Damit legten sie ihm ein paar kleine Münzen in die Hand, und er ging weiter.

«Du hast Glück gehabt, Mütterchen», erklärten mir die gutherzigen Frauen. «Du weißt das nicht, aber hätte er den Schwanz über deinem Haupt geschwungen, so würdest du deine Heimat nie wiedergesehen haben!»

Am Tag, an dem der «Sündenbock» vertrieben werden sollte, versammelte sich eine dichte Menge auf dem Weg, den der Dalai Lama nach dem Jo-Khang-Kloster einschlagen mußte. Dort sollte er bei der Zeremonie präsidieren, in der alle Sünden des Volkes auf den «Sündenbock» abgeladen wurden. Dieses Lebensjahr, so sagte das Horoskop, sollte für den Dalai Lama besonders kritisch werden, deshalb war zu seinem besonderen Schutz außerdem noch ein zweiter «Sündenbock» auserlesen worden. Wer weiß, ob er nicht in aller Bescheidenheit vermutete, seine eigenen Sünden allein seien für einen Mann schon schwer genug, und ob er sich nicht schon aus dem Grunde mit einem privaten «Sündenbock» versorgt hatte. Der offizielle Lus kong kyi gyalpo sollte wie gewöhnlich zur Samye laufen, während sein Kollege sich nördlich halten mußte, bis er den ersten Paß auf der Straße nach der Mongolei erreichte.

Es dauerte nicht lange, da schlugen die Vertreter der klerikalen Polizei mit kleinen Bäumen auf die Volksmenge los. Der Leser darf nicht glauben, daß ich hier übertreibe: Es waren wirklich dünne, junge, etwa einen Meter lange Bäumchen. Sie wollten dem Dalai Lama damit den Weg freihalten. Die Szene glich ungefähr, nur in viel größerem Maßstab, der von mir am Abend des Butter-Torma-Festes beobachteten. Es entstand eine unglaublich komische Jagd,

Männer ließen auf der Flucht alles fallen, was sie in der Hand trugen, Weiber stürzten zu Boden, und Kinder wurden heulend mitgerissen. Darunter litt die allgemeine Lustigkeit aber durchaus nicht, selbst wenn die Leute Prügel bekamen und ihnen alle Knochen weh tun mußten. Das Volk wurde wie das liebe Vieh auf einem großen offenen Platz zusammengepfercht, wo ihm unter strenger Bewachung etwas Raum zum Atmen gegönnt wurde; aber nur umstarrt von Peitschen, riesigen ledernen Knuten und den schon erwähnten Bäumchen.

Alle Augenblicke lief jemand, laut Befehle erteilend, vorbei. Die Ankunft des Dalai Lama stand bevor. Alle Anwesenden mußten die Hüte abnehmen, und wer damit zögerte, konnte sofort mit den Waffen der lamaistischen Polizei Bekanntschaft machen. Durch meinen untersetzten Wuchs entging ich in der ganzen Zeit, die ich da stehend verbrachte, den Schlägen und Peitschenhieben. Sobald Gefahr drohte, gelang es mir immer, mich hinter ein paar hochgewachsene Tibeter zu retten, die meinem Kopf als eine Art Schutzdach dienten.

Endlich ritt der Dalai Lama auf einem schönen schwarzen Maultier vorbei, nur begleitet von wenigen geistlichen Würdenträgern, alle gleich ihm in kirchliche Festgewänder gekleidet, deren dunkelroter, gelber und goldener Brokat halb durch die dunkelrote Toga bedeckt war. Sie trugen runde mongolische Hüte aus gelbem pelzverbrämten Brokat. Der Oberbefehlshaber ritt ihnen voran, während einige berittene Leibwachen in Khaki den Zug anführten und beschlossen.

Nachdem der Lus kong kyi gyalpo die Zeremonie am Jo Khang über sich hatte ergehen lassen, sah ich, wie er aus der Stadt vertrieben wurde. Er war mit einem Rock aus weißen Ziegenfellen angetan und trug sowohl als Kopfbedeckung wie in der Hand einen schwarzen Jakschweif. Sein Gesicht war halb schwarz, halb weiß bemalt, und überall, wo er vorbeikam, johlte und pfiff die Menge.

Wie konnte eine so gründlich gereinigte Stadt, der unbegrenztes Gedeihen prophezeit worden war, wohl anders als fröhlich sein! Und das war Lhasa an dem Abend denn auch wirklich. Alles war auf den Beinen, schwatzend, lachend und vor allem trinkend. Selbst die armseligsten Bettler, die Taubstummen, die Blinden und die vom Aussatz Verstümmelten, waren ebenso vernügt wie die reichsten und angesehensten Bürger. Ich traf Bekannte – ich hatte einige Leute kennengelernt, die aber nichts von meiner Herkunft ahnten – und wurde, ob ich wollte oder nicht, mit in ein Speisehaus gezogen, wo ich mich ganz auf der Höhe zeigen und von einer Menge tibetischer Gerichte essen mußte. Das wurde mir, nebenbei gesagt, durchaus nicht schwer, denn die tibetische Küche ist nicht zu verachten.

Am folgenden Tag hockte ich mit vielen anderen auf dem Felsenvorsprung des Potala, um dem großen, Serpang genannten Festzug beizuwohnen. Ich habe nie ein originelleres und wundervolleres Schauspiel gesehen. Mehrere tausend Männer marschierten einer hinter dem andern um den Potala herum. Sie trugen Hunderte von buntesten Seidenfahnen, Hunderte von gestickten Bannern und prächtigen Sonnenschirmen. Würdenträger, von Klerikern mit Weihrauchgefäßen in den Händen umgeben, wandelten langsam unter Baldachinen einher. Manchmal hielt die Prozession an, und dann vollführten Knaben ihre Tänze. Darauf kamen paarweise Männer, von denen einer eine große Trommel auf dem Rücken trug, der andere das Instrument von hinten schlug, und führten dabei die anmutigsten Bewegungen aus. Auch Elefanten zogen vorbei, und ihnen zur Seite liefen unter tollen Sprüngen phantastische, in chinesische Maskengewänder aus Papier gekleidete Ungeheuer. Auf diese folgten Krieger in den Panzerhemden und Rüstungen vergangener Jahrhunderte, und lokale Gottheiten, begleitet von ihren Priestern, beschlossen den Zug.

Die Prozession ward von mehreren Trupps von Musikanten begleitet, unter ihnen manche mit schweren, anderthalb Meter langen Trompeten, die von mehreren Männern auf den Schultern getragen werden mußten. Diese riesigen Instrumente vereinten sich mit den klagenden Harmonien der tibetischen Oboen (Gyalings) zu einer feierlich-eindrucksvollen Musik, die das ganze Tal mit ihren tiefen vollen Tönen erfüllte. Und kaum waren diese Schwingungen verhallt, so setzten mongolische Musiker mit ihren lieblichen Hirtenweisen ein und ließen ihre Flöten, ihre klingenden Glöckchen und kleinen Trommeln ertönen.

Und wie schön war die Fassung, die das Bild des Festzuges umrahmte! Unter dem blauen Himmel und der starken Sonne Mittelasiens war alles so lichtdurchtränkt, daß man meinen konnte, bald müßten Flammen aus der Luft schlagen. Das Rot und Gold der Prozession, die vielen bunten Schattierungen der Volkstrachten, die fernen, weißschimmernden Berge – Lhasa, wie es da in der Ebene am Fuß des goldgekrönten, riesigen Potala lag, wirkte auf mich wie Sukhavati, das «Westliche Paradies». Es war ein unvergeßliches Schauspiel und hätte allein schon genügt, um mich für alle Ermüdung und für die unzähligen Gefahren zu entschädigen, denen ich mich um seinetwillen ausgesetzt hatte.

Die Götter haben gesiegt

Ich verließ Lhasa ebenso still, wie ich gekommen war, ohne daß irgend jemand vermutete, daß eine Europäerin zwei Monate lang dort gewohnt hatte. Ich sah aber jetzt nicht mehr so zerlumpt aus wie damals, als ich die verbotene Stadt als Bettelweib betreten hatte. Ich hatte mich unterdessen selbst auf eine höhere Sprosse der gesellschaftlichen Leiter befördert und trat nun als eine Frau aus der unteren Mittelklasse auf, als Eigentümerin von zwei Pferden und Herrin eines von Yongden in Lhasa angeworbenen Dieners. Die Obrigkeit kümmerte sich nicht viel um Reisende, die von der Hauptstadt nach der Grenze gehen, ich konnte mir also erlauben, es mir etwas bequemer zu machen. Auch hatte ich eine Menge Bücher in Lhasa gekauft und brauchte Pferde für die Beförderung meines Gepäcks. Schon auf früheren Reisen hatte ich eine wertvolle tibetische Bibliothek zusammengestellt und sie in China sicher untergebracht.

Ich selbst wollte meist zu Fuß gehen, denn da ich nicht länger eine Last zu schleppen hatte, war mir das Gehen ein Vergnügen.

An einem sonnigen Frühlingsmorgen schlug ich noch einmal die breite, zum Potala führende Straße ein, und jetzt trugen die Bäume in den angrenzenden Gärten schon das heitere, hellgrüne Kleid ihrer jungen Blätter. Als ich am Tor von Norbu-ling vorbeikam, mußte ich bei dem Gedanken lächeln, wie wenig der dort wohnende Herrscher von Tibet ahnte, daß ich, eine «Weißäugige», ihm lange Zeit so nahe gewesen war. Eigentlich war er ja zum größten Teil für meine Reise nach Lhasa und ebenso für die früheren Reisen verantwortlich; war er es doch gewesen, der mich zu einem gründlichen Studium der tibetischen Sprache und Literatur gedrängt hatte. Ich war dem Rat gefolgt und durch das infolge meiner Studien stetig wachsende Interesse für Tibet nach mehreren Wanderjahren schließlich in der Hauptstadt des Dalai Lama selbst gelandet. Hätte ich unter meinem eigenen Namen reisen können und wäre er frei gewesen, so würde er mich vielleicht gern wiedergesehen haben, aber sein jetziger britischer Schutzherr läßt ihm nicht so viel Freiheit wie sein früherer chinesischer Gebieter. Er ist nicht mehr sein eigener Herr und darf Fremde, die nicht zu ihm geschickt werden, ebensowenig empfangen, wie er Leute wegschicken kann, die an ihn empfohlen oder abgesandt worden sind. So verließ ich Lhasa, ohne ihn aufgesucht zu haben.

Wir kreuzten den Fluß Kyi und erstiegen einen niedrigen Paß. Von da aus warf ich einen letzten Blick auf Lhasa. Nur der Potala war noch sichtbar, und er sah von dieser Entfernung wie ein kleines, in der Luft schwebendes Schloß aus. Ich verweilte noch bei dem lieblichen Anblick und gedachte all der Mühe und Arbeit, die mein Aufenthalt in Lhasa mich gekostet hatte. Aber ich war dafür belohnt worden. Mit einem von Herzen kommenden «Molam» wünschte ich allen sichtbaren und unsichtbaren Wesen in der verbotenen, für mich aber gastlichen Stadt geistige Erleuchtung und leibliches Wohlergehen. Darauf wandte ich mich gen Süden und begann den Abstieg.

Ganz in der Nähe Lhasas, am linken Ufer des Brahmaputra, befindet sich die schon genannte Wüstenregion Samye, deren ausgedehnte weiße Dünen allmählich das ganze Land einnehmen. Es handelt sich da um ein ähnliches Phänomen wie in Nordkansu und im chinesischen Turkestan, wo die Gobi jetzt riesengroße Landstriche da bedeckt, wo vor Jahrhunderten noch reiche Ländereien lagen. Trotz eines im Wege stehenden Gebirgsvorsprungs hat der Sand sich auch im Kyi-Tal dauernd festgesetzt, und obgleich er auf dieser Seite noch nicht tief liegt, hat der feine Staub schon angefangen, sich an den Hecken aufzuhäufen, die Norbu-ling, den Lustgarten des Dalai Lama, einfrieden. Möglich, daß er im Verlauf von ein paar Generationen Lhasa erreicht hat. Und wer weiß, ob nicht in noch fernerer Zukunft irgendein Gelehrter bei seinen Ausgrabungen der dann allmählich ganz verschütteten Stadt den Potala und den Jo

Khang wiederentdeckt. Legen wir doch jetzt auch die Paläste und Tempel bloß, die seit Jahrhunderten unter der großen Gobi begraben liegen.

Unser Weg führte an dem Samye-Kloster vorbei; es lehnt sich höchst malerisch an eine Felsklippe des Flußufers, und zu seinen Füßen liegt ein Dörfchen. Die zu ihm gehörenden Felder verschwinden nach und nach unter den wachsenden Sandmassen.

Diese schneeweiße Wüstenlandschaft, durch die gleich einer ungeheuren blauen Schlange der Brahmaputra seinen stillen Lauf nimmt, verleiht dem sagenumwobenen Kloster etwas Geheimnisvolles. Überall im Lande finden sich Spuren wunderbarer Ereignisse. Vor allem der hohe vereinzelte Felsstock, der so seltsam mitten im Flußbett steht, legt für diese Sagenwelt Zeugnis ab. Es gab einmal eine Zeit, heißt es, da kam dieser Felsriese von Indien herauf nach Tibet. Wer weiß, wohin diese abenteuerliche Reise gehen sollte! Vielleicht machte ihm die ruhige Schönheit des weiten Brahmaputra-Tales solch großen Eindruck, vielleicht waren es der türkisfarbige Himmel und der blaue Fluß, die er so bewunderte, daß der Riese hier auf dem Sande auszuruhen beschloß. Und seitdem hat er, wie von einem Trancezustand in Bann gehalten, unbeweglich in jener Wüste gestanden und badet seine Füße im Strom. Ich beneidete ihn, als ich vorbeiwanderte. Warum konnte ich nicht auch für ewige Zeiten da am Ufer des blauen Flusses verweilen und, in ungestörte Wonnen versunken, mich von der Einsamkeit einhüllen lassen!

Samye liegt auf historischem Boden. Im 8. Jahrhundert wurde hier das erste buddhistische Kloster in Tibet erbaut. Die Legende erzählt, daß die Dämonen die Errichtung des Gebäudes nicht dulden wollten und nachts alles bei Tage Gebaute wieder niederrissen. Dem berühmten Magier Padmasambhava gelang es jedoch nicht nur, sie zu besiegen, sondern sie auch noch zu seinen gehorsamen Dienern zu machen und darauf mit ihrer Hilfe das Kloster in wenigen Nächten wieder aufzubauen.

Das Samye-Kloster ist lange Zeit der Sitz mächtiger Lamas gewesen, aber seit die Gelbmützen-Sekte gegründet ist und sich den Rotmützen so überlegen gezeigt hat, daß sie zur offiziellen Geistlichkeit des Staates wurde, hat Samye seine Bedeutung verloren. Es ist vereinsamt und wird von nicht mehr als zwanzig Trapas bewohnt.

Viel Interessantes bieten die jetzigen Gebäude nicht, denn eine Feuersbrunst nach der anderen hat erst die alten Bauwerke zerstört und dann auch wieder mit den an ihrer Stelle entstandenen aufgeräumt. Immerhin verdient eines von ihnen besondere Erwähnung, weil es einen sehr gefürchteten Reliquienschrein besitzt und der Sitz eines der größten offiziellen Orakel Tibets ist.

Dieser Schrein heißt U Khang (Haus des Lebensatems) und soll den Odem jedes auf der Erde sterbenden Lebewesens enthalten. In einem inneren Gemach, das mit dem Siegel des Dalai Lama verschlossen ist, steht ein Hackbrett, und bei ihm liegt ein Messer von ritueller Form. Mit diesen Werkzeugen zerstückeln die Teufel allnächtlich unsichtbare Leichen, und die Tibeter behaupten, daß man von außen das Geräusch des Hackens, vermischt mit Schreien und Lachen, hören kann. Nur der das Orakel hütende Lama darf einmal im Jahre allein das Heiligtum betreten und ein neues Hackebrett und Messer dort niederlegen. Die alten werden dann fortgenommen, und man sieht, wie es heißt, ihrer Abnutzung an, wieviel sie gebraucht worden sind.

Der Odem, der «gehackt» werden kann, ist eine reichlich tolle Erfindung; es steckt darin aber nur die grobe, volkstümliche Deutung einiger esoterischer Glaubenssätze und Ngagspa-Riten. Über den U Khang werden die haarsträubendsten Geschichten erzählt. Bald soll der gemarterte «Odem» gegen wütende Wesen aus anderen Welten anzukämpfen haben; bald wird von dem wunderbaren Entkommen der Geister berichtet, die nach dem einstmals ihnen gehörenden Körper suchen und mit den sie verfolgenden wilden Teufelinnen um die Wette rasen.

Vor Jahren durften noch einige Mitglieder seines geistlichen Hofes den für das Orakel verantwortlichen Lama Tschoskyong begleiten, wenn er das Heiligtum betrat, aber ein dramatischer Zwischenfall machte dieser Bevorzugung ein Ende. Einstmals hatte beim Verlassen des Schreines der Haushofmeister, der dem Lama folgte, das Gefühl, als ob jemand ihn von hinten am Zen, dem Mönchsgewand, zupfte.

«Kuscho! Kuscho!» rief er dem Tschoskyong zu. «Jemand zieht mich am Rock!»

Beide Männer sahen sich um. Das Zimmer war leer! Sie gingen

nun weiter, dem Ausgang zu, aber im selben Augenblick, in dem er hinter dem Tschoskyong hinausgehen wollte, fiel der Haushofmeister tot zu Boden!

Seitdem geht nur der Lama allein noch in den Raum, wo die «Odemfresser» hausen, denn nur er gilt durch das Hersagen geheimer Zaubersprüche für genügend geschützt.

Vor der Tür des Heiligtums liegt eine Menge lederner Beutel, Symbole der unsichtbaren Hüllen, in denen die «Odem» nach dem U Khang befördert werden. Die bei dem Schrein Angestellten behaupten, es gäbe Zauberer, die, bewußtlos im Trancezustand liegend, das schwierige Amt ausüben, den «Odem» der Verstorbenen zu packen und nach Samye zu bringen.

Aber genug von diesen Sachen; der Okkultismus hat in Tibet ein unendlich weites Feld. Er läßt sich hier in allen seinen Formen studieren, sowohl in den lächerlichsten, widerwärtigsten und völlig entarteten Erscheinungen wie auch in solchen Manifestationen, die nachdenklich stimmen und im Gegensatz zu allen vorgefaßten Meinungen und Ansichten zu stehen scheinen.

Angefangen mit dem unwissenden Quacksalber, der die Bauern mit Worten und Gesten kuriert, deren Bedeutung ihm und seinen Patienten gleich dunkel ist, bis hinauf zu den Aristokraten der Magie und Hexerei, stoßen wir bei diesem Studium auf allerhand seltsame Leutchen, ob sie sich nun im Lande umhertreiben oder in schwer zugänglichen Verstecken verbergen mögen.

Ich habe im Verlauf meiner Erzählung mehrfach von den wahrsagekundigen Mopas gesprochen, die sowohl die Zukunft voraussagen wie Verborgenes entdecken. Die vagabundierenden Naljorpas dagegen versuchen die wahren Asketen desselben Namens nachzuäffen und behaupten, den Göttern und Dämonen gebieten zu können. Die Pawos schließlich und ihre weiblichen Kolleginnen, die Pamos, sind Medien aller Arten und geben im Trancezustand Orakelsprüche von sich. Die niedrigsten dieser Klasse führen in den Städten und Dörfern ein Jammerdasein. Sie fordern als Entgelt für ihre Arbeit nur zu essen, während die den höchsten Stufen angehörenden hoch geehrt werden, schöne Häuser bewohnen und unter dem Titel Tschoskyong hohe offizielle Stellungen bekleiden.

Es gibt ferner in Tibet eine kuriose Sekte, der sowohl Männer wie

Frauen angehören, von der man glaubt, sie seien erbliche «Giftbewahrer». Was für ein Gift das sein soll, weiß niemand, da niemand noch je eine Spur davon gesehen hat, aber gerade durch das Geheimnis wird es doppelt gefürchtet. Ist der verhängnisvolle Augenblick da, kann der, dem die Verteilung obliegt, sich dieser Pflicht nicht entziehen. Kann er es nicht einem zufällig Vorübergehenden beibringen, so muß er sich sein Opfer unter seinen Freunden und Verwandten suchen. So sollen Mütter ihre eigenen Söhne vergiftet oder der junge Gatte seiner geliebten Braut am Hochzeitstage den Todestrank gereicht haben. Und ist sonst kein Opfer erreichbar, dann muß der Bewahrer das tödliche Gift selbst trinken.

Ich habe einen Mann gesehen, der als der Held einer sonderbaren Giftgeschichte galt. Er war auf Reisen und betrat unterwegs in einem Dorf einen Bauernhof, um dort eine Erfrischung zu erbitten. Die Hausfrau stellte eine Art Bier her, indem sie auf etwas in eine Holzschale geschütteten gärenden Weizen heißes Wasser goß, wie das die Tibeter im Himalaja zu tun pflegen. Darauf ging sie in das obere Stockwerk. Der alleingebliebene Reisende bemerkte erstaunt, daß das vor ihm stehende Bier in dem Holzgefäß brodelte und große Blasen schlug. Nahe dabei kochte in einem Kessel auch Wasser, dieses aber auf natürliche Weise. Der Mann schöpfte einen großen Löffel voll von dem kochenden Wasser und goß es über das verdächtig aussehende Bier. Im selben Augenblick hörte er in dem Stockwerk über sich einen Fall. Die Frau, die ihn noch eben bedient hatte, war tot zu Boden gestürzt.

Dieses «Gift» ist eine rechte Unannehmlichkeit für die Reisenden in Tibet. Es gibt besondere hölzerne Schalen, die so empfindlich gegen Gift sind, daß sie jedes in ihnen kredenzte Getränk «entlarven», und sie werden zu diesem Zweck teuer verkauft.

In vielen Haushaltungen ist sonderbarerweise die Familie fest davon überzeugt, daß die Mutter «Gift» besitzt. Aber niemand versucht das Versteck ausfindig zu machen, alle sind überzeugt, daß sich nichts dagegen tun läßt. Die arme Frau wird mißtrauisch angesehen, und alle ihre Worte und Bewegungen werden so lange ausspioniert, bis sie am Ende selbst an die Existenz ihres «Giftes» glaubt. Selbst mit ihrem Tod ist die Gefahr noch nicht vorüber. Das «Gift» scheint unerschöpflich zu sein, denn es wird auf einen Erben übertragen, der es nicht ablehnen kann. Ob er es will oder nicht, nun muß er zum Giftmischer werden. Dabei darf nicht vergessen werden, daß die «Bewahrer» unbewußt handeln, mögen sie das «Gift» nun selbst beibringen oder es einem Erben vermachen. Sie führen als willenlose Werkzeuge die Befehle anderer aus und erinnern sich nachher ihrer Handlung nicht mehr.

Die tantristischen Riten, in deren Verlauf die Teilnehmer angeblich ein Stück vom Fleisch einer Leiche essen und andere mehr, sind noch viel scheußlicher. So auch die Kunst, sich der Lebenskraft anderer zu bemächtigen und dadurch das Leben mit all seiner Jugendkraft zu verlängern, die Aufhebung der Körperschwere usw.; von diesen allen wird behauptet, daß kleine Gruppen von Menschen sie ausüben, die okkulte Geheimlehren befolgen.

Es gibt einen Ngagspa-Orden, dessen Mitglieder es besonders gut verstehen sollen, schnell oder langsam aus der Entfernung zu töten. Sie sind, wie es heißt, auch imstande, böse Geister zu verjagen oder sie auf ein bestimmtes Individuum loszulassen. Dieser Glauben führt manchmal zu drolligen Komödien. Angenommen, daß ein Mann den andern aus Eifersucht oder sonst einem Grunde schaden will, so schickt er zu einem Ngagspa und bittet ihn, einen Teufel auszusenden, um seinen Feind zu quälen. Der Zauberer betreibt seine Hexenkünste, aber der Edelmann, Kaufherr oder Bauer, dem der Ritus gilt, hat vielleicht davon Wind bekommen. Er wird sich dann an einen anderen Ngagspa wenden, und nun geht die Komödie los. Der böse Geist trifft bei seiner Ankunft auf einen unüberwindlichen Gegner und kehrt ärgerlich dahin zurück, von wo er gerufen wurde. In seiner Wut wird er gefährlich, und seine wilden Instinkte heischen sofortige Befriedigung. Er wird deshalb von neuem abgesandt, sieht sich aber wieder überwältigt. Dies Ballspiel kann auf Kosten des armen Teufels lange weitergehen, und unterdessen wird seine Wut immer größer. Jetzt muß jeder der beiden Ngagspas auf seine eigene Sicherheit bedacht sein, denn wer den unsichtbaren Geist nicht meistern kann, wird ihm zum Opfer fallen. Freilich verlaufen die Dinge bei derartigen Vorgängen meist nicht so tragisch, während sie allerdings manchmal den Beteiligten Wahnsinn und den Tod bringen.

Gewöhnlich dienen die Fahrten der bösen Geister den Hexenmeistern und ihren Helfershelfern nur als Vorwand, um sich im Hause ihrer leichtgläubigen Klienten einzunisten und auf ihre Kosten zu schlemmen.

Das Volk glaubt, daß gewisse, zu religiösen Riten gebrauchte Gegenstände nicht bei Laien oder bei nichteingeweihten Lamas aufbewahrt werden dürfen, aus Furcht, daß sie mittels ihrer besiegten Wesen sich an ihrem gegenwärtigen Besitzer rächen könnten, wenn dieser sie sich nicht zu unterwerfen versteht. Ich verdanke diesem Glauben mehrere interessante Stücke in meiner Sammlung. Ich bin oft von Leuten, die magische Instrumente geerbt hatten, gebeten worden, ihnen diese gefährlichen Legate abzunehmen.

Eine dieser Gaben bekam ich auf so wunderliche Weise, daß es der Mühe wert ist, die Geschichte zu erzählen. Im Verlauf einer Reise traf ich mit einer kleinen Karawane von Lamas zusammen und erfuhr von ihnen, daß sie einen Phurbu, einen magischen Dolch, mit sich führten, der die Ursache eines Unglücksfalls geworden war.

Diese rituelle Waffe hatte dem kürzlich verstorbenen Oberhaupt der Lamas gehört und mit ihren Untaten im Kloster selbst den Anfang gemacht. Von drei Mönchen, die den Dolch berührt hatten, waren zwei schon gestorben, der dritte hatte sich bei einem Sturz vom Pferd das Bein gebrochen. Die hohe Fahnenstange eines der großen Segensbanner fiel plötzlich herab, und das galt für ein böses Omen. So erschreckt die Lamas auch waren, zu vernichten wagten sie den Phurbu nicht, und so hatten sie das verfluchte Ding in der Angst vor noch größerem Unglück in einen Kasten gelegt, aus dem bald nachher düstere, drohende Laute ertönten. Endlich entschlossen sie sich, die Waffe in einer einsamen, irgendeiner Gottheit geweihten Höhle niederzulegen. Dagegen wehrten sich aber die Kuhhirten der Umgegend. Sie erinnerten an die Geschichte von einem Phurbu, der – niemand wußte zu sagen, wann und wo – angefangen hatte, durch die Luft zu wandern, wobei viele Menschen und Tiere verwundet worden waren.

Der magische Dolch lag nun, als ich die Lamagruppe traf, in mit Zaubersprüchen beschriebene Papiere gewickelt, in einer sorgfältig versiegelten Kiste, und ihre unglücklichen Träger sahen recht trübselig aus, so sehr, daß ich nicht das Herz hatte, sie auszulachen, und überdies brannte ich darauf, das Instrument zu sehen.

«Laßt mich den Phurbu anschauen!» sagte ich, «wer weiß, ob ich euch nicht helfen kann.»

Erst wollten sie mir, aus Furcht, der Dolch könnte entkommen, nicht erlauben, die Siegel zu brechen, aber nach längeren Verhandlungen durfte ich ihn doch mit eigenen Händen herausnehmen.

Es war ein altes und sehr interessantes Exemplar, wie es sonst nur die großen Klöster besitzen. In meiner Brust erhob sich Besitzgier – ich wollte den Dolch schrecklich gern haben, jedoch ich wußte nur zu gut, verkaufen würden ihn die Lamas für nichts in der Welt. Ich mußte ein wenig überlegen und einen Ausweg ersinnen.

«Lagert euch diesen Abend bei uns», sagte ich zu den Reisenden, «und laßt den Phurbu nur hier, ich will schon darauf aufpassen!»

In meinen Worten lag kein Versprechen, aber in der Hoffnung auf ein gutes Abendessen und auf eine Plauderei mit meinen Leuten, die sie von ihrer Sorge ablenken würde, nahmen sie meine Einladung an. Als die Nacht hereinbrach, entfernte ich mich etwas vom Lager und trug dabei den Dolch ganz offen fort. Nun er aus der Kiste genommen war, würde er, wenn ich nicht dabei war, dem abergläubischen Tibeter die größte Angst eingejagt haben. Als ich glaubte, weit genug entfernt zu sein, steckte ich den Unruhestifter aufrecht in die Erde und ließ mich auf einer Wolldecke nieder, um mir auszudenken, wie ich die Lamas wohl dazu bewegen könnte, ihn mir zu überlassen.

So hatte ich mehrere Stunden dagesessen, als es mir schien, als ob ich die Gestalt eines Lama in der Nähe des Ortes sähe, wo ich den magischen Dolch in den Boden gesteckt hatte. Ich sah den Lama vorsichtig gebückt näher kommen. Eine Hand schlich sich langsam aus dem ihn einhüllenden Gewand hervor, und es sah in dem ungewissen Lichte so aus, als griffe er damit nach dem Phurbu. Allein ich war schneller als der Dieb, erreichte mit einem einzigen Satz die Waffe und zog sie aus der Erde. Also war ich nicht die einzige, die das tückische Werkzeug gern haben wollte! Unter meinen Zufallsgenossen war jemand, der, klüger als die andern, seinen Wert erkannt hatte und der es später gewiß heimlich zu verkaufen gedachte. Mich hatte er sicher schlafend geglaubt und hoffte, ich würde nichts merken. Am nächsten Morgen wäre dann das Verschwinden des Dolches irgendeinem okkulten Einfluß zugeschrieben und eine neue Geschichte darüber erzählt worden. Wirklich schade um seinen schönen Plan! Aber ich hatte mich der magischen Waffe bemächtigt und hielt sie so fest in meiner geschlossenen Hand, daß es mir durch den Druck meines Fleisches gegen die rauhe Oberfläche ihres verzierten Kupfergriffes und durch meine erregten Nerven so schien, als ob sie sich in mich hineinbohrte. Allein nun galt es, einen kühlen Kopf zu bewahren.

Der Räuber hatte offenbar das Weite gesucht, während ich mich gebückt hatte, um den Dolch aus der Erde zu reißen.

Ich lief zum Lager. Es war ja ganz einfach; der Fehlende oder nach mir Kommende mußte der Bösewicht sein. Ich fand alle wach und damit beschäftigt, religiöse Formeln zum Schutz gegen die bösen Mächte abzusingen. Ich rief Yongden in mein Zelt. «Wer von ihnen ist fort gewesen?» fragte ich ihn. «Kein einziger», erwiderte er. «Sie sind alle halbtot vor Furcht, und ich habe sie schelten müssen, weil sie selbst für gewisse Verrichtungen nicht weit genug weggehen wollten.»

Sonderbar! Ich hatte also schlecht gesehen und mich durch eine Illusion täuschen lassen. Das passierte mir zwar nicht leicht, aber diesmal konnte es mir sogar zustatten kommen.

«Hört einmal», sagte ich zu den Männern, «was mir eben begegnet ist . . .» Und ich erzählte ihnen ganz offen die Vision, die ich eben gehabt, und auch wie ich an der Ehrlichkeit der Lamas gezweifelt hatte.

«Es ist bestimmt unser verstorbener Großlama gewesen!» riefen sie. «Er wollte sich den Dolch zurückholen, und wenn er ihn bekommen hätte, würde er dich vielleicht damit getötet haben. O Jetsunma, du bist zwar eine Philing, aber dabei doch eine wahre Gomtschenma. Unser Großlama war ein mächtiger Magier und hat dir trotzdem den Phurbu nicht wegnehmen können. Behalte ihn nur, behalte ihn! Dir kann er jetzt nie mehr Schaden tun!»

Alle sprachen durcheinander und waren erschrocken und aufgeregt bei dem Gedanken, daß ihr, seit er einer anderen Welt angehörte, doppelt gefürchteter Lama-Zauberer ihnen so nahe gewesen war. Dabei waren sie aber heilfroh, den verzauberten Dolch los zu sein.

Ich teilte ihre Freude, freilich aus anderen Gründen. Der Phurbu war mein! Immerhin verbot mir die Ehrlichkeit, durch sofortige Annahme des Dolches aus ihrer Erregung Nutzen zu ziehen, indem ich ihn mir aneignete. «Überlegt es euch», sagte ich zu ihnen, «vielleicht war es nur ein Schatten und keine Vision, was ich sah ... ich kann ja auch geschlafen und geträumt haben.»

Allein davon wollten sie nichts hören. Der Lama war erschienen, und ich hatte ihn gesehen. Er hatte mir den Phurbu nicht wegnehmen können, und dank meiner größeren Macht war ich jetzt die rechtmäßige Besitzerin geworden ... Ich muß gestehen, daß ich mich leicht davon überzeugen ließ.

Nachdem ich Samye verlassen hatte, überschritt ich den Brahmaputra nahe bei Tsetang, da, wo die Täler des Yan sich öffnen. Seit Jahrhunderten sind sie für ihr mildes Klima und ihre Fruchtbarkeit bekannt, und lange bevor der Buddhismus unter seinem lamaistischen Aufputz sich das Land eroberte, hatten die ersten Könige von Tibet hier ihre Residenz aufgeschlagen. Ich besuchte als gewissenhafte Pilgerin die berühmten Nes sum Ten sum, sechs den Gläubigen wichtige Orte. Unter anderm befindet sich hier auch eine, jetzt zu einem Kloster gehörige Höhle, in der Reschungpa, einer der zwei bedeutendsten Schüler des großen Asketen und Dichters Milarepa, eine Zeitlang meditierte und wohnte. Von da ging ich nach Tagtschen-Bumba, wo ein großer Tschörten über einem kleineren erbaut ist. Zwei konzentrische Öffnungen, in jedem Tschörten eine, ermöglichen den Einblick in das kleinere der beiden Gebäude, und es heißt, daß Menschen, die völlig reinen Herzens sind, unzählige Lampen darin brennen sehen können; den Augen der gewöhnlichen Sterblichen dagegen bleibt alles dunkel.

Ich kletterte die enge Treppe bis zur Öffnung hinan, blickte hinein und begann über das Symbol des inneren Tschörten nachzusinnen, der sein Licht dem einen gewährt, dem anderen versagt. Ich sann und sann, vergaß darüber fast Ort und Zeit und blickte so, mit der Stirn an den Stein gelehnt, länger in den Bau hinein, als es der Durchschnittsbesucher zu tun pflegte. Das blieb nicht unbemerkt, und ein Trapa fragte mich schüchtern, ob ich viele Lampen gesehen hätte. «Ich weiß es noch nicht. Ich denke noch darüber nach», antwortete ich.

Nachdem ich Tagtschen-Bumba verlassen hatte, durchstreifte ich auf der Suche nach Büchern das Land nach mehreren Richtungen. Ganz unerwartet stieß ich dabei an einem ganz entlegenen Orte auf einen Lama, der eine schöne Bibliothek geerbt hatte, sich aber wie viele seiner Kollegen gar nichts aus Literatur oder Philosophie machte. Ich konnte von ihm eine gute Anzahl alter schöner Manuskripte erstehen.

Jetzt war es für mich an der Zeit, mich wegen meiner Abreise aus Tibet zu entscheiden, und eigentlich war ich stark versucht, mich nach China zu wenden, woher ich gekommen war, und Jünnan auf einem neuen Wege zu erreichen. Wenn ich nur wollte, konnte ich Tibet so verlassen, ohne daß jemals etwas über meine kühne Reise nach Lhasa und meinen Aufenthalt dort bekannt geworden wäre. Aber ein dunkles Gefühl sagte mir, daß es besser sei, kein Geheimnis daraus zu machen. Ich folgte diesem Instinkt und schlug den Weg nach Gyantse ein, nach der zu einem britischen Vorposten gewordenen Stadt im südlichen Tibet.

Unterwegs kam ich an dem wunderlich geformten Yamdok-See vorbei, mit einer Halbinsel darin, die wieder einen besonderen kleinen See aufzuweisen hat. Hier sah ich das berühmte, aber ziemlich verfallene Frauenkloster Sanding, die Residenz der Dordsche Phagmo, der «diamantenen oder höchst vortrefflichen Sau». Sie gilt als eine menschliche Manifestation einer Gottheit, die das buddhistisch-tantristische Pantheon aus Indien entlehnt hat, und zwar zu einer Zeit, als der Buddhismus schon ganz entartet und von der ursprünglichen Lehre kaum mehr etwas übriggeblieben war. Es gibt viele Legenden über einige der Äbtissinnen von Sanding. Wenn Gefahr droht oder unter sonstigen außergewöhnlichen Umständen, erscheinen diese Ordensfrauen in Gestalt einer Sau.

Ich kam in der Dämmerung in Gyantse an und ging geradewegs zu meinem Bungalow. Der Beamte vom Dienst war wie vom Donner gerührt. Als er sich erholt hatte, erklärte er mir, der Bungalow sei besetzt, und wies mich nach dem Fort, wo die Beamten und eine kleine Garnison indischer Truppen einquartiert waren. Meine Ankunft dort tat dieselbe Wirkung. Als ich sagte, daß ich acht Monate lang unbekannte Landstriche Tibets durchwandert, zwei Monate lang in Lhasa gewohnt und die Neujahrsfeierlichkeiten in der verbotenen Stadt genossen hätte, standen alle mit offenem Munde da.

Jetzt stand mir noch der lange, furchtbar lange Weg über die Hochebenen und die von Schneestürmen umbrausten Hochpässe bevor, die von Gyantse nach der tibetisch-indischen Grenze führen. Jedoch das eigentliche Abenteuer war zu Ende, und bevor ich die Augen zum Ausschlafen schloß, sagte ich vor mich hin: *«Lha gyalo!»*

Die Götter hatten gesiegt. Ich war die erste weiße Frau, die das verbotene Lhasa betreten und den Weg dahin gewiesen hatte. Mögen andere mir folgen und die verschlossenen Tore des Wunderlandes öffnen, «zum Besten und zum Gedeihen vieler», wie es in den heiligen Schriften des Buddhismus heißt.

Im April 1924 verlassen Alexandra David-Néel und Yongden die «verbotene Stadt» ebenso unauffällig, wie sie sich ihr genähert hatten. Im letzten Brief vor ihrer Rückkehr nach Europa schreibt die «Arjopa», wehmütig von ihrer Bettelexistenz abschiednehmend, an ihren Mann: «Ich bin nun mal eine Wilde . . . Ich liebe nur mein Zelt, meine Pferde und die Wüste.»

Die Frau, die nach vierzehnjähriger Expedition durch Innerasien am 10. Mai 1925 in Le Havre heimatlichen Boden betritt, hat mit einem Opernstar und einer Dame der High Society nichts mehr gemeinsam. Am Kai erwartet sie ein Empfangskomitee von Gelehrten und hohen Staatsbeamten mit der Goldmedaille der Geographischen Gesellschaft und dem Kreuz der Ehrenlegion für den «weiblichen Sven Hedin».